Introdução
às religiões chinesas

FUNDAÇÃO EDITORA DA UNESP

Presidente do Conselho Curador
Mário Sérgio Vasconcelos

Diretor-Presidente
José Castilho Marques Neto

Editor-Executivo
Jézio Hernani Bomfim Gutierre

Assessor Editorial
João Luís Ceccantini

Conselho Editorial Acadêmico
Alberto Tsuyoshi Ikeda
Áureo Busetto
Célia Aparecida Ferreira Tolentino
Eda Maria Góes
Elisabete Maniglia
Elisabeth Criscuolo Urbinati
Ildeberto Muniz de Almeida
Maria de Lourdes Ortiz Gandini Baldan
Nilson Ghirardello
Vicente Pleitez

Editores-Assistentes
Anderson Nobara
Jorge Pereira Filho
Leandro Rodrigues

Mario Poceski

Introdução às religiões chinesas

Tradução de
Márcia Epstein

2012 © da tradução brasileira

2009 © Mario Poceski. Todos os direitos reservados.

Tradução autorizada da edição em inglês publicada pela Routledge, membro do Taylor & Francis Group.

Título original: *Introducing Chinese Religions*

Direitos de publicação reservados à:
Fundação Editora da Unesp (FEU)
Praça da Sé, 108
01001-900 – São Paulo – SP
Tel.: (0x11) 3242-7171
Fax: (0x11) 3242-7172
www.editoraunesp.com.br
www.livrariaunesp.com.br
feu@editora.unesp.br

CIP – BRASIL. Catalogação na fonte
Sindicato Nacional dos Editores de Livros, RJ

P792i

Poceski, Mario
    Introdução às religiões chinesas / Mario Poceski; tradução de Márcia Epstein. – São Paulo: Editora Unesp, 2013.

    Tradução de: *Introducing Chinese Religions*
    ISBN 978-85-393-0392-2

    1. China – Religião 2. Religiões – História. I. Título.

13-0298   CDD: 200.951
                                                  CDU: 2-9(510)

Editora afiliada:

Asociación de Editoriales Universitarias de América Latina y el Caribe

Associação Brasileira de Editoras Universitárias

*Para minha esposa, Hiroko Poceski,
e meus alunos*

Sumário

Lista de ilustrações *XI*

História dinástica chinesa *XV*

Prefácio e agradecimentos *XVII*

Introdução *1*
  Estudos de religião chinesa *2*
  Principais tradições religiosas *5*
  Organização do livro *7*

1 **Configurações iniciais da vida religiosa chinesa** *11*
  Estruturas históricas *12*
  Ossos oraculares e práticas de adivinhação *18*
  Culto dos deuses e dos ancestrais na Dinastia Shang *22*
  Mudança de atitudes em relação à divindade na era Zhou *25*
  Heróis culturais e reis-sábios *28*
  Mitologia chinesa *32*
  Mandato do Céu *37*

2 **A tradição confuciana clássica** *43*
  Diversas faces do confucianismo *44*
  Os cinco clássicos "confucianos" *47*
  Confúcio e sua época *50*
  Ensinamentos de Confúcio *54*
  O serviço público, o virtuosismo cultural e a busca da sabedoria *59*

Formas de pensamento alternativas   61
Os pontos de vista divergentes de Mêncio e Xunzi acerca da natureza humana   64
Surgimento do confucianismo como ideologia oficial   69

3 **Primeiros textos e o surgimento do taoismo religioso**   75
O Tao   76
Fronteiras mutáveis e identidades permeáveis   77
Reflexões de Laozi sobre o Tao indescritível   80
Perspectivas originais e divagações despreocupadas de Zhuangzi   84
O movimento Huang-Lao e outras transições da era Han   87
Os Mestres Celestiais e o advento do taoismo como uma religião organizada   90
Alquimia externa e busca da imortalidade   94
Transfigurações de Laozi   98

4 **Tradições e práticas taoistas**   105
As revelações de Shangqing   106
As Escrituras Lingbao   111
Codificação do ritual taoista   114
Formação do cânone e funções dos textos   117
Taoismo como religião oficial   121
Debates inter-religiosos   125
Ordens e instituições monásticas   127
Modelos femininos e adeptas   131
Alquimia interna e meditação   133

5 **Propagação e florescimento do budismo na China**   141
O budismo como uma religião pan-asiática   142
Entrada inicial do budismo na China   144
Críticas incisivas e barreiras culturais   147
Reações entusiásticas e ampla aceitação   150
Tradução das escrituras e formação do cânone   152
Escrituras populares e outros textos   156
Sistemas filosóficos e taxonomias doutrinais   160
Surgimento do budismo como uma grande tradição religiosa   164

Idade de ouro sob a Dinastia Tang   165
Relações com o Estado   167
O budismo na última fase da China Imperial   169

6 **Tradições e práticas do budismo chinês**   175
Paradigmas monásticos e leigos   176
Compaixão universal e geração de méritos   179
Crenças populares e práticas rituais   183
Escolas e tradições do budismo chinês   187
A escola Tiantai   190
A escola Huayan   192
A escola Chan   196
A tradição da Terra Pura   200

7 **Religião popular**   207
Configurações e caráter da religião popular   208
Sincretismo   210
Unidade dos três ensinamentos   213
Ancestrais e fantasmas   216
Veneração dos deuses locais   218
Burocracia celestial   222
Duas deidades populares: Guandi e Mazu   225
Sacrifício ritual, adivinhação e outras práticas utilitárias   229
Movimentos milenaristas, seitas heterodoxas e sociedades secretas   232

8 **Transformações posteriores do confucianismo**   239
Confucianismo durante o período medieval   240
Revitalização neoconfuciana na era Song   244
Grande síntese de Zhu Xi   249
Construindo a genealogia do caminho   252
Revisando o cânone   253
Caminho para a sabedoria   254
Exames do serviço público   258
Vozes dissidentes e perspectivas alternativas   262
A posição das mulheres na sociedade confuciana   264

9 **Cristianismo, islamismo e outras religiões "ocidentais"** *271*
  Entrada das religiões "ocidentais" na China da era Tang *272*
  Primeiros missionários cristãos *275*
  Missões jesuítas no final da era Ming *277*
  Debates católicos sobre aculturação *280*
  Missionários protestantes no século XIX *282*
  Filho de Deus Chinês *285*
  Transmissão inicial do islamismo *288*
  Adaptação e crescimento do islamismo *290*
  Aculturação e conflito no islamismo chinês *293*
  O islamismo como religião minoritária diversificada *298*

10 **Religião na China moderna** *303*
  Contextos históricos *304*
  Enfrentando os desafios da modernidade *308*
  Revitalização do confucianismo na China republicana *311*
  Revitalização budista da era republicana *314*
  Repressão religiosa no início do regime comunista *316*
  O culto a Mao *319*
  Revitalização religiosa contemporânea *321*
  Interseções de religião e política *326*
  Crescimento do cristianismo *330*
  Ressurgimento budista *335*

Apêndice
  Festivais chineses e eventos comemorativos *345*

Glossário *347*

Referências bibliográficas *353*

Índice remissivo *355*

Lista de ilustrações

1.1 Vaso estilo Banshan; 5000-2000 a.C. (Período Neolítico)   14
1.2 Vaso ritual (*chia*), do século XII a.C. (Dinastia Shang)   15
1.3 Osso oracular com inscrição da Dinastia Shang, c. 1.500 a.C.   19
1.4 Santuário dedicado a Shennong   35
1.5 Nuwa com um corpo de serpente   36
2.1 Estela que contém o texto do *Clássico da Piedade Filial*   45
2.2 Pintura de Confúcio   51
2.3 Caligrafia com o caractere chinês que representa a piedade filial   57
2.4 Crianças encenam uma peça sobre a formação educacional do jovem Mêncio, Zhongtaishan, Taiwan   65
2.5 Salão do principal santuário, Templo Confuciano, Taipei   71
3.1 O caractere chinês para Tao   76
3.2 Entrada do Templo Baoan, Taipei   78
3.3 A abertura de quatro versos de *Laozi*   81
3.4 O diagrama Taiji (ou símbolo *yin-yang*)   88
3.5 Altar dedicado a Lü Dongbin, Sanyuan gong, Guangzhou   97
3.6 Santuário dedicado a Taishang Laojun, Sanyuan gong, Guangzhou   100
4.1 Praticante de meditação visualiza a chegada das deidades celestiais   110
4.2 Monges taoistas realizam prostrações rituais, Hong Kong   115
4.3 Monges taoistas participam da Grande Cerimônia de Luotian, Hong Kong   116

4.4 *Huangting neijing jing [Escritura da Radiância Interior da Corte Amarela]* *119*
4.5 Monges taoistas e leigos em frente a um santuário, Baxian (Oito Imortais) Abbey, Xi'an *129*
4.6 Mulheres devotas lendo as escrituras, Templo Xingtian, Taipei *132*
4.7 O embrião da imortalidade deixa o corpo de um praticante taoista *137*
5.1 Entrada do mosteiro Famen, Shaanxi *143*
5.2 Principal porta de acesso do Mosteiro White Horse, Luoyang *144*
5.3 Estátua de Xuanzang em frente ao Pagode Great Wild Goose, Xi'an *155*
5.4 Estátua gigante de Vairocana, o Buda cósmico da *Escritura Huayan*, Longmen, Henan *158*
6.1 Leigos participando de um festival no Mosteiro Linggu, Nanjing *180*
6.2 Tanque para a liberação das criaturas, Mosteiro Xingshan, Xi'an *182*
6.3 Bodisatva segurando um botão de lótus (início da Dinastia Song) *184*
6.4 Estátua do Bodisatva Dizang, Mosteiro Xingshan, Xi'an *185*
6.5 A entrada principal de Tōdaiji, Nara, Japão *195*
6.6 O salão principal de Buda do Mosteiro Guangxiao, Guangzhou *197*
7.1 Entrada do templo ancestral da família Chen, Guangzhou *218*
7.2 Imagem de um deus de porta, templo ancestral da família Chen, Guangzhou *220*
7.3 Santuário local dedicado ao deus da terra, Cingapura *221*
7.4 Templo do deus da cidade de Taipei *225*
7.5 Grande estátua de Guandi, Templo Guanlin, Henan *226*
7.6 Entrada do Templo Guanlin, na vizinhança de Luoyang, Henan *227*
7.7 Templo de Mazu, Tainan, Taiwan *228*
8.1 Retratos de Cheng Hao, Cheng Yi e Zhu Xi, por Liu Minshu (dinastia Yuan) *250*
8.2 Estátua de Confúcio, Templo Confucianista, Nanjing *256*
8.3 Santuário dedicado a Confúcio, Templo Confucianista, Gaoxiong, Taiwan *261*
8.4 Entrada para o Templo Confucianista, Tainan, Taiwan *264*

9.1 Igreja protestante em Guangzhou   *284*
9.2 O minarete da Grande Mesquita de Xi'an   *295*
9.3 O salão principal de oração da Grande Mesquita de Xi'an   *295*
9.4 A Grande Mesquita de Guangzhou   *299*
10.1 Camponeses chineses se reúnem num campo em torno de um retrato de Mao e leem coletivamente seu *Pequeno Livro Vermelho*   *320*
10.2 Peregrinos e turistas no Mosteiro Shaolin, Songshan, Henan   *324*
10.3 Entrada de um templo chinês em Malaca, Malásia   *325*
10.4 Seguidores de Falun gong protestando em frente ao consulado chinês em São Francisco, Califórnia   *329*
10.5 Sermão em uma igreja protestante em Xangai   *334*
10.6 Celebração do Vesak no Mosteiro Phor Kark See, em Kong Meng San, Cingapura   *338*
10.7 O salão principal do mosteiro Xilai, Hacienda Heights, Califórnia   *341*

História dinástica chinesa

	a.C.
Xia	2205-1766? (ou c. 2100-1600?)
Shang (Yin)	1766-1122? (ou c. 1600-1046?)
Zhou	1122-256 (ou 1045/1027-256)
Zhou Ocidental	1122-771 (ou 1045/1027-771)
Zhou Oriental	771-256
Era da Primavera e Outono	722-481
Período dos Estados Combatentes	453-221 (ou 403-221)
Qin	221-206
Han	206 a.C.-220 d.C.
Han Ocidental	206 a.C.-8 d.C.
	d.C.
Xin	9-23
Han Oriental	25-220
Três Reinos	220-265 (ou 220-280)
Wei	220-265
Shu	221-263
Wu	222-280
Jin Ocidental	265-317
Jin Oriental	317-420
Dinastias do Norte e do Sul	420-589
Liu Song	420-479
Qi	479-502
Liang	502-557

Chen	557-589
Wei do Norte	386-534
Wei Oriental	534-550
Wei Ocidental	535-557
Qi do Norte	550-577
Zhou do Norte	557-581
Sui	581-618
Tang	618-907
Zhou	690-705
Cinco Dinastias	907-960
Liang ulterior	907-923
Tang ulterior	923-936
Jin ulterior	936-947
Han ulterior	947-951
Zhou ulterior	951-960
Dez Reinos	902-979
Wu	902-937
Shu anterior	907-925
Wuyue	907-978
Chu	907-951
Min	909-945
Han do Sul	917-971
Jingnan	924-963
Shu posterior	934-965
Tang do Sul	937-975
Han do Norte	951-979
Song	960-1279
Song do Norte	960-1127
Liao (Khitan)	916-1125
Jin (Jürchen)	1115-1234
Xixia (Tangut)	1032-1227
Song do Sul	1127-1279
Yuan (Mongol)	1271-1368
Ming	1368-1644
Qing (Manchu)	1644-1911
República da China	1911-1949
República Popular da China	1949-

Prefácio e agradecimentos

Embora existam muitos estudos especializados sobre diversos aspectos da história religiosa, literatura, doutrina e prática chinesas, há uma escassez de livros que oferecem um tratamento amplo das religiões chinesas e que abordam o contexto mais abrangente. Este volume se destina a atender a uma necessidade evidente de apresentações gerais ou livros que cubram todo o campo das religiões chinesas. O livro destina-se a uma cobertura abrangente e equilibrada das principais tradições religiosas que, ao longo dos séculos, se desenvolveram e floresceram na China, apresentada de uma forma ao mesmo tempo erudita, exata e confiável, mas também legível e de fácil compreensão. Apenas poucos livros com abordagem compatível foram publicados em inglês ao longo das últimas décadas. Embora louváveis pelos esforços de seus autores pioneiros, a maioria dos volumes anteriores é pouco datada, adota abordagens discutíveis, ou é limitada em sua cobertura (ver Yang 1961, Thompson 1995/1969, Jochim 1985, Overmyer 1998/1986, Ching 1993 e Adler 2002). Há também alguns conjuntos de traduções de fontes primárias que complementam este volume – Sommer (1995) prevê uma cobertura mais equilibrada; Lopez (1996) contém alguns materiais excelentes, embora seja um pouco confusa na sua concepção global – e que o leitor pode querer consultar a fim de obter uma exposição adicional a alguns dos textos clássicos abordados nos capítulos do livro.

As origens deste livro podem estar indiretamente ligadas aos meus ensinamentos de um curso de graduação em religiões chinesas, que ofereci pela primeira vez em 2001, na Universidade de Iowa e, desde então, tenho ministrado na Universidade da Florida. Assim, eu gostaria de começar agradecendo a todos meus alunos pelo seu entusiasmo e trabalho duro. Um agradecimento especial aos meus alunos de pós-graduação que leram partes do manuscrito mais antigo e fizeram comentários produtivos: Sarah Spaid, Kendall Marchman, e Phillip Green. Também sou grato a Ruth Sheng pela caligrafia chinesa que aparece no capítulo 3, e pela revisão do texto em chinês no glossário. Entre os meus colegas da Universidade da Florida, agradeço a Richard Wang, pelos seus comentários úteis sobre os capítulos 3, 4 e 7, e a Lai Guolong por fazer o mesmo em relação ao Capítulo 1. Richard Wang também gentilmente me forneceu duas das fotos que aparecem no Capítulo 4 (Figuras 4.2 e 4.3). Keith Knapp leu os Capítulos 2 e 8, e ofereceu uma série de sugestões valiosas que eu incorporei ao manuscrito final. Gostaria também de agradecer a Livia Kohn por ter fornecido os dois desenhos que aparecem no Capítulo 4 (Figuras 4.1 e 4.7).

As fotografias utilizadas como ilustrações ao longo do livro são minhas, salvo indicação em contrário. As imagens fotográficas das coleções das galerias Freer e Sackler (Smithsonian Institution, Washington, D.C.), Galeria de Arte Bridgeman e Getty Images são reproduzidas com permissão, como observado nas rubricas pertinentes.

Agradeço imensamente o interesse e apoio que recebi de Charles Prebish e Damien Keown, os editores da série Religiões do Mundo, que primeiro vieram com a ideia de fazer este livro. Dirijo um agradecimento especial a Lesley Riddle da Routledge, que desde o princípio expressou forte entusiasmo pelo livro e que, com muito tato, me convenceu a realizar essa obra. Gostaria também de agradecer o trabalho dedicado de Amy Grant e dos demais membros da Routledge. Finalmente, como sempre, gostaria de expressar minha gratidão à minha mulher, Hiroko Poceski, por sua paciência, amor e apoio.

Convenções

Neste livro, todas as transliterações da língua chinesa seguem o sistema Pinyin, que é oficial na China e é amplamente utilizado em todo o mundo, apesar de trabalhos mais antigos e, até mesmo, algumas publicações recentes ainda usarem o datado sistema Wade-Giles. As únicas raras exceções para esse uso são nomes amplamente conhecidos em grafias alternativas, como Taipei (em vez de Taibei). No entanto, no glossário chinês que aparece no final, à luz da orientação histórica do livro, utilizo as formas tradicionais de caracteres chineses. Nas referências às localizações geográficas de vários mosteiros, templos, montanhas e outros locais históricos, utilizo as fronteiras provinciais atuais.

Introdução

A história cativante e multifacetada da China se perde no tempo. No decurso de uma espantosa variedade de épocas dinásticas, que nos reportam a um passado bem superior a três milênios, a religião sempre foi uma presença importante na vida dos chineses e uma força motriz na configuração da história chinesa. Assim como intricada trama em constante urdidura, as crenças e práticas religiosas têm sido, há milênios, parte integrante do tecido social e das paisagens culturais de vários estados e impérios chineses. Muitos desses elementos religiosos também foram exportados para outros países que, historicamente, pertenciam às esferas de influência política e cultural da China, destacando-se a Coreia, o Japão e o Vietnã. Por esse motivo, ainda que a história contada neste livro tenha como foco a religião na China, não deixa de ser relevante para as experiências culturais passadas e presentes de habitantes de outras terras. Isso inclui também a América e o restante do mundo ocidental, onde os templos, conceitos ou artefatos religiosos chineses tornam-se traços cada vez mais comuns da vida cotidiana e da cultura popular.

No início do século XXI, à medida que retoma aos poucos o seu papel central no cenário mundial, que previamente desempenhou por longos períodos de história registrada, a China parece destinada a exercer uma influência crescente não apenas nas vidas de seus cidadãos, mas também no restante do mundo. O conhecimento e a valorização da história religiosa multifacetada da China deve ser parte fundamental de qualquer esforço sério de compreender o passado e o presente da China com a devida profundidade. Tradicionalmente, os elementos dessa história religiosa encontram-se nos fundamentos de uma das civilizações mais importantes e duradouras do mundo. A história complexa e fascinante das várias tradições religiosas que se desenvolveram e floresceram na China, que é o tema deste livro, é digna de estudo e reflexão por seu interesse e valor intrínseco. A história da religião chinesa é igualmente importante pelo que tem a nos revelar sobre a natureza básica de uma ampla gama de formas culturais, que se desenvolveram numa parte crucial do mundo e que perduram como elementos significativos de uma herança duradoura, continuando a configurar o presente. Dada a natureza cada vez mais global do nosso mundo e as funções importantes nele desempenhadas pela religião, cabe a nós ser mais bem informados sobre o cenário religioso desse país de enorme tamanho, diversidade e importância; assim, a compreensão mais sutil da civilização chinesa, em toda a sua riqueza e complexidade, será facilitada.

Esse livro se destina a servir como um levantamento histórico abrangente, contudo acessível, das religiões chinesas. Ele abrange todo o espectro da história religiosa chinesa, desde a Dinastia Shang (c. 1600-1046 a.C.) até o presente, oferecendo uma cobertura sistemática e equilibrada dos principais acontecimentos, textos, tradições, crenças, instituições e práticas. O livro adota uma combinação das abordagens diacrônica e temática, iniciando com uma exploração das primeiras formas de crenças e práticas religiosas na China antiga e terminando com uma discussão das atuais tendências e impasses. Grande parte do livro é dedicada ao patrimônio religioso marcante e multifacetado da China pré-moderna ou tradicional. Entretanto, há também uma ampla cobertura do cenário religioso da China moderna, que hoje em dia atravessa um período admirável de transição e progresso, ao mesmo tempo em que permanece profundamente enraizada no passado.

Estudos de religião chinesa

Os dois principais termos apresentados no título do livro, "China" (chinesa) e "religião" (religiões), não são isentos de ambiguidade e, até certo ponto, podem ser questionados. A ideia que se faz hoje da China como um Estado-Nação unitário é de origem bastante recente, ainda que se possa estabelecer a origem de algumas de suas raízes, ou precedentes, num passado longínquo. Ao longo dos séculos, a terra que conhecemos como China sofreu diversas mudanças em suas fronteiras geográficas e políticas. Essas mudanças refletem a constante evolução dos padrões de fidelidade política, aspiração imperial e lealdade étnica. Durante uma parte substancial de sua história, a China não foi unida num único Estado e, por períodos extensos de tempo, algumas partes, ou toda a China, foram governadas por dinastias estrangeiras. Pode-se até mesmo argumentar que as fronteiras geográficas atuais da China, por mais que pareçam fixas nos mapas modernos, permanecem contestadas ou indeterminadas em algumas áreas. Um exemplo típico é o *status* indefinido de Taiwan, não obstante a existência dos argumentos bem divulgados a favor da (e contra a) independência do Tibet e do Uigur. Do mesmo modo, é necessário ter em mente a multiplicidade de narrativas históricas sobre o passado da China (muitas vezes configuradas ou apresentadas em relação ao seu presente), que reflete várias plataformas políticas e pressupostos ideológicos.

Restringir a China a um lugar físico ou a uma área geográfica específica (que em muitos casos surge como uma abordagem bem sensata) pode ser problemático, entre outras razões, por omitir as crenças e práticas religiosas das diásporas chinesas. Por outro lado, colocar dentro da ampla categoria de religião (ou religiões chinesas) uma discussão sobre os padrões predominantes da vida religiosa contemporânea em Cingapura, por exemplo, também não deixa de ser discutível. Uma forma de contornar, em parte, essas questões é pensar na China, ou na condição chinesa, sobretudo em termos culturais, isto é, em termos de constelações de crenças, costumes, comportamentos e práticas sociais, que fazem parte de um padrão civilizacional mais amplo. Sob esta perspectiva, é possível identificar continuidades culturais marcantes durante todo o curso da história chinesa (lado a lado com inúmeras mudanças e variações), que são observáveis na persistência de certas orientações e valores culturais, como, por exemplo, o culto dos antepassados e a exaltação da virtude da piedade filial. Não obstante, ainda temos que enfrentar o desenvolvimento das configurações culturais e as mudanças de identidade, bem como a questão, por vezes confusa e contestável, do traçado das fronteiras culturais, que implica a definição dos parâmetros do que constitui (ou não) a "cultura chinesa". Considerações desse teor não constituem o principal foco do presente volume, que consiste em apresentar um panorama geral dos acontecimentos mais importantes e das tradições dominantes; todavia, elas devem ser lembradas sempre que lidarmos com caracterizações amplas de crenças e valores chineses, e assim por diante.

Da mesma forma, dentro da disciplina acadêmica de estudos religiosos, o processo de definir o que é "religião" quase sempre é considerado muito difícil. As várias tentativas de descrever as características e definir o caráter básico da religião são complicadas pelo fato de determinadas definições serem desenvolvidas no âmbito de disciplinas acadêmicas específicas (sociologia, antropologia, psicologia etc.), ou à luz de teorias particulares sobre religião (fenomenológica, funcionalista, estruturalista etc.). No estudo acadêmico da religião, existe ainda o problema da preponderância de modelos ocidentais, baseados sobretudo nas ideias e arquétipos cristãos. Nos círculos acadêmicos, de maneira geral, as definições tendenciosas e circunscritas, do gênero "a religião é a crença em Deus", já estão ultrapassadas, ainda que essa forma de pensar perdure em muitos lugares, como no âmbito público e na mídia. Entretanto, as definições mais abrangentes de religião, por exemplo, como "um sistema de crenças e práticas relacionadas a seres sobrenaturais", ou alguma variação sobre o tema, são igualmente polêmicas, conforme mencionaremos na discussão sobre o confucianismo, cujo *status* de religião tem sido alvo de controvérsias ocasionais (ver Capítulo 2; os ensinamentos de algumas variedades de budismo também são relevantes neste contexto).

À luz dos preconceitos eurocêntricos (ou cristocêntricos) latentes e das atitudes provincianas persistentes, os quais, em muitos lugares, ainda configuram o estudo e a discussão da religião, o exame cuidadoso das religiões chinesas assume especial importância. O conhecimento dos padrões multifacetados e de múltiplas camadas do passado religioso da China nos ajuda a repensar os paradigmas teóricos dominantes, bem como expandir e enriquecer a nossa compreensão sobre o caráter básico e as variadas manifestações da religião. Além disso, somos levados a reavaliar toda a gama de papéis desempenhados pela religião como um importante componente da experiência humana, passada e presente. Por exemplo, o estudo das religiões chinesas nos conecta com a tendência generalizada de construir diversas identidades religiosas abertas ou híbridas, que contrastam com os padrões ocidentais e islâmicos de identidades e filiações religiosas constritas e singulares, cujo principal fundamento é a fidelidade a uma igreja, um dogma revelado, ou uma escritura sagrada. A exploração do passado religioso da China também torna conhecidos os modelos intrigantes de pluralismo religioso, em que uma diversidade de religiões compartilham espaços sociais e culturais comuns. Um exemplo típico disso é a era Tang (618-907), quando uma espantosa variedade de tradições religiosas (que incluem o budismo, o confucianismo, o taoismo, o cristianismo, o islamismo, o zoroastrismo e o maniqueísmo) coexistiam de forma pacífica na China e participavam de padrões complexos de interação inter-religiosa. Mais uma vez, isso revela um forte contraste com a situação que, durante o mesmo período (e ao longo dos séculos posteriores), prevaleceu na Europa e outros lugares, onde havia pouca tolerância com desvios ou discordâncias em relação aos ensinamentos da igreja oficial.

Principais tradições religiosas

A abordagem de estudo da religião chinesa quase sempre se dá em termos dos chamados "três ensinamentos",[1] ou seja, as tradições religiosas dominantes do budismo, do confucianismo e do taoismo. Cada uma destas tradições tem uma história longa e consagrada na China e uma parte importante dessa história é a interação com as outras duas tradições. O confucianismo e o taoismo se originaram na China. Portanto, costumam ser retratados como expressões de ideias, valores e orientações que estão no cerne das construções sociais e culturais da realidade chinesa. Em contrapartida, o budismo é uma religião pan-asiática que se originou na Índia, embora tenha sido radicalmente transformada e domesticada no decurso da sua longa história de quase dois milênios na China. A adaptação e aculturação chinesa do budismo foi complexa e completa; assim, na sua forma aculturada, o budismo também passou a representar uma autêntica religião chinesa.

Durante sua longa história, cada um dos três ensinamentos filosóficos e religiosos desenvolveu sofisticados sistemas de doutrinas, cânones de escritos sagrados, injunções morais sobre a conduta cotidiana, instituições distintas e uma diversidade de cerimônias e práticas rituais. Além disso, nos casos do budismo e do taoismo, encontramos ordens monásticas bem desenvolvidas, abertas a homens e mulheres. Durante grande parte da história chinesa, os três sistemas foram interpretados como complementares, e não antitéticos entre si. Isso levou à noção da unidade dos três ensinamentos, embora os sentimentos

---

[1] A expressão chinesa *san-jiao* é entendida por alguns dos modernos estudiosos chineses como "três religiões", embora a maioria deles interprete como "três ensinamentos" ou "três tradições". Sob a ótica dos pilares do saber/cultura da China, podemos considerá-los como ensinamentos filosóficos e religiosos. (N.T.)

ecumênicos não fossem compartilhados de forma universal. Portanto, existem também exemplos notáveis de intolerância religiosa e fanatismo, embora não na mesma escala e com a mesma propensão para a violência encontrados em muitas outras partes do mundo.

Uma parte substancial do cenário religioso chinês consiste nas crenças, doutrinas e práticas dos três ensinamentos; não obstante, enfatizá-los de maneira exclusiva é por demais limitante, por omitir outras tradições importantes que exerceram enorme influência no passado religioso da China e ainda causam um impacto considerável nas vidas de muitos chineses. Entre elas, a religião popular tem uma importância especial, e há muitos exemplos em que ela representa o modo mais comum de culto ou de expressão predominante da vida religiosa, sobretudo em comunidades locais. A religião popular não é uma forma organizada de religião assim como o taoismo ou o budismo, pois falta-lhe um cânone coerente e um sistema de doutrina, além de um clero organizado e instituições eclesiásticas. Na verdade, é uma categoria geral, uma espécie de designação provisória, utilizada pelos estudiosos como forma de organizar diversas crenças generalizadas e muito difundidas, e práticas que não fazem parte oficial de nenhuma tradição religiosa tradicional. Além dessas quatro principais tradições, também se pode adicionar as duas religiões monoteístas do cristianismo e do islamismo, que entraram na China durante a Dinastia Tang; nos dias de hoje, ambas as religiões (ou as três religiões, se seguirmos a divisão oficial do cristianismo em catolicismo e protestantismo) têm presença substancial na China e os seguidores de cada uma delas contam dezenas de milhões.

Juntamente com a taxonomia anteriormente mencionada dos três ensinamentos (ou quatro, ou até mesmo seis, se adicionarmos a religião popular, o cristianismo e o islamismo), os estudiosos propuseram esquemas conceituais alternativos para organizar o terreno religioso da China moderna e tradicional. Entre eles, a divisão binária da religião chinesa em duas partes distintas, em termos estruturais: a religião institucional (representada pelos três ensinamentos) e a religião difusa (representada pela religião popular). Isto se assemelha à conhecida divisão conceitual entre as tradições grande e pequena, que destaca as diferenças entre os distintos padrões de participação religiosa observáveis entre as elites sociais e os plebeus, bem como os interesses muitas vezes divergentes do clero e do laicato. Enquanto alguns estudiosos salientaram os contrastes e diferenças entre essas duas amplas categorias, outros ressaltaram a sua inter-relação, incorporando-as dentro de um único sistema cultural abrangente. Outra possibilidade é parar de discutir a vida religiosa chinesa em termos de tradições distintas; a alternativa seria examinar as categorias gerais que incluem uma ampla diversidade de temas e experiências religiosas, tais como rituais, cosmologias, comunidades, normas éticas, e assim por diante. Essa abordagem facilmente se presta à utilização dos modelos teóricos e do vocabulário técnico que estão em voga em círculos acadêmicos ocidentais; em contrapartida, ela apresenta o perigo de levar a generalizações vagas, que pouco têm a ver com as realidades concretas das religiões vividas pelos indivíduos e comunidades reais, no passado e no presente.

O perigo de reificar os três/quatro ensinamentos existe de fato, porque considerá-los como sistemas fechados, impermeáveis uns aos outros, é um equívoco óbvio. Na realidade, ao longo da história chinesa, todas as principais tradições religiosas interagiram e influenciaram-se mutuamente. Além disso, as linhas de demarcação entre distintas tradições religiosas e em torno delas, especialmente nas margens, nem sempre foram fixas e rígidas, sendo ultrapassadas com facilidade. Por outro lado, acabar com as tradições distintas, como o taoismo e o confucianismo, não se justifica em termos históricos, já que cada uma das principais religiões institucionais teve seus próprios sistemas (fáceis de reconhecer e mais ou menos coerentes) de doutrinas, textos, rituais e instituições. Assim, neste volume, eu mapeio o terreno espiritual e abordo o estudo da(s) religião(ões) chinesa(s) em termos das diferenças consagradas entre tradições distintas. Não obstante, também destaco os múltiplos padrões de interação inter-religiosa, aponto para os casos abundantes de empréstimos ou influência mútua, e questiono o traçado de fronteiras sectárias demasiado rígidas. Por exemplo, nos capítulos sobre o taoismo há também diversas referências ao budismo, ao confucianismo e à religião popular, e o mesmo se aplica ao restante do livro.

Organização do livro

O corpo principal do livro consiste em dez capítulos de tamanho equivalente, com a exceção do Capítulo 10, que é cerca de um terço mais longo. No final de cada capítulo, há uma bibliografia de livros relevantes escritos em inglês. Cada capítulo inclui também ferramentas pedagógicas adicionais, destinadas a aumentar a utilidade do livro para leitores em geral, estudantes e professores. Em primeiro lugar, há pequenos excertos de fontes fundamentais pertinentes, tais como *Mêncio* ou as afirmações registradas de professores da tradição Chan. Segundo, há tabelas ou listas que contêm conceitos, nomes, ou taxonomias fundamentais, como as três partes do cânone taoista ou os cinco clássicos confucianos. Terceiro, há resumos dos principais pontos ou temas explorados em cada capítulo, juntamente com exemplos de questões para discussão. Incluí, também, numerosas ilustrações e fotografias tiradas, na maioria das vezes, durante minhas viagens a vários locais religiosos na China e outros lugares. Além disso, há uma cronologia da história dinástica chinesa no início do livro, uma bibliografia adicional e um glossário de termos chineses no final.

Uma parte substancial do livro se concentra nas três principais tradições religiosas: o budismo, o confucianismo e o taoismo, cada qual distribuída em dois capítulos. Os capítulos sobre o taoismo e o budismo estão dispostos em sequência (capítulos 3 a 6), ao passo que o segundo capítulo sobre a última fase do confucianismo (Capítulo 8) é colocado próximo ao final do livro, distante do capítulo sobre a primeira fase do confucianismo (Capítulo 2), na parte inicial do livro. Essa medida reflete o fato de que o renascimento confuciano da era Song e suas elaborações posteriores devem ser consideradas em relação ao crescimento espetacular do budismo e do taoismo que ocorreu durante o período medieval, e a grande influência exercida por essas duas religiões nos *literati*[2] chineses. Outras tradições relevantes também recebem a cobertura adequada. À religião popular é atribuído um capítulo à parte, ao passo que o cristianismo e o islamismo são reunidos num único capítulo. Em face das convenções acadêmicas americanas predominantes, não incluí uma cobertura substancial do budismo tibetano, que geralmente é tratado sob a categoria separada (e um tanto nebulosa) de budismo indo-tibetano.

Embora capítulos distintos sejam dedicados às principais tradições religiosas, conforme mencionado anteriormente, ao longo do livro eu também aponto as influências mútuas e intersecções entre as diferentes religiões. Além disso, nos diversos capítulos, relaciono as interações de várias religiões com outras forças sociais e fenômenos culturais, como a autoridade política, a produção literária, a representação artística e as atitudes referentes a gênero.

---

2 *Literati*: funcionários eruditos da China Imperial. (N.T.)

Os principais modelos de pluralismo religioso que evoluíram ao longo da história e os modos de construção da identidade religiosa chinesa também recebem destaque. Como já foi observado (com maiores detalhes em capítulos posteriores), muitas vezes essas identidades eram formas híbridas multifacetadas ou fictícias, em contraposição aos paradigmas familiares que são predominantes no mundo ocidental e islâmico.

Tentei adequar a estrutura de organização do livro e a totalidade de sua apresentação para o público em geral, interessado numa introdução legível às religiões chinesas, mas dotada de rigor acadêmico. Seu formato o torna adequado para servir como livro didático básico para os cursos semestrais de nível universitário sobre as religiões chinesas. Cada capítulo deve cobrir cerca de uma semana de instrução. Em conjunto, os diversos capítulos são destinados a iniciar os estudantes e leitores em geral na riqueza e diversidade da vida religiosa chinesa, com a intenção de estimular o interesse e a apreciação dos principais temas e tradições, dentro de um contexto mais amplo de conhecimento humanístico sobre religião e espiritualidade.

Por ser direcionado para o público em geral e por atender aos parâmetros estabelecidos pela série de livros em que está inserido, o livro não tem notas explicativas (com exceção de ocasionais referências no texto, inseridas casualmente em alguns dos capítulos). Os leitores interessados em mais informações sobre temas ou religiões específicas são estimulados a consultar as fontes secundárias, incluídas nas listas de leitura pertinentes, bem como a bibliografia.* Ao longo do livro, tentei escrever de forma clara e relativamente isenta de jargões, evitando a inclusão desnecessária de inúmeros nomes, informações históricas supérfluas e assim por diante; também almejei evitar a minúcia da erudição. Ao mesmo tempo, empenhei-me em dar ênfase à precisão acadêmica, que inclui a implementação de padrões correntes nos vários campos distintos (e ainda crescentes) de pesquisa acadêmica.

---

* A obra ainda conta com um *website* de apoio, que fornece rico material iconográfico, disponível em: www.routledge.com/textbooks/9780415434065. Acesso em 28 fev. 2013.

1

Configurações iniciais da vida religiosa chinesa

Neste capítulo

O primeiro capítulo examina as principais crenças e práticas religiosas que surgiram durante as etapas de formação da civilização chinesa. Ele aborda sobretudo o período que se estende desde a criação da Dinastia Shang (c. 1550-1045) até a época de Confúcio (551-479 a.C.?), embora parte do conteúdo seja também aplicável a períodos posteriores, até o início da Dinastia Han (206 a.C.-220 d.C.). Durante a fase inicial de formação da história dinástica, já é possível discernir orientações culturais, paradigmas institucionais, configurações de crença e padrões de pensamento com inflexões religiosas fundamentais, que continuaram a formar o caráter essencial e o contínuo desenvolvimento da civilização chinesa. O capítulo considera as fontes mais antigas de informação, como ossos oraculares e inscrições em bronze, que oferecem pistas importantes sobre as características fundamentais da vida religiosa antiga. Isso inclui a veneração dos ancestrais e a crença num reino sobrenatural, povoado por diversos deuses e espíritos, que têm íntima relação com o mundo humano. Vários temas e conceitos religiosos apresentados aqui reaparecerão em capítulos posteriores. Essas recorrências engrandecem alguns dos marcantes padrões de continuidade que reforçam as trajetórias históricas centrais da civilização chinesa, mesmo que, como veremos ao longo do livro, esses elementos duráveis sempre tenham acompanhado modificações decisivas e notáveis mudanças de paradigmas.

Tópicos principais

- Breve panorama geral da história chinesa antiga.
- Utilização de ossos oraculares e práticas de adivinhação sob a Dinastia Shang.
- Culto dos deuses, espíritos e ancestrais.
- Mudanças de percepção da divindade e do sacrifício durante a era Zhou.
- Veneração dos heróis culturais e dos reis-sábios da Antiguidade remota.
- Caráter básico e alcance da mitologia chinesa.
- Bases políticas e religiosas da noção de "mandato do Céu".

Estruturas históricas

A China tem uma das civilizações mais antigas do mundo. Os antecessores primitivos dos seres humanos modernos, conhecidos como *Homo erectus*, viveram na China há mais de 500 mil anos, ou talvez até mesmo 1 milhão de anos atrás. Eles estão representados pelo chamado "homem de Pequim", cujo crânio e ossos foram descobertos nos arredores da atual Pequim durante a década de 1920. Como o próprio nome indica, esse parente remoto da nossa espécie (o *Homo sapiens*) ficava na postura ereta e era sofisticado o suficiente para usar o fogo e fabricar inúmeras ferramentas de pedra. Os seres humanos modernos se estabeleceram na área da atual China no início do período Paleolítico (Pedra Lascada), cerca de 100 mil anos atrás, talvez até mesmo antes disso. As primeiras sociedades eram de caçadores e coletores que, aos poucos, desenvolveram habilidades linguísticas mais evoluídas. Em cerca de 10 mil a.C., houve um desenvolvimento gradual da agricultura, período em que talvez se possa começar a falar do início de uma proto-história chinesa, se bem que determinar um ponto de partida específico para a história "chinesa" costuma ser um exercício acadêmico arbitrário e, por sua própria natureza, contestável.

Em 5000 a.C., uma diversidade de culturas localizadas e heterogêneas do Neolítico (Nova Idade da Pedra) emergiram em alguns dos vales fluviais, tanto no Norte como no Sul da China. Durante esse período, o desenvolvimento da agricultura levou à formação de maior número de assentamentos permanentes, o que fomentou a evolução de formas mais complexas de organização social. No norte, o grão principal era o painço, enquanto nas regiões mais quentes e úmidas do sul o principal foco da produção agrícola era o cultivo do arroz. Esse padrão básico de agricultura manteve-se estável ao longo dos séculos seguintes. O avanço da agricultura e da produtividade agrícola foi acompanhado de maior sofisticação na produção de cerâmica, têxteis, armamentos e uma diversidade de ferramentas, como pás e enxadas. Durante este período, encontramos também a domesticação de animais, incluindo cães e os gados bovino e suíno.

Um exemplo bem conhecido de civilização Neolítica é a cultura Yangshao, que floresceu no período aproximado de 5000-3000 a.C., na região do Norte da China (correspondente às províncias atuais de Henan, Shanxi, Shaanxi e Gansu). A subsistência básica de seu povo dava-se por meio da agricultura; a caça também era praticada e certos animais domésticos eram mantidos. Os arqueólogos descobriram um grande número de artefatos associados com a cultura Yangshao e que são divididos em várias fases distintas e sobrepostas. Entre eles, a cerâmica bem decorada, de várias formas e tamanhos, com muitos exemplos de desenhos delicados de animais e padrões geométricos. Outros artefatos notáveis do mesmo período cronológico (descobertos por arqueólogos em vários cemitérios associados a outras culturas, cuja localização principal era a parte leste da China) são os diversos objetos de jade, muitos deles bem talhados com formas e desenhos complexos, supostamente usados em cerimônias religiosas. Algumas das outras culturas neolíticas importantes são as de Hongshan, Liangzhu e Longshan.

A historiografia tradicional identifica as origens da história dinástica chinesa na lendária Dinastia Xia, cuja cronologia costuma ser determinada entre 2207-1766 a.C. Essa é a primeira das "três dinastias" da antiga China (as outras duas são Shang e Zhou). Não há indícios arqueológicos expressivos sobre essa dinastia e os historiadores não estão convencidos de sua existência. Não obstante, é possível encontrar as origens da Idade do Bronze nesse importante período de transição, durante o qual se pode verificar a evolução dos mais complexos padrões civilizacionais. Entre os importantes avanços constam o desenvolvimento de um sistema de escrita, as instituições políticas e religiosas e a tecnologia metalúrgica. Encontramos um terreno histórico mais estável na dinastia chinesa seguinte, a Shang, para a qual existem amplas provas arqueológicas e textuais. O domínio da Dinastia Shang foi o Norte da China, a área conhecida como a Grande Planície do Norte, que é por vezes referida como o berço da civilização chinesa. Assim, a Dinastia Shang abrangia apenas uma parte do que viria a ser conhecido como a China propriamente dita.

Figura 1.1. Vaso estilo Banshan; 5000-2000 a.C. (Período Neolítico) (Freer Gallery of Art, Smithsonian Institution, Washington, D.C.: Aquisição, F1930.96.)

Durante o período Shang assistimos à formação de centros urbanos multifacetados, a maior estratificação e organização da sociedade e o uso de carroças puxadas por cavalos. Houve também o crescimento das especializações profissionais, que incluíam o surgimento de certos tipos de especialistas em rituais e dos adivinhos. Outro fato digno de nota foi o avanço e a maior utilização da escrita, que assumiu uma forma logográfica característica, precursora direta da escrita chinesa padrão usada até hoje. Os artefatos importantes que atestam a sofisticação relativa da cultura Shang são os numerosos vasos e outros objetos feitos de bronze, muitos deles ricamente decorados com desenhos de animais ou motivos abstratos. Milhares desses objetos continuam a existir até hoje. A maioria dos bronzes era usada em contextos rituais, o que mostra a grande importância atribuída à religião na sociedade Shang. Uma parte notável da religião Shang consistia em sacrifícios rituais, os quais, além da oferenda de animais abatidos (como bois), muitas vezes incluíam sacrifícios humanos, conforme demonstrado em vários cemitérios que datam desse período.

Os reis Shang governaram seus súditos combinando autoridade política e religiosa, a partir de uma série de capitais que incorporavam complexos de palácios e templos, como o importante local em Anyang (Henan), onde temos as ruínas de Yin, a última capital da Dinastia Shang. Anyang é o local de importantes descobertas arqueológicas, que incluem os grandes túmulos de onze reis da época Shang, que governaram durante a parte final da dinastia. Os reis Shang conseguiam mobilizar seus súditos em grandes projetos públicos, como a construção de fortificações militares ou túmulos elaborados. Além

Figura 1.2. Vaso ritual (*chia*), do século XII a.C. (Dinastia Shang) (Freer Gallery of Art, Smithsonian Institution, Washington, D.C.: Presente de Charles Lang Freer, F1907.37)

disso, eram capazes de reunir grandes exércitos e projetar o poder militar para além de seu domínio. Por fim, no século XI a.C., eles foram substituídos pelo primeiro rei Zhou, que derrotou o exército Shang e passou a estabelecer sua própria dinastia de longa duração (cronologia tradicional: 1122-256 a.C.). Esse foi um evento de grande importância na história da China antiga, que trouxe significativas mudanças políticas e religiosas, apesar da considerável continuidade entre as dinastias Shang e Zhou.

A história chinesa retrata os primeiros reis da Dinastia Zhou como governantes paradigmáticos, que estabeleceram um Estado estável e forte, com uma cultura florescente que, ao longo dos séculos, foi celebrada como um modelo glorioso a ser seguido pelas gerações posteriores de governantes e autoridades chinesas. Conforme veremos no próximo capítulo, Confúcio e seus discípulos interpretaram esse período como uma época de ouro da civilização chinesa. Por conseguinte, eles incentivavam muito a ideia de que a fase inicial do reino Zhou deveria servir como um modelo para a instituição da governança justa e a criação da sociedade harmoniosa. As memórias históricas dos primórdios da era Zhou também foram registradas por escrito, já que suas elites desenvolveram a escrita da dinastia anterior e deram maior ênfase à cultura literária. Assim, este é o primeiro período na história da China que nos deixou importantes fontes textuais, escritas a partir da perspectiva do Estado Zhou e suas elites governantes; algumas dessas fontes foram posteriormente incorporadas ao cânone confuciano (ver Capítulo 2).

Os governantes Zhou criaram uma estrutura social hierárquica e um sistema descentralizado de governo, cuja característica mais importante era a enfeudação de seus principais defensores e familiares. A ordem sociopolítica instituída pela Dinastia Zhou centrava-se no relacionamento entre o senhor e seus vassalos, motivo pelo qual é muitas vezes referida como um sistema feudal (não obstante as divergências notáveis do modelo europeu de feudalismo, que serve como o principal ponto de comparação). O período da hegemonia Zhou durou até 771 a.C., quando a capital real foi saqueada pelos exércitos rebeldes com a ajuda de tribos não chinesas. Mesmo muito antes disso, houve um longo período de declínio da Dinastia Zhou, durante o qual ela perdeu muito de sua autoridade. Isso foi acompanhado de uma mudança no poder político, que passou para os governantes dos vários estados vassalos que eram incorporados ao domínio Zhou.

A queda da capital da Dinastia Zhou em 771 foi seguida pela criação de uma nova capital mais a leste, nas imediações de Luoyang. Esse movimento foi um ponto de virada na história dinástica dos Zhou que, assim, está dividida em dois períodos distintos: Zhou do Oeste e Zhou do Leste. A era Zhou do Leste sofreu mais uma subdivisão em duas épocas: as eras da Primavera e do Outono (722-481 a.C.) e o período dos Estados Combatentes (403-221 a.C.). A era da Primavera e do Outono foi uma época de conflitos políticos e realinhamento, bem como de mudança social acelerada. Durante esse prolongado período de fragmentação, pouco existia em termos de uma autoridade central forte, já que os reis Zhou foram relegados a meras figuras decorativas, com autoridade ritual tradicional mas sem poder real para controlar os vários governantes que, efetivamente, atuavam como chefes de Estados independentes. Por conseguinte, os vários Estados brigavam por poder e prestígio, em meio a alianças políticas sempre variáveis. Aos poucos, os Estados maiores e mais poderosos anexaram os menores, reduzindo muito, dessa forma, o número de Estados independentes.

A competição interestadual se tornou cada vez mais violenta durante o período dos Estados Combatentes, conforme o nome sugere. Nessa altura, os grandes Estados haviam desenvolvido estruturas burocráticas e eram capazes de colocar em campo exércitos enormes; algumas das grandes batalhas envolviam centenas de milhares de soldados. Por ironia, o clima predominante de luta e competição levou a importantes avanços econômicos e tecnológicos, que incluíram o aumento do comércio, o incremento do uso monetário e o desenvolvimento da tecnologia do ferro. Esses avanços foram concomitantes aos progressos significativos nas arenas social e intelectual, alguns dos quais serão mencionados nos próximos dois capítulos. Finalmente, um dos grandes estados, o militarista e autoritário Qin, saiu vitorioso e, em 221 a.C., foi capaz de unir a China sob um domínio imperial único. Esse foi um momento de virada na história mundial que conduziu a China para a era imperial, a qual perdurou até o início do século XX. Embora o regime Qin tenha durado apenas quinze anos, ele abriu caminho para o poder imperial estável e as glórias culturais da era Han, que persistiram por mais de quatro séculos. Um dos elementos-chave para o sucesso do regime Qin em unir toda a China foi a criação de um governo forte e centralizado, com estruturas burocráticas bem organizadas que se mostraram muito eficazes na mobilização em massa de recursos materiais e humanos.

Ossos oraculares e práticas de adivinhação

Entre as descobertas arqueológicas mais importantes relacionadas à Dinastia Shang encontram-se as numerosas inscrições em ossos oraculares (ver Figura 1.3), que constituem os registros escritos mais antigos sobre as crenças e práticas religiosas chinesas. Os ossos oraculares foram descobertos pela primeira vez no final do século XIX. Segundo algumas estimativas, até agora mais de 200 mil peças foram escavadas (muitas delas ainda existentes apenas como fragmentos), sobretudo na antiga capital e centro religioso de Shang, localizado nos arredores de Anyang. Descobertas significativas de inscrições oraculares em ossos continuam a ser feitas por arqueólogos chineses, incluindo a importante exumação, em 2008, de numerosos ossos oraculares no templo do duque de Zhou (Shaanxi), que contêm bem mais de mil caracteres inscritos. Os ossos oraculares foram originalmente usados no contexto principal de rituais divinatórios realizados por (ou em nome dos) reis Shang, embora existam também exemplos de ossos oraculares que não estão relacionados com a casa real. Os conteúdos das inscrições nos oferecem dados importantes sobre as atividades e interesses dos governantes da Dinastia Shang e as elites das cortes. Eles têm menor relevância para a elucidação das vidas diárias, preocupações existenciais e práticas religiosas das pessoas comuns, que permanecem desconhecidas devido à falta de fontes arqueológicos e textuais pertinentes.

Os rituais divinatórios realizados pelos reis Shang diziam respeito, de modo geral, a procurar o sentido do mundo em que viviam e obter conhecimento sobre o futuro desenrolar dos acontecimentos. Para esse fim, os rituais funcionavam como meios de estabelecer canais de comunicação com as forças invisíveis que governavam o mundo e influenciavam o destino humano. Estas incluíam o deus supremo do povo Shang que, em diversas inscrições, é mencionado pelo nome de Di, bem como os ancestrais reais e uma diversidade de outros espíritos (ver seção seguinte). Em essência, as inscrições eram breves registros de comunicações ou interações entre os seres humanos, representados, sobretudo, pelo personagem da casa real e os diversos deuses e espíritos que povoavam o reino sobrenatural. Os rituais divinatórios também serviam como ocasiões de expressar os desejos, as esperanças, e intenções dos reis Shang. Em alguns casos, as inscrições expressam a busca do rei por aprovação ou validação de um poder divino com respeito a determinado curso de ação, mais do que perguntas sobre o desconhecido, ou consultas sobre acontecimentos futuros.

Para o propósito de adivinhação, o povo Shang utilizava os ossos de grandes animais, sobretudo as escápulas dos bois que foram mortos para servir de oferendas sacrificiais. Muitas vezes, para a mesma finalidade, eram usados também cascos de tartaruga, especialmente o plastrão (a parte ventral do casco). Uma vez preparados com cuidado, os cascos eram aquecidos pela aplicação de varas quentes em furos no osso ou casco, previamente perfurado em locais específicos, o que servia para controlar o posicionamento das

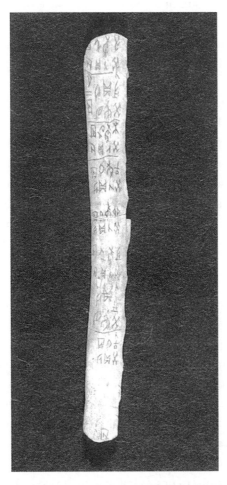

Figura 1.3. Osso oracular com inscrição da Dinastia Shang, c. 1500 a.C. (British Museum, London; Bridgeman Art Library)

rachaduras. A aplicação ritualística de fogo provavelmente era acompanhada de encantamentos, que continham perguntas ou comunicações dirigidas a espíritos ou divindades específicas. É possível que o ritual também incluísse uma fase preparatória, durante a qual o adivinho invocava os espíritos e recorria à sua presença. A aplicação de calor causava rachaduras nos ossos ou cascos, que eram interpretadas, por adivinhos treinados, como respostas das divindades a questões ou temas originais.

Devido à utilização do fogo, as técnicas divinatórias realizadas na corte Shang podem ser classificadas sob a categoria de piromancia, a previsão do futuro por meio de fogo ou de chamas. O rei Shang, por vezes, participava desses rituais, assumindo assim o papel sacerdotal que era uma parte importante da imagem real. A capacidade do rei de comunicar-se com o mundo sobrenatural e prever o futuro eram aspectos fundamentais de seu carisma sacerdotal e importante fonte de sua autoridade política. Talvez mais que qualquer outra coisa, era o culto real que oferecia ao povo Shang um sentido importante de coesão social e dava legitimidade à ordem sociopolítica existente. Por conseguinte, as inscrições remanescentes retratam o rei Shang como um adivinho e previsor infalível, alguém que tem perfeita familiaridade com o mundo sobrenatural. Além disso, havia uma equipe de adivinhos e especialistas em rituais que serviam como autoridades da corte real, celebrando os ofícios e interpretando os resultados. Não obstante o caráter religioso manifesto da cultura Shang e os fundamentos religiosos da sua organização política, é possível discernir, também, uma tendência para a rotinização burocrática e para a racionalização do programa estadual de ritual, sobretudo durante a última parte da dinastia.

Após a conclusão do ritual divinatório, um breve relato da sequência de atividades que, via de regra, incluía a comunicação dirigida à divindade, muitas vezes acompanhada do resultado da adivinhação, era inscrito no osso ou no casco (ver quadro) com caracteres chineses arcaicos. As inscrições nos ossos eram arquivadas, assim funcionando como registros oficiais que serviam importantes funções burocráticas e históricas, além de seu significado e importância religiosa. Às vezes, as inscrições remanescentes incluíam também os nomes dos adivinhos e as ocasiões em que os rituais eram realizados, seguindo o antigo calendário cíclico usado na época.

O conteúdo das inscrições oraculares nos ossos, em geral, é lacônico e enigmático, ao menos para nós, mas se pode afirmar com segurança que

> **Inscrições em ossos oraculares**
>
> Será que Di ordenará chuvas que serão suficientes para a colheita? Será que Di não ordenará chuvas que serão suficientes para a colheita?
>
> Quanto a atacar a tribo Qiong, será que teremos o apoio de Di?
>
> Devemos orar para a colheita do pico Yue com uma oferta de assado de três ovelhas e três porcos, e a decapitação de três bois?
>
> É o Pai Yi (ancestral) que está machucando os dentes do rei?
>
> O rei fez rachaduras (no osso oracular) e adivinhou: Vamos caçar em Ji; ir e vir não trará desastre. O rei prognosticou, dizendo: "É extremamente auspicioso". Agindo segundo a previsão, nós capturamos quarenta e uma raposas e oito veados sem chifres.
>
> Trechos adaptados da tradução de Robert Eno, em Lopez (1996, p.46-51).

era perfeitamente compreensível para as elites da era Shang. Elas oferecem informações valiosas sobre a estrutura do panteão Shang, as atividades e prerrogativas dos reis, e o caráter geral da vida na corte. Nós também podemos descobrir leves indícios sobre um conjunto de interesses fundamentais para o povo Shang, como a produção agrícola, eventos meteorológicos, fenômenos celestes, doenças, gravidez, épocas favoráveis ou desfavoráveis para determinadas atividades, operações militares, caças e excursões reais, a construção de assentamentos e edifícios, e o desempenho de sacrifícios e outras formas de culto. Por exemplo, os tópicos de adivinhação podiam ter relação com o sucesso da colheita vindoura ou com o resultado da campanha militar cogitada pelo rei e seus assessores (ilustrado pelos dois primeiros itens no quadro "Inscrições em Ossos Oraculares"). Entre as características notáveis da maioria das inscrições, encontra-se seu caráter prosaico e sua orientação utilitária. Há também um sentido difuso de conexão entre os reinos humano e divino, que constituía o cerne da maneira de tratar a religiosidade na Dinastia Shang. Para melhor ou pior, percebia-se que a vida humana e o destino tinham uma ligação inextricável com o mundo sobrenatural; além disso, a relação entre os dois nem sempre era harmoniosa, pois havia abundantes ocasiões de tensão, antagonismo ou adversidades.

Culto dos deuses e dos ancestrais na Dinastia Shang

O panteão da Dinastia Shang tinha uma estrutura hierárquica. No seu ápice estava a divindade suprema acima mencionada, conhecida como Di ou Shangdi (às vezes traduzido como o Senhor do Alto; também é possível traduzir por Senhor Supremo ou Alto Deus). Acreditava-se que Shangdi tinha autoridade e controle sobre ambos os reinos, o sociopolítico e o natural. As origens dessa divindade são incertas. Segundo alguns estudiosos, no início, Shangdi deve ter sido um alto ancestral arcaico da casa real Shang. No entanto, há poucos indícios para comprovar essa hipótese, sobretudo quando se leva em conta que, em contextos rituais essenciais, Shangdi era tratado de forma bastante diferente dos antepassados reais, já que ele não estava integrado no panteão oficial de sacrifícios.

O poder de Shangdi foi considerado superior ao de todos os outros seres sobrenaturais, embora a amplitude de seus poderes e as áreas de sua jurisdição pareçam ter sido vagamente definidos, já que se sobrepunham aos de outras divindades e dos ancestrais reais. Pelo que podemos dizer, Shangdi era quase sempre considerado distante e inacessível, altamente potente, contudo afastado do cotidiano e das preocupações das pessoas. Portanto, em geral nenhuma oferenda sacrificial rotineira era feita diretamente a ele. Os seres humanos tinham meios rituais limitados a sua disposição (ou talvez não tivessem nenhum) por meio dos quais podiam controlar o comportamento dele, embora tentassem se aproximar e apaziguá-lo, muitas vezes com a ajuda dos antepassados.

Havia uma aura de mistério cercando Shangdi, que claramente era concebido em termos bastante abstratos, com qualidades e funções definidas de maneira vaga. Ele reinava sobre todos os outros espíritos e divindades, assim como um rei governaria o seu séquito. A autoridade divina era, por conseguinte, concebida de maneira análoga à configuração de sua antiga parte correspondente, e o mesmo se aplicava à distribuição e circulação do poder dentro dos dois domínios, divino e humano. Shangdi podia ser útil ao povo de Shang, quando, por exemplo, ele provia a chuva e criava condições climáticas favoráveis, essenciais para a produção agrícola. Por outro lado, quando se aborrecia, ele também podia causar muitos problemas, como manipular o mundo natural e causar inundações ou correntes de ar, enviar granizo ou trovões, ou talvez provocar epidemias catastróficas. Acreditava-se também que ele podia causar a infelicidade, recusando a ajuda divina durante campanhas militares, ou mesmo ocasionando ataques feitos por forças externas.

A mesma propensão a conceder sorte ou desgraça também foi atribuída a outros espíritos ou divindades, cuja relação com os seres humanos nem sempre era harmoniosa e podia tomar rumos adversos. Era possível discernir um elemento de impulso ou capricho na forma como Shangdi e outras divindades manifestavam seu poder e exerciam influência sobre o reino humano. Dadas essas incertezas, a meta principal dos rituais Shang, sobretudo as adivinhações e sacrifícios, era de averiguar, apaziguar e influenciar os poderes sobrenaturais, para que talvez fossem convencidos a oferecer ajuda ou, pelo menos, abster-se de causar problemas para o rei e seus súditos.

Shangdi supostamente presidia um grande número de divindades ou espíritos da natureza, que eram sensíveis aos seus comandos. Estavam incluídas várias divindades associadas com fenômenos naturais, como o sol, a chuva e o vento. Realizavam-se orações e sacrifícios regulares a elas, cujo apaziguamento e assistência eram considerados essenciais, dadas as bases agrícolas da sociedade Shang. Da mesma forma, havia divindades associadas a características importantes do ambiente natural ou paisagem local, como determinadas montanhas e rios. Na topografia mais próxima do domínio Shang, eram de especial importância as divindades vinculadas ao rio Amarelo e ao Monte Song, a montanha sagrada central, localizada nas imediações de Luoyang e Zhengzhou (na atual província de Henan), que séculos mais tarde teria íntima relação com o budismo e o taoísmo.

Outro grupo importante de divindades do panteão Shang eram os espíritos dos antepassados reais. A crença na sua existência era baseada na noção de que existe vida após a morte, se bem que de um tipo diferente. Os ancestrais eram objetos comuns de culto e de propiciação, e a realização de oferendas sacrificiais regulares, dedicadas a eles no templo ancestral, era um aspecto importante da religião oficial da Dinastia Shang. Os itens oferecidos aos antepassados durante os sacrifícios rituais incluíam bebidas alcoólicas, cereais, ou animais abatidos (como bovinos e ovinos); em certas ocasiões, havia também sacrifícios humanos. Estes também faziam parte dos costumes funerários da era Shang. Com frequência, eles envolviam membros da família e outras pessoas dependentes, que eram enterradas com seu falecido senhor. As tumbas também continham vários objetos funerários, sobretudo diversos tesouros, tais como bronzes, jades, armas e cerâmicas, supostamente utilizáveis pelo falecido na vida após a morte.

De maneira geral, a dimensão do local da sepultura e o número e refinamento dos objetos funerários refletia o *status* e a riqueza do falecido, e os maiores túmulos eram os dos reis Shang. O momento da morte envolvia uma transformação importante, pois os espíritos do morto se transformavam nos ancestrais, que eram então integrados em um programa ritual, elaborado e perpetuado pelos descendentes vivos. Assim, muita atenção era dada à adequação dos locais de funeral e das práticas mortuárias, que eram altamente ritualizadas. Os enterros de mulheres de alta posição social seguiam um padrão semelhante aos das partes masculinas correspondentes, em geral reproduzidos em menor escala.

O povo Shang acreditava na contiguidade entre este mundo e o outro. Sem uma dissociação radical, os dois mundos implicavam-se mutuamente. Por conseguinte, os antepassados reais falecidos influenciavam o que acontecia entre os vivos. Além disso, como eram seus principais descendentes vivos, os reis Shang tinham acesso a eles e podiam estabelecer comunicação com o seu conhecimento e poder. A morte, na essência, marcava uma mudança no *status* existencial que, em certa medida, redefinia as relações entre os membros da mesma linhagem familiar, ou seja, a linhagem da casa real. Ou, em outras palavras, embora a morte não alterasse a natureza fundamental das relações de parentesco (uma pessoa permanecia sendo o filho de seu falecido pai, por exemplo), ela ocasionava mudanças significativas nos canais de comunicação que ligavam as duas partes, uma vez que os vivos tinham de recorrer a meios rituais, como o sacrifício, a fim de comungar com seus parentes falecidos. Por esses motivos, era importante estabelecer ligações e canais de comunicação adequados com os antepassados reais, sobretudo pela via da realização de rituais de adivinhação e ofertas sacrificiais. Por esses meios, os reis Shang conseguiam assegurar a ajuda e as bênçãos de seus antepassados (os quais também podiam interceder em favor dos reis com os vários poderes sobrenaturais, incluindo Shangdi) ou, pelo menos, apaziguá-los e evitar a sua censura ou ira.

A relação entre os ancestrais falecidos e os descendentes vivos era concebida em termos de reciprocidade. Ambos os grupos necessitavam um do outro. Os vivos proporcionavam aos mortos túmulos suntuosos e oferendas funerárias; além disso, realizavam sacrifícios regulares em nome dos ancestrais falecidos e prestavam-lhes homenagem. Por outro lado, os mortos estendiam suas bênçãos e proteção aos vivos. É também importante notar que o rei tinha um monopólio virtual da prerrogativa de comungar e interagir com os ancestrais reais, cuja existência elevada e poder sobrenatural santificava seu governo. O rei de fato ocupava uma posição privilegiada na comunidade central de parentesco da casa régia, que cruzava as linhas convencionais de demarcação que separava os mortos dos vivos. Isso lhe concedia uma relação única com uma fonte básica de poder sobre-humano, expressa sobretudo em termos de laços de parentesco que, por sua vez, conferiam ao seu reinado uma aura de legitimidade sociorreligiosa. Podemos postular que o culto ancestral também foi adotado por outras elites aristocráticas na sociedade Shang, que veneravam seus antepassados de forma semelhante.

Mudança de atitudes em relação à divindade na era Zhou

O culto aos antepassados, também apelidado de "culto aos ancestrais", continuou durante a Dinastia Zhou como parte integrante dos rituais oficiais e um aspecto fundamental da cosmovisão religiosa predominante. Durante esse período houve uma expansão dos limites do culto aos ancestrais, que também passou a envolver os antepassados das pessoas comuns. O culto aos ancestrais também foi imbuído de dimensões éticas e recebeu uma qualidade moral característica. Os seus fundamentos éticos centravam-se nas questões morais da família extensa ou ampliada. Dentro desse contexto, o relacionamento entre os membros individuais e a estrutura geral de autoridade dentro da família ampliada eram geralmente expressos em termos religiosos. Assim, o relacionamento com os antepassados tornou-se uma extensão da relação pai-filho(a), concebida sobretudo em termos patrilineares, embora o respeito e a veneração também fossem dispensados aos ancestrais do sexo feminino. Como resultado, a noção de piedade filial assumiu uma posição dominante. O culto aos ancestrais e a virtude da piedade filial permaneceram ideais religiosos importantes e valores culturais básicos ao longo da história subsequente da civilização chinesa, e essa condição se estende até os dias de hoje.

Outro fato, que ocorreu durante a transição Shang-Zhou, foi a substituição gradual de Shangdi por Tian (lit. "Céu"; também significa "firmamento") como suprema divindade do panteão chinês. Não obstante as analogias e semelhanças entre as duas concepções de divindade suprema, um novo elemento importante, introduzido durante o período Zhou, era a representação do Céu como uma força moral de inequívoca bondade. Embora o Céu tivesse um suposto controle sobre a vida e o destino humanos, dentro da estrutura Zhou, esse poder era exercido segundo padrões morais exigentes e minuciosos, ao contrário do comportamento caprichoso ou excêntrico antes atribuído a Shangdi. O conceito de Céu implicava certas conotações antropomórficas, sobretudo no início, mas é enganoso igualá-lo às concepções ocidentais de um Deus onipotente que funciona como criador do mundo, ao longo das vertentes de crenças que se desenvolveram dentro das religiões monoteístas do judaísmo e do cristianismo.

Como divindade ou poder supremo, o domínio e a autoridade do Céu se estendiam para ambos os mundos natural e humano, que não eram percebidos como apartados de um modo radical. As funções do Céu incluíam a de ser uma força criativa, originária de todas as coisas e dos seres inumeráveis, um governante onipotente de toda a criação e um juiz imparcial que avalia e responde ao comportamento humano. Dentro do contexto da Dinastia Zhou, teve importância especial o papel do Céu como fundamento e guardião da ordem sociopolítica corrente. Os textos da época Zhou também retratam o interesse do Céu no bem-estar e no caráter moral das pessoas, o que levou ao estabelecimento de padrões éticos que promovem o comportamento virtuoso e a harmonia social.

A virada ética significativa que ocorreu durante o período Zhou foi caracterizada por novas formulações de valores humanistas e preocupações morais, que mudaram os fundamentos do relacionamento humano com o mundo sobrenatural e redefiniram as atitudes básicas relativas à autoridade divina. Da perspectiva dessa época, o Céu não se contentava apenas com o recebimento de oferendas e a veneração das pessoas; o seu interesse básico era o caráter moral, tanto do indivíduo como da comunidade. Seguir a vontade ou o desígnio do Céu trazia recompensas positivas, ao passo que transgredir contra ele resultava em desgraça e castigo. Por exemplo, se insatisfeito, o Céu poderia influenciar as catástrofes naturais ou os tipos diferentes de flagelo. Essas ideias foram, numa época posterior, expressas em textos clássicos, que exerceram especial influência dentro da tradição confuciana, que os tornou uma peça central de seu cânone (ver Capítulo 2).

O papel da virtude nas interações humanas com os espíritos, segundo o *Zuo zhuan* (Tradição Zuo)

Não se trata, simplesmente, de que os fantasmas e os espíritos sejam atraídos pelos seres humanos: o que os atrai é a virtude. Por isso, o "Livro de Zhou", no *Livro dos Documentos*, diz: "O Augusto Céu não tem afeições parciais; ele apoia apenas os virtuosos". [...] Assim, a menos que sejamos virtuosos, o povo não estará em harmonia e os espíritos não compartilharão de nossas oferendas. O que atrai os espíritos é a virtude de cada um.

Tradução adaptada de Sommer (1995, p.25).

Esses tipos de interesses e atitudes morais também foram aplicados aos padrões básicos de interação humana com os vários espíritos e divindades, que se expressavam cada vez mais em termos morais (ver a citação do *Zuo zhuan*). Isso transformou a antiga maneira de considerar os sacrifícios rituais, ou seja, como um sistema *quid pro quod* de trocas, cujo motor principal eram as preocupações pragmáticas e no qual a mera celebração de rituais era considerada suficiente para a obtenção de boa sorte e de benefícios mundanos. Em seu lugar, passa a haver uma mudança de ênfase relativa à moralidade pessoal, o que não significa que as considerações utilitárias tenham perdido importância para o povo da Dinastia Zhou. Embora mantendo grande parte da fachada dos antigos rituais, o relacionamento humano com a ordem sobrenatural passou por importantes reavaliações e redefinições. Dentro do novo paradigma, as divindades passaram a ser mais sensíveis à conduta moral apropriada àqueles que as cultuavam, do que às oferendas que lhes eram apresentadas. As deidades recompensavam os virtuosos e concediam boa sorte para os benevolentes, ao passo que traziam desgraça para aqueles que se comportavam de modo imoral.

Essa perspectiva provocou mudanças notáveis nos princípios do sacrifício ritual. Os rituais de sacrifício deviam ser realizados com um estado de espírito adequado, sendo ocasiões para manifestar a virtude interior das pessoas que realizavam o sacrifício. Eles faziam parte de uma virada humanista de amplo alcance, uma reorientação para o próprio mundo, com importantes implicações religiosas, políticas e éticas, que floresceu durante o período dos Estados Combatentes. Uma característica central desses acontecimentos, pelo menos em certos meios intelectuais de confucianos e outros grupos, discutidos no próximo capítulo, era um interesse abrangente pelas estruturas sociais e as relações humanas. Cada vez mais as questões centrais relacionadas à existência humana eram discutidas em termos humanistas, sem referência indevida a poderes sobrenaturais ou à autoridade divina. Isso influenciou as concepções generalizadas acerca do Céu que, no decorrer do tempo, passou a ser percebido em termos mais abstratos, como um princípio impessoal ou uma espécie de lei natural. Um aspecto que tem estreita relação com essa mudança geral no modo de pensar foi a tendência de localizar a divindade dentro do indivíduo. Os seres humanos passaram a ser percebidos como donos do potencial espiritual de transformar a si mesmos de forma radical e assumir qualidades divinas ou transcendentais, tornando-se sábios, imortais ou deuses (e finalmente também bodisatvas e Budas, quando o budismo entrou na China).

Heróis culturais e reis-sábios

Além das três categorias principais de divindades examinadas anteriormente – a divindade suprema (Shangdi ou Tian), os espíritos da natureza e os antepassados –, outro importante grupo de seres extraordinários venerado pelos chineses antigos eram os vários heróis culturais e reis-sábios. Acredita-se que essas figuras míticas tenham desempenhado importantes funções culturais na Antiguidade remota, durante uma idade primeva que coincidiu com o início da civilização chinesa. Suas façanhas notáveis e feitos extraordinários foram narrados em uma série de mitos, que exaltavam suas contribuições seminais para o desenvolvimento da cultura e destacavam os importantes benefícios trazidos por eles à humanidade. Esses mitos pretendem transmitir informações importantes sobre as origens de aspectos essenciais da vida e cultura humanas, incluindo a escrita, a medicina, a agricultura, a zootecnia, a sericicultura, a música, a culinária, a metalurgia e a formação de instituições sociopolíticas. Seus heróis principais, muitas vezes descritos como multifacetados ou multifuncionais, teriam sido os primeiros a ensinar à humanidade algumas das principais técnicas e habilidades culturais que proporcionavam as bases para o desenvolvimento de uma civilização duradoura.

Entre os mais conhecidos e reverenciados heróis culturais e reis-sábios arcaicos encontra-se o Imperador Amarelo (Huangdi), que ocupa uma posição elevada no panteão divino, embora seu mito seja relativamente tardio, de origem provável no período Zhou Oriental. No início, o Imperador Amarelo não era uma figura importante, mas, aos poucos, sua *persona* e as imagens simbólicas associadas a ele sofreram uma ampla transformação, até que, por fim, ele assumiu o *status* de principal herói cultural. No processo, uma quantidade abundante de tradição oral mítica cresceu em torno dele. No início, o Imperador Amarelo foi retratado como uma figura de guerreiro, ainda que com inclinações pacifistas, que lutou e venceu várias forças do mal. Mais tarde, ele passou a ser retratado como o progenitor da civilização chinesa.

Alguns mitos atribuem ao Imperador Amarelo a descoberta de como fazer fogo e a invenção da culinária. Outros imputam-lhe a domesticação de animais e uma série de outras invenções: a carroça, a cunhagem, a bússola, as casas, as roupas, os aparelhos para medir peso e tempo, os costumes funerários, a astronomia, a medicina; atribuem-lhe até mesmo a criação de um jogo de futebol. Além disso, o Imperador Amarelo é muitas vezes retratado como o suposto ancestral do povo chinês, uma identidade que ainda é evocada pelos chineses atuais, que se consideram seus descendentes; ele também é uma figura importante no panteão taoista. Até os dias de hoje, os mitos centrados no Imperador Amarelo são transmitidos e recontados na China. Há também apresentações ocasionais de rituais de sacrifício dedicados a ele, alguns com a participação de importantes autoridades do Partido Comunista.

Além do Imperador Amarelo, outros importantes heróis míticos são os três reis-sábios da Antiguidade: Yao, Shun e Yu. Ao longo da história da China Imperial, seus reinados sucessivos eram invocados e venerados como uma utópica idade de ouro, em que prevalecia a harmonia social e um governo impecável. Yao geralmente é retratado como um governante esclarecido, famoso por sua benevolência e preocupação com o bem-estar das pessoas. Muitas vezes, os textos de Confúcio e outras obras o evocam como um exemplo paradigmático do governante perfeito, um modelo de sabedoria a ser seguido por gerações posteriores de imperadores. Ele é elogiado sobretudo por sua decisão de abdicar do trono e passar o poder ao seu súdito mais digno e capaz, Shun, que na época era um simples agricultor.

Segundo os relatos tradicionais, Shun casou com duas filhas de Yao, mulheres muito virtuosas e sábias, que o ajudaram na gestão de seu domínio.

Shun é louvado como um modelo de perfeição, famoso por sua piedade filial exemplar. Há muitas histórias que narram seu comportamento filial, não obstante a natureza cruel de seus pais que, juntamente com seu meio-irmão perverso, maltrataram-no muito. Shun seguiu o precedente criado por Yao e legou o trono para a pessoa de maior virtude e realizações entre seus súditos: o corajoso, dedicado e trabalhador Yu.

Yu, muitas vezes chamado Yu, o Grande, é mais conhecido por seu feito memorável de controlar as grandes inundações que teriam tomado o mundo antigo. O mito central que narra esses eventos e a participação de Yu é muito antigo, como pode ser visto na inscrição em um vaso de bronze do século VIII a.C. A tradição chinesa louvava a realização de Yu como um exemplo típico de devoção altruísta ao serviço público. Sua dedicação nobre e árduo trabalho no combate às inundações devastadoras finalmente tiveram êxito. Yu conseguiu restaurar a ordem no mundo e socorrer as pessoas, o que lhe valeu um lugar especial no panteão chinês dos grandes heróis e personagens.

Várias histórias narram como Yu prosseguiu com entusiasmo o trabalho extenuante de controlar as grandes inundações, um projeto colossal que havia sido iniciado por seu pai. Ele supostamente passou treze anos lutando contra as cheias; sua dedicação concentrada a essa tarefa crucial era tamanha, segundo nos dizem as antigas histórias, que durante todo o período ele não parou uma única vez para visitar a sua casa. Finalmente, ele conseguiu terminar sua tarefa monumental, por meio do estabelecimento de um sistema de diques e canais que faziam a água desaguar no mar. Além de talento e conhecimento técnico em engenharia, no decorrer de sua batalha épica com as inundações diz-se que Yu realizou inúmeros milagres e derrotou vários monstros e outras criaturas estranhas. Atribui-se também a Yu a criação da primeira dinastia chinesa, a dinastia mítica Xia. Segundo a tradição, ele deixou o trono dinástico para seu filho, que se tornou um modelo seguido pelas casas reais posteriores.

Os três reis-sábios da Antiguidade, juntamente com o Imperador Amarelo e seu neto um pouco obscuro, Zhuanxu, muitas vezes são agrupados e identificados como os Cinco Imperadores (ver quadro, p.31). Entretanto, há também versões variantes desse agrupamento de reis-sábios arcaicos e parece que o mito de Yu é anterior ao mito do Imperador Amarelo. Outro conjunto importante de reis divinos, que segundo a tradição mítica popular, governaram durante o período pré-histórico, são os chamados Três Soberanos (ver quadro, p.31), embora essa classificação seja bastante tardia, provavelmente do final da era dos Estados Combatentes. Com frequência, as suas identidades são construídas em termos da clássica divisão tripartite do mundo (o céu, a terra e a humanidade), mas existem variações nessa lista também (ver próxima seção).

Segundo a tradição, as obras históricas chinesas como os *Registros Históricos (Shiji)* de Sima Qian (c.145-86 a.C.), de imenso prestígio, apresentavam essas figuras como personagens históricas, sobretudo como reis-sábios, que governaram durante um período arcaico e estabeleceram as bases da civilização chinesa. O caráter histórico dessas representações reflete uma tendência comum de fundir o período mítico com a época histórica, bem como de embaçar as linhas de demarcação que separam os modos mítico e histórico de narração. Alguns estudiosos sugerem que os cinco imperadores (e outras figuras heroicas semelhantes) eram, originalmente, deuses arcaicos. Durante o período Zhou, esses deuses foram submetidos a processos de desmitologização e racionalização e, portanto, transformados em heróis culturais e agraciados com distintas qualidades humanas. Na literatura acadêmica, esse processo é às vezes referido como "evemerismo inverso".

A noção de evemerismo foi originalmente aplicada em referência a um processo de divinização que, segundo dizem, se desenvolvia dentro do contexto da mitologia grega antiga. Essa ideia foi proposta, em primeiro lugar, pelo antigo escritor grego e mitógrafo Evêmero (final do século IV a.C.). Evême-

Os Cinco Imperadores (*wudi*)
- O Imperador Amarelo (Huangdi)
- Zhuanxu
- Yao
- Shun
- Yu, o Grande

Os Três Soberanos (*sanhuang*)
- Soberano Celestial (Tianhuang)
- Soberano Terrestre (Dihuang)
- Soberano Humano (Renhuang)

ro reinterpretou a religião grega, propondo uma nova teoria sobre a origem dos deuses que constituíam o panteão grego e dos mitos que eram narrados sobre eles. Segundo esse autor, os deuses eram seres humanos divinizados. Por exemplo, no início Zeus foi um rei venerado, que se tornou um objeto de culto após sua morte. Da mesma forma, os relatos míticos populares que caracterizam vários deuses são reflexos de acontecimentos históricos ocorridos num passado distante, que foram reformulados e recontados numa fase posterior por meio de uma narrativa distinta e influenciada pela religião. Assim, enquanto no caso grego se argumenta que os seres humanos foram deificados e transformados em deuses, na China, parece que estamos diante de um processo inverso, de deuses arcaicos que se tornam humanizados e historicizados, transformando-se, assim, em reis-sábios primitivos.

Mitologia chinesa

As histórias sobre os heróis arcaicos e reis-sábios e as imagens relacionadas a elas, descritos na seção anterior, são parte de um conjunto maior de narrativas míticas, preservadas sobretudo em textos antigos; algumas delas continuam a ser transmitidas e recontadas na China moderna. De modo geral, há falta de consenso acadêmico sobre a forma de definir a categoria de mito. Em parte, isso é devido ao fato de que vários estudiosos abordam o estudo da mitologia por meio das lentes interpretativas de diversas disciplinas acadêmicas, como a antropologia, a psicologia, os estudos literários ou a história das religiões. No nível mais básico, os mitos são histórias antigas ou narrativas arcaicas, que costumam retratar seres sobrenaturais ou heróis primordiais. Em geral, eles são contados em prosa, mas também podem assumir a forma de versos.

Em geral, os mitos explicam, em termos simbólicos, as origens do mundo e dos fenômenos naturais, lançam luz sobre as principais características do comportamento humano, condensam facetas peculiares da cultura ou transmitem informações sobre aspectos significativos da vida social. Por vezes, os mitos são caracterizados como "narrativas sagradas", mas uma série de mitos (na China e em outros lugares) não diz respeito diretamente a seres divinos ou a outros aspectos do reino sagrado (e, de qualquer modo, a própria noção de "sagrado" é vaga e aberta a diversas interpretações). Algumas definições de mito podem ser um tanto restritivas, enquanto outras têm maior amplitude. Aqui a segunda perspectiva é favorecida, ou seja, a categoria de mito está sendo empregada num sentido bastante amplo.

Ao contrário dos povos das antigas Grécia e Roma, ou mesmo do Japão antigo, os chineses não criaram um sistema integrado de mitos ou um cânone de escritos mitológicos; ou, pelo menos, não temos nenhum indício dessa sistematização, em grande parte porque, logo no início, os mitos deviam ser transmitidos por via oral. Na China antiga, os mitos eram narrativas em constante mudança, sujeitas a processos contínuos de revisão e modificação. Embora as origens de diversos mitos chineses sejam muito antigas, via de regra eles são preservados em textos tardios, em particular a partir do final da era Zhou e a Dinastia Han. Além disso, embora haja uma grande variedade de mitos chineses, eles geralmente sobrevivem de forma truncada ou fragmentada. Para complicar ainda mais as coisas, muitos mitos aparecem em inúmeras versões diferentes e, em geral, são incorporados em uma variedade de obras maiores, cujos autores, na maioria das vezes, estavam interessados em outros tópicos e questões.

Ao olhar para a história das primeiras narrativas míticas, podemos discernir processos contínuos de transformação e marginalização, influenciados em grande parte por tendências racionalizadoras, que se tornaram importantes sobretudo com a instituição gradual da hegemonia confuciana. Como parte de sua transformação contínua, muitos mitos foram historicizados e racionalizados ou, em outras palavras, perderam seu caráter mitológico, como vimos na discussão anterior sobre os antigos reis-sábios. À medida que eram integrados em obras maiores, os antigos relatos mitológicos eram modificados, em conformidade com os estilos e intenções dos seus textos anfitriões. Em geral, isso significava que eles eram redesenhados e apresentados como partes integrantes de narrativas históricas, filosóficas, ou literárias mais amplas.

Há pouquíssimas obras antigas que proporcionem uma quantidade considerável de material para o estudo dos mitos antigos. Alguns exemplos notáveis são o *Clássico das Montanhas e Mares* (*Shanghai jing*), um tesouro de sabedoria mítica que deve ter sido composto em torno do século III a.C., e *Huainanzi* (lit. "Os mestres de Huainan"), compilado por volta de 139 a.C. pelo príncipe de Huainan e seus colaboradores acadêmicos, que contém versões completas de alguns mitos primitivos, ao contrário da maioria das outras fontes. Com base nesses textos e outras fontes, os estudiosos têm conseguido estudar os temas e personagens míticos predominantes e analisar uma grande variedade de mitos compostos na China antiga.

Os mitos chineses apresentam numerosos deuses, heróis divinos e outras figuras míticas, incluindo aves e animais estranhos. Eles também abrangem ampla gama de temas e ideias. Alguns exemplos de temas míticos importantes incluem a criação do mundo e as origens da humanidade, os nascimentos e os atos dos deuses, as conquistas e atribulações dos heróis semidivinos da Antiguidade, o caráter incomum e a topografia das terras míticas, e a fundação de grupos étnicos ou dinastias locais. Por razões de espaço não podemos examinar toda a diversidade de temas e protagonistas míticos; no entanto, é possível ilustrar algumas das características básicas de mitos chineses, analisando, com mais detalhes, três importantes personagens míticos: Shennong, Fuxi e Nuwa. Às vezes, os três são identificados com os anteriormente mencionados Três Soberanos e todos eles são venerados até os dias de hoje.

Shennong (Fazendeiro Divino) está entre os heróis culturais mais importantes do passado distante da China. Ele é especialmente associado à invenção da agricultura. Em algumas histórias, atribui-se a ele um nascimento miraculoso e uma compleição singular; uma das versões do seu mito retrata-o com a cabeça de um dragão, devido ao suposto fato de sua mãe ter copulado com um dragão divino. Conforme seu nome indica, Shennong é identificado como o inventor da agricultura; ele é o mais conhecido entre os vários deuses da agricultura. Diz-se também que ele introduziu ferramentas agrícolas importantes, como a enxada, o machado e o arado. Outras descobertas notáveis associadas a ele são os rudimentos da irrigação, o primeiro calendário, utensílios de cozinha diversos e o hábito de tomar chá. Considera-se ainda que ele criou alguns dos antigos instrumentos musicais. Além disso, na China antiga, atribuía-se a ele a invenção da medicina e o uso de plantas para a cura. Nessa função, ele foi identificado como o "autor" de um livro antigo sobre medicina e farmacopeia, que constava entre os primeiros livros de medicina compostos na China. Até hoje, Shennong é adorado por toda a China e há numerosos templos, santuários e festivais dedicados a ele (ver Figura 1.4).

Fuxi é outra figura mítica importante e elemento obrigatório e fundamental no panteão antigo. Os mitos arcaicos o retratam como um deus multifacetado e um herói cultural de grande influência. Sua principal representação é a de um inventor prodigioso, que beneficiou a humanidade antiga pelo ensino de uma série de importantes habilidades técnicas e práticas culturais. Por

Figura 1.4. Santuário dedicado a Shennong (Templo de Baoan, Taipei, Taiwan)

exemplo, ele está associado à invenção da escrita, da música e da culinária, juntamente com a domesticação dos animais e a utilização de redes para pescar e caçar. Ele também é reconhecido pela invenção da adivinhação, nas formas dos "oito trigramas" (*bagua*) que estão apresentados no *Clássico das Mutações* (*Yijing*, discutido no capítulo seguinte). Alguns mitos descrevem o nascimento de Fuxi em termos sobrenaturais, enquanto outros o retratam com atributos extra-humanos – por exemplo, a parte inferior do corpo é representada com a forma de uma cobra.

Nuwa é uma das figuras femininas mais conhecidas e significativas da mitologia chinesa. Alguns mitos cosmogônicos descrevem Nuwa como uma deidade criadora poderosa. Diz-se que ela formou os primeiros seres humanos, moldando-os com suas próprias mãos com terra amarela e lama (ver o quadro "Nuwa faz os seres humanos com terra amarela"). As primeiras formas do corpo humano foram feitas com cuidado e se tornaram a aristocracia, segundo uma versão popular da história; em contrapartida, as formas posteriores foram feitas às pressas pela deusa exausta e se transformaram nas pessoas

Nuwa faz os seres humanos com terra amarela

As pessoas dizem que quando, no início, o céu e a terra se abriram e se estenderam, os seres humanos ainda não existiam. Nuwa amassou terra amarela e com ela modelou os seres humanos. Embora trabalhasse febrilmente, ela não teve força suficiente para terminar sua tarefa; então, ela puxou sua corda ao longo de um sulco no meio da lama e ergueu-a para fazer seres humanos. É por isso que os aristocratas ricos são os seres humanos feitos de terra amarela, enquanto os pobres são os seres humanos feitos da corda puxada ao longo do sulco.

Tradução adaptada de Birrell (1993, p.35)

Figura 1.5. Nuwa com um corpo de serpente (fonte: *Myths and Legends of China* [1922; republicado por Dover Publications], por Edward Theodore Chalmers Werner; cortesia de Wikimedia Commons)

comuns. Outro grupo popular de mitos descreve Nuwa como salvadora do mundo. Houve certa vez uma desordem de proporções cósmicas causadas por uma ruptura no céu. Isso aconteceu quando (segundo uma versão da história), na sequência de uma luta feroz com outro deus, um deus poderoso bateu num dos quatro grandes pilares que sustentam o céu, danificando-o. Nuwa conseguiu consertar o pilar e emendar o céu partido, restabelecendo a ordem no mundo.

O *status* proeminente de Nuwa aponta para a importância atribuída ao princípio feminino na mitologia chinesa antiga. Outro exemplo de divindade feminina importante é a Rainha Mãe do Oeste (Xiwangmu), uma deusa suprema que supostamente presidia um paraíso ocidental. Num momento posterior, ela foi incorporada ao panteão taoista, e voltaremos a ela na discussão sobre o lugar das mulheres no taoismo religioso (ver Capítulo 4).

Muitas vezes, Fuxi e Nuwa são retratados juntos, como um par. Nesse caso, eles são conhecidos como os progenitores ou antepassados da humanidade. O relacionamento deles é um pouco ambíguo, já que Nuwa é descrita seja como irmã, seja como consorte de Fuxi. Segundo esse mito, as origens da humanidade remontam à relação incestuosa entre eles: um casamento entre um irmão e uma irmã, ocorrido no momento original da criação, quando eles eram os dois únicos seres humanos vivendo num mundo primordial. Como Fuxi, a imagem de Nuwa muitas vezes é apresentada em parte como mulher (que pode ser a cabeça ou a metade superior do corpo), em parte como serpente (a parte inferior). Uma representação comum dos dois como par retrata-os com as partes superiores do corpo na forma humana, enquanto que as partes inferiores têm a forma de duas serpentes entrelaçadas.

Mandato do Céu

Já observamos que, além de seus papéis políticos e sociais, os reis da Dinastia Shang desempenhavam importantes funções religiosas. Dentro do contexto Shang, a política e a religião, juntamente com a economia, a sociedade e a cultura, eram inseparáveis e não havia nenhuma linha clara de demarcação entre elas. Em vista disso, alguns estudiosos têm argumentado sobre a presença significativa da concepção xamânica da realeza durante a era Shang, em que o rei servia como chefe de um culto xamânico. Essa estrutura foi baseada em um profundo senso de conexão e continuidade entre os mundos divino e humano. Em sua suposta capacidade de intermediário entre os dois mundos, o rei ocupava uma posição única para estabelecer e manter ligações importantes de comunicação entre a humanidade e os poderes sobrenaturais acima. Isso permitia que ele intercedesse em nome do povo e pedisse ajuda e proteção divina. Os principais meios para isso eram as adivinhações, os sacrifícios e outros rituais descritos anteriormente. Essa concepção de realeza aparentemente refletia o papel central que o xamanismo desempenhava na política e cultura chinesas durante a época Shang; no entanto, é importante ressaltar que alguns estudiosos rejeitaram esse argumento e questionaram a aplicabilidade da noção de xamanismo no contexto chinês.

O estabelecimento da Dinastia Zhou não raro é considerado como um dos eventos seminais da história chinesa. Após a derrota da Dinastia Shang, os primeiros governantes Zhou arrogavam-se a autoridade moral para governar diretamente do Céu. Sua conquista, portanto, não dizia respeito somente a uma mudança de regime provocada pela força das armas; mais do que isso, era a realização de um plano divino. Os primeiros registros históricos, escritos a partir da perspectiva Zhou, retratam os governantes finais da Dinastia Shang como incorrigíveis corruptos e decadentes, enquanto a conquista da Dinastia Shang pelos Zhou é apresentada como um cumprimento do mandato celestial. Os antigos reis Shang já tiveram outrora o direito moral de governar. No entanto, devido à perda da virtude, seus descendentes foram privados desse privilégio, pela violação das normas morais do Céu. Por conseguinte, agora cabia aos reis Zhou governar a terra e servir o Céu, pressupondo uma reformulação peculiar da relação dinâmica entre a intervenção vital do Céu e a autoridade do rei de governar os seus súditos. Esse conjunto de ideias se transformou na importante noção de "mandato do Céu" (*tianming*), que se tornou um fundamento filosófico do domínio Zhou.

Os primeiros reis Zhou santificaram o seu domínio e legitimaram a nova dinastia ao alegarem uma conexão especial com o Céu, simbolizada pela adoção do título de "Filho do Céu" (*tianzi*), que continuou a ser usado pelos governantes de várias dinastias ao longo da história chinesa posterior. Com efeito, os reis Zhou passaram a ser percebidos como as partes terrenas correspondentes do Céu, sem que fossem julgados donos de uma imagem divina ou de atributos sobrenaturais. Ao mesmo tempo em que os reis gozavam de um poder temporal absoluto, eles também serviam de agentes do

Céu, exercendo sua autoridade real em nome do Céu. Nessa condição, cada rei funcionava como um elo crucial entre o Céu e a humanidade. Era-lhe atribuída a virtude e a habilidade únicas de decifrar os grandes desígnios ou desejos do Céu. Era sua também a sanção divina para estabelecer um governo legítimo e o domínio sobre o povo. Em teoria, não havia qualquer limitação temporal ao mandato do Céu, contanto que os governantes de uma dinastia específica agissem com justiça e exibissem boa conduta moral. No entanto, caso o governante individual fosse despótico e injusto, o mandato poderia ser revogado de forma abrupta. Segundo a crença popular, a revogação do mandato celeste era prenunciada por calamidades naturais e outros sinais, que manifestavam o desagrado do Céu com o governante e sua dinastia. Nesse caso, o Céu transferia o seu mandato para um novo governante, de caráter moral adequado e capaz de estabelecer uma dinastia nova e legítima.

A noção de mandato do Céu manteve um papel central nas discussões sobre a arte de governar e a autoridade política no decorrer da história chinesa até o período moderno. Em consequência, a história chinesa passou a ser percebida como uma sucessão de dinastias que receberam o mandato celestial. O reinado inicial de cada dinastia, sobretudo as mais duradouras, em geral era retratado em termos de um começo auspicioso sob um governante virtuoso e esclarecido, seguido de um período inicial de crescimento e consolidação dinástica, sob seus descendentes talentosos. A seguir, há um período prolongado de estabilidade política e de equilíbrio social. Finalmente, o fim da dinastia quase sempre implicava a descida ao caos, sob seu governante final, geralmente caracterizado como incompetente e corrupto, com a eclosão de rebeliões e outros desastres. O ciclo se repete com o estabelecimento de nova dinastia, que terá herdado o mandato celestial autêntico, o que anuncia um novo capítulo na história chinesa.

No curso da história imperial chinesa, o conjunto de ideias associadas com o mandato do Céu continuou a funcionar como os princípios básicos que regiam a transferência de poder e aquisição de legitimidade na arena política, que acompanhava o estabelecimento de novos regimes. Sem dúvida, a realidade histórica propriamente dita era um tanto mais confusa, já que eram comuns as reivindicações que competiam pelo mandato do Céu. Isso acontecia em conjunto com as incertezas evidentes e as manipulações deliberadas dos sinais e presságios que supostamente comunicavam os desejos e desígnios do Céu para a humanidade. Por outro lado, a noção de que o governo terreno derivava sua legitimidade de uma fonte divina moralmente boa ajudou a situar as preocupações éticas e os princípios morais na vanguarda das discussões chinesas sobre o exercício do poder político e a estruturação do governo.

Pontos-chave

- A China tem uma das mais antigas civilizações da história mundial. A primeira dinastia sobre a qual temos amplas evidências arqueológicas é a Dinastia Shang, que foi sucedida pela Dinastia Zhou. O fim da era Zhou marca o início da história imperial chinesa.
- Os rituais divinatórios que exibiam a aplicação de fogo em ossos oraculares eram aspectos importantes da vida política e religiosa na capital Shang. As inscrições oraculares em ossos nos fornecem informações importantes sobre as crenças religiosas, preocupações existenciais e atividades cotidianas dos reis Shang e seu povo.
- O panteão Shang era estruturado em termos hierárquicos. Shangdi, a suprema deidade, reinava sobre um grande número de outras deidades e ancestrais. Os ancestrais reais eram objetos importantes de culto e propiciação, bem como uma fonte essencial de legitimidade sociopolítica para os reis Shang e a família real.
- Durante o período Zhou, nós testemunhamos uma expansão do culto aos ancestrais, que cada vez mais passou a incorporar as preocupações morais centradas na família, incluindo a virtude da piedade filial. Outro fato digno de nota foi a substituição de Shangdi pelo Céu como suprema deidade, que recebeu um tom mais claramente moral.
- No decorrer da era Zhou, houve uma mudança de ênfase na direção de novos valores humanistas e preocupações éticas, que levaram a uma ampla redefinição das relações humanas com o reino sobrenatural e mudanças de atitudes em relação à autoridade divina.
- Os chineses antigos reverenciavam diversos heróis e reis-sábios culturais arcaicos, tais como o Imperador Amarelo, Yao e Shun, que receberam o crédito da descoberta de aspectos essenciais da vida humana e foram celebrados por suas contribuições seminais ao desenvolvimento da cultura. Seus feitos heroicos decisivos eram contados, no início, em narrativas mitopoéticas, mas aos poucos eles foram humanizados e tornados históricos.

- Embora os antigos chineses não tenham criado um sistema abrangente de mitologia ou um cânone de escritos mitológicos, existe uma ampla variedade de mitos chineses, em geral existentes em forma fragmentária. Os mitos chineses cobrem uma gama de temas e apresentam vários protagonistas, como Shennong, Fuxi e Nuwa.
- Após a conquista da Shang, os primeiros governantes Zhou afirmaram sua autoridade moral para governar invocando a noção de mandato do Céu. Essa ideia se tornou firmemente estabelecida e, ao longo da história chinesa, continuou a servir como um importante princípio que rege a transferência do poder político e o estabelecimento da legitimidade dinástica.

Questões para discussão

1. Compare e ressalte as distinções entre as concepções da divindade suprema na Dinastia Shang *versus* a Dinastia Zhou e explique o significado das diferenças entre as duas dentro do contexto maior da evolução das concepções da divindade na antiga China.
2. Investigue o surgimento do culto aos antepassados na China antiga e explique a origem da piedade filial como uma virtude fundamental dentro de um universo moral característico.
3. Discuta as semelhanças e as diferenças entre China e Grécia antiga que dizem respeito à função e ao *status* da mitologia dentro das duas culturas. Além disso, esclareça os contrastes entre as origens e o caráter dos deuses míticos/heróis que se desenvolveram dentro das duas civilizações antigas.

Leituras complementares

Birrell, A. *Chinese Mythology*: An Introduction. Baltimore, MD: Johns Hopkins University Press, 1993.

_____. (Trad.). *The Classic of Mountains and Seas*. London: Penguin Books, 1999.

Chang, K. *Shang Civilization*. New Haven, CT: Yale University Press, 1980.

_____. *Art, Myth, and Ritual*: The Path to Political Authority in Ancient China. Cambridge, MA: Harvard University Press, 1983.

_____; Pingfang, X.; Liancheng, L.; Allan, S. *The Formation of Chinese Civilization*: An Archaeological Perspective. New Haven, CT: Yale University Press, 2005.

Ching, J. *Mysticism and Kingship in China*: The Heart of Chinese Wisdom. Cambridge: Cambridge University Press, 1997.

Falkenhausen, L. *Chinese Society in the Age of Confucius 1000-250 BC)*: The Archaeological Evidence. Los Angeles, CA: Cotsen Institute of Archaeology, University of California, 2006.

Keightley, D. *Sources of Shang History*: The Oracle-Bone Inscriptions of Bronze Age China. Berkeley, CA: University of California Press, 1978.

_____. *The Ancestral Landscape*: Time, Space, and Community in Late Shang China (ca. 1200-1045 BC). Berkeley, CA: Institute for Asian Studies, University of California, 2000.

Poo, M. *In Search of Personal Welfare*: A View of Ancient Chinese Religion. Albany, NY: State University of New York Press, 1998.

Puett, M. J. *To Become a God*: Cosmology, Sacrifice, and Self-Divinization in Early China. Cambridge, MA: Harvard University Asia Center, 2002.

Thorp, R. L. *China in the Early Bronze Age*: Shang Civilization. Philadelphia, PA: University of Pennsylvania Press, 2006.

Xu, Z.; Linduff, K. M. *Western Chou Civilization*. New Haven, CT: Yale University Press, 1988.

Yang, L.; Deming, A. *Handbook of Chinese Mythology*. Santa Barbara, CA: ABC-CLIO. Republished 2008. Oxford: Oxford University Press, 2005.

2

A tradição confuciana clássica

Neste capítulo

Por mais de dois milênios, a tradição confuciana ocupou uma posição central e exerceu uma influência significativa sobre as várias esferas da vida na China, como a política, a sociedade, a cultura e a religião. Com o colapso do Estado imperial e da forma habitual de vida no início do século XX, o confucianismo perdeu muito do seu prestígio e influência tradicionais, mas seus princípios básicos continuam a moldar os valores e comportamentos de muitas pessoas na China e no resto do Leste da Ásia. Este é o primeiro de dois capítulos sobre o confucianismo, abrangendo a época de formação da história da tradição: desde suas origens durante a época de Confúcio (c. 552-479 a.C.), cerca de vinte e cinco séculos atrás, passando pela elaboração gradual de seus ensinamentos e sua codificação numa forma clássica, e, finalmente, sua entrada na tendência social dominante na China, marcada pela sua aceitação como ideologia do Estado imperial durante a primeira parte da Dinastia Han (206 a.C.-220 d.C.).

Tópicos principais

- As diversas faces da tradição confuciana.
- Os "Cinco Clássicos" e o contexto histórico na ascensão do confucianismo.
- A vida e as épocas de Confúcio.
- Princípios e ensinamentos básicos de Confúcio.
- Ideias conflitantes propostas pelos legalistas e os seguidores de Mozi.
- Diversidade de perspectivas dentro do movimento confuciano inicial.
- Importante síntese confuciana na fase inicial do período Han.

Diversas faces do confucianismo

O termo "confucianismo" tem origens muito recentes. Foi inventado por missionários jesuítas por ocasião de sua chegada na China, no século XVI (ver Capítulo 9). Eles o usaram para descrever o que percebiam como "a seita dos *literati*". Assim, "confucianismo" é uma designação um tanto incorreta, ou talvez seja um neologismo útil, embora possa provocar alguma confusão. De um modo aproximado, ele abrange o que, na China pré-moderna, era referido por termos como "escola (ou tradição) dos eruditos" (*rujia*) ou o "ensinamento dos eruditos" (*rujiao*). Os seguidores eruditos dessa tradição eram chamados de *ru*, que pode ser traduzido como "*literati*" ou "eruditos", mas é quase sempre referido como "confucianos". Inicialmente, o termo *ru* abarcava uma classe de especialistas que transmitiam os textos e os rituais da antiga Dinastia Zhou. Aqueles entre os *ru* que eram incluídos na tradição mais ampla chamada de confucianismo realizavam rituais arcaicos, reverenciavam Confúcio, estavam cercados de textos antigos associados pela tradição ao grande sábio, e adotavam valores e princípios consagrados.

Muitos *ru* também participavam do serviço público e, como grupo, valorizavam a ocupação de cargos públicos. Famosos por sua cultura erudita, aliada a um ar de refinamento cultural, eles constituíam um segmento de elite na sociedade chinesa. Seu *status* vantajoso trazia muitos privilégios, mas também certas responsabilidades. A sua tradição era um tanto amorfa, por carecer das variadas pompas e instituições da religião organizada, que eram familiares aos europeus no período em que os missionários cristãos entraram na China. O confucianismo também era uma tradição multifacetada. Por um lado, envolvia-se e influenciava vários aspectos da vida chinesa, como a organização social, a participação política e as atividades educacionais; por outro, a tradição confuciana era marcada por fronteiras muitas vezes indistintas e por critérios de afiliação um tanto incertos.

Por um tempo bastante longo, uma característica fundamental do confucianismo foi seu papel de ideologia oficial do Estado imperial chinês e das elites dominantes. Nessa posição, ele provia um sistema de filosofia política, modelos burocráticos e estruturas organizacionais para a administração do governo, bem como projetos para a organização da sociedade e da economia. Sua orientação básica era francamente humanista e se ocupava com questões mundanas (mesmo que, em geral, aceitasse as várias divindades, incluindo muitos dos deuses da religião popular). O confucianismo também proporcionava um sistema abrangente de ética, que moldou os costumes públicos e o comportamento pessoal. Além disso, a cultura confuciana era parte central do sistema educativo na China tradicional. Confúcio era amplamente reverenciado como educador paradigmático; a ênfase no estudo e na realização educacional, inspirada em grande parte por ele e seus seguidores, tornou-se

Figura 2.1. Estela que contém o texto do *Clássico da Piedade Filial* (Forest of Stelae Museum, Xi'an)

um valor cultural essencial. Alguns também consideram o confucianismo, sobretudo em suas representações posteriores (conforme discutido no Capítulo 8), como uma tradição filosófica dedicada a refinadas especulações metafísicas, ontológicas e epistemológicas sobre a natureza da vida humana e da realidade suprema.

À luz das considerações anteriores, é possível questionar a caracterização do confucianismo como uma "religião". O problema é agravado pelo fato de que o termo religião em si é problemático, sobretudo tendo em conta que suas conotações variadas, ou quadros analíticos de referência, desenvolveram-se dentro dos ambientes sociais ocidentais, que diferem, em muitos aspectos significativos, da situação que existia na China. Há muitos aspectos do confucianismo, entretanto, que são religiosos de modo explícito ou implícito, sobretudo se aceitarmos a perspectiva aberta e liberal acerca da religião, sugerida na parte introdutória. Ao longo da história do confucianismo, existem expressões recorrentes de crença no Céu, muitas vezes acompanhadas do esforço de adivinhar sua vontade divina e agir em conformidade com ela. Há também um reconhecimento tácito de um reino sobrenatural, habitado por diversos deuses e espíritos, juntamente com uma ênfase generalizada no ritual.

Além disso, um aspecto central do confucianismo em muitas de suas manifestações históricas é a busca da sabedoria. Esta envolve, além do estudo de textos canônicos, várias formas de cultivo espiritual, incluindo práticas contemplativas. Tudo isso faz com que seja possível falar do confucianismo como uma religião, mesmo que não exatamente nos mesmos termos em que muitos podem estar acostumados, por formação ou familiaridade com as tradições monoteístas do Ocidente. O caráter complexo da tradição confuciana e suas multifacetadas aplicações, assim, desafiam-nos a repensar os contornos básicos e o caráter da religião como uma força difusa na história humana, bem como um campo de estudo acadêmico.

Outra consideração que, às vezes sem querer, complica o estudo do confucianismo, é o seu caráter difuso e o fato de que ele está inserido em um sistema mais amplo de valores e um modo de vida tradicional. É bastante discutível se aspectos específicos das práticas sociais ou costumes chineses remontam direta ou unicamente aos ensinamentos ideais de Confúcio, já que estes também foram moldados por outros sistemas de valores e fontes de significado que, em conjunto, servem como unidades fundamentais de padrões mais amplos da ordem social e da identidade cultural. Além disso, ao mesmo tempo em que observamos as várias mudanças e adaptações do confucianismo em resposta a novas circunstâncias sociais ou demandas políticas, temos que manter em mente o impacto histórico da tradição além da China. A influência do confucianismo foi especialmente forte na Coreia e no Vietnã e, em menor grau, no Japão; a longa e conservadora dinastia coreana Chosŏn (Joseon) (1392-1910) foi, sem dúvida, o Estado mais confuciano na história.

Os cinco clássicos "confucianos"

Embora as supostas origens do confucianismo enquanto tradição distinta remontem a Confúcio, antes e durante a vida dele já havia antigos sistemas de valores, perspectivas sobre a vida e a sociedade, e tradições de ritual que inspiraram e moldaram profundamente o desenvolvimento do início do confucianismo. Algumas dessas perspectivas e tradições antigas foram anotadas e transmitidas em uma diversidade de formas textuais. Aos poucos, elas foram codificadas num cânone coerente, em que cinco textos se tornaram intimamente associados com a tradição confuciana, sob a rubrica dos "Cinco Clássicos" (ver quadro), uma designação que pela primeira vez é confirmada

> **Os Cinco Clássicos**
>
> - *Livro das Canções (Shijing)*, uma antologia de versos da fase inicial da Dinastia Zhou durante os períodos da Primavera e Outono.
> - *Livro das Mutações (Yijing)*, um manual de adivinhação desde a Dinastia Zhou, com acréscimos da era Han.
> - *Livro dos Documentos (Shujing)*, uma coleção cronológica de discursos, proclamações e histórias acerca de antigos governantes dos períodos pré-Zhou e Zhou.
> - *Anais de Primavera e Outono (Chunqiu)*, uma crônica do estado de Lu até a época de Confúcio.
> - *Três [Textos sobre] Rituais (Sanli)*, discussões sobre rituais tradicionais e instituições governamentais, dos períodos dos Estados Combatentes e Han.
>
> O *Livro da Música (Yuejing)* foi em certo momento conhecido como o sexto clássico, mas foi perdido antes do período Han.

em fontes a partir do século II a.C. A tradição atribui a Confúcio a escrita, compilação, ou edição desses textos, embora os estudos críticos de cunho erudito tenham mostrado que eles tiveram complexas origens literárias, e foram reunidos ao longo de prolongados períodos de tempo. Alguns deles incorporam dados que antecedem Confúcio, mas outros incluem partes de procedência bem posterior, incluindo a Dinastia Han.

Segundo a interpretação tradicional, esses textos expressam um único ponto de vista e transmitem uma mensagem unificada. Não obstante, eles contêm uma rica variedade de materiais, escritos em épocas diferentes e em diversos estilos. Os textos também lidam com uma ampla diversidade de temas e apresentam uma multiplicidade de perspectivas. Uma das armadilhas no estudo desses e outros textos relacionados é a tendência de serem categorizados e lidos em termos de uma escola particular de pensamento, ou seja, o confucianismo. É útil ter em mente a possibilidade de interpretar os textos no contexto dos debates intelectuais que se desenvolviam no tempo de sua criação, bem como em referência a sua posterior incorporação ao cânone confuciano e sua importante função de sustentáculo da ideologia de Confúcio.

O *Livro das Canções* (por vezes também traduzido como o *Livro de Odes* ou o *Clássico da Poesia*) contém canções populares acerca do cotidiano das pessoas comuns e hinos sobre a vida cortês que remontam ao período Zhou do Oeste, ou seja, antes da época de Confúcio. Por outro lado, o *Livro dos Documentos* (também chamado de *Clássico da História*) pretende conter documentos governamentais e registros de conversas e proclamações emitidas por antigos reis e outros membros das elites dominantes. Enquanto parte desse material remonta aos primórdios do período Zhou, o texto tem uma história muito complexa e, ao longo dos séculos, existiu em diversas formas e edições. Os estudiosos comprovaram que partes substanciais do texto foram criadas em datas muito posteriores, e algumas chegam até o quarto século da Era Comum.

A preocupação dominante com o registro da história, evidente no *Livro dos Documentos,* é também um elemento central nos *Anais de Primavera e Outono*. Esse texto fornece uma descrição cronológica de eventos e atividades centradas nos governantes do estado de Lu, abrangendo o período histórico que obteve seu nome do título do texto. Desde o início e durante sucessivas épocas dinásticas, o respeito pelas narrativas históricas oficiais, juntamente com o uso (e abuso) habitual de registros ou precedentes históricos, tornaram-

-se parte importante da tradição clássica. Os acontecimentos e personagens históricos, sobretudo aqueles registrados nesses dois clássicos, não raro eram evocados em todos os tipos de situações difíceis, desde discussões na corte sobre a política governamental até as reflexões pessoais ou os voos da imaginação poética.

No outro extremo do espectro, o *Livro das Mutações* é basicamente um manual de adivinhação, em relação ao qual algumas gerações de editores e comentaristas sobrepuseram especulações filosóficas sobre as múltiplas transformações fenomenais do Tao (Caminho). Concebido como uma fonte unitária de todas as coisas, os padrões básicos do Tao são expressos no texto através do recurso aos símbolos gráficos. Por fim, as informações detalhadas sobre os rituais e as regras de conduta, juntamente com descrições idealizadas de estruturas e instituições governamentais, são abordadas nos textos de proveniência variada, agrupados dentro dos três clássicos de ritos, conhecidos coletivamente como os *Três [Textos sobre] Rituais (Sanli): Cerimoniais e Ritos (Yili), Registro de Ritos (Liji)* e *Ritos de Zhou (Zhouli)*. O *Registro dos Ritos* contém o "Grande Conhecimento" (ver quadro) e a "Doutrina do Meio", que se tornou popular sobretudo a partir da Dinastia Song, com a crescente influência da tradição neoconfuciana (ver Capítulo 8; para saber mais sobre os Cinco Clássicos, ver Nylan, 2001).

> **Realização do caminho de acordo com o "Grande Conhecimento"**
>
> Nos tempos antigos, aqueles que queriam iluminar sua brilhante virtude em todo o mundo, primeiro governavam bem seus estados. Querendo governar bem seus estados, primeiro eles administravam suas próprias famílias. Querendo administrar bem suas famílias, primeiro eles desenvolviam a si mesmos. Querendo desenvolver bem a si mesmos, primeiro eles corrigiam suas próprias mentes. Querendo corrigir suas mentes, primeiro eles tornavam suas intenções sinceras. Querendo tornar as suas intenções sinceras, primeiro eles ampliavam seu conhecimento. A extensão do conhecimento está fundamentada na investigação das coisas.
>
> "Grande Conhecimento" (Daxue), *Registro dos Ritos*; cf. Sommer (1995, p.39).

Apesar das ligações um tanto tênues entre obras clássicas específicas e a tradição confuciana antiga, e não obstante o fato de serem parte de um patrimônio cultural mais amplo e de uma antiga tradição da cultura clássica (e não simples elementos de um cânone confuciano limitado), esses textos desempenharam funções muito importantes na história do confucianismo. Até o início do período moderno, sua leitura era disseminada e eles faziam parte da formação de todos os chineses de bom nível cultural. Eles também tinham um lugar de destaque no currículo para os exames estaduais (ver Capítulo 8). O *status* proeminente dos clássicos na condição de repositórios valiosos da sabedoria antiga, além de transmitirem arquétipos culturais duradouros e projetos de civilização sempre relevantes, incentivavam as reivindicações de Confúcio sobre o papel (da sua tradição) de guardiã e transmissora da essência da civilização chinesa, embora, claro, houvesse sempre outras vozes e perspectivas.

Confúcio e sua época

Confúcio nasceu no pequeno estado de Lu, no Nordeste da China (atual província de Shandong). Seu nome original era Kong Qiu e mais tarde tornou-se popularmente conhecido como Kongzi ou Kong fuzi (Mestre Kong). O nome Confúcio é uma forma latinizada adulterada do último, introduzida por missionários cristãos. Não temos muito conhecimento sobre a vida de Confúcio, e as informações que existem vêm de fontes relativamente tardias. Ele nasceu em uma respeitável família de classe alta, que havia decaído devido a tempos difíceis. Seu pai morreu quando ele tinha apenas três anos de idade e ele foi criado em circunstâncias modestas, por sua mãe solteira. O jovem Confúcio é descrito como uma criança precoce e um aprendiz entusiasmado.

Confúcio casou-se com dezenove anos e teve seu primeiro filho um ano depois. Ele teve alguns empregos, incluindo um serviço de burocrata no governo de seu estado natal. Ele era membro da classe de funcionários-eruditos (*shi*), que ocupavam posições de baixo e médio nível no governo. Embora os registros posteriores afirmem que por algum tempo ele ocupou a posição de ministro da justiça e teve sucesso na instituição de um bom governo, o mais provável é que sua importância e suas realizações nos cargos públicos fossem menos notáveis do que isso.

Confúcio viveu durante a era da Primavera e Outono (770-476 a.C.) da Dinastia Zhou (1122-256 a.C.), uma época turbulenta na história chinesa antiga, marcada pela fragmentação política e convulsão social. Conforme o sistema feudal de governo sob o domínio Zhou (que no início funcionou bem e foi admirável por garantir a estabilidade) desmoronava quase totalmente e a ordem social se deteriorava, os vários estados feudais lutavam por poder e brigavam pela supremacia (ou mera sobrevivência, no caso dos estados menores). Confúcio foi um dos muitos pensadores inovadores que responderam a um sentimento generalizado de crise, gerada pela caótica situação sociopolítica. Ele tentou reanimar a sociedade chinesa e reforçar os seus fundamentos éticos pela reforma do sistema de governo, através da infusão de rituais adequados e estruturas morais espelhadas naquelas supostamente estabelecidas pelos antigos sábios.

Figura 2.2. Pintura de Confúcio (Templo de Confúcio, Tainan, Taiwan)

O objetivo principal de Confúcio era restabelecer o Caminho eterno (Tao), que foi revelado e seguido pelos antigos sábios, os quais reproduziam as normas e desígnios do Céu e traziam a harmonia perfeita entre o Céu e a humanidade. Na antiguidade, o Caminho devia prover um projeto para a governança justa e a conduta ética adequada, mas, de acordo com Confúcio, ele se perdeu na desordem social e confusão moral do seu tempo. Cada vez mais desanimado em relação à possibilidade de transformar o governo de seu estado natal, dizem que Confúcio viajou extensivamente, numa fase tardia da vida, em busca de um governante que seguisse o seu conselho e implementasse suas políticas destinadas a estabelecer a ordem correta no Estado e na sociedade. Isso deveria servir como um prelúdio para a restauração da paz e harmonia para "tudo sob o Céu" (*tianxia*), ou seja, todo o mundo civilizado, que, no jargão tradicional, equivalia à China.

A busca de Confúcio por um governante receptivo era sempre frustrada e, por fim, fracassou. Numa fase avançada da vida, ele retornou desanimado ao seu estado natal, onde se dedicou a ensinar seus discípulos. Apesar de Confúcio ter fracassado em sua ambição de obter uma alta posição sob um governante justo e receptivo aos seus conselhos, ele teve sucesso como educador, tendo atraído um grupo considerável de discípulos dedicados, que transmitiram os seus ensinamentos após a sua morte. Confúcio foi um inovador na área da pedagogia e foi o primeiro indivíduo conhecido a fazer do ensino a sua vocação básica.

O modelo idealista de uma sociedade justa e esclarecida, que Confúcio desejava instituir, teve suas origens no passado romantizado da China. A visão utópica de uma sociedade perfeita proposta por ele teve uma suposta realização nos tempos antigos, por exemplo, durante os reinados de antigos reis-sábios, como Yao e Shun (ver Capítulo 1), mas sobretudo durante o reinado glorioso do início da Dinastia Zhou. Confúcio considerava a fase inicial da era Zhou uma idade de ouro da civilização chinesa, uma época magnífica, caracterizada pela paz, estabilidade social, governança sagaz e efervescência cultural. Ele declarou de forma inequívoca que a cultura Zhou era "resplandecente" e proclamou que seguia o caminho do Zhou (*Analectos* 3:14; Lau, 1979, p.69). Embora o verdadeiro Caminho tenha sido, portanto, realizado no curso da história humana, acreditava-se que ele teria se perdido, na época de Confúcio; isso era uma causa de profundo embaraço e alienação, mas também uma exigência de ação.

> **Confúcio em relação ao seu desenvolvimento espiritual**
>
> Aos quinze anos, eu estava decidido a aprender; aos trinta, eu firmei minha posição; aos quarenta, eu não tinha dúvidas; aos cinquenta, eu conhecia o mandato do Céu; aos sessenta, eu estava em harmonia com as coisas; aos setenta, era possível seguir os desejos do meu coração sem transgredir as convenções.
>
> *Analectos* 2:4; tradução adaptada de Lau (1979, p.63) e Sommer (1995, p.43).

A pessoa que melhor representava as normas morais excepcionais e o governo sábio da época Zhou, segundo Confúcio, era o Duque de Zhou (1042-1030 a.C.), que foi regente após a morte do Rei Wu (1043 a.C.), o qual era seu irmão e governante fundador da Dinastia Zhou. Ele também foi considerado um ancestral da família governante do estado de Lu, a terra natal de Confúcio. Segundo a tradição, o duque era retratado como um servidor público abnegado e consolidou a dinastia recém-fundada; com seu governo sábio, ele inaugurou uma era célebre de paz e prosperidade. Para Confúcio, ele serviu como um modelo paradigmático de líder sábio e súdito fiel. Sendo um modelo de virtude (humildade infalível e integridade impecável), o duque recusou-se a usurpar o trono e, cumprindo seu dever, abdicou do cargo quando o filho do Rei Wu atingiu a idade madura e foi capaz de assumir o papel de governante. Por causa do respeito concedido a ele por Confúcio e seus discípulos, o Duque de Zhou tornou-se uma espécie de santo padroeiro dentro da tradição confuciana inicial e por diversos séculos ele foi venerado juntamente com Confúcio.

Com base nessas considerações, podemos dizer que Confúcio via a si próprio, antes de tudo, como um restaurador e transmissor de valores e tradições antigas; ele não se considerava o criador de um novo sistema de pensamento, muito menos o fundador de uma nova religião. Mesmo assim, havia elementos inovadores inegáveis em sua inspirada reinvenção ou recriação de tradições passadas. No devido tempo, a sua síntese criativa floresceu e se transformou numa tradição de imensa influência, rendendo-lhe o *status* de um pensador seminal. Até hoje ele é estimado como um indivíduo paradigmático, uma figura visionária, que ocupa posição central na história da civilização chinesa ou, mais amplamente, do Leste Asiático.

Ensinamentos de Confúcio

É provável que Confúcio nunca tenha escrito nenhum texto, assim como Buda e Cristo. A principal fonte de seus ensinamentos são os *Analectos de Confúcio* (*Lunyu*), uma coleção de diversos aforismos e conversas entre Confúcio e seus seguidores, que não tem uma clara estrutura de organização. Diz a lenda que o texto é um relato integral das frases e debates de Confúcio, compilados logo após sua morte pelos discípulos remanescentes. A análise acadêmica do texto revelou diferenças de estilo, juntamente com contradições internas e anacronismos, o que sugere que se trata de uma compilação posterior, que incorporou vários estratos de materiais compostos em épocas diferentes, alguns dos quais tão tardios que chegam ao meado do século III a.C. Por outro lado, é provável que parte do material remonte ao tempo de Confúcio, limitando as recordações de seus discípulos; além disso, em sua maior parte, o texto apresenta um ponto de vista coerente em termos conceituais. Assim, o texto dos *Analectos* é muito utilizado no estudo da vida e pensamento de Confúcio, mesmo que nem sempre seja fácil distinguir entre as ideias do mestre e a exegese dos seus discípulos.

O principal interesse de Confúcio era a vida humana e a ordem social. Ao longo de sua carreira de professor, diz-se que ele falava sobre os fundamentos morais de uma sociedade justa e harmoniosa. Não obstante sua orientação de base humanista, ele acreditava no Céu e afirmava que os sistemas sociais e políticos que ele defendia refletiam os padrões cósmicos do Tao (Caminho), os quais inseriam os seres humanos numa ordem universal mais abrangente. Como a maioria de seus contemporâneos, ele reconhecia a existência de vários espíritos e divindades; porém, ao que tudo indica, ele fazia questão de mantê-los a uma distância respeitosa e era bastante desinteressado pelo reino sobrenatural (ver o quadro "Confúcio em relação ao sobrenatural"). Da mesma forma, ele não tinha interesse em discutir a vida após a morte. Algumas passagens em *Analectos* também sugerem que ele criticava aqueles que deixavam a sociedade e passavam a viver como reclusos (*Analectos* 18:7), um tema que muitas vezes aparece nos primeiros escritos taoistas, em especial *Zhuangzi*[1] (ver Capítulo 3).

---

1 No sistema Wade-Giles: *Chuang-Tzu*. (N.T.)

As principais preocupações de Confúcio e os princípios centrais de seu pensamento convergiam para a perfeição da conduta humana nesta vida, que devia ser cultivada dentro de um contexto comunitário, envolvendo a interação apropriada com as outras pessoas e o domínio elegante dos meandros da complexa teia das relações sociais. As duas principais virtudes e conceitos fundamentais dos ensinamentos morais de Confúcio são o ritual (*li*), entendido no sentido de decoro ritual, e a benevolência (*ren*). Para ele, essas duas virtudes serviam como bases indispensáveis para a conduta humana adequada. Quando aperfeiçoadas e representadas na arena pública com genuína sinceridade, elas naturalmente provocam uma transformação social positiva. As duas caminham juntas e se reforçam mutuamente: uma boa pessoa que manifesta benevolência em todos os seus atos é uma pessoa cujo comportamento está em perfeito acordo com o ritual.

Em sua origem, *li* tinha o significado de um rito ou de uma cerimônia religiosa, sobretudo os ritos de sacrifício voltados aos deuses e ancestrais na China antiga. Mais tarde, suas conotações foram ampliadas de modo a abranger o comportamento formal de qualquer tipo, desde as cerimônias encenadas no tribunal até os padrões comuns de conduta e as boas maneiras na vida cotidiana. Nos fase inicial do confucianismo, a noção de ritual passou a funcionar como um padrão fundamental de conduta social, abrangendo rituais sagrados, cerimoniais e todas as formas de comportamento adequado. Isso, em certo sentido, implicou a introdução de uma dimensão sacramental em todos os aspectos da vida humana. A adesão a diretrizes e princípios que regulamentavam os diversos padrões de comportamento e interação social permitia que os indivíduos se relacionassem em termos de seus papéis sociais

Confúcio em relação ao sobrenatural

Trabalhar fazendo o que é certo em nome do povo e mostrar reverência aos fantasmas e espíritos enquanto os mantemos à distância – isso pode ser chamado de sabedoria.

Analectos 6:22, cf. Lau (1979, p.84) e Sommer (1995, p.47).

Se você não pode servir aos homens, como irá servir aos espíritos? [...] Se você não sabe o significado da vida, como irá saber sobre a morte?

Analectos 11:12, cf. Lau (1979, p.107).

e posições prescritas. Isso correspondia à instituição de uma ordem sociopolítica completa, que Confúcio considerava essencial para a realização de uma sociedade harmoniosa e bem estruturada.

De acordo com esse ponto de vista, a harmonia social prevalece quando cada indivíduo cumpre com respeito e sinceridade autêntica o seu papel adequado. Uma famosa passagem dos *Analectos*, em referência à realização do modo adequado de governar, diz que tudo funciona às maravilhas quando cada membro da sociedade age de modo apropriado dentro de uma estrutura ritual adequada: o governante age como um governante deveria, seus súditos se comportam como devem, e o mesmo princípio é estendido para o comportamento de pais e filhos (*Analectos*, 12:11). A sociedade como um todo é harmoniosa quando cada indivíduo desempenha de modo correto seus papéis distintos, de acordo com um modelo específico de decoro ritual. Mas a concepção de Confúcio relativa ao ritual vai além da adesão mecânica às normas prescritas da conduta adequada: ela também requer um estado mental apropriado para acompanhar as ações externas. Assim, a conduta ritual correta vai junto com a disposição interna adequada. Idealmente, ela envolve a adesão espontânea a formas de comportamento pré-estabelecidas que é baseada em uma compreensão real de seu verdadeiro significado e importância. Dentro desse esquema interpretativo, o ritual correto é internalizado: funcionando como um plano de ação moral correta, o ritual é expresso sobretudo nas interações múltiplas com outros indivíduos que ocorrem no curso da existência diária.

Ren ou benevolência, a outra virtude cardinal – às vezes também traduzida como "humanidade" ou "bom coração humano" –, refere-se a uma atitude de genuíno amor pelos outros e uma preocupação compassiva em relação ao seu bem-estar. É uma virtude fundamental no sistema ético formulado por Confúcio, ancorando a realização da excelência humana e servindo como base para o cultivo de outras virtudes, como a retidão (*yi*), a lealdade (*zhong*) e a fidelidade (*xin*). A virtude holística da benevolência com efeito representa o relacionamento íntimo de uma humanidade compartilhada; está de acordo com o supremo Caminho do Céu, e sua perfeição torna o indivíduo uma pessoa verdadeiramente humana e civilizada. A benevolência envolve um afastamento dos desejos egoístas e obsessões egocêntricas, que são substituídos pela preocupação altruísta relativa ao bem-estar e à felicidade dos outros, juntamente com uma aceitação plácida da boa ou má sorte. Seu âmbito primário e árduo de aplicação é a família, onde primeiro experimentamos ou

Figura 2.3. Caligrafia com o caractere chinês que representa a piedade filial (Templo de Confúcio, Tainan, Taiwan)

aprendemos sobre o amor e o cuidado, mas também se estende para fora, para abranger outras pessoas.

O cultivo de conduta moral que abraça e exemplifica essas virtudes básicas devia ocorrer dentro do contexto das relações sociais e interações interpessoais. Confúcio basicamente aceitou como um dado as divisões de classe e as estruturas sociopolíticas codificadas na antiga sociedade chinesa, sobretudo na condição de terem sido formuladas durante um passado idealizado, o que as tornava, aos seus olhos, sancionadas pelo Céu. Não há nenhuma indicação de que ele considerava a possibilidade de um sistema mais igualitário de organização social ou política, algo na linha dos princípios democráticos que foram formulados por seus contemporâneos na Grécia antiga. Assim, Confúcio acreditava em uma hierarquia natural que sublinha e configura todas as relações sociais, as formas mais básicas das quais foram esquematizados sob a rubrica dos "cinco relacionamentos" (ver quadro). Os cinco relacionamentos pressupõem uma estrutura social patriarcal, razão pela qual o vínculo básico entre uma criança e um pai é expresso em termos da relação pai-filho. O mesmo se aplica à relação entre irmãos (daí temos "irmão mais velho e irmão mais novo"), embora, em linguagem moderna, esses relacionamentos possam ser facilmente reformulados em termos dos laços entre pais e filhos, ou entre dois (ou mais) irmãos, de uma forma que inclua ambos os sexos.

> **Os cinco relacionamentos**
> - Pai e filho
> - Governante e súdito
> - Marido e esposa
> - Irmão mais velho e mais novo
> - Amigo e amigo

A estrutura rígida de relações sociais hierárquicas, na qual há uma distinção clara entre pessoas mais velhas e mais jovens, superiores e inferiores, em geral produz dinâmicas de poder que podem facilmente se prestar a abusos. Dentro do esquema confuciano, esse perigo é prevenido, em parte, pela incorporação de distintas responsabilidades mútuas e vínculos pessoais em cada conjunto de relacionamentos. Assim, o marido tem um estatuto superior em relação à sua esposa (como os homens em geral têm sobre as mulheres), o que significa que ela lhe deve obediência e respeito, mas ele também tem que agir de acordo com o papel ideal de um bom marido. Isso significa que o marido deve tratar sua esposa com gentileza e cuidar dela e da família. O mesmo princípio se aplica para as relações estratificadas entre governante e súditos, pais e filhos etc.

Embora o início do confucianismo envolvesse todo o espectro das relações sociais, o padrão básico de interação interpessoal foi formulado em termos da relação pai-filho, que se tornou a relação principal na sociedade chinesa. Isto foi acompanhado de um foco nas virtudes associadas com a família, especialmente a piedade filial (*xiao*). As virtudes que resgatam uma sociedade estratificada de forma rígida e suaviza suas arestas são, portanto, primeiro aprendidas dentro do contexto da família, onde o exercício ideal do poder tem como base principal as expectativas morais manifestas e os laços de parentesco, e não a coerção ou a aplicação da força bruta. Assim, a piedade filial foi interpretada como uma virtude central e um primeiro passo indispensável no caminho do cultivo moral, enquanto a ética familiar se tornou a base dos costumes públicos e um elemento-chave na realização de uma ordem social ideal.

Embora se esperasse que as crianças (e, por extensão, os inferiores) sempre mostrassem respeito e ouvissem os seus pais (superiores), a imposição dessas normas e restrições não se traduzia, necessariamente, na obrigação de se envolver ou tolerar um comportamento imoral instigado por um progenitor, ou fechar os olhos em relação ao mesmo. O sistema confuciano tinha uma exigência ética inerente de levantar objeções quando um pai/superior se comportasse de maneira antiética, embora, é claro, na maioria das situações isso exigisse muita coragem, tato e equilíbrio, que nem sempre existiam em abundância.

O serviço público, o virtuosismo cultural e a busca da sabedoria

Ao longo de sua vida, Confúcio comprometeu-se com um ideal de serviço público e era determinado na busca de um emprego governamental como vocação, embora ele não tenha conseguido muito sucesso no segundo. Essas prioridades refletiam sua origem social e estavam em sintonia com o teor geral de seu pensamento, que visava remodelar o mundo, transformando a ordem sociopolítica. Em seu pensamento não havia uma clara linha de separação entre a atividade política e a filosofia, como duas esferas distintas da atividade humana. O Tao confuciano dizia respeito basicamente a uma ordem normativa abrangente e inclusiva, centrada com firmeza no reino humano. Acima de tudo, tratava-se dos padrões de comportamento humano e de instituições sociais que implicavam, de forma inevitável, a arena política. O foco primordial na organização e nas operações governamentais, que era evidente em toda a fase inicial da tradição confuciana, estava em sintonia com os tempos; além disso, era o que se esperava de um sistema de pensamento que, antes de mais nada, tratava da codificação dos costumes e práticas comuns, e cujo objetivo principal era criar uma sociedade boa e harmoniosa.

Confúcio aceitou a legitimidade e a autoridade moral dos reis Zhou, apesar de estar igualmente ávido para oferecer conselhos sobre o bom governo para os governantes dos vários Estados que existiam em seu tempo. De acordo com ele, antes de tudo o governante tinha que servir como um bom exemplo moral, inspirando o respeito e a obediência de seus súditos. O melhor governo, portanto, tem um estilo suave e até mesmo uma qualidade natural, ou espontânea. O governo ideal deveria minimizar a intervenção agressiva; em vez disso, deveria basear-se sobretudo na persuasão moral e no modelo do bom exemplo. É melhor evitar a imposição de um sistema duro de regras e punições, ainda que haja situações onde seja inevitável a violência e a dependência de penalidades.

Ao mesmo tempo que Confúcio e seus seguidores suscitavam o interesse pelo bem-estar das pessoas comuns, eles assumiam um ar de superioridade em relação a elas. Não viam grandes chances de êxito na tentativa de esclarecer às pessoas comuns os argumentos mais minuciosos de seus ensinamentos morais, que estavam voltados sobretudo para as elites. Todavia, Confúcio se dispunha a aceitar como alunos indivíduos provenientes dos mais diversos contextos socioeconômicos. Por causa de seu conhecimento limitado e habilidades intelectuais restritas, as pessoas comuns deveriam ser orientadas a seguir o Caminho, mas não vinha ao caso tentar fazê-las compreender suas sutilezas (*Analectos* 8:9). A criação dos principais programas de ação e a organização dos ambientes sociais e políticos eram as prerrogativas das elites dominantes, ainda que, idealmente, estas devessem levar em conta as necessidades das massas que governavam.

Por meio do cumprimento de seus deveres rituais, do interesse pelo bem-estar de seus súditos e da manifestação da virtude exemplar, o bom governante oferecia um modelo digno e dava o tom da sua administração. O ato de governar, no entanto, deveria ser efetuado por seus altos funcionários (*shi*), que formavam um grupo privilegiado bem definido na sociedade chinesa antiga. Os pré-requisitos para o serviço governamental incluíam a adesão a formas rituais estabelecidas, a posse de um caráter moral adequado e o domínio de determinadas formas e práticas culturais. Dentro desse contexto, o caráter moral exemplar era considerado uma qualificação mais importante do que a especialização burocrática limitada, para o serviço governamental; isso, em termos práticos, significava que o funcionário ideal era um pouco como um generalista honesto. A ênfase no cultivo moral implicou uma redefinição de nobreza, com profundas implicações; ser uma pessoa nobre se tornou uma questão de caráter, em vez de uma questão de nascimento. Assim, dentro dos círculos confucianos, a nobreza passou a ser interpretada como uma qualidade atingível pelo cultivo de virtudes essenciais e do desenvolvimento da sabedoria, em vez de algo que se obtém quando se nasce na família aristocrática certa; todavia, em termos práticos, os confucianos tinham que lutar com o poder e os interesses da aristocracia estabelecida.

O cultivo moral confuciano era concebido como um caminho de autoaperfeiçoamento contínuo, envolvendo o cultivo de conduta e disposição adequadas. Deveria ser realizado dentro de um contexto social claramente definido, e era expresso sobretudo por meio do serviço humanitário. O programa de cultura confuciana envolvia o estudo dos clássicos e o domínio técnico dos rituais apropriados, que deveriam ser acompanhados por uma constante reflexão sobre seu significado e um esforço para aplicar as lições aprendidas no curso da vida diária. Vale ressaltar que o autocultivo também incorporava a literatura, a dança e a música. A integração da música como parte da prática confuciana implicava uma distinção clara entre a música refinada, que eleva o espírito e tem influência positiva na formação adequada do caráter, por um lado, e a música vulgar que faz o oposto, por outro lado. O primeiro tipo de música deveria ser promovido, enquanto o segundo tipo deveria ser proibido. Isso sugere que Confúcio enxergou além da atitude moralizadora estéril e promoveu o desenvolvimento da pessoa como um todo, um ideal que envolvia a obtenção de um nível louvável de conhecimento e gosto pela cultura.

Uma pessoa de caráter moral refinado que exemplificava essas características era chamada de "cavalheiro" (*junzi*), enquanto o mais alto nível de perfeição moral era o do sábio (*shengren*). A valorização da sabedoria como o mais alto ideal de perfeição acessível à humanidade abriu a possibilidade de constituir a prática confuciana além do contexto habitual de serviços governamentais e de exercício do poder político. Embora Confúcio se recusasse, com suposta humildade, a autoproclamar-se sábio e discorresse sobre a dificuldade de alcançar a perfeição moral (*Analectos*, 7:34), ele passou a ser glorificado como o "Supremo Sábio", a representação de uma pessoa ideal, que deveria ser emulada por todos.

Formas de pensamento alternativas

Após a morte de Confúcio, seus ensinamentos foram transmitidos por grupos de discípulos dedicados, que os expunham e testavam sua aplicação em meio a circunstâncias diferentes. Por um longo tempo, no entanto, os primeiros confucianos eram apenas um grupo entre inúmeros deles, que propunham doutrinas diversas, vendendo-as a vários governantes numa busca constante de influência e patrocínio. Os poucos séculos após a época de Confúcio, conhecidos como o período dos Estados Combatentes (403-

221 a.C.), costumam ser caracterizados como uma época caótica. Como os vários estados chineses lutavam pela supremacia ou sobrevivência, houve um colapso da ordem social e moral, enquanto grande sofrimento foi infligido às pessoas comuns.

Não obstante a guerra intermitente e a falta de autoridade central, a era dos Estados Combatentes foi, na verdade, uma época de intensa efervescência intelectual e abertura para novas ideias. Os principais intelectuais apresentavam uma diversidade de pontos de vista criativos sobre questões fundamentais nas esferas social e politica, um dos motivos pelos quais esse período histórico também é conhecido como a época de uma "centena de escolas de filosofia". Essa foi uma etapa de transição importante na história chinesa, marcada pelo pluralismo intelectual e religioso. Durante esse período, o confucianismo interagia e concorria com outros sistemas de pensamento, respondendo aos seus desafios ou absorvendo elementos de suas visões de mundo. Os dois concorrentes principais do nascente movimento confuciano, se deixarmos de lado os prototaoistas discutidos no próximo capítulo, foram os moístas e os legalistas.

O moísmo diz respeito ao movimento e aos ensinamentos de Mo Di (479-381 a.C.?), também conhecido como Mozi (Mestre Mo) e seus seguidores, que estão elaborados no [Livro de] Mozi. A vida de Mozi é bastante comparável à de Confúcio. Ao que tudo indica, ele veio de uma família de pessoas comuns, mas lia muito durante seus anos de formação, incluindo os clássicos "confucianos" e os ensinamentos de Confúcio; assim, ele se tornou um profundo conhecedor da cultura tradicional chinesa. Ele aspirava a um posto público e viajou em busca de um governante que se dispusesse a adotar suas propostas políticas. Empenho baldado, o que o levou a dedicar suas energias a ensinar aos seus discípulos, que se organizaram em grupos disciplinados.

Mozi e Confúcio compartilhavam algumas premissas básicas. Ambos eram dedicados à realização de uma sociedade perfeita em que vigorassem a prosperidade, a paz e a harmonia; porém, discordavam sobre a forma de alcançar esse objetivo e apresentavam diferentes perspectivas sobre a condição humana. Os moístas eram especialmente críticos dos ensinamentos e práticas de Confúcio, incluindo a crença no destino e a fascinação com a música e o ritual. A condenação se estendia também à veneração dos antepassados, considerada extravagante, cuja expressão mais exagerada eram os elaborados ritos funerários praticados pelos confucianos.

Mozi e seus seguidores acreditavam num mundo sobrenatural, presidido pelo Senhor Supremo do Céu, que foram comparados, por alguns comentadores, ao Deus antropomórfico das religiões monoteístas. Muitos séculos depois, devido a essa conexão, os moístas conquistaram a afeição de missionários cristãos ativos na China. Mozi e seus seguidores também acreditavam num reino sobrenatural povoado por fantasmas e espíritos diversos, que interfeririam nos assuntos humanos. Os moístas são mais conhecidos por sua defesa do amor universal, que deveria ser estendido igualmente a todas as pessoas. Essa nova doutrina concordava com sua promoção de um *ethos* igualitário, que envolvia a defesa do estilo de vida frugal e a preocupação com o bem-estar das pessoas comuns.

A noção de amor universal colidia com a tônica predominante na primazia dos laços de parentesco que, conforme vimos, estava incorporada ao confucianismo pela premissa de que a parcialidade em prol dos membros da família é natural e moralmente correta. O protótipo do amor universal defendido pelos moístas se encontrava no amor imparcial do Céu em relação a todas as pessoas. Mozi e seus discípulos também eram renomados por seu pacifismo. Em sintonia com a abordagem ativista e o espírito utilitário, a oposição que faziam à guerra foi além da mera pregação: eles se envolveram com vigor na prevenção da guerra, por exemplo, quando emprestaram sua considerável experiência militar para reforçar as defesas dos estados mais fracos quando eram atacados pelos mais fortes.

Os legalistas (*fajia*) não gostavam de ideais irrealizáveis, como o amor universal ou a benevolência. Cientes dos aspectos menos agradáveis da natureza e do comportamento humanos, eles também descartavam como ingênuas as crenças confucianas sobre a realização de sociedade harmoniosa pela mera adesão ao ritual ou pela imposição de um exemplo moral vindo de cima. Pensadores legalistas, como Han Feizi (c. 280-233 a.C.), príncipe e aluno do destacado filósofo confuciano Xunzi (c. 298-238 a.C.), afirmavam que as pessoas são intrinsecamente egoístas e abrigam tendências antissociais que precisam ser cerceadas e canalizadas pela instituição de um sistema abrangente de leis que incorpore um rígido código penal. Os legalistas tinham pouco interesse pelos direitos individuais; na verdade, o seu principal interesse era a preservação e o fortalecimento do Estado e a expansão de seu poder.

A filosofia legalista era descaradamente utilitária. Seus proponentes eram defensores da política prática, oferecendo métodos de gestão para uma administração eficiente, que dependia da imposição autoritária de decretos punitivos, juntamente com o recurso à guerra e à violência. Em sua versão da *Realpolitik,* o fim justifica os meios. Assim, eles se dispunham a usar o sistema penal a fim de atingir seus objetivos, e de usar a força ou a violência institucional para preservar o monopólio estatal do poder, bem como prevenir o surgimento de discórdia social ou da resistência política. Para esse fim, o Estado totalitário controlava o conhecimento e incutia medo e docilidade na população.

Os legalistas foram criticados pelos confucianos por seu *ethos* utilitarista e sua falta de preocupação com a moralidade. Além disso, receberam descrédito pelo papel fundamental que desempenharam sob a lei dura da Dinastia Qin que, em 221 a.C., unificou a China pela primeira vez, sob a bandeira de um regime imperial que reivindicava legitimidade para governar a China toda. No entanto, o panorama geral e até mesmo algumas das propostas práticas dos legalistas foram incorporadas na organização política chinesa. Em geral, o estilo agressivo do legalismo foi suavizado, conforme eram associados aos sublimes credos e intuições confucianos. Desde então, os ecos do legalismo permanecem facilmente reconhecíveis no exercício chinês do poder político e da autoridade, até os dias de hoje.

Os pontos de vista divergentes de Mêncio e Xunzi acerca da natureza humana

Havia certas ambiguidades e tensões criativas do pensamento de Confúcio que fomentaram o desenvolvimento de diversos modelos interpretativos e novas linhas de pensamento. Isso é evidente quando olhamos para os ensinamentos dos dois principais pensadores confucianos ativos durante o período dos Estados Combatentes, Mêncio e Xunzi que, segundo algumas interpretações, representam as características idealista e racionalista (respectivamente) do confucianismo antigo. Embora os dois seguissem os ensinamentos de Confúcio e os tomassem como uma das principais fontes de autoridade, eles adotaram diferentes perspectivas e, em determinadas áreas fundamentais, chegaram a conclusões exatamente opostas. Isso é mais bem ilustrado quando olhamos para o contraste de seus pontos de vista sobre a natureza humana (*xing*), um tema central nas obras de ambos os pensadores.

Pouco se conhece sobre a vida de Mêncio (ou Mencius, 371-289 ou 391-308 a.C.?). Seu pai morreu quando ele era muito jovem e ele foi criado por sua sábia mãe, que supervisionou a primeira fase de sua educação (ver Figura 2.4). Como Confúcio, ele viajou muito, em busca de um governante disposto a adotar suas diretrizes sobre o modo de governar e a ética, com pouco sucesso. Ele também se envolveu nos grandes debates intelectuais e polêmicas doutrinais de sua época, defendendo com vigor um ponto de vista confuciano e se empenhando para fortalecer o legado de Confúcio. Mêncio se opunha à guerra e promovia um governo humanitário como a melhor maneira de lidar com os problemas sociais e políticos urgentes de seu tempo. Ele argumentava em favor da confiança no carisma moral e no bom exemplo dado pelo governante, os quais ganhariam naturalmente o respeito e a lealdade do povo, segundo acreditava. Ele também falava contra a instituição de normas rígidas e punições severas.

Mêncio propôs uma doutrina sobre a bondade essencial e intrínseca da natureza humana, que está de acordo com o Céu. Ele acreditava que todos os homens são basicamente bons, mesmo que muitas vezes se desviem de sua

Figura 2.4. Crianças encenam uma peça sobre a formação educacional do jovem Mêncio, Zhongtaishan, Taiwan

> **As quatro virtudes inatas**
> - Benevolência (*ren*): interesse e cuidado em relação aos outros.
> - Retidão (*yi*): conformidade de pensamento e ação com princípios morais.
> - Ritual (*li*): decoro cerimonial e comportamento adequado.
> - Sabedoria (*zhi*): capacidade de distinguir o certo do errado.

bondade fundamental e ajam de formas prejudiciais. A bondade fundamental do coração humano é evidente na resposta compassiva instintiva das pessoas quando elas enfrentam o sofrimento de outros – por exemplo, quando elas veem uma criança cair num poço. Cada indivíduo é naturalmente dotado de todas as qualidades necessárias para realizar a perfeição moral, uma vez que as quatro virtudes básicas já estão instiladas na mente no momento do nascimento, provendo cada pessoa de um senso moral inato (ver quadro anterior).

Em sua essência, segundo Mêncio, o cultivo moral envolve a recuperação e o refinamento da mente perdida da virtude (ver quadro a seguir). Esse é um processo gradual, que implica o desenvolvimento da própria humanidade básica, de acordo com um projeto que já está inscrito na mente pelo Céu. A prática bem-sucedida depende de um compromisso pessoal, mas também é afetada pela presença ou ausência de um ambiente social favorável para o cultivo moral. Quando aperfeiçoa a capacidade de explorar plenamente o potencial humano para a bondade e sabedoria, a pessoa cumpre o seu destino final e torna-se um sábio.

> **Mêncio em relação à bondade da natureza humana**
> A benevolência é a própria mente dos seres humanos; a retidão é o caminho que precisam seguir. Negligenciar esse caminho e não segui-lo é perder a mente [original] e não saber onde encontrá-la. Que pena! Quando as pessoas perdem uma galinha ou um cão, elas sabem como procurá-los, mas quando perdem essa mente, elas não sabem. O caminho do estudo e da investigação não é nada além de buscar essa mente perdida.
>
> *Mêncio*, 6a:11; tradução adaptada de Sommer (1995, p.58-9).

Ao contrário da avaliação excessivamente otimista de Mêncio acerca da condição humana, Xunzi afirmou que, por natureza, os seres humanos têm uma predisposição fundamental para o mal e isso os leva a buscar a satisfação de seus desejos egoístas por meio de vários tipos de comportamentos antiéticos e antissociais, que são facilmente observáveis em toda a sociedade. A moralidade e a bondade não surgem de forma natural ou espontânea, mas são semelhantes a um gosto adquirido, e sua manifestação ativa pressupõe disciplina e aplicação de esforço. Xunzi assim começou com a premissa de que a natureza humana é má, no sentido de faltar aos seres humanos uma bússola moral inata ou a capacidade natural para distinguir o certo do errado. Mas a seguir, ele passa a ressaltar que os indivíduos podem ser treinados para agir de forma civilizada e em harmonia com princípios éticos adequados. Essa é precisamente a tarefa da educação confuciana que, quando colocada em prática, tem o potencial de modificar o comportamento humano e mudar a sociedade, de modo que chega a corresponder aos modelos ideais apresentados nos clássicos e explicados por Confúcio.

Do ponto de vista de Xunzi, a realização da excelência moral exige um esforço consciente e a aplicação dos ensinamentos corretos. Ele reconheceu um elemento de artifício no processo de aquisição de virtudes interiores apropriadas e dos costumes externos, que são transmitidos por uma tradição cumulativa, originalmente formulada pelos antigos sábios. Essa não é uma tarefa fácil, exigindo a aprendizagem de doutrinas ortodoxas e padrões rituais corretos de comportamento, sob a orientação de professores cultos. No entanto, uma educação adequada leva ao acúmulo de virtude e sabedoria, e, sem ela, as pessoas comuns continuam perdidas num estado de ignorância abjeta e confusão moral.

Durante sua vida, Xunzi foi um intelectual de destaque, ensinando uma vasta gama de assuntos, a convite de vários governantes. Muitas vezes ele é associado à tradição dos legalistas, por causa de uma característica realista em sua visão política e de suas conexões com legalistas proeminentes como Li Si (o primeiro-ministro de Qin) e Han Fei; no entanto, ele se posicionava firmemente dentro do confucianismo predominante. Xunzi criticava abertamente a posição teórica de Mêncio, embora também mostrasse um grande interesse em representar com precisão os parâmetros da ortodoxia confuciana. O debate intelectual entre os dois é o mais antigo registro de divergências e

> **Xunzi em relação à maldade da natureza humana**
>
> A natureza humana é a maldade. [...] Se as pessoas seguirem sua natureza e se entregarem às suas emoções, a luta e a disputa serão inevitáveis, levando-as a transgredir seus deveres, usurpar o princípio correto, e apelar para a violência. Portanto, somente ao serem transformadas pelos exemplos de professores e as formas de ritual e justiça, elas poderão adquirir cortesia e civilidade, para que possam desenvolver o refinamento cultural e o ritual, e retornar à boa ordem. Ao olhar para isso dessa forma, fica claro que a natureza humana é má, e que a bondade é um produto de esforço consciente.
>
> "A natureza humana é a Maldade (Xing e)" (capítulo), *Xunzi*; tradução adaptada de Bary e Bloom (2000, p.179-80), e Sommer (1995, p.69).

fissuras dentro do movimento confuciano nascente. Durante o início da era Han e na maior parte do milénio subsequente, Xunzi foi considerado um pensador mais importante do que Mêncio. No entanto, durante a era Tang, a posição de Mêncio no panteão dos sábios confucianos começou a subir de modo perceptível. A partir da era Song, Mêncio foi, de modo geral, considerado como o mais importante pensador clássico, segundo em importância somente em relação a Confúcio, conforme indicado pela denominação popular de Segundo Sábio que lhe foi atribuída.

Em resumo, inspirados pelos ensinamentos e exemplo pessoal de Confúcio, os dois pensadores adotaram premissas diferentes e chegaram a explicações divergentes sobre a natureza humana. Para Mêncio, a propensão humana para a bondade é inata e tentar aperfeiçoá-la faz parte de nossa natureza; em contrapartida, para Xunzi, o impulso para o comportamento adequado e o cultivo moral é algo que precisa ser aprendido e vem de fora. No entanto, ambos compartilhavam uma crença comum na perfectibilidade humana e no poder dos ensinamentos de Confúcio para promover uma mudança positiva e uma profunda transformação moral. Cada um deles procurou a instituição de uma sociedade justa, próspera e harmoniosa. Eles defendiam ideias semelhantes sobre a estrutura básica da sociedade ideal e o caráter essencial da sabedoria, mas divergiam na compreensão da natureza humana e na explicação do processo de cultivo moral.

Surgimento do confucianismo como ideologia oficial

O confucianismo foi afetado de forma negativa durante o governo do Primeiro Imperador da Dinastia Qin (c. 221-210 a.C.) quando, como parte de uma política destinada a controlar todo o conhecimento e informação no império recém-unificado, o imperador ordenou a famosa queima de livros não aprovados pelo seu regime. Alguns livros confucianos foram destruídos no processo, embora os historiadores pró-confucianos muito provavelmente exageraram o alcance da calamidade e seus efeitos no confucianismo. Ao que tudo indica, o confucianismo não foi escolhido como objeto de perseguição, o que talvez reflita sua relativa falta de influência na época. Os destinos dos confucianos mudaram de forma marcante durante a subsequente Dinastia Han quando, pela primeira vez, sua tradição subiu para uma posição de destaque sem precedentes. A atribuição de um *status* único para o confucianismo na era Han praticamente equivaleu à sua transformação na ideologia oficial do Estado imperial chinês.

A Dinastia Han inicial foi um período de mudanças sociais significativas e de efervescência intelectual, na medida em que diversas escolas de pensamento interagiam entre si e disputavam destaque. Uma das primeiras obras históricas identifica seis grandes escolas de educação clássica que floresceram na época (ver quadro). A adoção do sincretismo foi uma tendência importante na época, em meio a um clima predominante de abertura intelectual e a adesão exploratória ao pluralismo religioso. Havia um enriquecimento mútuo de diversas filosofias políticas, sistemas de ética e teorias cosmológicas, em que

---

As Seis Escolas de Educação Clássica, de acordo com Sima Tan (?-110 a.C.)

- Escola do Yin-Yang
- Confucianos (Ru)
- Moístas
- Legalistas
- Lógicos
- Taoista

os principais pensadores não se acanhavam em incorporar em seus conceitos teóricos os modelos e ideias derivadas de outras tradições.

A aceitação do pluralismo e a tendência para o sincretismo são evidentes na incorporação eclética de elementos oriundos de outras escolas de pensamento na forma nova e ampliada de confucianismo, que foi formulada por estudiosos proeminentes como Dong Zhongshu (c. 179-104 a.C.), o confuciano mais famoso da era Han. Com a intenção de criar um novo modelo de organização e fortalecimento do império Han, Dong produziu uma grande síntese confuciana que reuniu o Céu e a humanidade num relacionamento harmonioso de receptividade mútua, e situou o Estado imperial num amplo esquema cósmico. Nesse novo paradigma teórico, ele garantiu uma posição crucial para o estado Han e seu soberano, que foram legitimados por estarem imbuídos de poder supremo e autoridade moral.

No contexto dessa nova versão Han do confucianismo, o governante devia exercer o poder autocrático absoluto como o Filho do Céu, mas ele também deveria servir como um exemplo moral e estar aberto para o conselho de seus funcionários, que deveriam ser recrutados de dentro dos círculos confucianos. O imperador desempenhava um papel central num esquema cósmico mais amplo, em que o Céu, a terra e a humanidade formavam uma tríade essencial. Ele era um elo crucial que garantia a sua relação harmoniosa, alinhando seu estado e seus súditos com as normas do Céu e da terra. Sua incapacidade de manter o equilíbrio adequado e da ordem moral, no entanto, trazia todos os tipos de calamidades, incluindo desastres naturais, que serviam como presságios de desagrado do Céu com os eventos na Terra.

A concessão inicial de apoio imperial ao confucianismo ocorreu durante o reinado do imperador Wu (c. 140-86 a.C.), que foi influenciado pelas teorias de Dong Zhongshu, mas também foi orientado por conveniência política. O conhecimento especializado dos eruditos confucianos foi útil na consolidação do poder da Dinastia Han e no desenvolvimento de suas instituições estatais. Do ponto de vista do imperador, os confucianos foram especialmente úteis devido ao seu conhecimento de rituais religiosos e corteses, juntamente com a sua habilidade em administração burocrática. O imperador emitiu uma série de declarações sobre o papel do confucianismo como base ideológica do governo imperial, começando com a criação, em 136 a.C., de posições oficiais a serem preenchidas pelos eruditos versados nos clássicos confucianos. Ele também estabeleceu uma academia imperial

Figura 2.5. Salão do principal santuário, Templo Confuciano, Taipei

em 124 a.C., que usava os clássicos confucianos como seu currículo básico. A função principal da academia era produzir altos funcionários da burocracia imperial, o que fortaleceu a primazia dos confucianos na arena política.

Essas diretrizes políticas foram acompanhadas da instituição de um culto oficial a Confúcio como parte do programa ritual do Estado. No processo, o antigo sábio tornou-se divinizado, e Dong Zhongshu proclamou-o um "Rei sem Coroa". Por outro lado, o imperador estava especialmente interessado nas prerrogativas da casa real e, portanto, mantinha certa ambiguidade sobre o poder e a influência de seus assessores e eruditos confucianos. Assim, não obstante o inquestionável papel de destaque do confucianismo sob o imperador Wu e seus sucessores, a influência do confucianismo na ideologia imperial e nas instituições da Dinastia Han talvez não tenha sido tão completa como as gerações posteriores de historiadores pró-Confúcio fizeram crer.

Para concluir, a era Han foi um período crucial na história do confucianismo; foi um ponto importante, quando um tipo revigorado e transformado de confucianismo passou a ser o centro das atenções e ocupar um lugar dominante nas esferas social, política e cultural. Um resultado muito importante do envolvimento e compromisso da dinastia com o confucianismo foi a formação de um casamento duradouro de conveniência entre um sistema autocrático de governo imperial e uma ortodoxia confuciana, com enormes ramificações para a história subsequente da China. No entanto, outras vozes e perspectivas continuaram a florescer, ao mesmo tempo complementando e competindo com a tradição confuciana. Entre elas, de especial importância foram vozes da tradição taoista, examinada no próximo capítulo.

Pontos-chave

- Embora alguns aspectos fundamentais do confucianismo, como sua finalidade histórica de filosofia política e projeto para a organização da sociedade, tornem problemática a sua classificação como religião, existem muitas características no confucianismo tradicional que apresentam uma orientação religiosa aberta ou implícita como, por exemplo, a crença no Céu e algumas formas de cultivo espiritual utilizadas na busca de sabedoria.
- Os vários textos incluídos nos chamados "Cinco Clássicos" contêm um grande número de informações sobre os antigos sistemas de valores, visões sobre a vida, instituições sociais, e tradições de ritual. Apesar de terem origens diversas, esses textos foram apropriados pelas tradições confucianas iniciais e se tornaram a parte mais importante de seu cânone.
- Confúcio se via, antes de tudo, como restaurador e transmissor de valores e tradições antigas, em vez de criador de um sistema de pensamento radicalmente novo. Embora tenha fracassado em sua missão de encontrar um governante justo que implementasse seus ensinamentos e propostas políticas, ele teve sucesso como educador, deixando um grupo considerável de discípulos dedicados, que transmitiram seus ensinamentos e estabeleceram os fundamentos do início da tradição confuciana.
- O interesse principal de Confúcio era a organização da vida humana e a estruturação da sociedade. Na sua opinião, uma sociedade justa e harmoniosa deve apoiar-se em sólidas bases morais. Isso implica a perfeição da conduta humana dentro de um contexto comunitário,

através de processos de cultivo interior e do domínio de padrões predeterminados de interação social, exemplificados pelas virtudes fundamentais de decoro ritual e do interesse benevolente em relação aos outros.
- Os primeiros ensinamentos de Confúcio sobre o cultivo moral incluíam a redefinição de nobreza, que passou a ser entendida como uma qualidade atingível por todos, através do cultivo de virtudes variadas e o desenvolvimento da sabedoria. A pessoa de caráter moral exemplar era chamada de "cavalheiro"; acima disso estava o "sábio", que incorporava o mais alto nível de perfeição moral.
- Durante a era dos Estados Combatentes, os confucianos continuaram a ter uma influência limitada, sendo apenas um entre os vários grupos rivais que propunham ampla gama de doutrinas e práticas. Seus principais concorrentes incluíam os legalistas e os moístas.
- Mêncio e Xunzi, os dois pensadores confucianos mais importantes da época dos Estados Combatentes, adotaram diferentes premissas teóricas e chegaram a visões antagônicas sobre a natureza humana, embora compartilhassem uma crença na perfectibilidade humana e confirmassem o poder dos ensinamentos de Confúcio de efetuar uma transformação moral abrangente. Mêncio destacou a bondade inerente da natureza humana, enquanto Xunzi ressaltou a propensão humana natural para o mal e ensinou que o comportamento moral adequado é algo que precisa ser aprendido.
- A tradição confuciana ganhou grande destaque pela primeira vez durante o século II a.C., quando o imperador Wu, da Dinastia Han, iniciou uma série de políticas que equivaliam a estabelecer a forma sincrética do confucianismo, que floresceu na época como uma ideologia oficial do Estado imperial.

Questões para discussão

1. Qual foi a atitude de Confúcio em relação às tradições cumulativas do passado e como ele percebia a sua missão de vida em relação a elas?
2. Descreva os pontos de vista sobre a natureza humana (*xing*) articulados por Mêncio e Xunzi. Quais foram as principais divergências entre

os dois e quais foram os pontos concordantes em relação a questões centrais?
3. Qual foi a primeira vez em que o confucianismo se tornou, oficialmente, a base ideológica do governo imperial e quais foram as ramificações históricas de longo prazo desse evento?

Leituras complementares

Ver também as sugestões de leitura do Capítulo 8.

Brooks, B.; Taeko, B. *The Original Analects*: Sayings of Confucius and His Successors. New York: Columbia University Press, 1998.

Chong, K. *Early Confucian Ethics*: Concepts and Arguments. Chicago and La Salle, IL: Open Court, 2007.

Ivanhoe, P. J. *Confucian Moral Self Cultivation*. Indianapolis, IN: Hackett Publishing Co., 2000.

Lau, D. C. (Trad.). *Confucius*: The Analects (Lun Yü). Penguin classics. Harmondsworth: Penguin Books, 1979.

_____. (Trad.). *Mencius*. Hong Kong: Chinese University Press, 2003.

Nylan, M. *The Five "Confucian" Classics*. New Haven, CT: Yale University Press, 2001.

Pines, Y. *Foundations of Confucian Thought*: Intellectual Life in the Chunqiu Period (722-453 BCE). Honolulu, HI: University of Hawai'i Press, 2002.

Schwartz, B. I. *The World of Thought in Ancient China*. Cambridge, MA: Belknap Press of Harvard University Press, 1985.

Slingerland, E. G. (Trad.). *Confucius Analects*: With Selection from Traditional Commentaries. Indianapolis, IN: Hackett Publishing Co., 2003.

Watson, B. (Trad.). *Mozi*: Basic Writings. New York: Columbia University Press, 2003 (1967).

_____. *Hsün Tzu*: Basic Writings. New York: Columbia University Press, 1996 (1963).

Yao, X. (Ed.). *RoutledgeCurzon Encyclopedia of Confucianism*. London and New York: Routledge, 2003.

3

Primeiros textos e o surgimento do taoismo religioso

Neste capítulo

Este é o primeiro dos dois capítulos sobre taoismo. A primeira metade do capítulo aborda os primeiros textos clássicos da tradição taoista, muitas vezes referida como "taoismo filosófico". Segue-se uma visão global da evolução formativa do taoismo como uma forma distinta de religião organizada, que inicialmente teve lugar na última metade do século II, em meio à deterioração gradual e ao previsível colapso da Dinastia Han. O capítulo termina com uma discussão das tendências notáveis, alheias ao Taoismo dos Mestres Celestiais, ou durante o século III e início do IV.

Tópicos principais

- Campo semântico e conotações variadas do conceito de Tao.
- Características básicas da tradição taoista e perspectivas acadêmicas sobre o seu desenvolvimento histórico.
- O pensamento de *Laozi*[1] e a importância do texto na história religiosa e intelectual chinesa.

---

1 Laozi (pinyin: *Lǎozi*; Wade-Giles: Lao Tzu); também romanizado como *Lao-Tsé, Lao-Tzu, Lao--Tsu, Laotze, Laosi, Láucio.* (N.T.)

- Conceitos básicos e atitudes religiosas apresentadas em *Zhuangzi*.
- Principais tendências e tradições que se fundiram durante o período Han.
- Os Mestres Celestiais e o surgimento do taoismo como uma religião organizada.
- Perspectivas sobre a imortalidade e a alquimia dentro do taoismo medieval antigo.
- Deificação de Laozi dentro do movimento taoista nascente.

O Tao

O conceito de Tao, que literalmente significa "caminho" ou "curso", já apareceu neste volume. A palavra chinesa tem uma longa história e abrange um vasto campo semântico (quando usado como um verbo, ele também tem o significado de "dizer" ou "falar", bem como "conduzir"). Tao é uma noção central no pensamento tradicional chinês, aparecendo em uma ampla gama de textos e sendo usado por várias escolas de pensamento. Seus significados polivalentes incluem a força impessoal criativa do universo que é perpétua e gera *yin* e *yang*, a partir do que emergem as miríades de coisas. Dentro de um contexto confuciano, o núcleo principal do significado de Tao gira em torno dos padrões adequados de comportamento humano, abrangendo os rituais formais e as atividades diárias, que estejam de acordo com os princípios do Céu (ver Capítulo 2).

Figura 3.1. O caractere chinês para Tao (caligrafia de Ruth Sheng)

O termo Tao também foi incorporado ao vocabulário do budismo, onde foi usado para traduzir diversos termos técnicos das línguas indianas, como, por exemplo, *bodhi* (despertar), *mārga* (caminho) e *Nirvana*. Muitas vezes, seu uso também se expressou em combinações dos dois sentidos, o budista e o chinês tradicional. No entanto, a atenção mais clara e constante dirigida aos mistérios sublimes do Tao onipresente e suas diversas manifestações no reino humano pode ser encontrada dentro da tradição taoista, conforme o nome indica. O domínio fundamental do taoismo é o mundo da natureza, que engloba outras dimensões sobrenaturais ou transcendentais, em contraste com o principal objetivo do confucianismo, que era o contexto social. Por isso, na cultura tradicional chinesa o taoismo é geralmente considerado (juntamente com o budismo) complementar ao confucianismo, em vez de antagônico.

Fronteiras mutáveis e identidades permeáveis

Ao tentar delinear as origens e características básicas do taoismo enquanto uma tradição religiosa distinta, é inevitável o confronto com uma pluralidade de orientações ou identidades taoistas. O taoismo tende a desafiar as tentativas de simples caracterização de sua essência e identidade básicas, sendo uma tradição aberta que abraça, sem dificuldades, a perspectiva de crescimento e transformação contínuos. Sua posição quase sempre ambígua no que diz respeito à criação de limites rígidos, juntamente com a resistência à delimitação de uma essência, ou centro inequívoco, que permaneça fixo entre as transfigurações em curso, costuma frustrar o esforço dos estudiosos de chegar a uma definição clara dessa tradição. Isso é ainda mais complicado pelo fato de que o taoismo inclui uma surpreendente variedade de crenças, doutrinas e práticas, escritos numa diversidade de textos e transmitidos no seio de diversas comunidades religiosas.

O crescimento e a evolução histórica do taoismo nunca constituiu um processo isolado, mas envolveu uma estreita interação e intercâmbio com outras tradições religiosas, sobretudo o confucianismo, o budismo e a religião popular. Isso se associou a uma indeterminação dos limites que separam as diferentes tradições religiosas, o que é especialmente evidente nas interações estreitas entre taoismo e religião popular por um lado, e entre taoismo e budismo, por outro. Já que muitas vezes é difícil saber onde termina o taoismo e começa a religião popular, alguns especialistas chegaram a propor que o taoismo é uma modalidade de religião popular chinesa. Dessa perspectiva, o taoismo é uma expressão elevada da religião popular, arraigada ou expressa em formas institucionais específicas (Shipper, 1993).

Os primeiros esforços acadêmicos para mapear o terreno taoista, que quase sempre ocorriam em ambientes de missionários cristãos e refletiam preconceitos e atitudes ocidentais, resultaram na criação de uma nítida distinção entre o taoismo "filosófico" primitivo, representado pelos textos clássicos de Laozi e Zhuangzi, e o taoismo "religioso" posterior. Diversos acadêmicos e intelectuais ocidentais distinguiram uma descontinuidade radical entre os dois que não deixava de ter amplos precedentes na cultura erudita chinesa tradicional. Quais seriam as conexões entre o pensamento refinado dos filósofos antigos e suas subsequentes vulgarizações nas mãos dos devotos religiosos, propensos a superstições irracionais, é o que eles se perguntavam.

Estudos recentes tendem a evitar essa desconsideração depreciativa do taoismo religioso, que emergiu como o principal objeto de pesquisa acadêmica no campo crescente de estudos taoistas. Partindo da priorização de seus predecessores em relação aos antigos textos "filosóficos" como *Laozi* e *Zhuangzi*, alguns acadêmicos reverteram a situação, afirmando que a designação "taoismo" deve ser aplicada apenas às formas organizadas de religião

Figura 3.2. Entrada do Templo Baoan, Taipei

taoista que se desenvolveram a partir do século II. Outros tomaram uma posição inclusiva, argumentando que há um fio condutor comum que percorre as várias manifestações de taoismo (por exemplo, Robinet, 1997), embora de algum modo evitassem as diferenças entre taoismo "filosófico" e "religioso".

Enquanto se deve postular que o taoismo nunca tenha sido unificado como religião (mais ou menos como o catolicismo ou o islamismo xiita, por exemplo), ou tentar acrescentar-lhe uma identidade sólida, também é verdade que as diversas modalidades taoistas incluem certos quadros de referência comuns que situam a existência humana em direção a cenários cósmicos mais amplos e a vinculam aos reinos numinosos da transcendência. Dentro do taoismo, encontramos constelações de símbolos, ideias e ideais que, ao longo da história chinesa, canalizaram energias espirituais e provocaram profundas reações emocionais. Em muitos casos, isso se traduziu em compromissos com modos de vida e sistemas de prática espiritual que foram ao encontro das necessidades religiosas genuínas, que muitas vezes produziram transformações pessoais e comunitárias de longo alcance. Os ensinamentos taoistas resumiram sistemas multifacetados de significado e valor, que encontraram expressões concretas em rituais coloridos e outros padrões de comportamento sagrado. Isso reforçava a coesão do grupo e um senso de pertencimento, mas também abria caminhos para buscas individualistas de desenvolvimento e transformação pessoal.

A formação continuada de orientações e identidades taoistas multifacetadas, portanto, envolve um processo constante de transfiguração, em meio a uma crença generalizada na falta de permanência e solidez. Mas, embora o taoismo seja uma tradição sem um ponto de origem ou limites fixos, suas múltiplas manifestações estão inseridas em circunstâncias históricas, textos, tradições, rituais e comunidades concretas. No centro, encontramos linhagens de transmissão e de ordenação sacerdotal, juntamente com a presença de ordens monásticas e um cânone taoista, enquanto nas margens encontramos formas difusas de culto popular e práticas psicossomáticas, tais como Taiji Quan e outras formas de ginástica (que podem ou não podem ser rotuladas como taoistas). Os espaços ocupados não precisam ser demarcados ou definidos de forma inflexível. Assim, ao estudar o taoismo em toda a sua riqueza e variedade, temos que ter em mente as suas fronteiras porosas e as conjunturas e momentos críticos que o levaram a um contato próximo com outras tradições religiosas, bem como a sua imersão na cultura tradicional chinesa.

Reflexões de Laozi sobre o Tao indescritível

A figura de Laozi (Mestre Lao ou Velho Mestre) predomina na história taoista, já que ele costuma ser considerado o fundador da tradição. Segundo a lenda, seu nome era Lao Dan e ele trabalhou como arquivista durante a Dinastia Zhou (que devia estar ativa durante o século VI). Pouco se sabe sobre sua vida e alguns estudiosos questionam a historicidade de Laozi como uma pessoa real. Ele é mais conhecido como o suposto autor do famoso texto que leva seu nome, *Laozi*, embora, num período posterior, sua forma divinizada também tenha se tornado parte importante do panteão taoista (veja adiante). O livro de Laozi é também conhecido pelo título alternativo de *O livro do Caminho e da Virtude* (*Tao te Ching*), a partir dos caracteres chineses de abertura de suas duas partes principais: Caminho (Tao) e poder (*te*, também é possível traduzir como "carisma" ou "virtude").

Além da lenda tradicional sobre a autoria de Laozi, não temos conhecimento definitivo sobre a origem do texto. A edição padrão em uso hoje foi elaborada durante o século III, ainda que as recentes descobertas arqueológicas de antigos manuscritos de bambu e seda indiquem que o texto já existia nos séculos IV ou III a.C. Parece provável que *Laozi* seja uma coleção de aforismos e reflexões poéticas que representam as ideias de vários pensadores que viveram em épocas diferentes. No início, esse material diverso pode ter sido transmitido oralmente e reunido de uma forma coerente numa fase posterior da evolução literária do texto.

O livro de Laozi é relativamente curto, consistindo apenas em cerca de cinco mil caracteres chineses, mas foi uma importante fonte de símbolos e ideias taoistas, como atestam as numerosas citações e alusões que aparecem nos textos taoistas posteriores. O texto também exerceu grande atração e influência além dos limites da comunidade taoista, e sua leitura é disseminada como um dos grandes clássicos da literatura filosófica e religiosa chinesa. Por causa da ambiguidade poética do texto e da concisão de seu estilo, o seu conteúdo tem sido submetido a uma vasta gama de interpretações. Gerações de comentaristas ofereceram uma série de diferentes leituras do texto enigmático. Em regra, *Laozi* é tratado como um clássico filosófico e religioso, com dimensões místicas importantes. No entanto, o texto também foi abordado como uma obra política, um tratado sobre estratégia militar, ou um manual de práticas de longevidade. Mais recentemente, *Laozi* alcançou aclamação

Figura 3.3. A abertura de quatro versos de *Laozi*

mundial e ampla popularidade, que fez com que fosse traduzido inúmeras vezes em vários idiomas, tornando-o sem dúvida o livro mais traduzido depois da *Bíblia*. A fama de texto da moda tornou-o sujeito a novos usos e interpretações, que refletem os valores contemporâneos ou predileções espirituais, incluindo aquelas apresentadas pelos ocidentais (alguns deles sem nenhum conhecimento de chinês clássico, ou formação adequada sobre o pensamento tradicional chinês).

O conceito operacional mais importante em *Laozi* é o Tao, o princípio fundamental que permanece constante em meio da esfera sempre mutável de fenômenos finitos e transitórios. O Tao é a única realidade indivisível e subjacente no cosmos, a fonte criativa da vida em toda a sua riqueza e variedade, que antecede a formação do céu e da terra. O uso que o texto faz do termo transmite uma noção de crença numa verdade absoluta ou última, um terreno fundamental da realidade que está além de uma conceituação e transcende o reino dos opostos dualistas. O Tao é vazio, inefável e misterioso – a palavra em si é simplesmente uma designação provisória para uma realidade transconceitual que não tem nome; contudo, é manifesta em toda parte e permeia tudo. A realidade imediata da maravilha sublime do Tao está além do poder que as palavras têm de descrever ou conceituar. As expressões verbais não podem captar a sua verdadeira natureza, já que a realidade última, por sua própria natureza, é inacessível à linguagem (ver quadro). O Tao é um princípio natural impessoal, operando de forma constante e espontânea, independente da ação humana intencional e impermeável à súplica religiosa.

Conforme disse Confúcio, *Laozi* nos apresenta uma visão idealizada de um mundo perfeito, embora de um tipo diferente. Isso transmite, de forma implícita, uma crítica do mundo deficiente ou corrupto da realidade cotidiana, como era vivenciado pelos pensadores antigos que criaram esses textos. No entanto, o mundo do sábio taoista apresenta-se como uma imagem invertida do mundo culto de decoro ritual e engajamento social, imaginado por Confúcio. Essa visão é parte de uma compreensão não teísta do universo, que é concebido em constante mudança e evolução, passando por fases naturais de crescimento e decadência, sem a presença ou intervenção de um criador antropomórfico ou uma divindade controladora. O sábio que realizou a harmonia com o Tao está situado num reino sereno, que possui uma qualidade não estruturada e está em sintonia com o fluxo espontâneo da natureza.

No texto, esse retrato do reino do sábio parece ecoar uma tendência primitivista de idealizar a vida simples de uma sociedade agrária antiga, na qual as pessoas viviam perto do mundo natural. Essa existência idílica contrasta com os padrões sociais e esquemas culturais característicos de uma civilização humana evoluída, que inevitavelmente provocam o desvio do Tao imaculado.

A condição indescritível do Tao

O Tao que pode ser expresso em palavras não é o Tao eterno;
O nome que pode ser nomeado não é o nome do eterno.
O inominável é o começo do céu e da terra;
O nomeável é a mãe das miríades de coisas.

Os versos iniciais de *Laozi*/Tao te Ching.

O sábio se afasta de assuntos e envolvimentos mundanos, distanciando-se da agitação e do artifício da vida "civilizada" (que inclui o protótipo familiar da civilização articulado por Confúcio e seus discípulos) que, de modo inevitável, leva à competição irracional e à obsessão com riqueza e poder. Ele defende um estilo de vida repleto de espontaneidade e de liberdade genuína, baseado numa visão espiritual convincente, que valoriza a tranquilidade e a sabedoria, enquanto rejeita a adesão cega a normas e valores estabelecidos.

Embora o intelecto não seja capaz de compreender plenamente a realidade inefável e o sutil funcionamento do Tao, é possível realizar uma união com ele por meio da perfeita sintonia com sua genuína manifestação e operação no mundo. A melhor abordagem para realizar esse estado harmonioso, de acordo com *Laozi*, é o cultivo de *wuwei* (lit. "não ação"), um termo essencial, que implica um comportamento sem artificialidade ou esforço, livre de apego e fixação (ver quadro). Embora *wuwei* implique evitar esforços desnecessários e atividades autocentradas, isso não denota um estado de extrema passividade. *Wuwei* representa um método de cultivo espiritual e uma maneira de ser que traz o indivíduo em harmonia holística com o universo. Ao tornar-se vazio de desejos egoístas e obsessões autocentradas com *status*, fama, riqueza e afins, o sábio se põe de acordo com o fluxo natural das coisas e percebe a sua unidade essencial.

Do ponto de vista dos autores de *Laozi*, a adesão ao princípio de *wuwei* na verdade também é uma maneira eficaz de transformar o mundo para melhor, ou de aproximá-lo de um estado primordial de harmonia, sobretudo quando

Laozi sobre a virtude e a não ação

A suprema virtude (poder) apresenta-se como não sendo virtude, e por isso tem virtude.

A virtude inferior não abre mão de ser virtude, e por isso não tem virtude.

A suprema virtude é não ativa, sem segundas intenções.

A virtude inferior é conscientemente ativa, baseando-se em segundas intenções.

A benevolência suprema é expressa por meio de ação que é livre de segundas intenções.

Laozi 38; cf. Lau (1963, p.45) e Ivanhoe (2002, p.41).

se compara com a promoção obsessiva do ritualismo e do ordenamento social defendidos pelos confucianos. Portanto, é possível considerar *wuwei* não apenas como um paradigma soteriológico que opera no nível individual, mas também como um método com um potencial efetivo de governança sagaz, que adota um enfoque *laissez-faire*. Essas implicações já são evidentes em *Laozi,* onde encontramos uma fusão aparente das imagens do sábio e do rei, que ressoa com uma tendência prevalente na China antiga, de tornar indistintas as linhas de demarcação entre política, ética e religião. Como veremos, as ideias em torno da noção de governança sagaz que se baseia na não ação foram reunidas e amplificadas por pensadores posteriores, interessados nas implicações políticas do pensamento taoista.

Perspectivas originais e divagações despreocupadas de Zhuangzi

Como Laozi, Zhuangzi refere-se tanto a um livro como a uma pessoa, embora, neste caso, os pensadores modernos aceitam a historicidade da pessoa e sua conexão com o livro. Pouco se sabe sobre Zhuangzi (Mestre Zhuang, também conhecido como Zhuang Zhou) enquanto pessoa histórica. Presume-se que tenha sido um sulista de classe alta com um talento singular como pensador criativo e escritor, que viveu durante o século IV a.C. (um período não confirmado de datas tradicionais para a sua vida é 368-286 a.C.). O livro que leva seu nome é um texto composto, em que apenas os primeiros sete capítulos (os chamados "capítulos interiores") costumam ser associados ao Zhuangzi histórico. Os trinta e três capítulos restantes são narrativas híbridas, contendo as ideias de diversos autores desconhecidos que viveram entre a época de Zhuangzi e o século III, quando foi criada a versão padrão do texto atual. Algumas partes do texto foram, talvez, compostas por discípulos de Zhuangzi, mas outras representam uma gama de características e perspectivas diferentes incluídas no nebuloso movimento (proto)taoista.

O texto de *Zhuangzi* tem alta qualidade literária e é amplamente reconhecido como um dos grandes clássicos da tradição literária chinesa. Imbuído de rico simbolismo, faz uso recorrente de alegorias engenhosas, que muitas vezes revelam o fascínio com o mundo natural e não raro transpira um senso de humor sutil. O(s) autor(es) leva(m) o leitor em voos inspirados de imaginação poética que abrem amplas perspectivas mitopoéticas, transpondo-o a novos domínios de realidade povoado por criaturas estranhas (incluindo os animais que podem falar), sábios etéreos e os sábios de outrora, incluindo Laozi e Confúcio. As histórias que apresentam Confúcio geralmente fazem a caricatura de um moralista rígido e o comparam de forma desfavorável ao sábio e sagaz Laozi; não obstante, às vezes ele também assume o inesperado papel de porta-voz de um ponto de vista taoista.

Zhuangzi é um texto bastante mais longo e mais complexo do que *Laozi*. Ele trata dos principais temas abordados no *Laozi* (como a unidade do Tao, a valorizaçao da serenidade e da reclusão, e a celebração da natureza), embora de forma sistematizada e elaborada, mas também se move em direções novas e significativas. Em todo o texto, há uma tendência palpável de interiorização. O foco principal da atenção uma e outra vez muda para o mundo interior e os vários estados de consciência, sobretudo os que são gerados por experiências místicas. Ao mesmo tempo, há uma aversão manifesta pelo envolvimento na arena sociopolítica. O envolvimento no emaranhado político é uma iniciativa sem esperança, com poucas perspectivas de fazer algum bem ou trazer qualquer mudança significativa. A tarefa principal, de transformação, é interna: as patologias sociais mais amplas são apenas a manifestação externa da propensão humana básica de se envolver com desejos mesquinhos e afetos egocêntricos, perdendo de vista a verdadeira natureza da realidade e rompendo a harmonia com o Tao que tudo permeia. O texto promove o questionamento e a subversão de sistemas estabelecidos de valores e dos modos convencionais de compreender o mundo; todavia, também defende o esvaziamento da mente, que deve preceder a percepção intuitiva do Tao inefável e sem forma.

O caminho da transformação individual imaginado por Zhuangzi possibilita um modo radicalmente diferente de ser no mundo, à medida que o adepto liberta-se dos últimos vestígios de consciência autocentrada e amplia sua visão de mundo tem sua realização espiritual. Livre das limitações que distinguem as mentes estreitas, a perspectiva holística do sábio proporciona uma experiência vívida e fluida do mundo, tanto de sua totalidade como de sua variedade infinita. O sábio compreende a união com o Tao, sem ficar preso ao dogmatismo estreito ou à reificação da verdade absoluta. Zhuangzi discorda das tendências dogmáticas, evidentes nos debates intelectuais entre os defensores de diferentes doutrinas, que tentavam estabelecer a veracidade de suas opiniões e a incorreção das ideias de seus oponentes, cujos exemplos mais importantes eram os confucianos e os moístas. A pessoa sábia evita a rigidez intelectual e moral, adotando um ponto de vista relativista que permite ver o mundo a partir de uma variedade ilimitada de ângulos e perspectivas.

Ao longo de *Zhuangzi*, nós encontramos imagens do sábio como uma figura carismática que encarna o Tao, que preparou o terreno para concepções posteriores de virtude e de santidade que se tornaram emblemáticas do taoismo religioso. Ao obliterar a consciência iludida e seus impulsos egoístas, a pessoa perfeita (*zhenren*) realiza seu pleno potencial espiritual, conseguindo o domínio físico e a liberdade mental. De acordo com o texto, ao se erguer acima das preocupações éticas, políticas e sociais da existência convencional e alcançar a união com o Tao, ele (ou talvez ela) perambula despreocupado, por vezes pegando uma carona com o vento. Ao percorrer o universo com alegria, ele se deleita com as transformações sem fim da natureza. Ele prontamente aceita a constante mudança como um fato básico da existência terrena e concorda com o que a vida lhe traz, permanecendo sereno e equânime quando confrontado com a dor e o prazer, o ganho e a perda, a vida e a morte.

Esse sentimento de quietude interior e equanimidade em face das condições adversas é ilustrada pela bem conhecida história sobre a resposta peculiar de Zhuangzi à morte de sua esposa, narrada num capítulo intitulado "Máxima Felicidade". Nela, encontramos Zhuangzi sentado no chão, em consequência da morte de sua esposa, batucando num vaso e cantando. Após ser repreendido por um de seus amigos por não exprimir o luto de uma forma socialmente aceitável, Zhuangzi explica que, embora tenha ficado triste num primeiro momento, ele

Zhuangzi sonhou que era uma borboleta

Uma vez Zhuang Zhou sonhou que era uma borboleta. A borboleta batia as asas e ia de um lado para outro, feliz em sua liberdade para fazer o que quisesse. Ela não estava consciente de ser Zhou. De repente, Zhou acordou e lá estava ele: indiscutivelmente ele próprio. Mas ele não sabia se era Zhou que havia sonhado que era uma borboleta, ou se era uma borboleta sonhando que era Zhou. Deve haver uma distinção entre Zhou e uma borboleta. Isso é chamado de transfiguração das coisas.

"Discussão sobre a Igualdade das Coisas" (capítulo), *Zhuangzi*; tradução adaptada de Sommer (1995, p.81) e Moeller (2004, p.48).

logo percebeu que, como todas as coisas no universo, a vida de sua esposa se desenrolou de acordo com um processo natural: no início ela emergiu do Tao indiferenciado, a fonte suprema, e agora ela simplesmente retornava a ele.

Juntamente com a transmissão de imagens memoráveis de pessoas aperfeiçoadas, dotadas de habilidades paranormais, *Zhuangzi* também amplia a perspectiva da imortalidade e faz menção a técnicas para atingir a longevidade, como regimes alimentares e exercícios respiratórios. Além disso, o texto faz alusão a estados mentais alterados e experiências espirituais de êxtase, que talvez evoquem as tradições populares de busca da visão e jornadas xamânicas a outras dimensões espirituais. No texto encontramos também ecos do antigo interesse chinês pelo quietismo e pela prática contemplativa que, de certa forma, se assemelham às práticas meditativas que, num período posterior, foram importadas para a China, com a chegada do budismo. Espalhadas por todo o texto encontramos referências às práticas de "sentar e esquecer" (*zuowang*), "conservação (ou vigilância) do Um" (*shouyi*), e "jejum da mente" (*xinzhai*, isto é, esvaziá-la de todos os pensamentos e imagens).

O texto atribuído a Zhuangzi obviamente não foi concebido para servir de manual de prática taoista ou de meditação; no entanto, aparece um interesse crescente pela exploração do mundo interior e o processo de transformação pessoal. A atenção dedicada a esse tema aos poucos passa a incorporar distintas técnicas contemplativas como elementos centrais de um sistema integrado de cultivo espiritual, que visava aproximar o indivíduo da unidade com o Tao. Nesse sentido, *Zhuangzi* é um precursor antigo das tradições posteriores de meditação que floresceram plenamente durante o período medieval (ver próximo capítulo). Essas práticas contemplativas foram integradas em modelos maiores de prática taoista, que é concebida, de modo geral, como uma busca espiritual realizada no nível individual.

O movimento Huang-Lao e outras transições da era Han

Parte da ampla gama de conteúdo de *Zhuangzi* reflete influências de variados elementos (ou tradições) prototaoistas que floresceram dentro do ambiente intelectual e religioso pluralista, entre o final dos Estados Combatentes e o início da era Han. Esses elementos prototaoistas interagiam entre si e com outras tradições importantes, como o confucianismo, o legalismo, o moísmo e a Escola do Yin-Yang. A sua fusão prepara o terreno para o surgimento do taoismo como religião organizada. Por razões de espaço não podemos entrar em detalhes, mas faremos uma breve menção a algumas das principais tendências e escolas de pensamento que foram depois absorvidas no taoismo religioso: várias teorias cosmológicas, a tradição Huang-Lao, as diversas redes e práticas xamânicas e o culto da imortalidade.

As teorias cosmogônicas comuns da época estabeleciam as origens do universo na "força primordial" (*yuanqi*, que também pode ser traduzido como "respiração/energia primal"). No início, a força primordial se dividiu em dois elementos complementares: *yang*, o elemento puro e leve, que se movia para cima e que formou o céu; e *yin*, o elemento denso e pesado, que se movia para baixo e se tornou terra (ver quadro). O mundo humano está entre os dois, feito de combinações variadas de *yin* e *yang*, que implicam um no outro; por meio de seus padrões constantemente variáveis de interação, esses dois geram as miríades de coisas. Todas as coisas são, em essência, transfigurações de *qi* (força ou energia vital), o elemento básico criativo ou a força que sustenta toda a existência.

Conotações básicas de *yin* e *yang*

Yin: lado sombrio (da montanha), negativo, feminino, suave, submisso, elemento destrutivo.

Yang: lado ensolarado, positivo, masculino, duro, vigoroso, elemento construtivo.

Figura 3.4 O diagrama Taiji (ou símbolo *yin-yang*)

A cosmologia centrada no *yin-yang* foi combinada com a teoria dos cinco elementos ou agentes (ver quadro adiante). Isso proporcionou um quadro conceitual para o mapeamento do mundo em termos temporais e espaciais, de forma a justificar a mudança e a transformação contínuas e, segundo o qual, todas as coisas se movem ou passam por diferentes fases. Esse modelo teórico implicava uma compreensão cíclica do tempo e da história. Considerava-se que o tempo se desenvolve numa escala cósmica, em que cada um dos cinco elementos passa a predominar numa sequência fixa de rotação. Essa configuração conceitual tornou possível estabelecer correlações entre as estruturas e os eventos básicos do reino humano, por um lado, e os padrões cíclicos do mundo natural, por outro.

Em contrapartida, a escola de Huang-Lao se ocupava sobretudo com as questões de governança, defendendo uma abordagem pragmática para governar, com base no princípio do *wuwei*. Essa tradição teve origem no Norte da China e derivou seu nome da justaposição de Huangdi (Imperador Amarelo) e Laozi, cujo clássico era uma importante fonte para as suas teorias. Em outra leitura, o nome de Huang-Lao vem de uma divindade chamada Senhor Huanglao (ou Huanglao jun), que passou a ocupar um lugar importante no panteão taoista. A escola de Huang-Lao atingiu o ápice de sua influência durante as primeiras décadas da Dinastia Han. Segundo seu modelo político, o rei sábio personifica o Tao. Ele governa mantendo sua quietude interior e manifestando uma autoridade carismática, que se baseia em um estado poderoso de inação. Com base numa visão interior da realidade e adotando uma perspectiva ampla, o governante sábio delega a administração cotidiana dos assuntos governamentais para seus funcionários, não interfere na vida diária das pessoas, nem tenta impor uma ideologia restritiva.

Os cinco elementos

- Madeira
- Fogo
- Terra
- Metal
- Água

As tradições xamânicas que floresceram durante esse período foram conduzidas por grupos de praticantes de artes mágicas e sabedoria esotérica, representados pelo *wu*, com muitas participantes do sexo feminino e, sobretudo, pelo *fangshi*. Eles formavam redes xamânicas que funcionavam à margem dos cultos religiosos oficiais, embora os seus serviços fossem, por vezes, utilizados pela realeza. Eles eram herdeiros de tradições xamânicas muito antigas, algumas das quais remontavam, no mínimo, à Dinastia Zhou. Os rastros dessas crenças e tradições xamânicas são facilmente observáveis nos poemas de Qu Yuan (c. 340-278), um dos poetas mais famosos da China antiga, cuja trágica morte é até hoje celebrada com o Festival do Barco do Dragão. Segundo registros antigos, o *wu* realizava sacrifícios espirituais e danças da chuva, enquanto os *fangshi* atuavam como curandeiros, astrólogos, cartomantes, exorcistas e mágicos.

Alguns dos *fangshi* também eram praticantes de técnicas e exercícios que visavam alcançar a imortalidade ou, pelo menos, prolongar a vida num estado saudável e vital. Isso incluía a utilização de alquimia, regimes alimentares, exercícios físicos e meditação. A absorção nesses temas refletia a crescente influência de um culto de imortalidade antigo, e quase completamente informal, que também repercutia em *Zhuangzi*. O culto da imortalidade celebrava sábios misteriosos que teriam alcançado a imortalidade física e possuíam vários poderes sobrenaturais, como a habilidade de fazer seus corpos desaparecerem ou de prever eventos futuros. Dizia-se que os imortais se escondiam do mundo humano comum, preferindo a solidão das montanhas e cavernas, ou as moradas mais refinadas oferecidas pelos vários reinos celestiais (ver adiante).

Os Mestres Celestiais e o advento do taoismo como uma religião organizada

O surgimento do taoismo como uma religião organizada remonta ao século II, durante a turbulência social e a desintegração política que marcaram as últimas décadas da Dinastia Han. O ano decisivo nesse processo é 142, quando Zhang Taoling, que era um obscuro praticante de técnicas *fangshi*, teve uma suposta visão de Laozi em forma divinizada. Laozi teria transmitido a ele novos ensinamentos, que poderiam libertar o povo das circunstâncias adversas trazidas pela decadente Dinastia Han e servir como uma alternativa adequada para os cultos degradantes, comuns na época. Zhang passou a pregar a doutrina recém-encontrada, que tinha tons milenaristas e era direcionada para o povo escolhido; ele atraiu numerosos seguidores com uma visão utópica, que trazia a promessa de uma nova ordem sociopolítica e um futuro melhor.

Finalmente, o crescente número de seguidores de Zhang transformou-se num movimento religioso de grande organização e influência, o primeiro de seu tipo na história do taoismo. O movimento foi chamado de Caminho dos Mestres Celestiais (Tianshi Tao). O termo Mestres Celestiais já era conhecido durante o tempo de Zhang Taoling e mais tarde tornou-se um título imperial outorgado aos descendentes de Zhang como chefes de uma igreja taoista oficialmente reconhecida. Logo no início, o movimento também era conhecido como os Cinco Celamins de Arroz, uma designação introduzida por terceiros, que se referia a um imposto sobre o arroz cobrado de todos os seguidores; ainda outro nome alternativo é o Caminho da Unidade Ortodoxa (Zhengyi Tao), que foi mais difundido em períodos posteriores. Após a morte de Zhang, a liderança do movimento passou para seu filho e, mais tarde, para seu neto que, com seus seguidores, estabeleceu um Estado teocrático que desfrutava de uma autonomia verdadeira.

A tradição dos Mestres Celestiais era um entre vários movimentos populares messiânicos ou milenaristas que surgiram durante as condições sociais e políticas instáveis do século II. Outro grupo comparável, no Leste da China, foi os Turbantes Amarelos, cujo nome veio do uso simbólico dos lenços de cabeça por seus seguidores (amarelo é a cor associada com a terra e com o Imperador Amarelo). Os membros desse movimento chamavam a si mesmos de Caminho da Grande Paz (Taiping Tao). O seu principal objetivo era inaugurar uma utopia sociopolítica caracterizada pela paz, estabilidade, veracidade e harmonia, uma nova era chamada de Grande Paz (Taiping). Os Turbantes Amarelos adotavam estruturas organizacionais e práticas semelhantes as dos Mestres Celestiais. Eles promoviam a ideia de um governante sábio, que combinava as funções religiosa e secular, apoiado por uma hierarquia eclesiástica bem-organizada. Os seguidores do movimento envolviam-se em rituais de cura e culto comunitário, cuja característica era a recitação de textos sagrados. O movimento dos Turbantes Amarelo foi destruído pela força militar da Dinastia Han em 184, depois de organizar uma revolta malsucedida contra a dinastia reinante, com a intenção de derrubá-la e trazer o novo reinado da Grande Paz. Essa revolta armada foi o auge de uma série de revoltas camponesas que ocorreram ao longo de várias décadas.

A autonomia do Estado teocrático estabelecido pelos Mestres Celestiais foi possível graças a sua localização na província sudoeste de Sichuan, distante da capital imperial, e pela decisão astuta de não desafiar diretamente a dinastia reinante. Seus líderes instituíram uma forma peculiar de governo, que misturava a intuição burocrática familiar do período Han com novas estruturas eclesiásticas. As famílias dos fiéis eram organizadas em vinte e quatro paróquias, lideradas por padre-funcionários conhecidos como encarregados das libações, que realizavam uma combinação de funções civis e religiosas. Uma parte importante das funções desses padres era a mediação que faziam entre os paroquianos e os vários deuses e espíritos. Eles também mantinham registros domésticos dos fiéis que, por certos períodos, não recebiam datas, para ficar em conformidade com um conjunto semelhante de supostos registros mantidos pelos deuses da burocracia celestial, que vigiavam cada indivíduo e registravam os seus delitos. Como veremos no próximo capítulo, os Mestres Celestiais também adotavam atitudes igualitárias, que incluíam a aceitação das mulheres como membros plenos da comunidade religiosa.

Dentro do contexto do taoismo dos Mestres Celestiais, a comunicação e a súplica dos vários poderes celestiais deveria seguir canais burocráticos adequados, em que um padre apresentava uma petição por escrito ao burocrata celestial apropriado, da mesma maneira como um funcionário do governo apresentaria um memorial à corte real. O movimento dos Mestres Celestiais inteiro foi permeado com um olhar burocrático que se estendeu para os reinos terrestre e celestial, tornando-se uma característica marcante do taoismo e da religião popular. A manutenção de registros era ligada a uma injunção de que os fiéis deveriam viver uma vida virtuosa: praticar a caridade, evitar a ganância, evitar o consumo excessivo e a gula etc. No geral, o movimento concebia a moralidade em termos bastante convencionais, que incluía a adesão às virtudes confucianas básicas, como a benevolência e a piedade filial.

As observâncias religiosas dos Mestres Celestiais incorporavam muitos elementos de práticas religiosas populares e tinham uma orientação comunal pronunciada. Os fiéis realizavam confissões públicas de ações ilegais, em combinação com a penitência, que envolvia o serviço comunitário. Suas cerimônias grupais incluíam a recitação de textos sagrados; em geral, eram seguidas de festividades comunitárias, que reforçavam os laços sociais e a solidariedade do grupo, além de comemorar eventos especiais, como novos nascimentos e casamentos. Os membros do movimento também deveriam manter altares em suas casas, para fazer rituais e súplicas diárias aos seres divinos.

Outras práticas mencionadas em fontes antigas incluem os exercícios respiratórios, o cumprimento de regimes dietéticos e os ritos sexuais. As práticas sexuais, ao que tudo indica, eram monitoradas com cuidado e realizadas sob a orientação de um mestre taoísta, incorporando diversos procedimentos rituais e elementos simbólicos, como movimentos coreografados semelhantes a uma dança, que representavam a união de *yin* e *yang*. Entretanto, isso expôs o movimento a críticas externas, sendo seus ritos sexuais condenados como imorais. Aos olhos dos detratores do taoísmo, eles constituíam um comportamento licencioso, equivalente a orgias religiosamente sancionadas que contrariavam a moralidade estabelecida; não obstante, é provável que os críticos muitas vezes exagerassem a natureza e o predomínio dos ritos sexuais.

A identidade dos Mestres Celestiais como grupo religioso distinto foi criada, em parte, pela demarcação cuidadosa de seu relacionamento com a religião popular. Embora os Mestres Celestiais adotassem muitas crenças e práticas religiosas populares, eles incentivavam sua legitimidade e autoridade atacando aqueles cultos e práticas que rotulavam de heterodoxas. Os líderes do movimento emitiam proibições contra práticas populares mágicas/religiosas, tais como adivinhação, o sacrifício e certas formas de cura. Assim, eles estabeleciam parâmetros explícitos de ortodoxia, que separavam os deuses supostamente genuínos que eles cultuavam, bem como as práticas corretas que realizavam, dos deuses e práticas dos vários impostores religiosos, curandeiros falsos e outros ligados a diversos grupos ou práticas xamânicas. Além de preocupações com a pureza religiosa e ortodoxia, a proscrição dos rituais e práticas dos concorrentes pode ser vista como o modo da ordem de lidar com os concorrentes. O ato de estabelecer a autoridade singular de sua tradição autorizava, com efeito, a eficácia dos rituais realizados por seus clérigos, enquanto denegria a correção e potência daqueles realizados pelos seus concorrentes.

A experiência dos Mestres Celestiais com a administração de um Estado teocrático terminou em 215, quando o neto de Zhang Taoling rendeu-se a um dos poderosos líderes militares que subiu ao poder na sequência do colapso da Dinastia Han, em troca de reconhecimento oficial e apoio. Isso abriu o caminho para a disseminação do movimento pelo Norte da China. Durante o século V, o movimento se transformou numa tradição de elite voltada para a corte, chegando a atingir brevemente o *status* de religião de Estado sob a Dinastia Wei do Norte (386-534). A seguir, parece ter passado por certo período de declínio, conforme foi ofuscada por novas revelações e tradições taoistas (ver próximo capítulo), que ocorreram junto com a crescente influência do budismo. O Caminho dos Mestres Celestiais teve fases de retorno durante as eras Tang e Song. A seguir, tornou-se a ordem taoista dominante sob a Dinastia Ming e até hoje continua sendo uma das principais tradições do taoismo.

Alquimia externa e busca da imortalidade

Não obstante o surgimento de grupos organizados, como os Mestres Celestiais, grande parte da crença e prática taoista inicial circulava fora dos estreitos limites da religião organizada. Uma boa parte se propagou ao longo de canais não oficiais, incluindo as redes informais de praticantes de elite, muitas vezes com origens aristocráticas. Um típico exemplo disso é Ge Hong (c. 280-343), que deixou escritos valiosos que ilustram tendências importantes dentro do movimento taoista florescente. Seus textos também propiciam a compreensão das visões subjetivas e as perspectivas pessoais dessa figura histórica importante do início do taoismo medieval.

Ge descendia de uma família aristocrática sulista. Ele cresceu num ambiente religioso e começou a estudar com um mestre taoista numa idade precoce. Embora tenha alcançado uma posição na burocracia imperial, ele desistiu disso a fim de viver como um recluso e se dedicar ao estudo e cultivo dos ensinamentos e técnicas taoistas. Seus escritos incluem o *Master who Embraces Simplicity* [Mestre que Abraça a Simplicidade] (*Baopuzi*, título baseado no pseudônimo literário de Ge), um texto influente que lida com uma série de temas centrais para a prática taoista e serve como um compêndio de técnicas empregadas na busca da imortalidade. Ge foi herdeiro das antigas tradições religiosas que remontavam à época Han, mas parece que não foi diretamente influenciado pelo advento da tradição dos Mestres Celestiais, que na época ainda não havia se tornado influente no Sul da China.

Como parte de seu meio social, Ge Hong tinha familiaridade com os ensinamentos e rituais do confucianismo. Ele considerava o confucianismo como fonte útil de modelos de organização da esfera sociopolítica e orientação do comportamento humano e da interação interpessoal, e escreveu sobre isso com alguns detalhes na primeira metade de *Master who Embraces Simplicity*. Para ele, o confucianismo era complementar ao taoismo, que pregava o desapego e a transcendência, embora, no seu modo de ver, o conhecimento esotérico do taoismo era claramente superior em profundidade. Ele concebia a relação dos dois em termos de uma dicotomia básica que implicava duas tradições complementares: o confucianismo tratava do mundo exterior das instituições políticas e interações sociais, enquanto o taoismo abordava o mundo interior da exploração e transformação espiritual.

A relação entre os dois ensinamentos também foi expressa na metáfora da raiz e ramos em comum: o taoismo era a raiz (portanto, mais essencial), enquanto o confucianismo foi identificado com os ramos. A dicotomia interior-exterior tornou-se uma estrutura predominante para localizar e ordenar os três ensinamentos na China medieval, e o budismo se aliava ao taoismo no campo "interior". Ge também adotou a diversidade dentro do taoismo, que ele abordava de uma forma bastante eclética. Ele reconhecia o taoismo "filosoficamente" orientado de Laozi e Zhuangzi, com sua concepção do Tao inefável e sua doutrina da "não ação". Ao mesmo tempo, ele adotava sem constrangimento uma abordagem ativista, que contava com o esforço deliberado e a aplicação de uma variedade de técnicas espirituais, muitas das quais com origem nas práticas xamânicas anteriores.

O principal interesse pessoal de Ge Hong e o tema central em sua concepção de um caminho taoista de prática e realização era a busca da imortalidade. Ele tomou como um fato a existência de praticantes espirituais avançados que alcançaram a imortalidade física, embora reconhecesse que eles são difíceis de encontrar ou ver, sobretudo se a pessoa não tem fé. Dentro do taoismo, esses virtuosos espirituais formam uma classe especial de seres numinosos, conhecidos como imortais (*xian*, às vezes também traduzido como "transcendentes"). Ao aperfeiçoar diversas técnicas espirituais, os praticantes taoistas avançados deveriam ser capazes de purificar e transmutar aos poucos os seus corpos, um árduo processo transformativo que envolvia a eliminação de todas as impurezas e culminava na aquisição de um corpo imortal.

Na literatura medieval, os imortais são descritos como seres que vivem num perpétuo estado de liberdade e espontaneidade, exibindo uma série de sublimes qualidades físicas e mentais, inclusive uma compleição física extraordinária, a capacidade de suportar os elementos e forças da natureza e um comportamento calmo. Acreditava-se também que eles eram dotados de poderes mágicos ou sobrenaturais. Por exemplo, os textos antigos os descrevem como capazes de subsistir de ar ou orvalho, mover-se através do espaço, ou tornar seus corpos invisíveis. Havia uma gradação entre os vários tipos de imortais: acreditava-se que alguns habitavam este mundo, embora em regiões remotas, longe das agitações diárias do convívio humano, enquanto uma classe superior de imortais vivia nos reinos celestiais mais elevados. O tipo superior de imortal era capaz de deixar para trás seu corpo comum e este mundo, subindo para os céus em plena luz do dia, num corpo imortal recém-forjado que era leve e puro.

Ge Hong celebrava um culto já estabelecido de imortais e idolatrava os supostos sábios de outrora. Alguns dos imortais proeminentes baseavam-se em personagens históricos, enquanto outros eram criações míticas, dotadas de identidades individuais. Uma vez considerados históricos, os mais importantes entre os imortais recebiam hagiografias que se tornaram parte importante da literatura e sabedoria taoistas. Um exemplo marcante desse processo em períodos posteriores são os Oito Imortais, cujas imagens muito disseminadas podem ser encontradas tanto em templos, como no trabalho e nas casas particulares; elas incluem Lü Dongbin (ver Figura 3.5), sem dúvida o mais conhecido de todos os imortais (para maiores informações sobre ele, ver Katz, 2000). No entanto, Ge estava basicamente interessado nos procedimentos e nas técnicas que permitiam que ele e outros praticantes realizassem, de fato, o estado de imortalidade. O caminho da prática não era fácil e requeria uma fé firme e a orientação especializada de um professor bem versado na teoria e prática taoista. Esperava-se que o adepto aspirante aderisse a princípios éticos básicos e adotasse um estilo de vida saudável e equilibrado. Isso implicava realizar várias atividades físicas, que ajudavam a regular o fluxo de *qi* dentro do corpo; envolvia também entrar em sintonia, ritualmente, com o fluxo cíclico da natureza e seus variáveis períodos de tempo e estações e, por fim, prestar atenção à ingestão de alimentos. Ge também oferecia conselhos práticos sobre como controlar os vários deuses e espíritos, que poderiam ajudar ou atrapalhar os esforços do adepto.

Figura 3.5. Altar dedicado a Lü Dongbin, Sanyuan gong, Guangzhou

Em termos de sua dieta, os iniciados taoistas eram aconselhados a comer com moderação, consumir refeições frescas, equilibradas e bem cozidas, e evitar temperos fortes e grãos (que eram considerados grosseiros e pesados, facilitando, assim, os processos de decadência física). Esse tipo de dieta geralmente era acompanhado do consumo de suplementos de ervas, o que aponta para a interseção significativa do taoismo com a medicina chinesa. A prática séria era realizada de preferência na quietude e no meio ambiente natural, longe da agitação, das impurezas e distrações causadas por pessoas comuns e pela sociedade. As moradas isoladas nas montanhas eram tidas como especialmente propícias ao cultivo espiritual (que é indicado pelo caractere chinês para imortal, que consiste em dois diagramas que significam "homem/pessoa" e "montanha").

De modo geral, Ge Hong defendia um caminho de prática, multifacetada e abrangente, que era voltada para a obtenção da imortalidade. Por outro lado, a sua exposição do caminho taoista não era estruturada, o que sugere que não havia modelos fixos que determinassem como os vários elementos deveriam ser combinados ou integrados. O caminho abrangia todos os componentes citados, juntamente com outras práticas taoistas comuns, como os ritos sexuais, os exercícios respiratórios que facilitavam o fluxo harmonioso da energia vital dentro do corpo, as visualizações meditativas e o uso de talismãs (ver Robinet, 1997, para mais detalhes). No entanto, é possível que Ge seja mais conhecido por sua defesa da alquimia.

A alquimia taoista é dividida em duas grandes categorias: interna e externa. A primeira concentra-se em processos internos de transformação das energias vitais dentro do corpo, enquanto a segunda envolve a preparação química e ingestão de elixires que supostamente efetuam a gestação de um corpo imortal. Ge Hong foi um importante defensor da alquimia externa ou de laboratório, a anterior entre as duas, o que já era mencionado nos registros do início da era Han. Em seu *Master who Embraces Simplicity,* podemos encontrar descrições de várias substâncias (como cinábrio, ouro e mercúrio) e processos químicos de purificação e transmutação que estavam envolvidos na preparação de elixires da imortalidade. Algumas das substâncias que ele e outros usavam tinham propriedades tóxicas (por exemplo, o mercúrio). Isso tornava a experimentação com essas substâncias uma tarefa precária, uma vez que, quando utilizadas de forma imprópria ou ingeridas em grandes doses, elas poderiam ser perigosas e até mesmo fatais, como mostram os casos documentados de buscadores da imortalidade, que morreram de envenenamento. Embora conscientes desses perigos, alquimistas como Ge Hong acreditavam que a criação de um elixir (percebido como uma substância perfeitamente pura, correspondente ao elemento original puro que emergiu no momento da criação cósmica) era uma meta que valia a pena perseguir: ela trazia a promessa de transformar o corpo num estado de pureza primordial, que garantia a imortalidade (para saber mais sobre Ge Hong e o culto dos imortais, ver Campany, 2002).

Transfigurações de Laozi

A variedade de perspectivas e abordagens agrupadas dentro do amplo e um tanto impreciso movimento taoista é ilustrada pelas descrições e pelo conjunto de imagens multifacetadas atribuídas a Laozi, algumas das quais foram mencionadas de passagem nas páginas anteriores. Os escritos de Ge Hong voltam a ser úteis aqui, desta vez em forma de uma hagiografia de Laozi, incluída em seu *Biographies of Divine Immortals* [Biografias dos Divinos Imortais] (*Shenxian zhuan*, traduzido por Livia Kohn em Lopez, 1996). Num nível básico, Ge relata um modo comum de entender Laozi como uma figura histórica. Aqui somos confrontados com a imagem familiar de um antigo filósofo e autor do famoso texto que leva seu nome, cujos ensinamentos enigmáticos incluíam instruções sobre a governança por meio da não ação, juntamente com sugestões esclarecedoras sobre os métodos de cultivo de si próprio. Outra transfiguração dominante de Laozi é uma personificação antropomórfica do Tao inefável e misterioso. Nessa versão divinizada, Laozi aparece como uma divindade poderosa, conhecida como o Altíssimo Senhor Lao (Taishang Laojun), membro da trindade dos maiores deuses do panteão taoista (ver Figura 3.6). Nesta forma, ele é adorado como uma figura salvadora, manifestando sua presença divina e concedendo bênçãos salvadoras para a humanidade angustiada. Esta é a encarnação divina de Laozi que, supostamente, manifestou-se a Zhang Taoling, o primeiro Mestre Celestial, bem como a outros governantes e sábios do passado, como o Rei Wen, fundador da Dinastia Zhou. Embora Ge Hong logo aceitasse a imagem de Laozi como pessoa histórica, a imagem divinizada dele, transmitida por meio da prática de culto e da sabedoria popular, o deixou incrédulo e crítico. Por outro lado, esta era a representação de Laozi que mais capturava a imaginação religiosa das pessoas dentro da comunidade taoista mais ampla, e o Laozi divinizado continua a ser adorado até hoje.

Ge Hong pressupunha que Laozi fosse uma pessoa histórica que havia sondado as profundezas e mistérios do Tao, mesmo rejeitando que ele fosse uma deidade sobrenatural. Mas a imagem de Laozi que lhe era mais cara retratava-o como um praticante consumado e provedor das técnicas de imortalidade. Sob essa forma, Laozi aparecia como uma personificação dos mais altos princípios e ideais estimados por adeptos eremitas como Ge, os quais cultivavam as práticas de longevidade e consideravam a imortalidade como o ápice da vida religiosa. Sereno e livre de desejos, após a prática árdua, esse Laozi aperfeiçoou o caminho taoista e se tornou um verdadeiro imortal, estabelecendo um glorioso exemplo a ser seguido pelas gerações posteriores de buscadores espirituais.

Figura 3.6. Santuário dedicado a Taishang Laojun, Sanyuan gong, Guangzhou

As diversas transfigurações de Laozi (filósofo antigo, divindade sobrenatural e imortal) ilustram a abrangência de visões e a variedade de abordagens que já estavam presentes nas fases iniciais do crescimento do taoismo enquanto tradição distinta, mas aberta a mudanças. Isso foi concomitante com a transformação do Tao te Ching num texto sagrado, o qual passou a ocupar um lugar de honra no movimento taoista florescente. Na época de Ge Hong, as tradições cumulativas associadas com o taoismo eram bastante complexas, englobando as reflexões filosóficas de Laozi e Zhuangzi, as ideias sociopolíticas da escola Huang-Lao, as crenças e práticas dos Mestres Celestiais, as técnicas xamânicas antigas de *fangshi* e as de seus sucessores posteriores, incluindo os buscadores da imortalidade, como Ge Hong. No entanto, o taoismo ainda se encontrava numa trajetória ascendente em termos de seu crescimento histórico, no ponto decisivo das revelações que marcaram época e outros eventos discutidos no capítulo seguinte.

Pontos-chave

- Tao (o caminho) é um conceito central no pensamento chinês, com uma história complexa e conotações variadas. Embora a noção de Tao seja especialmente importante no taoismo, ela é também utilizada de forma ampla em outras tradições religiosas e intelectuais, incluindo o budismo e o confucianismo.
- O taoismo assume uma série de identidades e frustra as tentativas de caracterizações simples ou delimitações rígidas de suas fronteiras, na medida em que adota o contínuo crescimento e transformação. Os estudiosos têm discutido por um longo tempo sobre as distinções entre o taoismo filosófico e o religioso, mas não existe consenso relativo a essas categorizações amplas de taoismo.
- Embora a historicidade de Laozi seja refutada por mais de dois milênios, o texto lacônico que leva seu nome tem exercido grande influência sobre o pensamento chinês e tem sido sujeito a uma ampla gama de interpretações. Alguns dos conceitos-chave nele abordados, como Tao e *wuwei*, tornaram-se parte essencial da visão de mundo e vocabulário religioso das tradições taoistas posteriores.
- O texto de *Zhuangzi* é celebrado pelo uso inovador da linguagem e pela qualidade literária única. Com base em alguns dos temas e ideias intruduzidas em *Laozi*, ele oferece reflexões excepcionais sobre o mundo interior, incluindo vários estados de consciência; ele também expõe sobre um caminho de cultivo espiritual que implica a retirada contemplativa da sociedade e culmina na realização da unidade com o Tao.
- No início do período Han havia inúmeras vertentes religiosas e escolas prototaoistas de pensamento que finalmente foram incorporadas ao taoismo religioso. Isso incluiu teorias cosmológicas específicas, a tradição Huang-Lao, várias práticas xamânicas e a crença na imortalidade.
- O primeiro surgimento do taoismo como religião organizada está relacionado com a formação do Caminho dos Mestres Celestiais, que era o mais bem-sucedido entre os movimentos populares messiânicos ou milenaristas que surgiram durante o século II. Os primeiros Mestres Celestiais estabeleceram um Estado teocrático com sua própria burocracia eclesiástica e também introduziram uma rica variedade de ensinamentos, rituais e práticas.

- Durante os séculos III e IV, grande parte da prática taoista no sul foi amplamente difundida e carecia de formas institucionais fixas, conforme ilustrado pelos escritos de iniciados taoistas notáveis, como Ge Hong. Ge era conciliador em relação ao confucianismo, seguia o culto da imortalidade e era dedicado à prática da alquimia externa.
- Com o crescimento do taoismo religioso, houve mudanças importantes nas representações de Laozi, que aos poucos passou a ser endeusado. Além de ser percebido como um notável filósofo, assumiu também as formas de um imortal e de uma divindade taoista popular.

Questões para discussão

1. Quais são as principais questões relacionadas com a definição do taoismo ou o delineamento de seus parâmetros intelectuais e religiosos, e o que elas nos dizem sobre a construção das identidades religiosas e ortodoxias na China tradicional?
2. Quais são as primeiras origens históricas do taoismo como religião organizada e quais eram as crenças e práticas mais importantes do principal grupo taoista que tem relações mais estreitas com essas origens?
3. Quais são as diferentes maneiras em que Laozi foi retratado nos vários âmbitos religiosos do taoismo religioso primitivo?

Leituras complementares

Ver também sugestões de leitura do Capítulo 4.

Campany, R. F. *To Live as Long as Heaven and Earth*: A Translation and Study of Ge Hong's Tradiçãos of Divine Transcendents. Berkeley, CA: University of California Press, 2002.

Hendrischke, B. *The Scripture on Great Peace*: The Taiping jing and the Beginnings of Daoism. Berkeley, CA: University of California Press, 2006.

Graham, A. C. *Chuang-tzŭ*: The Inner Chapters. Indianapolis, IN: Hackett Publishing Company, 2001.

Katz, P. R. *Images of the Immortal*: The Cult of Lu Dongbin and the Palace of Eternal Joy. Honolulu, HI: University of Hawai'i Press, 2000.

Kohn, L. (Ed.) *Daoism Handbook*. Leiden: Brill, 2000.

_____. *The Taoist Experience*: An Anthology. Albany, NY: State University of New York Press, 1993.

Lau, D.C. (Trad.). *Lao Tzu*: Tao Te Ching. London: Penguin Books, 1963.
Miller, J. *Daoism*: A Short Introduction. Oxford: OneWorld Publications, 2003.
Oldstone-Moore, J. *Taoism*: Origins, Beliefs, Practices, Holy Texts, Sacred Places. Oxford: Oxford University Press, 2003.
Pregadio, F. (Ed.). *The Encyclopedia of Taoism*. London: Routledge Curzon, 2006.
Robinet, I. *Taoism*: Growth of a Religion. Trad. Phyllis Brooks. Stanford, CA: Stanford University Press, 1997.
Watson, B. (Trad.). *Zhuangzi*: Basic Writings. New York: Columbia University Press, 1996.

4

Tradições e práticas taoistas

Neste capítulo

Este capítulo prossegue com o levantamento histórico sobre o taoismo, que teve início no capítulo anterior, abrangendo os períodos medieval e fim do imperial. As duas primeiras seções concentram-se em Shangqing (Claridade Suprema) e Lingbao (Tesouro Numinoso), os principais *corpora* escriturais e tradições do taoismo medieval. A seguir, são incluídas as outras tradições e elementos fundamentais do taoismo, tais como o ritual, os textos sagrados, o envolvimento político, a vida monástica e a prática contemplativa.

Tópicos principais

- Origens das revelações de Shangqing e os ensinamentos da tradição taoista que se desenvolveram em torno delas.
- O surgimento da tradição Lingbao e o âmbito das influências budistas demonstradas em seus textos.
- Codificações do ritual taoista e as contribuições feitas nessa área pela tradição Lingbao.
- A formação do cânone taoista e as funções dos textos que ele contém.

- Os padrões gerais do patrocínio imperial e a relação entre o taoismo e o Estado chinês.
- Os debates inter-religiosos e as interações entre representantes dos três ensinamentos.
- A formação de ordens monásticas taoistas e o caráter básico de suas instituições e ideais.
- Os papéis de destaque das mulheres e seu *status* na história taoista.
- A prática da meditação e o cultivo da alquimia interior.

As revelações de Shangqing

Durante o período de 364-370, um médium chamado Yang Xi (330-386) teria recebido uma série de revelações divinas, que se tornaram a base de uma nova escola de taoismo. As divindades, que teriam aparecido para Yang à noite, eram membros de uma classe celestial de seres, superiores aos lendários imortais da tradição oral taoista anterior. Eram espíritos celestiais modernos, ou seres "aperfeiçoados" (*zhenren*) que desceram de um céu alto chamado Suprema Claridade (Shangqing, também conhecido como Claridade Máxima ou Pureza Máxima). Esse se tornou o nome de todo o *corpus* de escrituras reveladas e da escola de taoismo que cresceu a partir delas. Os espíritos celestiais que teriam comunicado a Yang uma diversidade de novos ensinamentos taoistas, incluíam Lady Wei que, em sua última existência terrena, havia sido encarregada das libações na tradição dos Mestres Celestiais, com o nome de Wei Huacun (251-334); outros entre eles nunca haviam passado pela imperfeita existência humana. Yang, que era um calígrafo talentoso, então anotou os ensinamentos revelados de forma que pudessem ser partilhados com o resto da humanidade.

Yang Xi foi contratado pela família Xu, que pertencia à aristocracia do sul e tinha parentesco com a família de Ge Hong (ver capítulo anterior). As revelacões de Shangqing foram, no início, comunicadas através de Yang à família Xu, cujos membros faziam diversas consultas (algumas de orientação espiritual, outras de natureza mais prosaica ou pragmática) aos seres divinos que se revelavam a Yang. Finalmente, outras famílias com posição semelhante envolveram-se no mesmo processo. Portanto, no início, o novo movimento cresceu dentro de um meio social bastante restrito, constituído pelas famílias sulistas da elite. Embora orgulhosas de sua ascendência ilustre, na época essas famílias se sentiram marginalizadas pela chegada recente de emigrantes oriundos das elites vindas do norte, que se mudaram para o sul juntamente com a corte imperial da Dinastia Jin, após a queda de sua capital em mãos de invasores estrangeiros em 316.

À medida que os nortistas estabeleciam seu controle politico no sul, eles também implantavam suas próprias tradições culturais e instituições religiosas. Isso incluía o taoismo dos Mestres Celestiais, que iniciou um programa de supressão dos movimentos religiosos locais. O crescimento inicial da tradição Shangqing pode ser visto como um modo específico de resposta do sul à perda de poder sociopolítico e à invasão da cultura estrangeira. Ao introduzir novos ensinamentos taoistas, supostamente revelados por deidades superiores às dos Mestres Celestiais, alguns segmentos da aristocracia sulista reverteram a situação. Com efeito, eles derrubaram os intrusos do norte ao se oficializarem como detentores de uma sabedoria taoista superior.

Não obstante as alegações feitas sobre a novidade das revelações, as escrituras Shangqing não representaram uma ruptura revolucionária em relação às tradições taoistas precedentes. Em linhas gerais, elas incorporavam uma série de ensinamentos e práticas derivados das principais vertentes do taoismo que existiam na época. Isso incluía doutrinas e técnicas associadas aos buscadores da imortalidade como Ge Hong, embora com uma mudança de ênfase, na medida em que a alquimia externa (laboratório) perdia terreno para as práticas contemplativas, ou era reinterpretada de um modo metafórico. Havia também empréstimos substanciais do taoismo dos Mestres Celestiais e da religião popular. Encontrava-se até mesmo traços de influências budistas, que são indicativos da influência crescente da religião estrangeira. As influências budistas, no entanto, eram relativamente superficiais, em especial se comparadas com os amplos empréstimos de elementos budistas evidentes em textos e tradições taoistas posteriores.

As escrituras do *corpus* Shangqing que representam, em seu conjunto, um corpo coerente de literatura canônica, constituíam o cerne da escola Shangqing. A popularidade dos textos devia-se em grande parte ao seu considerável valor literário, que refletia a importância e grande respeito atribuídos à arte de escrever dentro da cultura chinesa de elite. Conforme Yang Xi tentava replicar no estilo literário chinês o discurso misterioso e refinado de seus interlocutores celestiais, ele criava obras literárias originais, notáveis por sua linguagem poética, um vocabulário difícil de compreender, o uso engenhoso de metáforas e um rico simbolismo. As qualidades literárias dos textos inspiraram e influenciaram gerações posteriores de poetas e escritores, como pode ser visto a partir das alusões abundantes que aparecem numa diversidade de textos compostos durante o período medieval.

Em sua essência, a escola Shangqing era uma tradição do taoismo baseada em textos sagrados, cuja origem era considerada divina. No início, as escrituras eram cuidadosamente transmitidas de mestre a discípulo, dentro de um ambiente sociorreligioso circunscrito, constituído sobretudo por pessoas oriundas da classe alta. Elas eram destinadas apenas a um grupo seleto de pessoas que, em virtude de possuir os textos, ganhavam acesso aos reinos sagrados dos que se aperfeiçoaram. Por conseguinte, a sua transmissão era regulamentada por regras que proibiam sua disseminação para destinatários indignos. Esses grupos seletos de indivíduos bem-educados, muitas vezes ligados por laços familiares, aos poucos evoluíram até se tornarem confrarias religiosas dedicadas ao estudo das escrituras e ao cultivo das práticas explicadas por elas. A expansão do movimento levou a um aumento da institucionalização. Isso abrangeu o desenvolvimento de rituais distintos, a hierarquia eclesiástica, e as comunidades monásticas amparadas pelos fiéis, que se tornaram parte integrante do cenário religioso chinês. No século VI, a escola Shangqing tornou-se a tradição taoista mais influente e respeitada, mantendo esse *status* até boa parte do século X.

Entre as figuras de maior destaque do início do movimento Shangqing, encontra-se o famoso erudito Tao Hongjing (456-536), às vezes descrito como o real fundador da escola, que coletou, editou e disseminou as escrituras Shangqing, além de escrever comentários sobre elas. Oriundo do meio social familiar dos aristocratas sulistas (sua família era aparentada com as famílias de Ge e Xu), Tao liderou uma comunidade monástica cuja organização foi vagamente inspirada na dos mosteiros budistas, na montanha Mao (Maoshan). Seus amigos e defensores incluíam o Imperador Wu da Dinastia Liang (c. 502-549), o importante monarca pró-budista. Localizado nos arredores de Nanjing, Maoshan tornou-se um famoso centro de prática taoista (a escola Shangqing é também conhecida como taoismo Maoshan, devido ao nome da montanha). O interesse de Tao era estabelecer critérios para autenticar as genuínas escrituras Shangqing, já que a popularidade do *corpus*, juntamente com o alto valor associado à posse de textos individuais, levava à produção de escrituras falsas. Isso veio associado à circulação de cópias fraudulentas e não autorizadas, das quais algumas foram roubadas ou vendidas para fins lucrativos.

Ao reorganizar e modificar as partes constituintes do taoismo medieval, a escola Shangqing apresentava uma abordagem original ao cultivo espiritual, marcada pelo interesse dominante de exploração do mundo interior. As cerimônias e rituais comunais deram lugar a práticas contemplativas e visualizações realizadas por praticantes individuais, de preferência na solidão das montanhas ou em locais fechados de meditação. As práticas interiores descritas nos textos do *corpus* de Shangqing deveriam refletir aquelas realizadas pelos seres aperfeiçoados, os quais, como resultado de seu cultivo espiritual, adquiriam corpos sublimes e residiam em moradas celestiais refinadas. As visualizações meditativas (muitas vezes acompanhadas de invocações) envolviam as faculdades de imaginação religiosa e flexibilidade mental dos praticantes taoistas. Elas incluíam a invocação de imagens eidéticas de vários deuses e divindades, incluindo aqueles que residem dentro do corpo e controlam suas funções (ver quadro de citação e Figura 4.1). O objetivo final da salvação implicava a remoção de todas as fronteiras entre o indivíduo e o universo, porque a jornada interior do praticante culminava em sua união com a realidade última.

As práticas espirituais descritas na literatura Shangqing também incluem jornadas espirituais, que evocam os estados extáticos, descritas em *Zhuangzi*. Os praticantes avançados teriam a capacidade de viajar a lugares míticos, como as famosas "ilhas de imortalidade", ou Kunlun (o *axis mundi*, segundo a tradição chinesa) e outras montanhas sagradas. Durante essas viagens, eles encontram uma variedade de divindades e criaturas estranhas, muitas delas previamente descritas na mitologia chinesa. Além disso, às vezes essas jornadas mentais ou místicas inspiradas levam os praticantes além dos limites terrestres, quando eles permanecem por algum tempo no sol, na lua, nas estrelas e em várias esferas celestes. Segundo relatos canônicos, nesses locais eles comungam com os deuses e obtêm nutrientes celestiais que estimulam a sublimação do corpo, levando à aquisição do corpo sutil e luminoso de um imortal.

Representação Shangqing dos espíritos inerentes ao corpo

O corpo de uma pessoa contém os espíritos dos Palácios das Três Plenitudes. Dentro do Portão do Destino estão o Grande Soberano da Passagem Mística e os espíritos das três almas-nuvens. Ao todo há sete espíritos dentro do corpo, que desejam que a pessoa viva uma longa vida. Esses são os soberanos extremamente auspiciosos da bondade e da benevolência. As sete almas brancas também nascem dentro de um mesmo corpo, mas são ladrões que atacam o corpo. É por isso que devem ser controladas.

The Upper Scripture of Purple Texts Inscribed by the Spirits [A Escritura Superior de Textos Púrpura Inscrita pelos Espíritos]; traduzido em Bokenkamp (1997, p.326).

Figura 4.1. Praticante de meditação visualiza a chegada das deidades celestiais

As Escrituras Lingbao

No espaço de algumas décadas após o advento das escrituras Shangqing, em torno de 400, um novo *corpus* de textos taoistas apareceu no Sul da China. Anunciados como revelações divinas e conhecidas, em seu conjunto, como as escrituras Lingbao (Tesouro Numinoso), esses textos díspares surgiram inicialmente nos arredores de Nanjing. Não apenas o seu lugar de origem não era distante do local das revelações anteriores de Shangqing, como também os novos textos circulavam, no início, em círculos aristocráticos semelhantes. O surgimento desses textos pode ser considerado como mais uma tentativa de reformular ou reformar o taoismo.

O núcleo do *corpus* Lingbao contém material antigo, em geral atribuído aos notáveis praticantes taoistas de eras anteriores, entre os quais o mais notável foi um parente de Ge Hong, de uma geração anterior, Ge Xuan (164-244); além disso, o *corpus* também contém escrituras compostas durante o início do século V. Nesses textos, vemos uma mudança perceptível nas atitudes e prioridades, ou seja, um afastamento dos interesses elitistas pela exploração interior (típica das revelações Shangqing), substituída em grande parte pelo foco nas formas litúrgicas comunais de culto. Essas características ritualísticas são de certa forma análogas às práticas cerimoniais dos Mestres Celestiais, que exerceram grande atração e responderam às necessidades religiosas e às predileções de audiências mais amplas.

As escrituras Lingbao representam uma síntese importante das principais tradições do taoismo medieval, incluindo os Mestres Celestiais e a escola Shangqing, combinadas com abundantes empréstimos dos textos e práticas budistas. As influências budistas devem ter menção especial, já que essa foi a primeira introdução em larga escala de ideias e imagens budistas no taoismo vigente, com consequências duradouras na história religiosa subsequente da China. De uma perspectiva tradicionalista ou normativa, a maioria dos textos do *corpus* Lingbao era de manifestações terrenas de composições celestiais, baseadas em revelações comunicadas em especial por um alto ser divino conhecido como Benemérito Celestial de Origem Primordial (Yuanshi Tianzun). Em alguns contextos, a gênese primordial dessa divindade poderosa está associada à criação do universo. Da mesma forma, o ponto de origem cósmica é descrito como uma fonte principal das escrituras Linhbao e dos talismãs que lhes estão associados. De um ponto de vista histórico, a revelação inicial dos textos (e talvez, também, a sua compilação) é atribuída a Ge Chaofu (c. 400), um membro obscuro da aristocracia sulista, que era um descendente de Ge Hong.

Um passo importante para a formação de uma tradição distinta de taoismo, centrada nas escrituras Lingbao, ocorreu no meado do século V, quando o notável erudito e especialista em ritual, Lu Xiujing (406-477), organizou as escrituras díspares e sistematizou seus ensinamentos. Parte importante desse processo foi a compilação feita por Lu do primeiro catálogo das escrituras e a padronização dos rituais descritos nelas. Seus esforços abriram o caminho para a criação de uma escola coerente de taoismo, renomada pela codificação feita dos rituais comunais. A isso se associou a produção de escrituras adicionais e da literatura de comentários.

Numa etapa posterior, a escola Lingbao foi em geral ofuscada pela escola Shangqing; não obstante, ela continuou a ocupar uma posição importante dentro do taoismo. Suas elaborações e codificações da liturgia taoista tiveram um significado especial, pois se tornaram as estruturas litúrgicas e os modelos rituais predominantes em todo o taoismo. A influência duradoura do taoismo Lingbao ainda é evidente nas formas comuns de ritual, praticadas dentro do taoismo contemporâneo.

Como aconteceu com a escola Shangqing, a fusão de diversos elementos do taoismo medieval nos textos Lingbao e seus ensinamentos envolveram grandes mudanças de foco, que implicaram numa reorganização seletiva das prioridades da vida religiosa. A escola Lingbao deu continuidade à tendência de relegar os exercícios físicos, o uso de ervas e poções, e a alquimia de laboratório a uma posição relativamente marginal dentro da ampla gama de práticas taoistas; no entanto, a busca pela imortalidade permaneceu um tema predominante, ainda que reformulado. As meditações solitárias e as visualizações da escola Shangqing também não eram um foco central. Em vez disso, a escola Lingbao é renomada por sua ênfase difusa no ritual, como a forma principal de prática e o elemento central da vida religiosa taoista. O caráter predominante da estrutura litúrgica adotada e promulgada pelos adeptos da tradição era comunal, embora algumas das escrituras originais possam ter sido destinadas para a recitação solitária realizada numa câmara de meditação.

Uma das ideias novas levadas ao taoismo pelas escolas Lingbao é a noção de salvação universal, que é um exemplo excelente das influências budistas

> **Benefícios de possuir e recitar a escritura Lingbao**
>
> Quem possui esta escritura é capaz de mobilizar seus méritos poderosos em nome do céu e da terra, os soberanos divinos e as massas de pessoas. Quando, em tempos de calamidade, você despertar a sua fé e praticar em retiros, queimando incenso e recitando esta escritura dez vezes, o seu nome será em todos os casos registrado nos vários céus, e miríades de espíritos irão proteger você. Em contradição com o anteriormente mencionado, cuja compreensão do Tao é superficial, aqueles que se destacam em seu estudo servirão como ministros do Senhor Sábio no Portão Dourado.
>
> The Wondrous Scripture of the Upper Chapters on Limitless Salvation [A Magnífica Escritura dos Capítulos Superiores sobre a Salvação Ilimitada]; traduzido em Bokenkamp (1997, p.430).

previamente mencionadas. Outros acontecimentos notáveis foram a introdução dos conceitos budistas de mérito, reencarnação e carma, que passaram a exercer grande influência no taoismo e na religião popular. As ideias budistas também se insinuam nas discussões sobre moralidade, onde são quase sempre combinadas com as virtudes confucianas tradicionais. Além disso, os conceitos derivados dos textos budistas desempenham uma função na reconfiguração dos planos cosmológicos taoistas, incluindo as descrições de diversos infernos e céus, alguns dos quais recebem nomes que soam budistas.

Por exemplo, a divisão tripla dos céus, introduzida nos textos Lingbao, era baseada na noção budista de três reinos (ou mundos): o reino do desejo, o reino da forma e o reino sem forma. Até mesmo a principal deidade associada com as escrituras Lingbao, o Benemérito Celestial de Origem Primordial, tinha traços budistas marcantes. Esse título não apenas derivou de fontes budistas, como também a própria deidade pode ser considerada uma reformulação do Buda cósmico Vairocana. Além disso, de um modo reminiscente das escrituras budistas, o Benemérito Celestial recebia um discípulo que também servia como seu interlocutor, uma deidade potente chamada Supremo Senhor do Tao (Taishang Taojun).

Os autores ou editores de algumas escrituras Lingbao deram o passo adicional de se apropriar diretamente de seções inteiras de textos canônicos budistas. Além disso, a linguagem celestial misteriosa reproduzida em alguns deles baseia-se em transliterações chinesas de palavras sânscritas encontradas em escrituras budistas, na verdade funcionando como uma mistura pseudossânscrita destinada a evocar uma sensação do mundo sobrenatural. No entanto, a infusão de ideias e imagens budistas no taoismo deve ser inserida numa perspectiva adequada. Há elementos palpáveis de superficialidade em muitos dos empréstimos, que eram baseados, sobretudo, em formas populares de budismo e não no caráter intelectual refinado da elite clerical.

O processo de apropriação de elementos budistas dentro do taoismo Lingbao foi complexo e multifacetado. As ideias budistas eram sujeitas a modificações significativas, conforme eram integradas em modelos teóricos e rituais nativos; além disso, muitas vezes eram usadas para outros fins. Mesmo assim, a ampla influência do budismo, fácil de observar em toda a literatura Lingbao, marca um ponto importante na reconstituição em curso da paisagem religiosa chinesa. A infusão de conceitos e conjuntos de imagens budistas enriqueceu e expandiu os contornos do taoismo, precisamente num ponto onde o taoismo entrava numa era de ouro, de florescimento e influência incomparáveis, que alcançou seu pico na era Tang.

Codificação do ritual taoista

O ritual taoista tem como foco principal produzir a harmonia social e a concórdia cósmica. Ele foi criado para promover a integração com o Tao, nos níveis individual e comunal. Em geral, as cerimônias litúrgicas formuladas e promulgadas pela escola Lingbao foram marcadas pela complexidade estrutural e a multidimensionalidade. Elas operavam de modo simultâneo em três níveis diferentes: os céus, o reino terrestre e o indivíduo. O foco básico no ritual também produziu mudanças institucionais significativas. A mais notável foi facilitar o crescimento do sacerdócio taoista, que se especializou na realização de ritos e funções cerimoniais. Os membros da ordem garantiam seu *status* privilegiado, que também implicava benefícios econômicos visíveis, adotando o papel conceituado de mediadores entre os deuses e a humanidade.

Os elementos principais do programa litúrgico da escola Lingbao era a recitação comunitária dos textos sagrados que, até os dias de hoje, continua a ser um aspecto central da prática taoista. Um aspecto fundamental das cerimônias rituais eram os complexos ritos de purificação (*zhai*), dos quais havia nove categorias principais. Juntamente com os ritos de "oferendas" (*jiao*), às vezes também referidos como "rituais de renovação cósmica," esses ritos formam as duas categorias principais de ritual taoista. Encenados num espaço sagrado escolhido com cuidado e que continha um altar central, os ritos envolviam a confissão pública de transgressões passadas, bem como cantos comunais, orações e petições dirigidas aos reinos celestiais e aos deuses que lá residem (ver figuras 4.2 e 4.3).

A principal parte do ritual era precedida por cerimoniais preliminares de purificação, incluindo a limpeza corporal e o jejum. As cerimônias oficiais eram seguidas, muitas vezes, de festividades comunitárias. Os cerimoniais variados adotavam um tom solene e deveriam espelhar os principais princípios taoistas. Acreditava-se que os elementos rituais importantes baseavam-se em experiências contemplativas; com essa finalidade, fazia parte de alguns rituais alguns períodos curtos de meditação silenciosa. Ao mesmo tempo, os rituais também possuíam características teatrais marcantes. Eles exibiam

Figura 4.2. Monges taoistas realizam prostrações rituais, Hong Kong

Figura 4.3. Monges taoistas participam da Grande Cerimônia de Luotian, Hong Kong

evidentes elementos dramáticos, como os movimentos de dança e a execução de instrumentos musicais, e faziam amplo uso de parafernália cerimonial que incluía faixas coloridas e incenso. Esses traços exteriores, juntamente com a crença na potência espiritual dos rituais, sem dúvida contribuíram para sua notável popularidade e poder de permanência.

Em termos de sua função principal, os rituais de Lingbao e outras tradições taoistas eram entendidos como veículos potentes de retorno a uma ordem primordial, na qual os fiéis chegam a uma união com o Tao. Dentro desse modelo soteriológico, o principal meio para obter a salvação era a prática ritual fundamentada em textos sagrados, situada numa estrutura cosmológica mais ampla. Atribuía-se também aos textos o poder de um talismã, porque se acreditava que eles conferiam proteção e possuíam eficácia salvífica. Devido a sua importância, os textos sagrados deveriam ser protegidos com cautela, de modo a assegurar que eles só pousassem nas mãos de legítimos proprietários. Isso significava que deveriam ser transmitidos apenas de uma forma autorizada adequada.

Os rituais Lingbao geralmente eram usados para a obtenção de metas prosaicas, como a prevenção de calamidades naturais. Entretanto, seu objetivo final confesso era a salvação de todos os seres. A salvação do indivíduo (e, por extensão, do grupo), portanto, tinha ligação estreita com a salvação de todos os seres no universo, uma ideia adotada do budismo Mahāyāna. A perspectiva de salvação coletiva do sofrimento e da imperfeição da existência terrena também era estendida aos mortos. Em clara consideração às tradições chinesas e sensibilidades predominantes, os textos e rituais Lingbao fazem referências especiais à salvação dos antepassados. Esse movimento aparentemente supéfluo aponta para a atenção contínua ao culto dos ancestrais, o que refletia profundas necessidades religiosas e sentimentos culturais predominantes.

Formação do cânone e funções dos textos

Uma das características definidoras do taoismo é a de ser uma tradição religiosa baseada em textos ou escritos literários. No núcleo de seu *corpus* textual existem escrituras supostamente reveladas pelos deuses e outras divindades celestiais, que se destinam a revelar a estrutura interna da realidade e os mecanismos misteriosos do Tao. Os mitos taoistas de origem localizam a formação inicial das escrituras na época primordial da criação cósmica, enquanto os logogramas originais foram formados de modo espontâneo, a partir de sopros de ar ou vapores primais. Os deuses então anotaram os protótipos iniciais das escrituras (em tabuletas de jade, segundo alguns relatos) que se refrataram e cristalizaram os padrões cósmicos fundamentais do Tao. As escrituras reveladas para a humanidade são consideradas versões de segunda ordem, derivadas dos arquétipos celestiais, mas ainda são muito reverenciadas como fontes de conhecimento sublime e imenso poder. Esse tipo de relato da gênese das escrituras evoca ideias profundamente arraigadas sobre as origens místicas dos caracteres que compõem a escrita chinesa, refletidas na atitude de reverência em relação à obra escrita que impregna a cultura chinesa.

Quando utilizadas de modo correto, acredita-se que as escrituras são capazes de produzir a reordenação do mundo, nos níveis cotidiano e sobrenatural, bem como levar à realização de estados sublimes de transcendência.

Segundo crenças dominantes sobre sua origem primeva e divina, os textos são considerados repositórios eternos de conhecimento precioso, de importância universal e significado notório, destinado para toda a humanidade. Por causa disso, a tradição costuma desconectar sua criação dos contextos temporais e exigências históricas implícitas em suas manifestações iniciais e modificações subsequentes. Em contrapartida, a crítica erudita considera as escrituras taoistas principalmente como produtos do mundo religioso e social da China medieval, semelhante às coleções canônicas de outras tradições religiosas. Isso torna os textos fontes fascinantes de informação sobre os mundos sociais e os ambientes religiosos que os produziram.

Com o aumento contínuo da produção textual da China medieval, exemplificado pelas revelações divinas examinadas anteriormente, surgiu a necessidade de reunir o corpo crescente de escritos literários taoistas e organizá-los num cânone coerente. As tentativas expressivas nessa direção foram as compilações dos primeiros catálogos de textos taoistas, tal como o catálogo compilado por Ge Hong durante o século III. A estrutura básica do cânone taoista já era evidente na época de Lu Xiujing, que criou um catálogo abrangente de textos taoistas, cuja segunda versão ele apresentou ao trono imperial em 471. Lu dividiu o catálogo em três grandes categorias, denominadas "cavernas" (*dong*). O processo gradual de formação do cânone foi um passo importante na criação de uma identidade taoista comum, à medida que os diversos grupos foram reunidos dentro dos limites amplos de uma tradição religiosa relativamente coesa. O processo de criação de uma identidade comum foi influenciado pela popularidade crescente do budismo, cujas identidades religiosa e institucional eram bastante estáveis e, num grau significativo, estavam ligadas ao *status* eminente de seu cânone volumoso.

Além de suas funções normativas de repositórios do conhecimento eterno, de guias para o cultivo espiritual e de manuais de prática litúrgica, as escrituras taoistas eram também percebidas como poderosos talismãs. Alguns textos eram considerados apropriados para uma divulgação ampla (por exemplo *Laozi*), mas muitos textos destinavam-se apenas a uma circulação limitada. Com a crescente institucionalização do taoismo, os últimos deveriam ser transmitidos em contextos rituais cuidadosamente definidos. Isso contribuiu para a formação de linhagens de transmissão que, em geral, serviram para solidificar o poder e a autoridade das elites clericais. Por conseguinte, as transmissões das escrituras tornaram-se elementos essenciais nas iniciações rituais e ordenações dos monges taoistas, das quais algumas também foram estendidas a outros praticantes. Os iniciados taoistas eram capazes de ultrapassar inúmeras iniciações rituais e ordenações, de importância crescente; cada uma delas estava associada com a transmissão de uma escritura específica. O processo terminava com a transmissão de textos reconhecidos como o ápice da hierarquia canônica, o que em geral significava as escrituras pertencentes ao *corpus* Shangqing.

O cânone taoista é conhecido como *Taozang* (Repositório de [textos sobre] o Tao), uma designação que, na origem, foi baseada em seu equivalente budista. Dentro da divisão tripla dos textos taoistas introduzida por Lu Xiujing, as escrituras da escola Shangqing foram colocadas na primeira caverna, aquelas da escola Lingbao na segunda caverna, ao passo que a terceira caverna era

Figura 4.4. *Huangting neijing jing* [*Escritura da Radiância Interior da Corte Amarela*]; caligrafia por Bada Shanren (1626-1705) (Freer Gallery of Art, Smithsonian Institution, Washington, D.C.: Compra – E. Rhodes e Leona B. Carpenter Foundation em honra do 75º Aniversário da Freer Gallery of Art, F1998.29.1-12)

> ## As "Três Cavernas" do cânone taoista
> - Caverna da Perfeição (Dongzhen) – Escrituras Shangqing
> - Caverna do Mistério (Dongxuan) – Escrituras Lingbao
> - Caverna da Divindade (Dongshen) – Escrituras dos Três Soberanos (San huang)

composta de um conjunto menor de textos centrados nas *Escrituras dos Três Soberanos* (ver quadro). Esse tipo de arranjo envolvia a ordenação hierárquica das várias tradições do taoismo, em que a escola Shangqing ocupava a posição mais elevada. Pouco a pouco, essa ordem cresceu em complexidade, à medida que cada uma das cavernas passava a ser dividida em doze seções. É bem possível que a divisão tripartite do cânone tenha sido baseada em modelos budistas: seja a divisão original tripla do cânone budista (escrituras, textos sobre a disciplina monástica e tratados escolásticos), seja os três veículos do budismo Mahāyāna (ouvintes, *pratyekabuddhas* e bodisatvas). É notável que o modelo de três veículos no budismo envolve uma ordenação hierárquica dos ensinamentos análoga àquela implícita no cânone taoista.

O cânone taoista era uma coleção aberta de textos sagrados. Por conseguinte, seu crescimento prosseguiu ao longo dos séculos, conforme novos textos eram acrescenteados e textos mais antigos eram alterados e submetidos à exegese contínua. À luz desse crescimento, a divisão original do cânone em três cavernas revelou-se inadequada. Portanto, quatro suplementos foram acrescentados a ele durante o século VI. O quarto suplemento, denominado Unidade Ortodoxa (Zhengyi), continha as escrituras da escola dos Mestres Celestiais. Além das escrituras anteriormente mencionadas, o cânone taoista chegou a incluir uma ampla gama de outros materiais: tratados escolásticos e exegéticos, textos históricos (incluindo coleções de hagiografias) e, acima de tudo, os manuais de rituais que, em termos numéricos, tornaram-se o maior gênero de textos no cânone.

A produção de várias edições do cânone costumava ser realizada sob os auspícios imperiais, como também aconteceu com o cânone budista. Durante o início do século VIII, o imperador Xuanzong (c. 713-756) ordenou a coleta de todos os textos taoistas que circulavam pelo vasto império. Os textos então foram reunidos numa coleção canônica, dos quais cópias foram distribuídas em templos taoistas em todo o país. Uma iniciativa semelhante foi ordenada pelo imperador Taizong (c. 976-997), como parte dos esforços de consolidar a autoridade imperial central após a reunificação da China sob a Dinastia Song. A versão de *Taozang* usada hoje foi compilada em 1445, sob os auspícios imperiais da Dinastia Ming; assim, ela é conhecida como o *Cânone Ming de Escrituras Taoistas* ou o *Cânone Taoista Zhengtong* (devido ao nome da era do reino durante o qual ele foi publicado). É uma vasta coleção de textos, que conta cerca de 1.500 títulos diferentes, aos quais um suplemento foi acrescentado em 1607.

Taoismo como religião oficial

Já chamamos a atenção para alguns exemplos das relações de longa data entre o taoismo e o exercício do poder político na China antiga. Entre alguns exemplos pertinentes, vemos as interpretações políticas de *Laozi* e as ideias sobre governar pela não ação, articuladas pelo movimento Huanglao na época Han. O caráter incipiente do taoismo como religião organizada tinha dimensões sociopolíticas importantes, conforme atestado pela formação de um miniestado teocrático em Sichuan pelos Mestres Celestiais. A mudança subsequente dos Mestres Celestiais para o norte foi seguida de seu reconhecimento oficial no início do século III. Isso representou uma alteração importante na orientação política e ideológica, um distanciamento claro das origens do taoismo religioso nos movimentos milenaristas, que tinham uma base camponesa predominante e que prosperavam à margem da sociedade.

A partir do terceiro século, a adoção de uma perspectiva orientada para a corte passou a ser o principal interesse da igreja taoista nascente, abrindo o caminho para o restabelecimento de relações amigáveis entre a religião e os políticos influentes na sociedade chinesa medieval. Um ponto culminante inicial nesse processo foi a instituição do taoismo como religião do Estado *de facto*, sob a Dinastia Wei do Norte (386-534), cujos governantes Toba eram de origem não chinesa. Na época, a promoção do taoismo foi percebida dentro dos círculos de elite como uma maneira de "achinesar" os Toba. Uma figura central nessa transformação do taoismo numa religião de elite alinhada com o governo imperial e a aristocracia foi Kou Qianzhi (365-448). Ele era um importante líder taoista, de origem aristocrática, que alegava ser um receptáculo de revelações divinas. Essa aquisição de *status* elevado como religião oficial do império Wei do Norte foi o primeiro evento desse tipo na história do taoismo, por vezes interpretado como o estabelecimento da teocracia taoista.

Como recompensa para os esforços valiosos de Kou Qianzhi de prover a sanção religiosa à Dinastia Wei do Norte, ele foi premiado com o título oficial de Mestre Celestial. O endosso e legitimação taoista do governo dinástico, refletidos na adoção do imperador de um título taoista para si próprio e na instituição oficial de rituais taoistas na corte, santificaram a autoridade de Wei e reforçaram a reivindicação da dinastia de ser o herdeiro legítimo do Mandato do Céu. Sob a liderança de Kou, a igreja taoista expandiu sua presença e influência na corte, adotando uma postura ideológica conservadora e alinhando-se de perto com os interesses do Estado e as elites dominantes. A consolidação do taoismo como religião oficial sob o domínio Wei foi acompanhada da eclosão de atitudes exclusivistas. Isso se concretizou numa perseguição patrocinada pelo governo ao budismo e outros grupos religiosos rotulados como seitas heréticas.

A experiência da Dinastia Wei do Norte com a instituição do taoismo como religião do Estado teve vida curta, tendo ocorrido no período aproximado de 425-450. Após a morte de Kou Qianzhi, em meados do século V, a dinastia mudou seu foco principal de lealdade religiosa e patrocínio político ao budismo. No entanto, em linhas gerais, o taoismo continuou a prosperar durante os séculos subsequentes, uma vez que as instituições taoistas foram beneficiárias do apoio do Estado sob uma série de dinastias. Isso aconteceu sobretudo durante a era Tang, quando o taoismo atingiu o pico de seu desenvolvimento e influência na cultura e sociedade chinesas. A Dinastia Tang proporcionou grande prestígio ao taoismo e estendeu um patrocínio generoso à igreja taoista. Ao mesmo tempo, a dinastia contava, em grande medida, com o ritual, as imagens e o *status* do taoismo para reforçar seu prestígio e aumentar a legitimidade de seu domínio.

As raízes da estreita ligação entre a Dinastia Tang e o taoismo remontam ao início do século VII, quando a família imperial, tentando fortalecer sua reputação em face das famílias aristocráticas mais bem estabelecidas do Norte da China, determinou a origem de seus antepassados em Laozi. Esse estratagema de engrandecer a linhagem dos antecessores da nova família imperial, como parte de uma estratégia abrangente de reforçar suas reivindicações ao Mandato do Céu, baseou-se no fato de que seu nome de família, Li, era o mesmo que o nome atribuído a Laozi pela tradição. A suposta ligação familiar com o antigo sábio também foi associada a uma profecia popular sobre o regime iminente de um governante sábio cujo sobrenome era Li, que circulava nos ambientes milenaristas. Assim, em 625, sete anos após a fundação oficial da dinastia, seu primeiro imperador proclamou que o taoismo seria oficialmente classificado em primeiro lugar dentro dos "três ensinamentos", à frente do confucianismo e do budismo.

Retomando a ideia de conexão ancestral com Laozi, os imperadores posteriores da era Tang ofereceram substancial patrocínio político e econômico às ordens taoistas e seus templos, embora o nível de apoio oficial variasse segundo as circunstâncias políticas e refletisse a devoção pessoal dos imperadores individuais. A era Tang é muitas vezes celebrada como um período notável na história taoista, marcada por uma grandiosa consolidação dos principais ensinamentos, práticas e instituições taoistas. De uma perspectiva religiosa, foi uma idade de ouro que testemunhou a formação de uma grande síntese taoista, formada, num grau considerável, pela incorporação de abundantes elementos do budismo.

Os aspectos principais da engenhosa síntese da era Tang manifestaram-se nas especulações filosóficas refinadas, nos rituais esplêndidos e nas instituições religiosas vibrantes, que garantiam a posição de destaque do taoismo e seu papel central na transmissão da cultura tradicional chinesa. Ao mesmo tempo, ao longo desse período, o taoismo teve que disputar a maior popularidade com o budismo, cujas ordens e estabelecimentos religiosos excediam em número os equivalentes taoistas. O florescimento paralelo de ambas as religiões é um testemunho da grandeza e abertura da cultura Tang, na qual os três ensinamentos participavam e se entrecruzavam. Em geral, a perspectiva cosmopolita e pluralista característica da era Tang revelou-se bem adequada para o florescimento da vida multifacetada intelectual e religiosa, marcada pela sofisticação, criatividade e aceitação da diversidade.

Durante a era Tang, o auge do *status* do taoismo como religião oficial do Estado ocorreu sob o reino do imperador Xuanzong, que foi marcado pela prosperidade econômica e uma efervescência cultural inigualáveis. Como outros governantes da era Tang, Xuanzong continuou a apoiar o confucianismo e o budismo, não obstante, durante seu reinado, ele mostrasse uma nítida simpatia pró-taoista. O amplo patrocínio dedicado ao taoismo baseava-se, em geral, em crenças e predileções pessoais, embora as reflexões políticas pragmáticas tivessem também um papel importante. O imperador era um estudioso da literatura taoísta e foi até mesmo o "autor" de um comentário sobre o clássico Laozi; além disso, acreditava com fervor em milagres e presságios. Ele se associou a diversos prelados taoístas importantes, sobretudo aos afiliados da escola dominante Shangqing, convidando-os com frequência para dar palestras e realizar rituais na corte imperial. Além disso, Xuanzong recebeu uma ordenação taoísta.

O apoio de Xuanzong à escola Shangqing é evidente num decreto segundo o qual os deuses locais associados às cinco montanhas sagradas (que tinham uma ligação tradicional com o culto do Estado) deveriam estar sob o controle das divindades Shangqing, que seriam cultuadas em templos situados em cada uma das cinco montanhas. Xuanzong também estabeleceu um sistema de abadias taoístas patrocinadas pelo Estado, necessárias para realizar liturgias oficialmente sancionadas em benefício da família imperial e do Estado. O patrocínio relativo ao ensino da tradição incluía o estabelecimento de escolas taoístas e a instituição de exames taoístas oficiais, que tornavam o domínio dos clássicos taoístas uma via alternativa para a entrada na burocracia imperial. Essas políticas eram simultâneas à compilação já mencionada de um cânone taoísta e sua distribuição por todo o império.

Seguindo um padrão histórico reconhecível, esse tipo de patrocínio generoso era associado a diretrizes políticas destinadas a controlar a religião. Por exemplo, Xuanzong e outros imperadores Tang emitiam decretos e instituíam regulamentos que restringiam a liberdade de movimento da ordem e o âmbito de suas atividades, dirigidos aos taoístas e aos budistas igualmente. Os clérigos tinham que registrar-se junto ao governo, que também controlava o sistema de ordenações monásticas e influenciava a seleção de abades. A liberdade de movimento e associação também foram restritas; o governo tinha um sistema de leis punitivas e severas punições para aqueles que se comportavam mal ou violavam suas diretrizes. Diversos imperadores também afirmavam a prerrogativa governamental de decidir sobre a inclusão (ou exclusão) de textos no cânone, o que lhes dava uma voz importante na delimitação da ortodoxia religiosa. Da Dinastia Song em diante, outro aspecto da relação entre o taoísmo e o Estado imperial foi a canonização taoísta dos cultos populares, reconhecidos pelo Estado.

Debates inter-religiosos

Uma das características marcantes da vida religiosa na China medieval foi a realização de debates inter-religiosos que apresentavam representantes importantes dos três ensinamentos. A aprovação formal desses eventos públicos, que davam destaque tanto às características distintas quanto aos pontos de convergência entre as doutrinas do budismo, confucianismo e taoismo, era um símbolo poderoso da adesão chinesa a uma estrutura ampla de pluralismo religioso. Esse tipo de postura ecumênica mostrava um forte contraste com o conflito e a intolerância inter-religiosa que na época prevalecia na Europa e em outras partes. Alguns desses debates foram realizados nas cortes imperiais de várias dinastias, incluindo a Tang, muitas vezes na frente do imperador e seus altos funcionários, dos quais alguns participavam do processo. Além de suas funções religiosas e educacionais, às vezes as apresentações dos debates tinham certo valor de entretenimento e eram integradas a celebrações imperiais mais amplas.

Em regra, os debates inter-religiosos oficiais eram eventos cuidadosamente encenados, quase sempre em ambientes festivos e realizados de acordo com os padrões de ritual palaciano. Não obstante, às vezes os desafios eram reais e os resultados dos debates tinham repercussões de peso para as religiões individuais. Isso aconteceu sobretudo com budistas e taoistas, que ocupavam espaços sociais e religiosos contíguos, e muitas vezes se viam em competição direta por *status* e patrocínio. Havia quase sempre um tom de adulação nos debates, conforme cada tradição tentava marcar pontos para estabelecer sua maior utilidade para o Estado imperial.

Um ponto importante de discussão, apresentado pelos líderes taoistas em seus duelos intelectuais com os budistas, era uma teoria bem conhecida de que o surgimento do budismo foi uma consequência natural de uma "conversão dos bárbaros", realizada por ninguém menos do que Laozi. Essa ideia recebeu sanção canônica de *Huahu jing* (Escritura sobre a Conversão dos Bárbaros), um texto apócrifo, inicialmente composto em torno de 300, e muito divulgado durante os séculos posteriores. Essa escritura espúria tinha grande circulação nos ambientes taoistas e muitas vezes era evocada nos debates com os budistas. Segundo *Huahu jing*, o Buda era uma encarnação de Laozi, que viajou para a Índia a fim de edificar os estrangeiros ignorantes.

Essa ideia baseou-se na lenda bem conhecida sobre a jornada final de Laozi para o Ocidente. Em sua essência, ela insinuava que o budismo é pouco mais do que uma forma diluída do taoismo, construída para o benefício de pessoas com pouca cultura.

A formulação dessas linhas de argumentação religiosas e pseudo-históricas, apresentadas em *Huahu jing* e outros tratados polêmicos semelhantes, parece ter sido animada, no início, por um espírito de inclusão. Elas também refletiam o interesse de explicar as aparentes semelhanças entre os ensinamentos e as práticas das duas tradições. Entretanto, em pouco tempo, o tom dos argumentos, como comprovado por versões posteriores de *Huahu jing* e outros textos com mensagem semelhante, tornou-se mais combativo e difamatório. Com efeito, o argumento original sobre o suposto parentesco do budismo e do taoismo deteriorou-se em afirmações polêmicas e inconsistentes sobre a inferioridade do budismo, além de declarações triunfantes sobre a superioridade do taoismo, com traços de sentimentos xenofóbicos sobre a superioridade chinesa inata. Isso aborreceu muitos budistas, que contestavam de modo veemente o que percebiam como calúnias sobre o fundador de sua religião e uma afronta aberta aos seus ensinamentos.

A escolha do tema da conversão dos bárbaros para o debate mostrou-se uma causa perdida e uma fonte de aflição considerável para os taoistas. Os budistas, por diversas vezes, conseguiram desacreditar *Huahu jing*, mostrado-o como uma falsificação ridícula, mesmo que, no processo, eles próprios tenham usado fontes improváveis e argumentos dúbios sobre a qualidade superior da época do Buda, e assim por diante. Alguns textos budistas secundários chegaram a apresentar uma curiosa teoria de que Laozi havia sido um discípulo do Buda, assim como Confúcio. A sequência de debates perdidos pelos taoistas (dos quais muitos incorporavam o *Huahu jing* e seus princípios, mas também incluíam outras áreas de diferenças ou discordâncias) iniciaram-se durante o século VI, embora seja importante mencionar que, por vezes, os taoistas tinham sucesso em seus argumentos e ganhavam terreno nas discussões.

A última série de debates formais ocorreu na corte mongol de Kubilai Khan (c. 1271-1294) durante a Dinastia Yuan. Os taoistas foram representados sobretudo pela escola da Completa Perfeição (ver a seguir). Segundo relatos tradicionais, eles foram derrotados no último debate de 1281 e sofreram consequências desastrosas. Não só foi baixado um decreto imperial informando que todas as cópias de *Huahu jing* deveriam ser destruídas, como também todos os outros textos taoistas, com a única exceção de *Laozi*. Ao mesmo tempo, severas restrições foram destinadas às ordens taoistas, embora não se saiba com que rigor o decreto imperial se fazia cumprir na prática.

Ordens e instituições monásticas

Mesmo antes do surgimento do taoismo como religião organizada, diversas formas de reclusão, ou seja, o afastamento da sociedade que geralmente envolvia a renúncia (temporária) do *status* social e dos prazeres mundanos, eram características familiares do cenário religioso chinês. Os exemplos do abandono (inspirado pela religião) das normas convencionais e a adoção de estilos de vida alternativos durante a era Han, muitas vezes ligados a ideais ascéticos, são evidentes entre os praticantes *fangshi* de artes mágicas e os buscadores de imortalidade. Contudo, os ideais e as instituições plenamente desenvolvidos da vida monástica eram desconhecidos na China antes do advento do budismo. Embora os Mestres Celestiais tenham instituído estruturas comunais abrangentes e regras formais que governavam o comportamento de seus seguidores, o seu movimento não adotava uma orientação monástica. Seus monges eram chefes de família casados, com diferentes posições sociais e funções rituais, ao contrário dos seguidores chineses do budismo, entre os quais os mais fervorosos adotavam um *ethos* monástico importado de fora; entretanto, durante períodos posteriores, alguns membros da ordem taoista optaram por levar uma vida celibatária.

A vocação monástica implica o cumprimento do celibato como parte de um modo de vida religioso característico, cujo ideal é a busca da perfeição espiritual. A entrada numa ordem monástica é, com efeito, uma expressão de um compromisso individual, mas ela costuma ocorrer dentro de um ambiente comunitário estruturado, destinado a oferecer condições ótimas para a aspiração religiosa e dirigido, de modo ostensivo, para a busca da verdade última e a autorrealização. O surgimento e a codificação das variantes taoistas da vocação monástica foi um processo gradual que se desenrolou ao longo de vários séculos. A evolução da vida monástica taoista implicou empréstimos consideráveis da ordem monástica budista, que trouxe para a China modelos de longa data de instituições monásticas, com estruturas organizacionais evoluídas, sistemas de regras comunais e padrões estabelecidos de interação com a sociedade circundante e o Estado.

Os modelos monásticos budistas passaram por uma adaptação seletiva, segundo as ideias e práticas taoistas. Aos poucos, eles se fundiram com o *ethos* comunal dos Mestres Celestiais e dos ideais ascéticos anteriormente mencionados. Em torno do século V, já encontramos comunidades quase monásticas, orientadas por célebres líderes taoistas, como Kou Qianzhi e Lu Xiujing, cujos membros praticavam o celibato e adotavam um estilo de vida recluso. Uma tendência semelhante é observável na comunidade taoista de Maoshan, que era liderada por Tao Hongjing durante o início do século VI; isso abriu caminho para o surgimento de dois padrões vocacionais paralelos (embora não necessariamente separados) para a ordem taoista, que continuam até o presente: monges e monjas celibatários ou sacerdotes casados (em geral homens).

O florescimento de uma tradição monástica bastante desenvolvida foi uma caracterísica visível do taoismo durante o período Tang. Isso constituiu uma parte integrante da consolidação completa do taoismo durante seu apogeu, que acompanhou a assimilação madura de elementos do budismo. Durante esse período, encontramos um grande número de estabelecimentos monásticos situados em toda a extensão do império Tang, desde abadias grandes e imponentes nas duas capitais até templos pequenos e eremitérios espalhados por belas montanhas. Nesses estabelecimentos, milhares de monges e monjas taoistas seguiam suas vocações religiosas, as quais, além de várias formas de disciplina espiritual, também incluíam a realização de liturgias para seus patronos e o Estado imperial. Os mosteiros e conventos desenvolveram elaboradas estruturas institucionais, com amplos escritórios administrativos, regulamentação abrangente, e programas litúrgicos desenvolvidos. Eles serviam como centros influentes de prática e aprendizagem do taoismo, mas também desempenhavam funções culturais importantes e eram frequentados tanto por pessoas comuns como pela elite intelectual.

O monaquismo taoista passou por um desenvolvimento e uma formalização ulterior após a era Tang. Um bom exemplo do taoismo monástico do final do período imperial é a escola da Completa Perfeição (Quanzhen), que surgiu no século XII; no decorrer do século XIII, tornou-se a tradição dominante do taoismo no Norte da China. Os membros ordenados da escola da Completa Perfeição eram celibatários, seguiam uma dieta vegetariana e viviam em comunidades bem organizadas. Eles praticavam a mendicância e levavam vidas austeras; uma prioridade de sua disciplina espiritual eram as práticas contemplativas, cujo objetivo era a realização da própria natureza verdadeira (ver seção anterior). O fundador da escola Wang Zhe (1113-1170) descendia de uma família próspera e entrou na vida religiosa na meia-idade; antes de sua conversão, ele era uma figura excêntrica com tendências alcoólicas. Após uma série de experiências visionárias, durante as quais ele teria estabelecido comunhão com imortais ilustres e seres celestiais, Wang ficou famoso como líder carismático de um grupo de discípulos dedicados e talentosos, dos quais alguns tornaram-se figuras notáveis e celebradas na cultura popular taoista.

A escola da Completa Perfeição é descrita, às vezes, como a primeira ordem monástica plenamente desenvolvida do taoismo, dentro de estruturas evoluídas e um modo de vida comunitário, paralelos aos da ordem monástica budista. São notáveis, em especial, as semelhanças com a escola Chan, a tradição predominante da elite do budismo, evidentes nas áreas de disciplina monástica, doutrina e prática. Não obstante a orientação monás-

Figura 4.5. Monges taoistas e leigos em frente a um santuário, Baxian (Oito Imortais) Abbey, Xi'an

tica do movimento, seus líderes também cultivavam estreitas relações com numerosos praticantes leigos. O laicato estava organizado em associações que prestavam apoio às comunidades monásticas.

Wang também é notável por suas tendências sincréticas e atitudes ecumênicas, incluindo a sua defesa da unidade dos três ensinamentos. Ele aconselhava seus discípulos a recitar textos populares confucianos e budistas, sobretudo o *Clássico da Piedade Filial* e as *Escrituras do Coração*. Wang e seus discípulos eram escritores prolíficos e deixaram como legado um grande corpo de literatura taoista, que incluía poesia e ensaios. Eles também compuseram manuais de cultivo espiritual, transcrições de ensinamentos orais, coleções hagiográficas e obras exegéticas.

Um evento fundamental, que marcou a ascensão da escola da Completa Perfeição a uma posição de grande destaque, foi o encontro, em 1222, entre o discípulo mais eminente de Wang, Qiu Chuji (1143-1227), e o grande conquistador mongol Gengis Khan (c. 1162-1227). O encontro ocorreu na corte mongol na Ásia Central e, pouco tempo depois, a jornada épica de Qiu se tornou celebrada como um evento de grande influência na história da tradição taoista. O governante mongol ficou devidamente impressionado pelo mestre taoista e seus ensinamentos. Por conseguinte, Gengis Khan emitiu um decreto, de acordo com o qual todos os monges e monjas taoistas teriam isenção fiscal e ficariam sob o controle do patriarca da Completa Perfeição. Mais adiante, a Escola da Completa Perfeição se tornou o movimento religioso mais poderoso do Norte da China.

Numa etapa posterior, ela perdeu um pouco de seu vigor e influência iniciais; todavia, até hoje a escola da Completa Perfeição permanece a principal representante do taoismo monástico, embora a maioria de seus membros ordenados seja casada. O declínio gradual desde o seu auge, alcançado durante o século XIII sob a dinastia mongol Yuan (1271-1367), é paralelo ao enfraquecimento completo do taoismo durante o fim do período imperial, embora estudos recentes tenham mostrado que, de modo geral, o taoismo floresceu durante a era Ming. O lento declínio da religião é evidente, sobretudo, durante a Dinastia Qing (1644-1911). Juntamente com os Mestres Celestiais, que no século XIV ressurgiram no Sul da China como uma grande tradição taoista, a escola da Completa Perfeição permanece uma das duas escolas principais do taoismo. Sua presença mais forte é no Norte da China, ao passo que o taoismo dos Mestres Celestiais predomina no Sul.

Modelos femininos e adeptas

Ao longo da história, a busca da vocação religiosa dentro de um contexto taoista foi de modo geral, aberta a ambos os sexos. Por exemplo, as mulheres foram acolhidas como membros plenos nas primeiras comunidades dos Mestres Celestiais e também podiam ser encarregadas das libações. Mais adiante, foi-lhes possível aderir às posições religiosas e entrar em conventos taoistas. Nesses locais, elas podiam levar uma vida piedosa, supostamente orientada para o mergulho nos mistérios do Tao, de maneiras quase sempre paralelas aos padrões vocacionais de seus irmãos homens. De modo geral, os métodos taoistas de cultivo espiritual são neutros em relação ao gênero, e a realização dos objetivos últimos da prática é aberta a homens e mulheres. Alguns dos primeiros estágios da prática de alquimia interna são um pouco diferentes para homens e mulheres, mas isso se deve, antes de tudo, à necessidade de considerar as diferenças fisiológicas entre os dois sexos.

Sem dúvida, havia exceções à atitude igualitária predominante de aceitação e participação feminina. Por exemplo, em certas práticas sexuais, os praticantes do sexo masculino usavam múltiplas consortes femininas como fontes de energia vital que fortaleciam a circulação de sua essência sexual, muitas vezes sem mostrar excessiva preocupação com o bem-estar das mulheres em questão. Há também indicações de que os taoistas nem sempre estavam imunes às várias formas de preconceito dirigido às mulheres, que eram desmedidas dentro da ordem patriarcal da China Imperial, assim como praticamente em todas as outras sociedades da época, sobretudo se julgarmos a partir da perspectiva das ideias ocidentais modernas sobre a equidade de gêneros. No entanto, é justo concluir que o taoismo foi sobretudo receptivo em relação às mulheres, dando-lhes oportunidades únicas de atuar como agentes individuais e buscar formas alternativas de crescimento pessoal e expressão. Isso incluía oportunidades excepcionais de se afastar de relações dominadoras com os homens, que governavam as vidas das mulheres na sociedade da China tradicional orientada pelo confucianismo.

As mulheres atraídas pela vida e prática taoista tinham diversos modelos femininos positivos a seguir. O panteão taoista inclui muitas divindades e imortais femininas, tais como a Rainha Mãe do Ocidente e as deidades femininas e aperfeiçoadas que habitam o céu Shangqing. Havia também famosas adeptas e sacerdotisas, das quais algumas foram apoteosadas e se tornaram

Divindades e praticantes femininas notáveis

- Rainha Mãe do Oeste (Xiwangmu), a suprema deusa taoista; acredita-se que governa um paraíso ocidental de seu palácio majestoso no mítico Monte Kunlun.
- Wei Huacun (252-334, também conhecida como Lady Wei), célebre praticante da tradição dos Mestres Celestiais e deidade que revelou as escrituras Shangqing.
- He Xiangu (Donzela Imortal He, também conhecida como He Qiong), o único membro feminino do renomado grupo dos Oito Imortais; diz-se que ela era uma menina que viveu durante a era Tang.
- Sun Buer (1119-1182), uma das sete mestres principais da antiga tradição da Completa Perfeição.

Figura 4.6. Mulheres devotas lendo as escrituras, Templo Xingtian, Taipei

objetos de culto e veneração (ver quadro, p.132). Como resultado da veneração de marcantes figuras femininas e das atitudes hospitaleiras em relação à participação feminina, os conventos taoistas atraíram uma ampla gama de mulheres, desde garotas provenientes de famílias camponesas até princesas imperiais.

As mulheres importantes que entraram nos conventos taoistas incluem a filha da Imperatriz Wu (c. 684-705), a única mulher monarca na história da China. Embora fosse famosa pelo extraordinário patrocínio ao budismo, a imperatriz também apoiava o taoismo. Ela fez construir um convento taoista para sua única filha, que foi empossada como abadessa. As monjas também permaneciam presenças fixas nas ordens taoistas que prosperaram na última fase da China Imperial, sobretudo as da tradição da Completa Perfeição. Uma das discípulas mais importantes de Wang Zhe, aclamada entre as "sete aperfeiçoadas", era a adepta Sun Buer, e havia muitas outras monjas destacadas e adeptas. A tradição das monjas taoistas continua até hoje.

Alquimia interna e meditação

Uma das características importantes da orientação soteriológica da escola da Completa Perfeição é a integração da alquimia interna (*neidan*, lit. "cinabre interior") em seu programa abrangente de cultivo espiritual. A alquimia interna diverge da alquimia externa, ou de laboratório, a qual procura obter o elixir da imortalidade por meio de procedimentos químicos realizados no forno do alquimista (ver Capítulo anterior). Embora a alquimia interna adotasse grande parte do vocabulário químico da alquimia externa, este era usado num sentido metafórico, para indicar essências e processos internos que ocorriam dentro do praticante individual. Com efeito, o corpo e a mente do adepto taoista tornaram-se o foco e as ferramentas básicas de transformação espiritual, substituindo as substâncias minerais e os instrumentos de laboratório da alquimia externa.

No contexto da práxis na Completa Perfeição, o objetivo anterior de transmutar o corpo e atingir a imortalidade física passou a ser irrelevante. Em vez disso, o foco básico dentro de seu paradigma soteriológico é produzir a transformação interior (que, em última análise, implica a transcendência da esfera mundana), na qual a mente/coração (*xin*) do adepto se harmoniza com o Tao primordial e inefável. Embora o cultivo espiritual incorpore aspectos corporais e elementos fisiológicos, ele é, em sua essência, um processo meditativo orientado e centrado na mente/coração, que culmina na experiência da iluminação. No fim da jornada espiritual, o adepto revela sua mente verdadeira ou natureza original, que é não nascida e nunca pode ser destruída.

A mudança da alquimia externa para a interna desenvolveu-se de modo gradual, ao longo de vários séculos. Os antigos precursores dos princípios e procedimentos da alquimia interna estão evidentes nas visualizações contemplativas e nas práticas orientadas para dentro, da escola Shangqing. Um exemplo é a fórmula meditativa de "guardar o Um" (*shouyi*), cujas versões anteriores circulavam antes das revelações de Shangqing. A prática é baseada na noção de correspondência entre o macrocosmo e o microcosmo (uma ideia dominante, ressaltada em muitos textos taoistas), que implica a estreita ligação do indivíduo com o cosmos. Uma faceta importante dessa correlação é a inerência dos deuses que povoam o cosmos dentro do corpo humano.

Assim como o panteão burocrático de seus equivalentes celestiais, os deuses do corpo são responsáveis por áreas distintas de supervisão, garantindo o bom funcionamento dos órgãos corporais e dos processos físicos. A prática contemplativa de "guardar o Um" consiste em visualizar e concentrar-se no Um, uma deidade suprema que representa uma presença divinizada do vazio primordial e controla os outros deuses do corpo que, por sua vez, são responsáveis pelo bom funcionamento dos diferentes órgãos e funções corporais. Por meio dessa forma de meditação, supõe-se que o adepto seja capaz de proteger os deuses do corpo e, assim, garantir a sua saúde e longevidade, além de harmonizar-se com as forças cósmicas mais amplas e sintonizar-se com o Tao.

Um ponto decisivo importante no desenvolvimento da alquimia interna ocorreu durante a era Tang. Na época, a alquimia externa atingira seu ápice de influência, mas também testemunhamos o primeiro desenvolvimento de vertentes identificáveis de alquimia interna. Os dois tipos de alquimias eram, por vezes, cultivados juntos, por meio de imagens e vocabulário que se sobrepunham. Outra tendência observável durante o período Tang foi o

> ### Realização da verdadeira natureza no Taoismo da Completa Perfeição
> Se quiser cultivar a sua energia vital e realizar seu espírito, você deve se livrar completamente de suas miríades de apegos. Seja puro e sereno na superfície e por dentro. Se permanecer dedicado e devotado por um longo, longo tempo, seu espírito será estável e sua energia vital será harmoniosa. [...] Apenas aqueles que estudam o Tao atingirão o estágio em que seu espírito residirá com o Tao e, assim, será indestrutível para sempre e também terá o poder de erguer nove gerações de ancestrais ao [reino da] Suprema Pureza.
>
> Extraído das declarações registradas do patriarca da Completa Perfeição Ma Yu (1123-84); tradução adaptada de Eskildsen (2004, p.90-1).

desenvolvimento de tipos discursivos de meditação, que estavam ligados à formulação de novos sistemas doutrinais, influenciados pelas filosofias budistas. Esse tipo de meditação corresponde à prática budista de insight (*guan*) que, juntamente com a calma (*zhi*), é um dos dois tipos básicos de meditação budista. Um exemplo representativo dessas tendências vem das obras da escola do Duplo Mistério (Chongxuan), que floresceu durante a primeira metade da era Tang e foi fortemente influenciada pela filosofia do Caminho do Meio, ou Madhyamaka, do budismo.

A noção de "mistério duplo" denota um repúdio dual às crenças unilaterais na existência e na não existência (ou não ser). O primeiro mistério implica a transcendência da existência e não existência, ao passo que o segundo mistério envolve a eliminação do apego ao primeiro mistério. Na fase do primeiro mistério, o adepto taoista cultiva o desapego das concepções dualistas de realidade que revolvem em torno das noções de existência e não existência. Em seguida, na segunda fase, o adepto se liberta do próprio estado de desapego. Isso implica a eliminação completa de todos os desejos e apegos, incluindo o apego de permanecer tranquilo num estado de ausência de desejos.

O processo do cultivo de si, seguido pelos praticantes das formas maduras de alquimia interna do final do período imperial, incluindo os da escola da Completa Perfeição, implica uma ascensão gradual de níveis de realidade, ou estados de existência, desde os mais grosseiros até os mais refinados. Sob uma perspectiva diferente, isso representa um procedimento de reversão ou inversão dos processos naturais, que conduz de volta a um estado primordial de perfeição e totalidade, o retorno a uma unidade original que supostamente existia "antes do Céu". O processo envolve uma mudança gradual, partindo da existência cotidiana das pessoas comuns e chegando aos estados de ser cada vez mais sutis e puros atribuídos aos sábios. No estágio preliminar, o cultivo de si ocorre, na maior parte, no nível do corpo físico do adepto, que é fortalecido e equilibrado por diversas formas de calistênicos, exercícios psicossomáticos, dietas e massagens. A seguir, a prática se desenvolve em três níveis básicos, representados pela essência (*jing*), energia vital (*qi*) e espírito (*shen*). Muitas vezes referidos como os "três tesouros" (*sanbao*), esses três funcionam como componentes básicos no processo interno da transmutação alquímica.

Na fase inicial do processo alquímico interno, é dada uma atenção especial às funções fisiológicas, sobretudo a circulação da essência sexual (em sua forma convencional ou grosseira), cuja descarga deve ser evitada a todo custo. A essência é acumulada e refinada, e sua circulação se torna regulada. Esse estágio culmina com a transmutação da essência em energia vital. Na fase seguinte, a prática do adepto é dirigida à purificação e ao refinamento da energia vital, para que seja capaz de circular desobstruída dentro do corpo. O modo mais sutil e puro de energia vital é induzido a subir ao mais elevado dos três "campos de cinabre" (*dantian*, ou pontos-chave no corpo que controlam as funções fisiológicas e onde ocorrem as transmutações alquímicas), que estão localizados na cabeça, sendo associados aos pensamentos e à consciência. Esse estágio é concluído quando a energia vital altamente purificada é transmutada em espírito.

No terceiro estágio, o espírito é refinado de modo gradual, conforme a mente do adepto se liberta de pensamentos dualistas e reverte a um estado de vazio. O espírito purificado constitui um embrião de imortalidade que, após ter sido nutrido de forma adequada ao longo de um período de gestação, deixa o corpo pelo topo da cabeça (ver Figura 4.7). Todo o processo de transformação espiritual culminaria na transcendência dos domínios e estágios precedentes, na medida em que o espírito primordial deixa o corpo e retorna ao ponto de origem, fundindo-se com o estado primordial do nada absoluto e sendo absorvido pelo Tao eterno, que tudo permeia.

Figura 4.7. O embrião da imortalidade deixa o corpo de um praticante taoista

Pontos-chave

- As escrituras Shangqing foram originalmente reveladas e divulgadas num ambiente social aristocrático sulista, onde foram aceitas como revelações divinas comunicadas por seres perfeitos. Embora a tradição Shangqing tenha incorporado elementos de várias vertentes do taoismo medieval, ela destacou de modo especial a exploração do mundo interno e os aspectos contemplativos do cultivo espiritual.
- Nas escrituras Lingbao, que apareceram logo após as revelações de Shangqing, há um afastamento das formas solitárias de exploração interior e um movimento em direção a formas rituais de culto, que são orientadas de forma comunal. Esta também é a primeira vez que encontramos uma infusão substancial de conceitos e ideias budistas no taoismo.

- Os ritos de Lingbao eram fundamentais na codificação do ritual taoista, que incorpora duas categorias principais: rituais de purificação e rituais de renovação. Em sua forma clássica, os rituais taoistas são multidimensionais e incorporam inúmeros elementos, incluindo a recitação das escrituras, a realização de petições e preces, o desempenho de movimentos de danças e a execução de instrumentos musicais; tudo isso é muitas vezes seguido de festividades comunais.
- Por volta do século V, as várias escrituras taoistas foram organizadas num cânone coerente, que, em sua forma clássica, foi dividido em três partes, as chamadas "três cavernas", às quais foram acrescentados suplementos em épocas posteriores. O cânone taoista era uma coleção aberta de textos sagrados, o que significa que, ao longo dos séculos, muitos textos novos, compostos em gêneros diferentes, foram a ele adicionados.
- Tanto durante o período medieval como no imperial posterior, a igreja taoista esteve, na maior parte das vezes, intimamente alinhada com o Estado imperial. O Estado era uma fonte importante de patrocínio para o clero taoista e seus templos; o Estado também afirmava sua autoridade sobre a religião e a usava para seus próprios fins.
- Sob a influência do budismo, o taoismo desenvolveu suas próprias ordens e instituições monásticas, que passaram a desempenhar um papel fundamental no crescimento histórico da religião. Um típico exemplo do taoismo monástico é a escola da Completa Perfeição, que foi formada no século XII e continua a existir até hoje, como uma das duas tradições principais do taoismo.
- O taoismo era aberto à participação feminina, tanto de leigas quanto de monjas. As mulheres taoistas tinham inúmeros modelos positivos a seguir, desde várias deusas e mulheres notáveis, como monjas exemplares e famosas praticantes.
- Da era Tang em diante, houve uma mudança da alquimia externa para a interna. Na alquimia interna, o foco é num processo interior de transmutação alquímica que ocorre no corpo e na mente do praticante taoista. O processo inteiro culmina quando o espírito primordial purificado separa-se do corpo e retorna ao ponto de origem, sendo absorvido pelo Tao eterno.

Questões para discussão

1. Quais eram os papéis principais dos textos sagrados no taoismo medieval e quais eram as crenças predominantes sobre as origens das escrituras taoistas?
2. Determine o curso do crescente impacto do budismo no taoismo medieval, conforme ele se desenvolve nas doutrinas e práticas das três principais tradições taoistas: Mestres Celestiais, Shangqing e Lingbao.
3. Qual era/é o *status* das mulheres no taoismo e como ele se compara com o *status* geral das mulheres na sociedade tradicional chinesa?

Leituras complementares

Ver também as sugestões de leitura do Capítulo 3.

Bokenkamp, S. R. *Early* Daoist Scriptures. Berkeley, CA: University of California Press, 1997.

_____. *Ancestors and Anxiety*: Daoism and the Birth of Rebirth in China. Berkeley, CA: University of California Press, 2007.

Cahill, S. E. *Transcendence and Divine Passion*: The Queen Mother of the West in Medieval China. Stanford, CA: Stanford University Press, 1993.

Despeux, C.; Kohn, L. (Eds.). *Women in Daoism*. Cambridge, MA: Three Pines Press, 2003.

Eskildsen, S. *The Teachings and Practices of the Early Quanzhen Taoist Masters*. Albany, NY: State University of New York Press, 2004.

Girardot, N. J.; Miller, J.; Xiaogan, L. *Daoism and Ecology*: Ways within a Cosmic Landscape. Cambridge, CA: Center for the Study of World Religions, Harvard Divinity School, 2001.

Goossaert, V. *The Taoists of Peking, 1800-1949*: A Social History of Urban Clerics. Cambridge, CA: Harvard University Asia Center, 2007.

Kohn, L. *Monastic Life in Medieval Daoism*: A Cross-Cultural Perspective. Honolulu, HI: University of Hawai'i Press, 2003.

Kohn, L. *Introducing Daoism*. London and New York: Routledge, 2008.

Little, S.; Eichman, S. *Taoism and the Arts of China*. Chicago, IL: Art Institute of Chicago, 2000.

Mollier, C. *Buddhism and Taoism Face to Face*: Scripture, Ritual, and Iconographic Exchange in Medieval China. Honolulu, HI: University of Hawai'i Press, 2008.

Robinet, I. *Taoist Meditation*: The Mao-Shan Tradição of Great Purity. Albany, NY: State University of New York Press, 1993.

Schipper, K. *The Taoist Body*. Berkeley, CA: University of California Press, 1993.

_____; Verellen, F. *The Taoist Canon*: A Historical Companion to the Taozang. Chicago, IL: University of Chicago Press, 2004.

Wong, E. (Trad.). *Seven Taoist Masters*: A Folk Novel of China. Boston, MA: Shambala Publications, 2004.

5

Propagação e florescimento do budismo na China

Neste capítulo

Dentro da ampla variação da história chinesa, o budismo foi, sem dúvida, a mais significativa e influente das tradições religiosas que se originaram fora da China. Este capítulo (o primeiro dos dois que tratam do budismo), proporciona uma visão geral da história do budismo na China. Ele aborda os principais eventos e questões que configuraram a difusão inicial e o florescimento posterior do budismo chinês, desde os primórdios do século I até o fim da China Imperial, no início do século XX. Ao mesmo tempo em que cobre a trajetória histórica geral do encontro da China com o budismo, o capítulo também discute com detalhes alguns eventos importantes que marcaram a adaptação chinesa às doutrinas, práticas e instituições budistas, como a formação do cânone budista chinês e a formulação das taxonomias de ensinamentos.

Principais tópicos

- O desenvolvimento inicial do budismo na Índia e seu crescimento como uma importante religião pan-asiática.

- A entrada inicial do budismo na China durante a última fase da Dinastia Han.
- As barreiras que o budismo teve que superar ao longo de seu crescimento na China.
- As razões para o sucesso do crescimento e da aceitação entusiástica do budismo na China medieval.
- Tradução das escrituras budistas para o chinês e criação de um cânone budista chinês.
- Visão geral das escrituras populares e outros textos notáveis.
- Apropriações chinesas das filosofias Mahāyāna e formulações das taxonomias doutrinais.
- O surgimento do budismo como a principal tradição religiosa na China medieval e sua idade de ouro durante a Dinastia Tang.
- O *status* e o posicionamento do budismo *vis-à-vis* o Estado imperial.
- O budismo na última fase da China Imperial.

O budismo como uma religião pan-asiática

As origens do budismo remontam aos ensinamentos de Siddhartha Gautama, que viveu e ensinou no Norte da Índia, cerca de vinte e cinco séculos atrás, e que passou a ser conhecido como o Buda (o Desperto); no decorrer dos séculos, a expansão do budismo o transformou numa grande tradição religiosa pan-asiática. Após a consolidação inicial de suas doutrinas, o desenvolvimento da ordem monástica e codificação de suas regras, e a ampliação de sua presença institucional na terra de seu nascimento, o budismo aos poucos se difundiu por grande parte da Ásia, incluindo a China. No processo de seu crescimento histórico e evolução na Índia e em outros lugares, o budismo passou por profundas mudanças, conforme se adaptava às normas culturais locais e interagia com diversas questões sociopolíticas, desenvolvendo uma espantosa variedade de ensinamentos e tradições. Com sua falta de autoridade central e estruturas eclesiásticas descentralizadas, o budismo passou a abranger diversos modelos teóricos que às vezes pareciam conflitantes, ricas coleções de expressões rituais, abrangentes sistemas éticos e instituições monásticas, inumeráveis textos escritos em ampla gama de idiomas e gêneros, e uma exuberante tapeçaria de crenças e práticas populares.

Figura 5.1. Entrada do mosteiro Famen, Shaanxi

Durante sua longa e importante história na China, o budismo desenvolveu coleções interligadas de doutrinas, práticas, tradições e expressões artísticas, e exerceu grande influência em vários aspectos da sociedade e cultura chinesas. A transmissão do budismo na China envolveu uma extensa introdução e difusão de sistemas de origem estrangeira que, em seu alcance e impacto, foram incomparáveis na história chinesa, pelo menos até o período moderno. A adoção chinesa do budismo abriu novos horizontes intelectuais, distintas abordagens de compromisso espiritual e nova sensibilidade estética, que enriqueceram a civilização chinesa e ampliaram suas características de maneira considerável.

No decorrer de seus encontros mútuos e interações variadas, que não excluíam tensões e conflitos ocasionais, tanto o budismo como as tradições chinesas foram desafiados e transformados. O budismo acrescentou novas características à civilização chinesa e contribuiu para a contínua evolução de normas e expressões culturais nativas. Por outro lado, no processo de adquirir uma forma chinesa, que implicava a adaptação ao *ethos* social e ao meio cultural da China, o budismo passou por mudanças significativas que refletiam visões de mundo e predileções espirituais características da China. Isso o tornou uma tradição multifacetada, que era percebida, ao mesmo tempo, como estrangeira e nacional, incorporando misturas complexas de elementos e práticas estrangeiras e nativas que, ao longo dos dois últimos milênios, tem sido uma parte importante e integrante da paisagem religiosa multifacetada da China.

Entrada inicial do budismo na China

O budismo entrou pela primeira vez no território chinês durante a primeira parte da Dinastia Han Oriental (25-220), perto do início da Era Cristã. Os primeiros seguidores e missionários budistas chegaram à terra do povo Han através da fronteira noroeste do império, acompanhando caravanas de mercadores. Eles vinham pela chamada Rota da Seda, a famosa rede de rotas comerciais que ligavam a China à Ásia Central e à Pérsia, com estradas auxiliares que se ramificavam pelo sul da Ásia e mais para oeste, seguindo todo o percurso até o mundo mediterrâneo. Naquela época, o budismo já tinha uma presença bem-estabelecida na Ásia Central, que continha diversos reinos menores, cujos mercadores, alguns dos quais budistas, controlavam grande parte do comércio ao longo da Rota da Seda.

Figura 5.2. Principal porta de acesso do Mosteiro White Horse, Luoyang

Os primeiros indícios literários da entrada do budismo na China vêm das histórias oficiais chinesas, que ligam a chegada inicial da religião estrangeira no Império do Meio com a monarquia Han e as elites governantes. Essa ligação é explícita na história bem conhecida sobre o sonho do imperador Ming (c. 58-75) sobre uma divindade de ouro chegando ao seu palácio a partir do oeste que, mais adiante, foi identificada como o Buda pelos conselheiros da corte. Isso teria precipitado, por parte do imperador, o envio de uma expedição para o oeste, que trouxesse de volta para a China o primeiro texto budista. Segundo versões posteriores mais embelezadas da história, a expedição imperial também trouxe de volta dois monges ilustres, os primeiros missionários conhecidos a entrar na China. Segundo a lenda, os monges estrangeiros fixaram residência num mosteiro construído na capital imperial Luoyang, o mosteiro White Horse (Baimasi), que ainda é um importante estabelecimento budista na região (ver Figura 5.2). Quando consideramos que a perspectiva da historiografia chinesa oficial é orientada pela corte, o foco declarado do papel do imperador na chegada do budismo, evidenciado na história do imperador Ming, não deveria causar surpresa. Todavia, à luz dos padrões predominantes do comércio e intercâmbios culturais entre a China e as terras além de sua fronteira noroeste, durante esse período, parece provável que o budismo já tivesse entrado na China na época do reinado do imperador Ming. É provável que os primeiros budistas a chegarem à China tenham sido mercadores anônimos e viajantes que não deixaram registro de sua presença, ou atividades. Além disso, existem outros registros históricos que indicam que já havia comunidades budistas estabelecidas em outras partes da China na época do reinado do imperador Ming. Isso sugere a existência de alguma presença budista na China em meado do século I, no mais tardar, talvez até mesmo antes.

Os missionários estrangeiros que transmitiram o budismo na China eram, de modo geral, membros da ordem monástica (saṅgha). Em sua maioria, não vinham diretamente da Índia. Refletindo a influência da geografia, bem como os padrões dominantes de comércio e deslocamento dos povos, a maioria dos missionários budistas era khotanesa, kusana e sogdiano, e oriundos de outros povos da Ásia Central. Assim, na maioria das vezes, a transmissão do budismo não envolveu a criação de um elo direto entre Índia e China. Em vez disso, os ensinamentos, rituais e práticas levados à China eram muitas vezes mediados ou influenciados por variedades de budismo da Ásia Central. Os primeiros missionários budistas entraram num império um tanto enfraquecido, mas ainda poderoso e com um sentimento arraigado de superioridade cultural, que percebia a si mesmo como o centro do mundo. A China do período Han apresentava costumes sociais e instituições políticas altamente evoluídas e bastante estáveis, em conjunto com tradições religiosas e intelectuais estabelecidas. Portanto, o budismo não foi imediatamente acolhido como um portador de aspectos essenciais de uma cultura superior estrangeira, como havia ocorrido em outros lugares ao longo da história budista. Entretanto, num aspecto importante, o momento era oportuno, na medida em que o enfraquecimento gradual e o colapso final da ordem Han tornaram as elites chinesas mais reflexivas em relação as suas tradições culturais e mais receptivas a novas ideias e visões de mundo.

A maioria dos monges budistas que entraram na China estava vinculada à tradição Mahāyāna (Grande Veículo), que era uma autodenominação inventada a fim de distingui-la das escolas anteriores de budismo, que tinham o rótulo pejorativo de Hīnayāna (Pequeno Veículo), e que se tornou a orientação predominante do budismo chinês. Essa tradição se desenvolveu de maneira gradual alguns séculos após a existência do Buda e passou a destacar o ideal do bodisatva, cuja essência é o interesse compassivo pelo bem-estar de todos os seres e a busca determinada do caminho para a Budeidade. Vale mencionar que, conforme as crenças e práticas Mahāyāna estavam sendo transmitidas na China e aumentando em popularidade, a tradição indiana ainda passava por incrementos doutrinais e textuais criativos.

Ao longo dos primeiros séculos da Era Cristã, mudanças importantes de paradigma no budismo indiano resultaram na formulação de novas doutrinas, que eram explicadas e popularizadas pela introdução de novas escrituras e tratados. O crescimento inicial do budismo chinês, assim, correu paralelo com a evolução do Mahāyāna e seu crescimento, como uma grande tradição do budismo indiano. O fluxo constante de novos sistemas doutrinais e textos canônicos, que às vezes pareciam incompatíveis entre si, por vezes causava confusão e consternação entre os chineses. Não obstante, essa também foi uma grande fonte de vitalidade, bem como um prenúncio de novos avanços, que se tornaram a marca registrada do pensamento e da práxis do budismo chinês.

Críticas incisivas e barreiras culturais

No decurso de sua entrada inicial e subsequente crescimento na China, o budismo suscitou uma diversidade de respostas, que iam desde a aceitação entusiástica, passando pela indiferença benigna até a franca rejeição e a crítica mordaz. Os primeiros budistas eram encontrados, em sua maioria, nas comunidades de imigrantes da Ásia Central e outras partes; durante os séculos I e II, o budismo teve um impacto limitado na vida e nos valores chineses. A situação mudou com a crescente popularidade do budismo, à medida que um número cada vez maior de chineses começava a seguir a religião. Isso se traduziu em um maior apoio para a ordem monástica, que era aberta para homens e mulheres e incorporava comunidades separadas de monges e monjas.

A transição para uma maior aceitação do budismo coincidiu com o colapso prolongado da ordem Han e o período seguinte de instabilidade social e fragmentação política. Com a passagem do tempo, a ordem monástica passou a incluir um número cada vez maior de chineses nativos. Finalmente, os monges nascidos no estrangeiro tornaram-se uma minoria distinta, o que marcou um processo bem-sucedido de domesticação e assimilação do budismo no tecido social da China medieval. A situação era semelhante entre os seguidores e simpatizantes leigos, que eram muito mais numerosos que os monges. Os leigos procediam de origens variadas, abrangendo todo o espectro da sociedade medieval chinesa, dos camponeses aos imperadores.

Com a maior visibilidade e importância do budismo, alguns segmentos das elites chinesas começaram a expressar reações e opiniões negativas. Alguns deles argumentavam que a religião estrangeira estava em desacordo com as atitudes culturais prezadas e as normas sociais dominantes. Um grande ponto de discórdia e causa de consternação era a instituição do monarquismo. Os monges e os mosteiros eram fundamentais para o budismo e parte integrante da paisagem religiosa indiana. Entretanto, não havia equivalentes religiosos e institucionais no contexto chinês, motivo pelo qual eles eram vistos como algo estranho e incomum. A ênfase da ordem monástica na renúncia ascética, no distanciamento deliberado das normas sociais e na adesão a um código de disciplina próprio eram contra a inclinação natural dos chineses e estranhos para eles. Os principais aspectos dos costumes e práticas monásticas, como o cumprimento do celibato dos monges e a mendicância, eram percebidos como uma excentricidade, que entrava em choque com os costumes confucianos infundidos na cultura chinesa e salvaguardados pelo Estado imperial e pelas elites aristocráticas.

Em resposta à difusão gradual da religião estrangeira, alguns entre os altos funcionários e *literati* chineses articularam um conjunto de críticas explícitas em relação ao budismo, que chamavam a atenção para supostas áreas de conflito entre essa tradição e a ideologia confuciana generalizada. Muitas das críticas se voltaram para a ordem monástica, que tinha uma presença institucional visível e era geralmente percebida como um símbolo da religião budista. Os monges budistas eram acusados de não nutrir sentimentos filiais (uma transgressão grave do ponto de vista confuciano ou chinês), porque sua vocação celibatária implicava na falta de herdeiros e, portanto, não garantiria a continuação das linhagens ancestrais de suas famílias. Outras críticas contra a ordem monástica eram baseadas em fundamentos econômicos e políticos. Os mosteiros e conventos, juntamente com os monges e monjas individuais, eram acusados de serem improdutivos do ponto de vista econômico, o que implicava uma carga financeira injustificada sobre o Estado imperial e a população em geral.

Na esfera política, a ênfase monástica tradicional na liberdade religiosa e na independência das autoridades seculares entrava em conflito com os princípios básicos da ideologia imperial chinesa, segundo os quais nada nem ninguém estava fora da jurisdição e do controle direto do imperador, cujo poder (em teoria, pelo menos) era tido como absoluto. Considerava-se, assim, que as noções budistas sobre o *status* independente da ordem monástica enfraqueciam a autoridade tradicional do imperador, o que levava a acusações de que o budismo subvertia a ordem sociopolítica estabelecida. Além disso, alguns intelectuais chineses criticavam os ensinamentos e as práticas budistas por seu interesse principal na salvação individual e na transcendência do mundo cotidiano, à custa da tônica confuciana arraigada nas interações humanas e no cumprimento das obrigações sociais. A busca de salvação transcendental, embora não fosse sem paralelos em outras tradições chinesas, divergia da confiança pragmática nas normas e ensinamentos confucianos, com sua ênfase na manutenção da ordem social rígida e da estabilidade política.

Alguns detratores do budismo também o julgaram inadequado para os chineses por conta de sua origem estrangeira (ou "bárbara", no jargão tradicional chinês). Uma vez que a China já tinha grandes sábios, como o

Duque de Zhou e Confúcio, argumentavam eles, por que haveria qualquer necessidade de cultuar um estranho deus estrangeiro? Segundo esse ponto de vista xenofóbico, devido a sua história rica e cultura superior, os chineses não precisavam se incomodar com um sistema religioso desenvolvido por pessoas de uma cultura inferior, sobretudo quando isso implicava um desvio das tradições nativas. Todas essas críticas foram articuladas relativamente cedo e introduzidas nos debates ao longo da história subsequente do budismo chinês. Desde então, elas têm sido repetidas muitas vezes, mesmo longo tempo após a plena aculturação do budismo, até os dias de hoje.

Além desses receios, tanto os missionários estrangeiros como os adeptos nativos enfrentavam formidáveis barreiras linguísticas e culturais, que influenciavam sua capacidade de compreender e comunicar os ensinamentos do budismo. Havia uma enorme lacuna linguística, que impedia a comunicação verbal entre os dois grupos, agravada pelas grandes diferenças entre o chinês e as línguas indianas nas quais as escrituras budistas eram escritas, em que o sânscrito, a língua clássica da Índia, funcionava como a principal língua canônica. Dificilmente duas línguas podiam ser mais distintas do que o chinês e o sânscrito. O chinês usa logogramas e é monossilábico, conciso, não declinado e tem uma gramática mais ou menos simples. Em contrapartida, o sânscrito é escrito em uma diversidade de alfabetos e é polissilábico, detalhado, altamente flexionado e tem uma gramática complexa, além de possuir rica tradição gramatical. Portanto, a lacuna linguística necessitava de testes experimentais com estratégias engenhosas de tradução e requeria a gradativa formação de um vocabulário budista chinês altamente técnico.

A barreira da língua foi agravada pelas divergências substanciais entre as culturas e visões de mundo indiana e chinesa, sobretudo em relação à religião. O caráter humanista, mundano e focado na família da cultura tradicional chinesa, sobretudo em sua forma confuciana, estava em desacordo fundamental com os voos exuberantes da imaginação religiosa emblemática do pensamento indiano. Isso acontecia sobretudo com as variantes budistas da religiosidade índica, que estabeleciam a transcendência do mundo cotidiano como a meta final da vida espiritual, a qual também retratava vastas representações de reinos sobrenaturais povoados por um número impressionante de seres celestiais.

Como já vimos, é claro que na cultura tradicional chinesa havia mais do que o humanismo ético confuciano e o pragmatismo secular. No entanto, as noções indianas sobre a busca por libertação pessoal, que culmina na transcendência do ciclo de nascimentos e mortes e que envolve também a rejeição de normas sociais estabelecidas e referências culturais familiares, exigiam extensas traduções e negociações interculturais. Assim, foi necessário um longo período de interpretações criativas e apropriação seletiva antes que os chineses pudessem reivindicar o domínio da plena gama de crenças, doutrinas e práticas budistas. Todavia, quando isso foi realizado, o palco estava armado para o estabelecimento de formas exclusivamente chinesas de budismo.

Reações entusiásticas e ampla aceitação

Não obstante os dilemas e obstáculos examinados anteriormente, com a queda da Dinastia Han, no ano 220, o budismo conseguiu obter uma base entre os chineses e seu crescimento se acelerou durante o período seguinte de desunião (311-589). Essa foi uma época de perturbações sociais e fragmentação política, à medida que tribos não chinesas estabeleciam impérios que dominaram as regiões do Norte do império Han anterior, enquanto o Sul era governado por uma série de dinastias chinesas nativas. As mudanças políticas e os levantes sociais conduziam a conflitos armados ocasionais e exerceram um impacto negativo, tanto nos aristocratas como nas pessoas comuns; não obstante, as circunstâncias fluidas e instáveis encorajaram o crescimento do budismo. Aos olhos de muitos membros das elites chinesas, o colapso da ordem imperial Han causou uma crise de confiança cultural, estimulando um clima mais reflexivo. Assim, eles passaram a questionar a coerência dos antigos valores e instituições, sobretudo os relacionados à ideologia confuciana comum. Com o vácuo intelectual provocado por essa situação incerta e indeterminada, surgiu uma receptividade a novas ideias, incluindo os paradigmas religiosos inovadores e as tradições estrangeiras como, por exemplo, o budismo.

Durante o período de desunião, o budismo atraiu os governantes não chineses do Norte, ávidos por usar os ensinamentos universalistas dessa tradição para fortalecer sua autoridade e governar com sucesso as populações mistas. Assim, o budismo se tornou uma ferramenta poderosa na busca de legitimidade política; todavia, o apoio oficial em relação ao budismo (que ganhava mais importância com o passar do tempo, tanto no Norte como no Sul) era também influenciado pela fé pessoal dos imperadores individuais. Outro fator que contribuiu e facilitou a difusão do budismo foi o interesse crescente pelo taoismo religioso e filosófico, que também atravessava um período de crescimento e desenvolvimento significativo. Muitos chineses de classe alta, que tinham familiaridade com os textos e ensinamentos taoistas, foram atraídos pelos textos e doutrinas sofisticados do budismo, bem como por seus rituais coloridos e matrizes de práticas, incluindo a meditação.

As doutrinas budistas evocavam comparações com aspectos da filosofia taoista, enquanto as práticas budistas mostravam uma semelhança tranquilizadora (apesar de muitas vezes superficial) com algumas das disciplinas espirituais do taoismo religioso. Tanto entre a elite como entre o povo, essas semelhanças facilitavam a apreciação e a aceitação dos ensinamentos budistas, que podiam ser relacionados a modelos intelectuais nativos e compreendidos como variações exóticas de temas e práticas religiosas familiares. Por outro lado, conforme os chineses adquiriam melhor compreensão do budismo, as linhas de demarcação e os detalhes das distinções entre as tradições estrangeira e nativa tornavam-se menos obscuros. Com a crescente familiaridade com o budismo, os chineses estavam mais bem preparados para interpretar e abordar a religião importada em seus próprios termos, ainda que dentro do contexto delimitador de sua cultura. À medida que se interessavam pelos ensinamentos e práticas budistas e encontravam maneiras de extrair significados pessoais e aceitação cultural, muitos chineses passaram a buscá-los como fonte de verdades e valores religiosos, finalmente tornando o budismo a principal forma de religião organizada em grande parte da China.

Embora as exigências históricas e as considerações utilitárias tenham ajudado a expansão do budismo, seu grande sucesso em se tornar uma tradição chinesa de relevo (que alguns estudiosos chamaram de conquista budista da Índia) foi devido, sobretudo, à atração exercida pelos seus ensinamentos e sua capacidade de satisfazer profundas necessidades religiosas. O budismo levou elementos novos à vida religiosa e à cultura chinesas, incluindo perspectivas intelectuais singulares, abordagens criativas para o crescimento espiritual e a transformação pessoal, e respostas atraentes a questões sobre os valores supremos. Ele também gerou vias criativas para a expressão artística, além de instituir uma infinidade de práticas de culto e outras técnicas de cultivo espiritual.

O crescimento histórico do budismo foi aprimorado pela abertura e adaptabilidade das tradições Mahāyāna que eram importadas pela China. A recepção favorável do budismo na China foi ajudada por sua capacidade de evitar o dogmatismo rígido e ser sensível às normas culturais nativas, às realidades sociopolíticas e às predileções espirituais. Os monges budistas e os seguidores leigos negociaram de modo eficiente a exigência de adaptar suas tradições e práticas às normas culturais e situações sociais chinesas nativas, por um lado, e a necessidade de manter fidelidade aos princípios básicos de sua religião, por outro. Ao mesmo tempo em que estabeleciam o budismo como uma presença e força dominantes na vida religiosa chinesa, eles também expandiram e enriqueceram os contornos da civilização chinesa.

Tradução das escrituras e formação do cânone

Durante as fases iniciais da transmissão do budismo na China, um empenho muito importante dos missionários estrangeiros e seus colaboradores nativos era a produção de traduções confiáveis e legíveis das escrituras budistas e outros textos relacionados. A tarefa de traduzir o cânone budista era monumental por causa do seu tamanho, sendo uma das maiores coleções de textos sagrados já compiladas. Além disso, o cânone Mahāyāna era aberto e estava em contínua expansão; assim, fluxos constantes de novos textos compostos na Índia e outras partes em seu devido tempo chegavam à China. As diferenças já mencionadas entre o sânscrito e o chinês também apresentavam sérios desafios, junto com a frequente falta de experiência bilíngue entre os missionários estrangeiros e o clero nativo, exacerbada pela dificuldade e relutância dos chineses em aprender línguas estrangeiras. Devido a essas circunstâncias, a tradução do cânone budista para o chinês foi uma tarefa vasta e complexa, que abarcou o primeiro milênio da história budista chinesa.

Durante o período inicial, muitas das traduções de textos budistas eram iniciativas modestas feitas com colaboradores, em geral lideradas por um monge estrangeiro, que recitava as escrituras (muitas vezes de memória) e era auxiliado por assistentes nativos a traduzi-las para o chinês clássico. Às vezes, a seleção de obras a serem traduzidas pelos primeiros missionários refletia a tendência de traduzir para a língua chinesa os tipos de textos mais atraentes aos falantes nativos, mesmo que fossem secundários na tradição e não tratassem diretamente dos elementos essenciais da doutrina budista. Casos típicos eram os textos que continham exercícios respiratórios, os quais refletiam o interesse popular chinês por esses tipos de práticas de ioga, sobretudo em determinados ambientes de influência taoista.

Muitas das primeiras traduções também mostram uma tendência a traduzir os conceitos e ideias budistas por meio de uma terminologia derivada do pensamento chinês nativo, sobretudo das fontes taoistas. Essa estratégia de tradução trazia vantagens e desvantagens. Por um lado, facilitava a ampla difusão e uma compreensão mais imediata dos textos e ensinamentos budistas entre os chineses cultos, numa época em que a maioria dos chineses não tinha preparo para lidar com as sutilezas dos conceitos budistas e lutavam para entender as complexidades das doutrinas. Por outro lado, o recurso ao vocabulário filosófico e religioso chinês, cujas conotações eram multivalentes e refletiam grades conceituais e visões de mundo próprias dos chineses, obscurecia os significados precisos de ideias budistas fundamentais e facilmente levava a interpretações errôneas das doutrinas.

Por exemplo, alguns tradutores chineses usavam a expressão taoista bem conhecida *wuwei* (lit. não ação) para traduzir termos técnicos budistas como *nirvana* e o incondicionado (*asamskrta*). Isso levava à inevitável confusão dos diferentes sentidos desses termos em seus contextos originais e tradições respectivas. Na mesma linha, o termo taoista para "imortais" (*xianren*) era utilizado para aludir a santos indianos, nas tradições védica e budista, incluindo vários Budas. Esse uso ignorava as divergências conceituais do budismo e do taoismo quanto à vida religiosa e sua finalidade última, uma vez que a busca da imortalidade não fazia parte do sistema soteriológico budista.

Este método de equiparar os termos técnicos budistas com expressões chinesas selecionadas, em geral rotulado de "equivalências de sentido" (*geyi*), foi criticado por eminentes monges budistas, como Dao'an (312-385) por ser um obstáculo para o entendimento adequado da doutrina budista. Isso refletia uma consciência cada vez mais clara de que o budismo deveria ser compreendido e abordado em seus próprios termos, e não por meio de sistemas de valores e modelos de significado da cultura nativa. A situação com a tradução de textos sagrados mudou de modo considerável durante o início do século V, em grande parte por causa da chegada de Kumārajīva (344-409/413). Ainda que existissem outros tradutores influentes antes dele com trabalhos de alta qualidade, Kumārajīva se tornou o tradutor mais famoso e influente na história do budismo chinês. Nascido em Kucha, Kumārajīva chegou a Chang'an em 401, a convite da corte imperial, após uma longa viagem que incluiu um período prolongado de cativeiro. Ele foi acolhido de maneira calorosa pela família real, que lhe ofereceu amplo apoio e facilitou a criação de um grande departamento de tradução para ajudar o seu trabalho.

A fama de Kumārajīva atraiu muitos monges chineses brilhantes, que foram estudar com ele e serviram de assistentes. Com a ajuda de seus assessores, Kumārajīva produziu um grande número de traduções legíveis de escrituras e tratados Mahāyāna fundamentais. Seus esforços prodigiosos foram comemorados como um enorme sucesso e suas interpretações de textos canônicos foram consideradas como referências para os tradutores seguintes. Devido ao seu estilo superior e à sua legibilidade, a maioria dos textos traduzidos por ele permaneceram como modelos de versões em toda a história do budismo no Leste Asiático, mesmo depois que tradutores posteriores produzissem versões alternativas que, em alguns casos, fossem mais exatas em termos filológicos. Kumārajīva também ensinou a diversos discípulos talentosos os pontos importantes das doutrinas Mahāyāna, especiamente a filosofia Madhyamaka (Caminho do Meio) de Nāgārjuna, da qual ele foi um expoente.

Diversos tradutores influentes seguiram os passos de Kumārajīva, incluindo Paramārtha (499-569), cujas traduções dos textos Yogācāra serviram como um catalisador do considerável interesse chinês pelas doutrinas dessa escola indiana da filosofia Mahāyāna (ver adiante). Um dos últimos grandes tradutores foi o famoso monge e peregrino da era Tang, Xuanzang (c. 600-664). Sua célebre peregrinação para a Índia começou em 629, quando na condição de jovem monge saiu da China de modo furtivo e ilegal, com a intenção de fazer uma peregrinação perigosa para o berço do budismo. Sua motivação básica era buscar respostas para as questões que ele enfrentou em seu estudo inicial das doutrinas budistas, sobretudo no contexto da tradição Yogācāra com a qual ele se associou. Após uma viagem perigosa por terra, ele finalmente chegou à Índia e, durante muitos anos, estudou em centros importantes de ensino budista. Xuanzang retornou de modo triunfante para casa em 645, transformando-se num herói cultural amplamente admirado (ver Figura 5.3). Ele foi recebido de forma entusiástica pelo Imperador e sua corte em Chang'an, que lhe ofereceu generoso patrocínio e facilitou seu trabalho de tradução.

Figura 5.3. Estátua de Xuanzang em frente ao Pagode Great Wild Goose, Xi'an

Xuanzang passou as últimas duas décadas de sua vida traduzindo os numerosos manuscritos que levou de volta para a China. Ele também escreveu tratados exegéticos e um livro de viagem de seu estudo e peregrinação na Índia, que continua a ser uma importante fonte de informações sobre a religião, cultura e história da antiga Índia e da Ásia Central. Seu trabalho foi realizado sob os auspícios imperiais, com a ajuda de numerosos assistentes, que incluíam os eruditos budistas mais importantes. Apesar de seu estilo superior e maior precisão filológica, a tradução de Xuanzang não obteve a mesma aceitação e popularidade que as traduções anteriores de Kumārajīva, em parte porque eram mais técnicas e difíceis de ler.

Xuanzang foi o mais famoso entre uma série de monges que fizeram a árdua viagem para a Índia em busca de textos e ensinamentos budistas. Seus antecessores e contemporâneos incluem monges peregrinos ilustres, como Faxian (c. 337-418) e Yijing (635-713). Faxian foi o primeiro monge chinês a deixar um registro de suas viagens ao exterior. Ele deixou Chang'an em 399 a fim de obter textos sobre a disciplina monástica (Vinaya) que, na época, ainda não estavam disponíveis na China. Viajou por terra para a Índia e, após ter visitado e estudado em vários locais sagrados, mudou-se para Sri Lanka. Por fim, ele retornou à China por via marítima, após uma árdua jornada, e passou a traduzir os textos que trouxera consigo e a escrever um relato de sua viagem.

O contemporâneo mais jovem de Xuanzang, Yijing, deixou a China em 671. Em vez de seguir pelas rotas terrestres como a maioria de seus antecessores, ele decidiu viajar de barco. Sua primeira parada foi na ilha de Sumatra (agora na Indonésia), na época um reduto budista. A seguir, passou a viajar pela Índia, onde estudou em Nalanda, a famosa universidade monástica. Após retornar para a China em 695, teve uma carreira produtiva como acadêmico e tradutor. Traduziu uma diversidade de textos canônicos, incluindo escrituras e textos sobre a disciplina monástica; também escreveu tratados exegéticos e obras de referência, e compilou um registro de suas viagens que contém representações das práticas budistas observadas no exterior.

Escrituras populares e outros textos

Os textos canônicos traduzidos pelos missionários estrangeiros e os peregrinos chineses incluíam muitas escrituras populares Mahāyāna, que deixaram uma marca indelével na vida religiosa chinesa. Pode-se afirmar que o texto canônico mais popular na China e no resto do Leste Asiático é a *Escritura do Lótus*, que declara conter o ensinamento máximo do Buda. As principais ideias da escritura e seu poderoso conjunto de imagens serviram como fundamento para sistemas filosóficos, rituais e práticas de culto, e amplas formas de expressão artística. Os textos afirmavam a superioridade e universalidade de seus ensinamentos sob a rubrica de Veículo Único da perfeita natureza búdica, o qual seria a expressão suprema da sabedoria do Buda que abrangia todos os outros ensinamentos budistas (ver quadro de citação).

Dentro do esquema conceitual da *Escritura do Lótus*, todos os outros ensinamentos foram relegados à categoria de "meios hábeis" (um conceito central no texto que teve imensa influência no budismo chinês), introduzida pelo Buda em resposta às diversas capacidades espirituais e predileções de seu público. O texto proclamava de forma inequívoca a universalidade da natureza búdica como o objetivo religioso último a ser realizado por todos. Ele também afirmava que o Buda é eterno, não sujeito ao vir a ser, e prega a verdade de modo constante; contava várias histórias que cativavam a imaginação popular e servia como base para crenças e práticas de cultos, sobretudo o culto Guanyin (ver próximo capítulo).

Outro texto canônico importante, que gerou uma grande variedade de respostas filosóficas e devocionais, foi a *Escritura Huayan* (*Adorno de Flores*) (ver quadro de citação). Trata-se de um texto complexo de proporções enciclopédicas, repleto de simbolismos poderosos e que evoca imagens visuais impressionantes; a escritura comunica uma visão cósmica do reino ilimitado da realidade, que funciona como uma matriz causal ilimitada, e incorpora um

O Veículo Único da *Escritura do Lótus*

Todos os Budas, honrados pelo mundo, aparecem neste mundo porque desejam tornar possível que todos os seres vivos se abram para o conhecimento e visão do Buda, fazer com que atinjam a pureza. [...] Os Budas pregam a [verdadeira] doutrina apenas por meio do veículo único do Buda; não existem outros veículos, nem dois nem três.

Extraído do capítulo "Meios Hábeis", *Lotus Scripture*; cf. Watson (1993, p.33).

A sabedoria do Buda segundo a *Escritura Huayan*

Não existe lugar onde a sabedoria do Buda não alcance. Por quê? Não há um único ser vivo que não esteja em plena posse da sabedoria do Buda. É apenas devido aos falsos pensamentos, falácias e apegos que os seres não conseguem perceber isso. Se conseguissem abandonar seus falsos pensamentos, então a sabedoria que tudo abrange, a sabedoria espontânea e a sabedoria desobstruída [do Buda] iria manifestar-se claramente.

Extraído do capítulo "Manifestation of the Tathāgata", *Huayan Scripture*; tradução adaptada de Poceski (1993, p.105).

número infinito de mundos perfeitamente associados. Na escritura, o reino desimpedido da realidade, no qual cada coisa é relacionada de maneira causal com todas as outras coisas no universo, é presidido de modo simbólico por Vairocana, seu Buda central, que é apresentado como a encarnação cósmica do corpo da verdade de Buda e símbolo da realidade última. A escritura também oferece explicações detalhadas das práticas e estágios do caminho do bodisatva. Apesar de ser considerado como um rico repositório de doutrinas de difícil compreensão, o texto conseguiu grande simpatia e inspirou vários atos piedosos e práticas rituais, tais como os rituais de purificação, banquetes vegetarianos, cantos e a cópia à mão. A escritura também estimulou ricas tradições artísticas evidentes, por exemplo, nas numerosas estátuas e pinturas de sua divindade central, o Buda Vairocana (ver Figura 5.4).

Figura 5.4. Estátua gigante de Vairocana, o Buda cósmico da *Escritura Huayan*, Longmen, Henan

Outras escrituras de imensa popularidade incluem a *Escritura de Amitābha* e a *Escritura de Vimalakīrti*. A primeira retrata o paraíso do Buda Amitābha e oferece a perspectiva de renascer ali, o que se tornou um foco de devoção popular e prática ritual. A *Escritura* de *Vimalakīrti* também recebeu o nome de seu herói principal, um homem leigo e rico, com sabedoria e habilidade de pregar superiores aos dos outros discípulos do Buda e que se tornou um modelo de inspiração para os budistas leigos chineses. O texto também contém diversas passagens memoráveis, que explicam importantes doutrinas e princípios budistas.

Além das traduções de textos canônicos a partir do sânscrito e outras línguas, havia um grande corpo de textos apócrifos compostos na China. As origens nativas desses textos apócrifos chineses foram ocultadas por terem sido apresentados como traduções de textos canônicos indianos. Eles incorporavam ampla gama de tópicos e orientações, desde explorações sofisticadas de temas doutrinais até reformulações populares de crenças ou práticas predominantes. As escrituras apócrifas, usadas comumente, refletiam os interesses e sentimentos chineses nativos, abrangendo diversas áreas como as normas éticas e os princípios morais, as crenças escatológicas e messiânicas, os procedimentos rituais e as práticas rituais, e as representações dos reinos celestiais e de poderes sobrenaturais.

As escrituras apócrifas às vezes cruzavam as linhas ambíguas de demarcação que separavam o budismo das crenças religiosas populares; isto fez de algumas delas alvos ocasionais de críticas por parte dos membros da elite monástica. No outro extremo do espectro estavam os textos apócrifos que tratavam de questões e temas doutrinais, ilustrando as apropriações nativas dos ensinamentos Mahāyāna que eram configuradas pelos interesses intelectuais e as predileções espirituais dos chineses. Os catalogadores medievais por vezes chamavam a atenção para a procedência problemática das escrituras e dos tratados apócrifos; ainda assim, várias delas obtiveram aclamação geral e se tornaram parte integrante do cânone budista.

Além de textos traduzidos das línguas indianas, o cânone budista também passou a conter um grande número de textos escritos ou compilados por autores chineses. Compostos em diferentes gêneros e adotando uma ampla gama de perspectivas, esses textos oferecem uma riqueza de informações sobre diferentes crenças, doutrinas, práticas, desenvolvimento histórico e estruturas institucionais básicas para o budismo chinês. Eles incluem obras exegéticas, sobretudo comentários sobre escrituras importantes e exposições sistemáticas de sistemas doutrinais, como aqueles articulados pelas tradições Huayan e Tiantai (ver o capítulo seguinte). Os autores budistas também compuseram coleções de biografias de monges eminentes, textos que tratam de normas e práticas monásticas, meditação e manuais de ritual, enciclopédias e outras obras de referência, e obras históricas.

A volumosa literatura budista composta na China também inclui muitos livretos populares e outras obras não canônicas, que refletiam as crenças e práticas budistas dominantes. Exemplos desses textos são as várias coleções de contos de milagres e os "textos de transformação" (*bianwen*) descobertos entre os manuscritos de Dunhuang, que contêm histórias populares que eram contadas no contexto de elaboradas apresentações públicas. Os textos de transformação são os modelos mais antigos de escrita vernacular na China e exerceram um impacto considerável no desenvolvimento subsequente das artes cênicas e na ficção vernacular. Os temas e ideias budistas também podem ser encontrados em obras literárias seculares, sobretudo os poemas e outras composições literárias de grandes poetas e escritores chineses. Os exemplos característicos da era Tang são a poesia de Wang Wei (701-761) e Bo Juyi (772-846), ao passo que os exemplos notáveis da infusão de temas e imagens budistas do período Song podem ser encontrados nas composições de Su Shi (1037-1101).

Sistemas filosóficos e taxonomias doutrinais

No decorrer de seu desenvolvimento histórico, o budismo chinês absorveu a variedade de doutrinas budistas analisadas nas escrituras e nos tratados da tradição Mahāyāna. O primeiro sistema doutrinal do Mahāyāna indiano, apropriado pelos monges eruditos chineses, foi o da tradição Madhyamaka, ou Caminho do Meio. O ensinamento central do ensinamento Madhyamaka era a doutrina da vacuidade (*śūnyatā*), que explicava a ausência de um eu substancial, tanto nas pessoas como nas coisas. Eram importantes também as doutrinas relacionadas à originação condicionada (*pratītyasamutpāda*) dos fenômenos, segundo a qual a existência temporal de todas as coisas depende da união de diversas causas e condições, e dos dois níveis da verdade, absoluto e relativo. Esses conceitos tornaram-se populares na China em grande parte por meio da influência do famoso tradutor Kumārajīva e seus discípulos.

Durante o século VI, houve uma mudança de interesse para os ensinamentos da escola Yogācāra (Prática do Yoga). Os textos dessa escola importados para a China ofereciam análises sofisticadas de diferentes tipos de consciência e exploravam o papel da mente na construção da realidade fenomenal. Além disso, também continham explicações elaboradas sobre os estágios da prática meditativa e o processo de realização da iluminação. Em pouco tempo, eles atraíram a atenção dos principais estudiosos de budismo na China, cujas respostas intelectuais e religiosas criativas levaram à produção de um grande volume de tratados eruditos e obras exegéticas elaboradas.

As apropriações chinesas do pensamento da escola Yogācāra foram acompanhadas de um interesse crescente pela doutrina relacionada da natureza búdica, juntamente com a noção bastante próxima do tathāgatagarbha (diversamente explicado como o útero ou embrião da natureza búdica). As teorias do tathāgatagarbha e da natureza búdica ocupavam posições relativamente secundárias no budismo indiano e nunca obtiveram um *status* compatível com as tradições Madhyamaka e Yogācāra, mas elas se tornaram os princípios doutrinais mais importantes e artigos fundamentais de fé no budismo chinês. A doutrina da natureza búdica salientava a pureza essencial da mente, a imanência da iluminação e a universalidade da Budeidade (ver quadro "A sabedoria do Buda", p.157). Ela postulava que todos são dotados de uma mente luminosa, verdadeira, que é iluminada e pura em seu estado primordial. Embora a mente pura esteja presente em cada pessoa em sua origem, ela está coberta de impurezas, como a avidez e a raiva, devido ao *carma* acumulado e à compreensão equivocada inerente acerca da realidade. Assim, as pessoas comuns ignoram sua verdadeira natureza e são incapazes de experimentar a liberdade e liberação espiritual; todavia, por meio da prática budista, elas podem corrigir sua situação lastimável e pouco a pouco superar suas limitações autoimpostas.

A assimilação dessas ideias nas estruturas soteriológicas e doutrinais básicas do budismo chinês teve profundas consequências para a história subsequente do budismo em todo o Leste Asiático. A perspectiva demasiado otimista acerca da perfectibilidade humana, encontrada na doutrina da natureza búdica, repercutia as ideias chinesas arraigadas sobre a bondade fundamental da natureza humana. Os budistas chineses encontraram nela uma teoria convincente, que validava o mundo cotidiano como arena onde a prática e a realização espiritual ocorriam. Assim, sua popularidade sinalizou o crescimento de perspectivas budistas que eram distintamente chinesas. Por outro lado, as interpretações chinesas populares que reificavam a natureza búdica, atribuindo a ela algum tipo de existência sólida, também sinalizavam um desvio das ortodoxias budistas estabelecidas, pois entravam em conflito com o princípio budista básico do não eu. Essa situação dava destaque ao problema perene de interpretar diversas doutrinas budistas e relacioná-las umas com as outras. Quando as diferentes doutrinas foram reunidas num todo coerente, foi necessária uma reconciliação com uma série de aparentes incongruências conceituais ou teóricas.

Os budistas chineses acreditavam que todas as inúmeras escrituras e seus sistemas articulados de doutrinas remontavam ao Buda. Mas como teria o Buda ensinado tantas doutrinas, sobretudo se considerarmos que muitas vezes elas pareciam ser mutuamente contraditórias? Diante do vasto corpo de textos contidos no cânone e dos ensinamentos díspares que eles recebiam da Índia, os estudiosos chineses desenvolveram estratégias para organizar o enorme corpo de literatura e doutrina budista em esquemas coerentes de classificação, conhecidos como taxonomias doutrinais (*panjiao*), que foram construídas com muita cautela, segundo princípios hermenêuticos preestabelecidos.

A criação de esquemas de classificação doutrinais ilustrava um interesse generalizado por ordem e clareza conceitual, típica da visão de mundo dos intelectuais chineses medievais. As diversas taxonomias doutrinais presumiam relações orgânicas entre doutrinas díspares, baseadas na premissa de que todos os ensinamentos budistas são partes integrantes de um todo abrangente. Entretanto, elas também tinham um caráter polêmico e funcionavam como aparatos de controle. Ao instituir hierarquias preestabelecidas de significado e validade, que apoiavam declarações de verdade específicas, as taxonomias atribuíam graus fixos de autenticidade e legitimidade às várias doutrinas incluídas nelas. Nesse sentido, elas defendiam pontos de vista determinados e promoviam interesses protosectários característicos.

Os autores das várias taxonomias doutrinais geralmente relegavam a um nível inferior os ensinamentos rivais e colocavam no topo os que eram defendidos por eles, ou pela escola de budismo à qual pertenciam. Isso fica evidente na influente nomenclatura hierárquica desenvolvida pela escola Tiantai, que remonta aos textos de seu fundador, Zhiyi (538-597). Zhiyi abordava o problema da ordenação e classificação dos ensinamentos do budismo a partir de perspectivas variadas. Ele criou três esquemas taxonômicos separados, cada um dos quais baseado em princípios classificatórios diferentes. A premissa básica subjacente a todos é que os vários ensinamentos budistas são expressões da verdade máxima (que, em última instância, é inefável e além da conceitualização) adaptadas às aptidões espirituais e capacidade intelectual dos ouvintes do Buda e em sintonia com as circunstâncias específicas nas quais eles foram pregados.

Conhecidas como os "oito ensinamentos e cinco períodos", os três sistemas taxonômicos desenvolvidos pela tradição Tiantai organizaram os textos e ensinamentos do budismo em: (1) quatro ensinamentos segundo seu conteúdo doutrinal, (2) quatro ensinamentos segundo os meios de instrução empregados pelo Buda, e (3) cinco períodos do ministério e da pregação pública do Buda (ver quadro). Ao instituir esse modelo taxonômico complexo, Zhiyi foi capaz de evitar o dogmatismo estreito e adotar uma postura ecumênica, incorporando todos os ensinamentos budistas, embora de uma maneira a--histórica, que encobria a origem problemática de diversos textos e doutrinas

Cinco períodos de pregação do Buda segundo a escola Tiantai

- Pregação da *Escritura Huayan* logo após a iluminação do Buda
- Doze anos de pregação das doutrinas Hīnayāna
- Oito anos de pregação de doutrinas mistas, Mahāyāna e Hīnayāna
- Vinte e dois anos de pregação das escrituras da perfeição da sabedoria
- Oito anos de pregação da *Escritura do Lótus*, seguida pela pregação final da *Escritura Nirvana*

Classificação do budismo em termos de Cinco Ensinamentos de Fazang

- Ensinamento Hīnayāna
- Mahāyāna elementar – Madhyamaka e primeiros ensinamentos Yogācāra
- Mahāyāna avançado – doutrina tathāgatagarbha
- Ensinamento súbito (que abandona palavras e conceitos)
- Ensinamento perfeito do Veículo Único – a tradição Huayan

Mahāyāna, enquanto que, ao mesmo tempo, destacava a superioridade da *Escritura do Lótus* e seus ensinamentos e, por extensão, da escola Tiantai, cujas doutrinas se baseavam nela.

Ao contrário da valorização do Tiantai da *Escritura do Lótus*, a tradição Huayan colocou seu principal texto canônico, a *Escritura Huayan*, no topo do sistema taxonômico quíntuplo desenvolvido por seu famoso filósofo Fazang (643-712). Nessa importante taxonomia doutrinal, o nível mais baixo é representado pelo ensinamento Hīnayāna, ao passo que a doutrina de tathāgatagarbha é colocada acima dos dois sistemas básicos da doutrina indiana Mahāyāna, das tradições Yogācāra e Madhyamaka. No ápice da taxonomia encontra-se o "ensinamento perfeito", que revela a verdade inteira em toda a sua glória e que está contido unicamente na *Escritura Huayan* (ver quadro).

Surgimento do budismo como uma grande tradição religiosa

Durante o período da divisão, a saber, a partir do início do século IV até o final do século VI, a fragmentação política e cultural contribuiu para o surgimento de diferentes características e trajetórias de crescimento do budismo, nas regiões Norte e Sul da China. O budismo no Norte da China foi caracterizado por relações estreitas entre o clero e o Estado, que era controlado por governantes etnicamente não chineses que adotaram as instituições políticas e a cultura chinesa. Outras características marcantes do budismo no Norte foram o interesse em taumaturgia, ascetismo, prática devocional e meditação. O budismo, durante esse período, também foi marcado por uma notável criatividade artística, à medida que expressões inspiradas de fé fervorosa foram modeladas em formas materiais surpreendentes, como as das estátuas e relevos encontrados nos vastos complexos de arte rupestre em Longmen e Yun'gang, que constam entre as maiores realizações artísticas das civilizações chinesas.

Em contrapartida, nos reinos do Sul, durante esse período, houve o surgimento do assim chamado budismo da "aristocracia rural", que foi impregnado de intelectualismo e elitismo. Os membros das classes altas sulistas, com interesse em especulações metafísicas, foram atraídos pela doutrina budista da vacuidade, conforme apresentada nas escrituras da perfeição da sabedoria, que eles quase sempre fundiam com conceitos e ideias taoistas sobre a realidade.

Havia também um fascínio arraigado com os rituais budistas, como os complexos rituais de arrependimento formulados na corte do imperador Wu da Dinastia Liang (c. 502-549), que é conhecido como um dos defensores mais fervorosos do budismo, entre todos os imperadores chineses. Durante esse período, o meio sociorreligioso sulista era caracterizado por estreitas relações entre os *literati* e os monges budistas, dos quais muitos compartilhavam a mesma educação cultural e formação aristocrática.

Durante a era da desunião, o budismo sofreu reveses temporários na forma de duas perseguições, durante os períodos de 446-454 e 574-577, que abrangeram apenas partes da China. Apesar desses obstáculos, por volta do século VI, o budismo tinha uma ampla presença e fortes raízes em todo o território da China, permeando as sociedades e culturas das dinastias nortista e sulista. Durante essa época, o budismo também foi exportado para outras partes do Leste Asiático que estavam sob a influência cultural da China; primeiro, para a Coreia, no século IV, e depois para o Japão, no século VI. Em pouco tempo, o budismo se tornou a tradição religiosa predominante tanto na Coreia como no Japão e, durante os séculos seguintes, continuou a servir como um veículo potente para a importação de elementos variados da cultura chinesa para os dois países vizinhos. Ao longo dos séculos, numerosos monges coreanos e japoneses foram estudar na China, e o budismo desempenhou um papel importante no fluxo de pessoas e ideias entre a China e seus vizinhos. Isso resultou na criação de uma rede religiosa pan-asiática do leste, com o budismo chinês no seu centro, que antecedeu a globalização atual da religião por muitos séculos.

Idade de ouro sob a Dinastia Tang

A reunificação do império chinês sob a Dinastia Sui (589-618) iniciou uma nova fase no crescimento histórico do budismo chinês. Sob o regime Sui pró-budista, o budismo chinês alcançou grandes picos de criatividade intelectual, vitalidade religiosa e vigor institucional. Os dois imperadores Sui eram budistas devotos e tinham um grande interesse de usar o budismo como uma força unificadora, em seu empenho de recriar um império consolidado após séculos de profundas divisões. O modelo de um crescimento pujante e um desenvolvimento criativo continuou durante a Dinastia Tang subsequente

(618-907), um período próspero marcado por um poder dinástico sem precedentes e uma efervescência cultural extraordinária, que é considerada, de modo geral, como a idade de ouro da civilização chinesa. Durante o período Sui-Tang, o budismo foi amplamente aceito em todo o vasto império e era praticado por membros de todas as classes sociais, dos camponeses pobres aos aristocratas e a família real.

Durante o período Sui-Tang, o budismo foi, sem dúvida, a tradição religiosa e intelectual mais poderosa e influente no império chinês. Em grande medida, o budismo ofuscou o confucianismo e o taoismo, embora essas duas tradições prosperassem durante esse período, que foi marcado pela abertura cultural e a acolhida criativa ao pluralismo religioso. As escolas principais do budismo chinês pesquisadas no próximo capítulo também foram formadas durante essa era, o que representa a formação de sistemas unicamente chineses de filosofia budista e métodos de prática espiritual, que foram acompanhados de novas formas de literatura e arte. Esses avanços representam o ápice do processo de se tornar chinês do budismo, que envolveu a formulação e ampla difusão das crenças, doutrinas, práticas e instituições budistas que eram unicamente chinesas. À luz desses acontecimentos, o período Sui-Tang costuma ser reconhecido como o apogeu do budismo na China, o que coincidiu com a época mais gloriosa da longa história da China.

A influência do budismo e a resiliência de suas instituições foram submetidas a uma dura prova durante o reinado do imperador Wuzong (c. 842-845), que iniciou a perseguição antibudista mais devastadora da história da China Imperial. O imperador decretou a destruição indiscriminada de quase todos os mosteiros do império, a apropriação de suas terras e outras propriedades pelo governo, bem como a laicização em massa e forçada dos religiosos. O início das perseguições foi determinado por vários fatores, incluindo a influência dos altos funcionários e confidentes taoistas do imperador, além de considerações econômicas. O imperador e seus assessores também conseguiram explorar a sensação de desânimo com a corrupção monástica e os sentimentos antibudistas adormecidos entre os funcionários confucianos. A perseguição durou pouco e o budismo se recuperou de forma rápida, pois o imperador seguinte rescindiu as medidas políticas antibudistas e ofereceu um generoso apoio para a religião. No entanto, muitos especialistas consideram a perseguição como um ponto de referência na história do budismo e o início de seu prolongado declínio.

Relações com o Estado

À medida que o budismo crescia em popularidade e se tornava uma grande tradição religiosa, os mosteiros budistas e a ordem monástica aumentavam em tamanho e influência. No início do século VI, as capitais de diversas dinastias do Norte e do Sul estavam repletas de numerosos mosteiros, templos e capelas; muitos estabelecimentos budistas, grandes e pequenos, também se multiplicaram rapidamente por todo o resto da China, em centros urbanos e nas encostas das montanhas. Muitos imperadores chineses ofereciam generosos patrocínios ao budismo, como expressão de devoção pessoal e também por conveniência política. A aristocracia e a população em geral também ofereciam amplo apoio, doando terras e fazendo generosas contribuições à construção e manutenção de mosteiros e santuários.

Como resultado dessas circunstâncias, os mosteiros budistas se tornaram uma parte importante da economia chinesa. Além das doações regulares dos fiéis, que consideravam a doação inspirada pela religião era o caminho certo para garantir o mérito espiritual, os mosteiros também tinham terras extensas, que eram cultivadas por empregados ou rendeiros. Certos mosteiros também operavam várias empresas comerciais, como moendas, prensas de óleo, casa de penhores (para maiores detalhes, ver Gernet, 1995). Alguns dos fundos obtidos das doações e atividades comerciais eram transferidos para iniciativas beneficentes, como prestação de auxílio aos pobres e doentes, por meio dos quais o budismo oferecia valiosos serviços sociais.

Além de financiar o funcionamento de certos mosteiros indicados oficialmente, o Estado imperial estendia privilégios limitados para monges e monjas ordenados, que eram isentos de pagar impostos, da corveia e do serviço militar. Isso tornava a vocação monástica atraente para muitas pessoas que não tinham vocação ou devoção genuína. O clero compensava incentivando o regime vigente e oferecendo um verniz de legitimidade religiosa ao governo e à ideologia imperial. Com suas orações e rituais, o clero também acumulava mérito e garantia a proteção sobrenatural para a dinastia reinante. Em face dessas circunstâncias, não é de estranhar que o número de estabelecimentos budistas cresceu para milhares (ou até dezenas de milhares, segundo algumas fontes), ao passo que o número de monges e monjas nos séculos VI e VII atingiu centenas de milhares de pessoas (ver Gernet, 1995).

O apoio estendido ao budismo pelo Estado imperial foi acompanhado de esforços para controlar a religião. Diversos imperadores e autoridades do governo ansiavam por explorar o poder e prestígio do budismo com o intuito de reforçar sua autoridade e atingir objetivos políticos específicos. Desde o início havia uma tensão latente entre o Estado e a ordem monástica, porque o governo fazia esforços concentrados de afirmar seu controle sobre o budismo, ao passo que a ordem monástica lutava para proteger sua independência. Esses atritos eram muitas vezes expressos em termos simbólicos, como no caso dos longos debates para saber se os monges deveriam ser obrigados a se curvar perante o imperador e seus pais, conforme o costume chinês e a ideologia confuciana julgavam adequado.

Em longo prazo, os esforços de personalidades budistas importantes – tais como Huiyuan (334-416), o famoso líder monástico que defendia a busca do renascimento na Terra Pura do Buda Amitābha – de garantir uma aparência de independência para a comunidade monástica foi em geral uma causa perdida. A postura corajosa de Huiyuan, junto com a influência de seu carisma pessoal, alcançou vitórias simbólicas para o budismo. Na época, o imperador recuou e rescindiu seus decretos anteriores, os quais visavam limitar o tamanho da ordem monástica e forçar os monges a se curvar para o governante (ver Ch'en, 1964). No entanto, no longo prazo, o Estado chinês conseguiu um amplo controle sobre o budismo.

A maneira pela qual o budismo oferecia aos governantes chineses uma fonte valiosa de legitimidade, que reforçava a sua autoridade política, é ilustrada pelo caso da imperatriz Wu Zetian (c. 684-705), a única mulher monarca na história chinesa e uma das maiores protetoras do budismo. A ascensão da imperatriz ao poder era inédita nos anais da história chinesa. Em suas maquinações para assegurar um absoluto controle governamental, ela teve que enfrentar a ideologia confuciana dominante, que era cinicamente patriarcal e excluía a possibilidade de um governante do sexo feminino. Ela contornou essa situação voltando-se para o budismo, a tradição religiosa predominante entre seus súditos, como uma fonte fundamental de legitimidade política (embora ela não evitasse usar o taoismo e a religião popular para o mesmo objetivo, quando as oportunidades se apresentavam). A imperatriz piedosa, porém astuta, se autoproclamava uma encarnação de Maitreya, o Buda do futuro. Ela também fez ampla divulgação de uma profecia sobre a chegada iminente de um monarca justo, do sexo feminino, apresentado numa obscura escritura apócrifa que foi trazida à sua atenção por alguns de seus companheiros mais próximos.

Não obstante as tensões latentes observadas anteriormente, a reaproximação inicial entre o budismo e o Estado imperial evoluiu para uma relação estreita e estável entre os dois. Conforme o budismo se integrava firmemente ao tecido social, na economia e no sistema político do fim da China medieval, a sua sorte se vinculava cada vez mais às mudanças de atitude de imperadores e dinastias individuais, bem como a modelos predominantes de patrocínio entre as elites socioeconômicas. O Estado afirmava seu direito de controlar aspectos fundamentais da vida religiosa, incluindo a outorga de ordenações monásticas, a construção de mosteiros e a alocação de abadias. O controle geral da religião foi atribuído a uma das agências governamentais; embora alguns monges importantes recebessem títulos oficiais nominais, de modo geral a autoridade administrativa global estava nas mãos de funcionários públicos (ou eunucos durante determinados períodos). O controle governamental chegou até o ponto de se estender à seleção dos novos textos que entrariam no cânone budista. Por outro lado, o Estado não tinha demasiado interesse em controlar todos os aspectos da vida cotidiana nas comunidades religiosas, contanto que não colidissem com seus interesses. Assim, de modo geral, os monges budistas e os leigos tinham uma relativa liberdade de praticar sua religião.

O budismo na última fase da China Imperial

A última fase da China Imperial, o período desde a era Song (960-1279) até o final da Dinastia Qing (1644-1911), pode ser visto como uma fase tardia distinta na história do budismo chinês. Esse período foi marcado pela consolidação das doutrinas e práticas tradicionais, em meio a um sentimento predominante de conservadorismo religioso e institucional. A história do budismo durante essa era, sobretudo do final do período Song em diante, costuma ser contada como uma narrativa de prolongado declínio, sem alterações significativas, pontuado por tentativas esporádicas de reforma e de esforços para reviver as glórias antigas da tradição. Durante esse longo período, pouco houve em termos de alterações radicais ou mudanças importantes de paradigmas, que resultassem em novas escolas de doutrina budista ou modelos inovadores de práticas. Houve também um lento declínio no *status* do budismo e em sua influência na sociedade e cultura chinesas, sobretudo se comparado com a grandeza de eras passadas. Mesmo assim, durante todo esse período, o budismo permaneceu um elemento permanente e uma presença importante no cenário religioso chinês.

Nos últimos tempos, alguns acadêmicos (sobretudo na América do Norte) têm argumentado que a caracterização negativa do budismo pós-Tang não faz justiça à vitalidade religiosa e institucional dessa tradição durante as eras subsequentes, sobretudo no período Song. É inquestionável que, sob a Dinastia Song, o budismo permaneceu influente e atraiu muitos seguidores entre os membros de todas as classes sociais. A religião continuou a desfrutar do patrocínio do Estado e a vocação monástica atraiu muitos indivíduos. Muitos dos traços básicos que ainda caracterizam o budismo chinês (incluindo padrões específicos de vida monástica e sistemas de prática meditativa) foram totalmente formulados durante a era Song. A influência budista na cultura chinesa durante esse período também foi difusa, como pode ser observado na literatura e nas artes visuais do período. Ao mesmo tempo, havia sinais de lento declínio, sobretudo em termos de criatividade intelectual, não obstante os avanços inovadores na escolástica Tiantai ou na literatura e prática Chan.

O declínio intelectual do budismo se manifestava na falta de respostas convincentes e eficazes ao formidável desafio trazido pelo renascimento neoconfuciano, que começou com a era Song. A passagem gradual do interesse no budismo para o confucianismo entre as elites chinesas recebeu um grande impulso quando o neoconfucianismo foi oficialmente instituído como ortodoxia de Estado durante o século XIV (ver capítulo 8). Pelo restante do período imperial, o budismo continuou a existir como uma notável presença religiosa, mas com capacidade diminuída quando comparado com as glórias das eras Tang e Song, muitas vezes encontrando-se em posições marginais. Um avanço digno de nota nesse período foi a presença crescente de formas tibetanas de budismo tântrico na China, que eram patrocinadas pelos governantes mongóis da Dinastia Yuan (1271-1367) e os governantes manchus da Dinastia Qing (1644-1911). Mas essas tradições estrangeiras exerceram pouco impacto sobre os budistas chineses que, na maior parte, assumiam uma postura conservadora, sem propensão a adotar novas influências ou iniciar mudanças significativas de paradigma.

Pontos-chave

- Antes de sua entrada na China, o budismo já contava com meio século de desenvolvimento, durante o qual ele se ramificou em diversas tradições e surgia como uma grande religião no caminho de se tornar pan-asiática.
- Os registros iniciais sobre a transmissão do budismo na China remontam ao século I, quando os primeiros missionários budistas chegaram na China através das rotas mercantis popularmente conhecidas como Rota da Seda.
- No decorrer de seu crescimento na China, o budismo teve que enfrentar críticas, em geral expressas pelos *literati* confucianos, de que seus ensinamentos e instituições estavam em desacordo com as normas e tradições chinesas, não sendo adequados para os chineses em razão de sua origem estrangeira.
- Durante o período de desunião, o budismo atraiu muitos seguidores em toda a China e emergiu como uma influente tradição religiosa, com suas doutrinas, crenças, rituais e práticas que despertavam a imaginação e a devoção de pessoas de todas as condições sociais, desde os camponeses até os imperadores.
- A difusão e aculturação do budismo mantinham estreita relação com a tradução do cânone budista, que foi realizada em grande escala e liderada por monges ilustres, como Kumārajīva e Xuanzang.
- Uma série de textos Mahāyāna influentes, como *A Escritura do Lótus*, tiveram imensa influência na China e foram complementados por numerosos textos compostos por monges chineses.
- Os intelectuais chineses budistas dominavam uma vasta gama de sistemas doutrinários de procedência indiana, que eles correlacionavam com modelos filosóficos desenvolvidos na China e organizados em taxonomias doutrinais.
- Durante o período de desunião, à medida que surgia como uma grande tradição religiosa, o budismo desenvolvia diferentes características e trajetórias de crescimento nas regiões Norte e Sul da China.
- O budismo chinês alcançou o pico de seu desenvolvimento e influência durante a era Tang, que geralmente é citada como a idade de ouro do budismo e da civilização chinesa igualmente.

- Durante o período inicial, os monges budistas lutavam para estabelecer a independência da ordem monástica em relação às autoridades seculares; não obstante, o Estado chinês conseguia manter o budismo sob seu controle. No final do período medieval, o budismo estava seguramente integrado na ordem sociopolítica e cultural estabelecida.
- A história do budismo durante o período imperial tardio costuma ser descrita em termos de um declínio gradual, sobretudo quando comparada com as glórias da era Tang (e até mesmo da era Song), embora tenham ocorrido movimentos reformistas ocasionais e outros acontecimentos sociais notáveis.

Questões para discussão

1. Quais foram as barreiras e críticas que o budismo teve que superar ao longo de seu crescimento na China medieval e o que as críticas dirigidas à ordem monástica nos dizem sobre a natureza da sociedade chinesa na época?
2. Qual foi o alcance e a importância da tradução do cânone budista para a língua chinesa e quais eram as principais questões enfrentadas pelos tradutores?
3. Em que momento o budismo assume o *status* de principal tradição religiosa na China e quais foram os fatores essenciais que contribuíram para a sua ascensão à excelência?

Leituras complementares

Ver também as sugestões de leitura do Capítulo 6.

Buswell, R. E. (Ed.). *Chinese Buddhist Apocrypha*. Honolulu, HI: University of Hawai'i Press, 1990.

Ch'en, K. *Buddhism in China*: A Historical Survey. Princeton, NJ: Princeton University Press, 1964.

_____. *The Chinese Transformation of Buddhism*. Princeton, NJ: Princeton University Press, 1973.

Gernet, J. *Buddhism in Chinese Society*: An Economic History from the Fifth to the Tenth Centuries. Trad. Franciscus Verellen. New York: Columbia University Press, 1995.

Liu, M.-W. *Madhyamaka Thought in China*. Leiden: E. J. Brill, 1994.

Poceski, M. (Cheng Chien Bhikshu) (Trad.). *Manifestation of the Tathāgata*: Buddhahood According to the Avatamsaka Sūtra. Boston: Wisdom Publications, 1993.

Teiser, S. F. *The Scripture of the Ten Kings and the Making of Purgatory in Medieval Chinese Buddhism*. Honolulu, HI: University of Hawai'i Press, 1994.

Watson, B. (Trad.). *The Lotus Sutra*. New York: Columbia University Press, 1993.

_____. (Trad.). *The Vimalakīrti Sūtra*. New York: Columbia University Press, 1997.

Weinstein, S. *Buddhism under the T'ang*. Cambridge: Cambridge University Press, 1987.

Wright, A. F. *Buddhism in Chinese History*. Stanford, CA: Stanford University Press, 1959.

Zürcher, E. *The Buddhist Conquest of China*: The Spread and Adaptation of Buddhism in Early Medieval China. 3. ed. Leiden: E. J. Brill, 2007.

6

Tradições e práticas do budismo chinês

Neste capítulo

Após o levantamento da ampla trajetória histórica e do padrão de crescimento do budismo na China, apresentados no capítulo anterior, aqui vamos tratar das principais ideias religiosas, práticas e tradições que caracterizam o budismo chinês. Vamos aprender sobre os costumes e ideais monásticos e leigos, discutir crenças e práticas populares de culto e incluir as quatro maiores tradições do budismo chinês. Embora o capítulo adote um modo histórico de narração e, na maioria das vezes, utilize o tempo passado do verbo, a maioria das atitudes e práticas descritas aqui ainda são parte integrante do budismo chinês.

Tópicos principais

- Ideais monásticos e modos laicos de engajamento com o budismo.
- Foco na obtenção de méritos e aumento da compaixão como virtude fundamental.
- Práticas devocionais aos vários Budas e bodisatvas.
- Formação de várias escolas ou tradições dentro do budismo chinês.
- Integração de doutrina e prática pela escola Tiantai.

- Conceituação da escola Huayan do reino da realidade.
- Crescimento do Chan como a principal tradição do budismo de elite.
- A crença no Buda Amitābha dentro da tradição da Terra Pura.

Paradigmas monásticos e leigos

O monaquismo era a instituição central do budismo desde que Buda ordenou seus primeiros discípulos na antiga Índia, configurando quase todos os aspectos do crescimento histórico e da evolução do budismo enquanto religião organizada. O caráter monástico do budismo indiano foi transplantado para a China, onde os costumes e instituições monásticas foram adaptados às condições e predileções locais. A ordem monástica era aberta a ambos os sexos, que viviam em estabelecimentos separados, mas seguiam observâncias e estilo de vida semelhantes. Entrar num mosteiro de monjas era seguir uma vocação viável para as mulheres com inclinações espirituais na sociedade tradicional chinesa, pois lhes permitia um grau de liberdade e respeito que geralmente faltava numa sociedade patriarcal, em que as mulheres eram relegadas a um *status* secundário. As origens sociais dos monges e monjas eram variadas: grande parte das elites monásticas tinham antecedentes familiares privilegiados, mas a maioria dos monges, sobretudo aqueles que atendiam as necessidades religiosas das pessoas comuns, era de origem camponesa.

A vocação monástica incluía diversas atividades e podia ser abordada de várias maneiras. Muitos monges se especializavam em certos aspectos do budismo, ao passo que outros professavam especialidades seculares, como o conhecimento de técnicas de cura. As coleções de biografias monásticas (é reconhecido que elas incluíam apenas as elites clericais), aliadas a outros registros históricos, mostram-nos diversas especializações clássicas, valorizadas dentro da comunidade budista: tradutores, exegetas, proselitistas, cantores, especialistas em ritual, taumaturgos, meditadores, especialistas em disciplina monástica, e os que faziam atos virtuosos que beneficiavam a religião. Na China pré-moderna, a ordem monástica carecia de estruturas eclesiásticas fortes e centralizadas, e a circulação de poder e autoridade dentro dela era, em geral, difusa. Em regra, os mosteiros oficiais aprovados pelo Estado eram públicos, o que significava que eram abertos a todos os monges devidamente ordenados; a atribuição da abadia era (ao menos em teoria) baseada no mérito e na qualificação, embora as autoridades seculares quase sempre tivessem voz ativa no processo de seleção. Por outro lado, a maioria dos templos locais eram hereditários, no sentido de que a abadia era mantida pela "família" monástica e passava do abade para seu discípulo mais antigo.

Nominalmente, a ordem monástica era regulada pelo Vinaya (*lü*), o código monástico de disciplina, inicialmente compilado na Índia e disponível em chinês em algumas versões diferentes. O nível de adesão às regras monásticas variava, dependendo de diferentes indivíduos, comunidades e períodos de tempo. Na versão do Vinaya mais popular da China, conhecido como o Dharmagupta Vinaya, as regras para os monges com ordenação plena somavam duzentas e cinquenta (as monjas tinham regras adicionais). Ao longo da história, muitos monges chineses levaram o Vinaya a sério; no entanto, um bom número de suas regras eram vistas como estranhas, em termos culturais, e inadequadas para as condições locais. Além disso, dada a falta de oportunidades para a ascensão social na sociedade tradicional chinesa e o relativo conforto e segurança da vida monástica, a ordem monástica atraía os mais diversos indivíduos, incluindo alguns que entravam por razões alheias à sincera devoção religiosa. Assim, as críticas de negligência e corrupção clerical eram (e ainda permanecem) um tema constante das interpretações e discussões sobre a situação do budismo, tanto dentro como fora da comunidade budista.

No decorrer do crescimento e transformação do budismo na China, pouco a pouco algumas regras e observâncias monásticas passaram a ser discretamente ignoradas pela maioria dos monges e monjas; por exemplo, aquelas que proibiam a ingestão de alimentos após o meio-dia ou o uso de dinheiro. No entanto, até os dias atuais, todos os monges chineses continuam a ser ordenados de acordo com o Vinaya e na prática estão comprometidos com seus regulamentos. Vários códigos monásticos também foram escritos por monges chineses, como as "regras de pureza" (*qinggui*) da escola Chan, o mais famoso entre eles; no entanto, sua função era complementar, e não substituir, as regras do Vinaya. Como parte de sua ordenação, os monges e monjas chineses também aceitavam os "preceitos do bodisatva" em separado, considerados como o reflexo do espírito compassivo da tradição Mahāyāna, mas com base em uma escritura apócrifa que, segundo muitos estudiosos, foi composta na China.

Embora a ordem monástica tivesse um tamanho considerável, muitas vezes incluindo centenas de milhares de monges e monjas, os seguidores leigos do budismo foram sempre muito mais numerosos. A distinção entre "monástico" e "leigo" é importante no budismo chinês, embora a linha de demarcação entre os dois por vezes seja indefinida. Em teoria, o caminho budista é aberto a todas as pessoas, embora a vida monástica seja considerada, pela tradição, a mais apropriada para o cultivo espiritual sério. No entanto, os leigos também podem se dedicar a um grande número de práticas budistas e até almejar o objetivo último da liberação final do círculo do nascimento e morte, embora a vasta maioria entre eles tenham objetivos mais tangíveis e imediatos.

Durante períodos extensos de tempo (por exemplo, durante as dinastias Wei do Norte, Sui, Tang e Sung), o budismo foi a principal tradição religiosa da China. Por essa razão, o budismo integrava-se de algum modo à vida da maioria das pessoas, mesmo que muitas delas não professasse uma lealdade exclusiva a ele, que era encontrada nos contextos de outras fés, como o islamismo e o cristianismo. No decorrer da história chinesa, diversas capitais e outras cidades tiveram numerosos mosteiros e conventos, que eram centros de várias funções religiosas, festivais e outras atividades culturais. Pessoas de todos os estratos sociais, desde imperadores e altos funcionários até os habitantes comuns da cidade, frequentavam os mosteiros, dos quais alguns alojavam centenas de monges em ambientes esplendorosos, que rivalizavam com os dos palácios imperiais. Mesmo durante os períodos em que o budismo era menos próspero, os templos budistas eram ainda instalações importantes na paisagem urbana e rural, onde tanto os devotos fervorosos como os visitantes casuais compareciam para cultuar, socializar ou desfrutar da tranquilidade local.

O nível de compromisso e as atitudes em relação ao budismo sempre variou de modo considerável entre os leigos. Em muitos casos, o culto fervoroso nos templos budistas dava-se lado a lado com preces ocasionais aos deuses de outras tradições (e vice-versa). Muitos leigos não faziam muito mais que a visita ocasional aos templos, para orar para os Budas e bodisatvas por benefícios mundanos; outros levavam a fé mais a sério e se dedicavam a diversas práticas e observâncias formais. Na maioria dos casos, os mais comprometidos entre eles tentavam emular um paradigma leigo de vida budista exemplar, que correspondia, em importantes aspectos, ao chamado monástico. Embora o grau e a natureza do envolvimento de alguém com o budismo fosse uma questão de escolha pessoal, havia certos atos formais que marcavam o compromisso individual com o caminho budista. Entre eles, tinha (e ainda tem) especial importância a ida aos três refúgios (o Buda, seus ensinamentos e a comunidade dos discípulos sagrados), o recebimento dos cinco princípios (ver quadro) e a adoção do vegetarianismo (*sushi*).

Os leigos muitas vezes se tornavam membros de várias sociedades ou associações budistas. Em geral, estas eram orientadas por um monge respeitável. No entanto, na última fase do período imperial e durante o período moderno houve uma tendência de formar associações com um *ethos* leigo claramente articulado. Era costume que muitas sociedades leigas se organizassem com propósitos específicos, como a confecção de estátuas budistas, a construção ou renovação dos santuários, ou a impressão de textos religiosos para distribuição gratuita. Havia também várias organizações beneficentes, que cuidavam dos doentes ou ofereciam ajuda aos necessitados. Essas atividades eram percebidas como manifestações ativas da virtude fundamental do budismo, a compaixão, bem como veículos potentes para a acumulação de mérito comunitário e pessoal. Todos esses elementos ainda são parte integrante do budismo contemporâneo chinês.

Compaixão universal e geração de méritos

Para os leigos (e para a maioria dos monges, da mesma forma), a prática de atos piedosos e o cultivo de virtudes budistas eram, acima de tudo, meios para a acumulação de méritos que traziam bênçãos nesta vida e um renascimento favorável garantido na próxima. Essa perspectiva era baseada na crença e aceitação generalizada da lei do carma, que ultrapassava os limites da comunidade budista. Segundo essa lei, cada ação produz uma recompensa correspondente, seja nesta ou numa vida futura. Enquanto os atos virtuosos produzem bons resultados, o oposto é verdade para as ações prejudiciais.

Alguns leigos dedicavam-se aos tipos de práticas geralmente associadas aos monges, como a meditação e o estudo das escrituras; para a maioria, no entanto, as principais expressões da fé budista davam-se nos rituais públicos e privados, que eram animados por sinceros sentimentos de devoção. Muitos dos rituais, incluindo as elaboradas cerimônias de arrependimento e os serviços que comemoravam datas importantes no calendário litúrgico, eram ritos complexos realizados em templos decorados de maneira luxuosa, que muitas vezes duravam horas, ou até mesmo dias (ver Figura 6.1). Os rituais públicos em geral eram oficiados por monges que lideravam os cantos e as prostrações, enquanto também tocavam instrumentos rituais, como sinos e tambores diversos; eles eram também assistidos por leigos piedosos (ou, com mais frequência, por mulheres leigas, sobretudo no contexto contemporâneo).

Os cinco preceitos leigos
- Abstenção de matar
- Abstenção de roubar
- Abstenção de mentir
- Abstenção de má conduta sexual
- Abstenção de consumir álcool

Figura 6.1. Leigos participando de um festival no Mosteiro Linggu, Nanjing

Dentro dos círculos budistas populares, a crença de que o mérito religioso acumulado (por meio da realização de atos piedosos ou cultos) pudesse ser canalizado para a obtenção de objetivos específicos, espirituais ou prosaicos, recebia uma expressão concreta em rituais especiais. Segundo outra crença relacionada, os méritos poderiam ser transferidos para outra pessoa (ou para alguns indivíduos selecionados) para fins semelhantes. Por essa razão, o desempenho de certos rituais era orientado sobretudo para o cumprimento de objetivos utilitários, como assegurar a boa saúde ou ter vida longa. Outra forma popular de ritual era realizada em nome de parentes falecidos ou antepassados. Como os serviços para os mortos estavam ligados à tônica tradicional chinesa na piedade filial e no culto aos ancestrais, isso deu origem a uma forma popular de ritual budista que visava afetar o bem-estar e a salvação dos falecidos. Esses ritos ainda são populares e continuam a ser fontes substanciais de renda para os mosteiros e os monges, que os realizam em nome dos fiéis.

Apesar dos interesses utilitários muitas vezes ocultos sob expressões ritualizadas da devoção budista, sob a influência do *ethos* universalista da tradição Mahāyāna, todos os atos virtuosos e práticas espirituais são, em última análise, destinadas ao bem-estar e à salvação de todos os seres vivos no universo. A compaixão amorosa pelos outros foi interpretada como a virtude central do budismo chinês em toda sua história, sendo (juntamente com a sabedoria) um dos dois pilares do caminho do bodisatva. A compaixão genuína deveria ser estendida não apenas aos próprios seres humanos, mas também a todas as outras criaturas, incluindo os animais e até os insetos. A primazia da compaixão no budismo e a centralidade do princípio ético da não violência foram expressas em diversas formas explícitas, incluindo a proibição ou crítica da matança de animais e a prática generalizada do vegetarianismo.

Existe uma grande variedade de atitudes em relação ao vegetarianismo entre as diferentes tradições budistas, que variam desde a rígida adesão a uma dieta vegetariana, na China, até o consumo conspícuo de carne pelo monges e leigos em outros países, como Tailândia ou Burma (Myanmar). Embora o Vinaya permita comer carne sob certas condições, as críticas explícitas ao consumo de carne aparecem em certas escrituras Mahāyāna, que argumentam que causar a morte de animais é incompatível com a postura compassiva e os atos salvadores e abnegados dos bodisatvas. Desde o início, os budistas chineses levaram essas proibições a sério, e o vegetarianismo se tornou uma característica peculiar de sua tradição. Por essa razão, o consumo de carne é proibido nos mosteiros budistas chineses, e os monges e monjas chineses mantêm uma dieta vegetariana, que também impede o consumo de ovos, laticínios e certos tipos de alho-poró. O vegetarianismo também é praticado por budistas leigos, seja regularmente ou em ocasiões especiais, por exemplo, durante os festivais dedicados aos Budas e bodisatvas populares. Os banquetes vegetarianos são elementos comuns das celebrações budistas, e o vegetarianismo de inspiração budista também teve influência na sociedade tradicional chinesa. Por exemplo, na China Imperial o governo emitiu decretos que restringiam ou proibiam o abate de animais em certas datas, e o vegetarianismo também foi adotado pelas ordens monásticas taoistas.

Outra prática popular motivada pelo desejo de acumular méritos e manifestar compaixão é a libertação de criaturas cativas destinadas ao abate (como pássaros, animais selvagens ou peixes), que são soltos em seu *habitat* natural. Às vezes, os animais domésticos também eram doados aos mosteiros, sendo assim poupados do matadouro, o que lhes permitia viver o seu tempo de vida natural. É tradicional que muitos mosteiros tenham piscinas, nas quais os devotos leigos podem soltar peixes e tartarugas obtidos dos pescadores locais ou dos mercados, assim gerando bom carma para si próprios e suas famílias (ver Figura 6.2).

Figura 6.2. Tanque para a liberação das criaturas, Mosteiro Xingshan, Xi'an

Às vezes, alguns rituais elaborados que exibem a libertação dos animais são feitos para a realização de objetivos comunitários, como a proteção de desastres naturais, tal como a seca. As associações budistas também organizam, em algumas ocasiões, a soltura em massa de animais, sobretudo durante feriados e festivais. Os rituais realizados nessas ocasiões muitas vezes mostram a recitação dos Três Refúgios e dos Cinco Preceitos feita pelos monges e monjas, em nome dos animais liberados, com a esperança de ajudá-los a acumular bom carma e assim melhorar suas perspectivas de um renascimento favorável.

Crenças populares e práticas rituais

A tradição Mahāyāna levou para a China um panteão rico e complexo de Budas, bodisatvas e outras divindades. Em muitos templos e santuários, o Buda histórico, conhecido como Shijia mouni, que é a transliteração chinesa de Śākyamuni (lit. "sábio dos Śākyas"), era o principal objeto de culto; no entanto, muitas vezes ele era substituído por outros Budas celestiais. Segundo a budologia Mahāyāna, todos os Budas compartilham a mesma essência ou natureza, que é sem forma e idêntica à realidade última. A pletora de diferentes Budas se manifesta no universo a fim de atender às diversas necessidades espirituais e predileções de todos os seres. Os mais populares entre os Budas celestiais na China são Amitābha (ou Emituo, em chinês), o Buda que preside a terra pura do ocidente (ver a última seção deste capítulo); Vairocana, o Buda cósmico associado à *Escritura Huayan* (ver a seguir); O Buda Mestre da Medicina (Yaoshi em chinês, ou Bhaiṣajyaguru em sânscrito); o Buda da cura; e Maitreya (ou Mile, em chinês), o Buda do futuro, que hoje ainda é um bodisatva. Uma forma onipresente e exclusivamente chinesa de Maitreya é o Buda sorridente gordo, que se baseia na imagem do monge Budai, que viveu durante o século X.

Com frequência, o salão principal de culto nos grandes mosteiros abriga uma trindade de Budas, que pode consistir de estátuas imponentes de Śākyamuni, Amitābha e o Buda Mestre da Medicina (ou alguma combinação semelhante de Budas), ou seja, os objetos centrais de culto que são venerados pelos devotos. Em geral, os mosteiros também abrigam outras salas menores e santuários, que são dedicados a diversos bodisatvas e outras deidades. Os devotos e visitantes casuais são assim expostos a diversas alternativas de objeto de culto e, numa única visita, é comum que diversos santuários e imagens sejam venerados, muitas vezes todos eles. No ato de veneração, o devoto geralmente oferece incenso e faz uma reverência na frente das divindades como sinal de respeito, detendo-se, talvez, por um breve tempo para orar por bênçãos, arrepender-se ou suplicar pela intervenção divina em seu favor.

Embora em termos tradicionais os vários Budas fossem extremamente estimados como seres paradigmáticos e fontes cruciais de poder e autoridade espiritual, eles também manifestavam uma aura de espiritualidade e inacessibilidade. Em contrapartida, os bodisatvas populares eram tidos como mais acessíveis e mais prontamente receptivos às necessidades dos fiéis. Como potentes símbolos religiosos e exemplares das virtudes centrais do budismo, os bodisatvas funcionavam em alguns níveis diferentes. Eles eram personificações paradigmáticas da perfeição religiosa, cujos atos deveriam ser emulados pelos praticantes budistas, mas também eram vistos como seres celestiais com poderes sobrenaturais, que eram objetos de devoção e foco de práticas rituais. Alguns dos principais bodisatvas também serviam como personificações das principais qualidades espirituais, como a compaixão e a sabedoria.

Figura 6.3. Bodisatva segurando um botão de lótus (início da Dinastia Song) (Arthur M. Sackler Gallery, Smithsonian Institution, Washington, D.C.: Doação de Arthur M. Sackler, S1987.223)

Ao observar o predomínio de figuras específicas de bodisatvas em grandes complexos de templos-cavernas, como as de Longmen e Yun'gang, os historiadores da arte conseguiram documentar mudanças nos padrões de culto e de popularidade entre os vários Budas e bodisatvas. Entre os diversos bodisatvas, sem dúvida o mais importante e popular era (e ainda é) Guanyin, a personificação da compaixão. Guanyin é uma divindade que parece onipresente; é um objeto popular de culto, não apenas na China, mas em todo Leste Asiático. Em sua forma indiana, Guanyin (ou Avalokiteśvara, em sânscrito) aparece em diversos textos canônicos e é representado com frequência na arte budista. Ele é retratado de uma forma convencional, como uma figura principesca do sexo masculino. Esta permaneceu a sua principal forma de representação durante as primeiras fases da transmissão do budismo na China.

Figura 6.4. Estátua do Bodisatva Dizang, Mosteiro Xingshan, Xi'an

Entretanto, do século X em diante, a representação chinesa do bodisatva sofreu um processo de feminização, que envolveu a indefinição das caracterizações de gênero. Finalmente, Guanyin passou a ser percebida como uma deidade feminina, embora, em princípio, o bodisatva transcenda todas as distinções, incluindo as de gênero, e possa aparecer em diversas formas ou aspectos, conforme desempenha sua atividade compassiva de salvação universal. Entre as diversas formas femininas de Guanyin, a manifestação da bodisatva como a princesa Miaoshan, filha de um rei cruel, é especialmente popular. Ela é celebrada como um modelo de castidade e piedade filial (ver Yü, 2000). Entre outras formas populares, uma mulher jovem de vestes brancas, segurando um vaso e um galho de salgueiro em suas mãos, ou uma divindade com mil mãos e olhos. Às vezes, Guanyin também é retratada com crianças ao seu redor. Como creem que ela ajuda todos aqueles que necessitam, os devotos oram pela ajuda divina e proteção de Guanyin em uma variedade infinita de circunstâncias e dificuldades; por exemplo, em situações de perigo, ou quando uma mulher tem dificuldade de engravidar. A enorme popularidade de Guanyin também ultrapassou as fronteiras de seu meio budista original. A imagem da bodisatva é venerada em numerosos templos ou santuários taoistas e populares, bem como nos lares individuais.

Outros bodisatvas populares incluem Wenshu e Dizang (ver Figura 6.4). Wenshu (ou Mañjuśrī, em sânscrito) é a personificação da sabedoria, muitas vezes retratado montando um leão e segurando a espada da sabedoria, com a qual ele mata as forças ou estados de ignorância. Dizang (ou Kṣitigarbha, em sânscrito) geralmente é descrito como um monge segurando um cajado na mão, que desce aos infernos para salvar seus habitantes que sofrem. Junto com os principais Budas, os bodisatvas populares como Guanyin e Wenshu são objetos frequentes de representação artística. Estátuas de uma beleza serena, relevos e pintura dos bodisatvas e outras figuras budistas, criadas numa diversidade de formas e estilos, estão entre as conquistas mais marcantes da arte clássica chinesa. A onipresença e qualidade da arte budista são fatores importantes para estabelecer a posição central do budismo na herança cultural da China. Os cultos ao bodisatva também deram origem a tradições literárias características, que incluem as coleções de histórias sobre os seus atos compassivos e suas respostas eficazes à fé sincera, ou às orações fervorosas de seus devotos.

A veneração de alguns dos principais bodisatvas também estava intimamente ligada à prática da peregrinação, já que os fiéis faziam jornadas piedosas para praticar o culto em lugares associados a divindades específicas. Isso recebeu claras expressões localizadas com a identificação de quatro montanhas na China como os principais locais de moradia ou santuários de quatro bodisatvas fundamentais (ver quadro). Localizados em áreas de grande beleza natural e dotados de numerosos mosteiros e eremitérios, até hoje as quatro montanhas budistas são os principais centros de prática budista e destinos de peregrinação popular (e mais recentemente) turísticas. Os fiéis chegam ali para venerar e meditar, muitas vezes com a esperança de obter um vislumbre da presença sublime de um bodisatva específico, que supostamente permeia a área.

As quatro montanhas budistas e os bodisatvas associados a elas

- Putuo shan (Zhejiang), o santuário de Guanyin (Avalokiteśvara), o bodisatva da compaixão
- Wutai shan (Shanxi), o santuário de Wenshu (Mañjuśrī), o bodisatva da sabedoria
- Jiuhua shan (Anhui), o santuário de Dizang (Kṣitigarbha), o bodisatva que salva os que caíram nos infernos
- Emei shan (Sichuan), o santuário de Puxian (Samantabhadra), o bodisatva da prática que ocupa lugar de destaque na *Escritura Huayan*

Escolas e tradições do budismo chinês

Os estudiosos geralmente abordam o estudo do budismo chinês em termos de "escolas" ou tradições particulares (*zong*). O termo chinês *zong* é um tanto ambíguo e tem conotações multivalentes. No contexto budista, ele pode significar uma doutrina particular, a tradição de exegese canônica, o princípio essencial de uma escritura, um grupo religioso que adere a um conjunto de princípios ou ideais ou uma combinação de alguns desses. Mas mesmo quando a expressão é usada no sentido de um grupo ou facção distinta dentro do budismo, no contexto chinês ele não designa seitas separadas, como a noção de seita é definida pelos sociólogos da religião. No sentido sociológico, a ideia de uma seita contrasta com a de "Igreja" e implica uma postura ou caráter exclusivo, que é acompanhado de oposição às instituições religiosas e sociais existentes. Embora essa designação possa ser aplicável nos contextos de outras tradições budistas (em relação ao budismo japonês ou tibetano, por exemplo), ela não é pertinente para nenhuma das distintas escolas do budismo chinês, que carecem de independência institucional ou de estruturas eclesiásticas nítidas.

As escolas chinesas de budismo eram, sobretudo, tradições doutrinais ou exegéticas, ou, em alguns casos, grupos religiosos sem muita organização, que estavam incluídos dentro da ordem monástica vigente, em vez de lhe fazer oposição ou estar fora dela. Assim, não havia nenhuma maneira de um indivíduo receber ordenação formal como um "monge Chan", por exemplo, embora fosse possível a opção de ser um seguidor da escola Chan e talvez, ao mesmo tempo, aderir a crenças e práticas associadas com outras tradições budistas. Embora houvesse disputas doutrinais ocasionais e provocações relativas a questões de autoridade, às vezes permeadas de sentimentos quase sectários, de modo geral o budismo na China tendia a ser ecumênico e aceitar diversas perspectivas e abordagens. A afinidade ou adesão a uma escola ou tradição particular, ou a falta dela, era essencialmente uma questão de escolha pessoal. É útil também ter em mente que, apesar de sua grande importância histórica, as principais escolas de budismo envolviam apenas um segmento limitado da elite monástica (com uma possível exceção da tradição da Terra Pura), ao passo que as manifestações locais e populares de devoção budista entre a população em geral tinha pouca relação direta com elas.

Como vimos no capítulo anterior, durante as primeiras fases do desenvolvimento do budismo na China, os principais objetivos intelectuais e religiosos eram estabelecidos, sobretudo, por textos canônicos e doutrinas que se originaram na Índia. Durante os séculos IV e V, a escola doutrinal mais influente do Mahāyāna era a Madhyamaka (Caminho do Meio), cujos ensinamentos sobre a vacuidade foram popularizados, no início, por Kumārajīva. Na China, essa tradição culminou com a formação da escola Sanlun (Três Tratados), em geral identificada com a versão chinesa do Madhyamaka, cujo expoente mais conhecido foi o monge erudito acadêmico Jizang (549-623). Do século VI em diante, o interesse pelos ensinamentos da escola Yogācāra sobre a estrutura da consciência, a natureza da realidade e os estágios da prática espiritual levaram ao desenvolvimento de novas tradições exegéticas, representadas pelas escolas Shelun e Dilun, ambas baseadas em tratados escolásticos compostos por famosos monges indianos.

As doutrinas do tathāgatagarbha (*rulaizang*) e da natureza búdica (*foxing*) não deram origem a nenhuma nova escola chinesa, mas se tornaram artigos centrais de crença e princípios fundamentais nas novas tradições budistas, que foram formadas durante o período Sui-Tang. As escolas ou tradições que passaram a dominar o budismo de elite durante esse período, como Tiantai e Chan, eram expressões exclusivamente chinesas do budismo, sem nenhum equivalente direto na Índia ou na Ásia Central. Por causa disso, o surgimento dessas tradições costuma ser considerado como o auge do "achinesamento" de doutrinas e práticas budistas. Elas exemplificam o modo como o encontro prolongado com a religião, antes estrangeira, deu à luz tradições budistas que eram, sem dúvida, chinesas. Em pouco tempo, cada uma dessas tradições também foi exportada para a Coreia e para o Japão, onde exerceram um impacto indelével no crescimento do budismo naqueles países (ver Figura 6.5, p.195).

Entre as quatro principais escolas ou tradições budistas abordadas nas seções seguintes, as escolas Tiantai e Huayan são aclamadas pela tradição por sua exegese escritural e pela criação de sistemas sofisticados de doutrina budista, que representam as mais altas realizações filosóficas do budismo chinês. Por outro lado, o Chan e a Terra Pura são renomados por suas convincentes estruturas soteriológicas e métodos de cultivo espiritual. No caso da escola Chan, o foco principal era a meditação e a compreensão intuitiva da realidade, ao passo que a tradição da Terra Pura ressaltava a fé e as práticas devocionais.

As tradições Chan e Terra Pura passaram a dominar o cenário religioso desde o final da era Tang em diante e ainda continuam a ser as duas correntes ou abordagens principais dentro do budismo chinês. Em geral, a escola Chan era popular entre a elite monástica e seus defensores sofisticados, que tendiam a ser membros das elites social e política. A tradição da Terra Pura atraiu maior número de adeptos entre as pessoas comuns, embora até hoje as linhas de demarcação entre as duas tradições e seus grupos de praticantes sejam ambíguas e permeáveis. Segundo a tradição, as duas abordagens são percebidas como complementares e não opostas. São muitas vezes empregadas juntas, ou vistas como alternativas viáveis num sistema budista mais amplo, centrado nas buscas perenes por consolo ou liberação espiritual.

A escola Tiantai

Tiantai foi a primeira das chamadas novas escolas budistas da época Sui-Tang. Seu fundamento canônico remonta à popular *Escritura do Lótus* e o nome da escola procede de uma montanha no Sul da China, que tinha importância histórica e servia como um grande centro de estudos da escola Tiantai. A sua abordagem equilibrada e sofisticada do estudo e prática do budismo combinava a exegese escritural meticulosa, a especulação metafísica criativa e a sistematização abrangente da prática meditativa. A figura fundadora da escola Tiantai e seu melhor representante é Zhiyi (538-597), um dos pensadores mais brilhantes da história do budismo do Leste Asiático. Zhiyi sintetizava as vertentes predominantes do budismo na época, reunindo as tradições intelectuais do budismo sulista com as práticas contemplativas características do budismo no Norte. Ao integrar essas duas vertentes em uma totalidade coerente, ele produziu um sistema completo de teoria e prática, reconhecido amplamente como uma das marcas registradas do budismo chinês.

Durante a sua vida, Zhiyi alcançou grande fama e conquistou amplo respeito como monge exemplar de alguns dos arquétipos monásticos mais significativos e respeitáveis: era um conferencista fascinante, praticante de meditação e um pensador inovador. Ele também recebeu copiosas menções honrosas e generoso patrocínio dos dois primeiros imperadores da Dinastia Sui, que reuniu a China em 589. Entretanto, os estreitos laços com a Dinastia Sui traziam vantagens e desvantagens, pois causaram um impacto negativo no destino da escola Tiantai com a chegada ao poder da sucessora Dinastia Tang, em 618. A escola sobreviveu de forma organizada durante boa parte da era Song e enfrentou períodos de notável revitalização e desenvolvimento criativo entre os séculos VIII e XI.

Um quadro de referência filosófico básico formulado por Zhiyi era a doutrina das três verdades, que é uma expansão da doutrina de duas verdades proposta pela tradição do Caminho do Meio do budismo indiano. As duas verdades postulavam dois níveis ou aspectos da realidade, o convencional e o absoluto. Zhiyi apresentou uma análise da realidade em termos de três aspectos integrados e inter-relacionados: (1) a vacuidade, (2) a existência convencional e (3) a média (ou "centro"), que incorpora os dois primeiros numa realidade unitária. A realidade última, em si própria, é considerada inconcebível, pois sua sutileza inestimável está além da capacidade humana de conceitualização ou explicação verbal. Dentro do sistema interpretativo de Zhiyi, as três verdades apontam para a natureza unitária da realidade, que engloba todos os modos de existência, desde os habitantes do inferno até os Budas plenamente iluminados (para saber mais sobre as três verdades, ver Swanson, 1989). Isso levou Zhiyi a formular uma compreensão peculiar da realidade, que abarca a existência de todas as coisas no universo, expressa de modo sucinto por uma famosa máxima Tiantai, segundo a qual "os três mil reinos da existência têm uma presença inerente em cada momento do pensamento."

Zhiyi também sistematizou as tradições meditativas do budismo medieval, criando um esquema completo da prática contemplativa que congregava as duas abordagens básicas da meditação budista, a calma e o *insight*. Nesse esquema multifacetado, Zhiyi levou em conta as necessidades e disposições de uma ampla variedade de praticantes. Ele enquadrou suas explicações da práxis contemplativa em torno da noção budista central de meios hábeis e utilizou uma diversidade de fontes canônicas; a partir disso, ele apresentou uma série de práticas contemplativas que utilizavam som e silêncio, movimento e quietude, forma e ausência de forma. As práticas variadas também incluíam uma combinação de posturas, procedimentos rituais, atividades de culto e outras técnicas de controle mental e purificação.

Dentro do sistema inclusivo de Zhiyi, alguns métodos de meditação, como a confissão a Guanyin, por exemplo, deveriam ser cultivados em um santuário especial ao longo de um período de tempo predeterminado. Eles incorporavam conjuntos complexos de componentes rituais e técnicas meditativas, tais como a invocação dos três refúgios, oferecimento de incenso e flores, a meditação sentada que incorpora a atenção plena do Buda, a recitação de versos, a confissão de faltas, o arrependimento e a tomada de votos. No outro extremo do espectro, a meditação sem forma de "estar atento à direção que a mente toma num determinado momento" não tinha um procedimento fixo ou estrutura de tempo, e seu objeto de meditação não era outro senão os processos mentais que iniciam e acompanham as ações. A variedade abundante de práticas contemplativas propostas por Zhiyi era dirigida a um público amplo de indivíduos, com diferentes capacidades e origens, mas eram todas estruturadas segundo princípios comuns. Em seu núcleo estava o discernimento intuitivo do princípio fundamental da teoria e práxis Tiantai: a vacuidade da mente e dos fenômenos, que leva à realização da realidade última.

> **Os fundamentos básicos da meditação Tiantai**
>
> Desde o início, a prática perfeita e súbita de calma e *insight* toma como seu objeto a verdadeira natureza da realidade; sendo idêntica ao meio, dentro dela não há nada que não seja a realidade verdadeira. Quando a mente se conecta com o reino da realidade e o reino da realidade está presente dentro de um único pensamento, então não há visão ou cheiro que não seja o caminho do meio. O reino do si mesmo, o reino dos Budas e o reino das criaturas vivas são assim também. [...] Existe apenas uma realidade não adulterada e não há nada fora dessa realidade. Que a natureza de todas as coisas seja quiescente, é o que se chama calma; que as coisas sejam quiescentes e, todavia, iluminadas é chamado de *insight*.
>
> Extraído do prefácio de Guanding (561-632) ao *Great Calmness and Insight*, de Zhiyi; cf. Donner and Stevenson (1993, p.112-3).

Zhiyi também criou taxonomias doutrinais influentes (ver Capítulo 5), escreveu comentários sobre as escrituras e compilou um código de disciplina monástica. Suas ideias foram interpretadas e elaboradas por gerações posteriores de monges e eruditos da escola Tiantai. O texto e os ensinamentos dessa escola continuam a ser estudados na China e no Japão (onde a variante nativa do Tiantai, a seita Tendai, é uma das principais tradições budistas) como parte significativa do legado filosófico e histórico do budismo chinês.

A escola Huayan

A escola Huayan é conhecida, sobretudo, por seu sistema completo e refinado de filosofia religiosa, a qual geralmente é percebida como um ponto alto do desenvolvimento doutrinário do budismo chinês. Conforme sugerido pelo nome, a escola Huayan foi baseada ou inspirada na *Escritura Huayan* (ver Capítulo 5). Os temas e conceitos centrais dessa escola originaram-se nessa escritura volumosa, mas essa tradição também usou outros textos canônicos e tinha uma tendência natural de inovação teórica criativa. Embora os pensadores Huayan integrassem as principais tradições de fundamentos Mahāyāna e citassem uma ampla gama de textos canônicos, as suas composições literárias mostravam uma predileção pela harmonia e pelo equilíbrio nitidamente chineses. Os textos Huayan mostram a tendência de focar a atenção no campo fenomenal da realidade cotidiana, mesmo quando adotam uma perspectiva cósmica e se dedicam à especulação metafísica refinada. Assim, as principais doutrinas Huayan vão além dos parâmetros estabelecidos por suas fontes e modelos canônicos. Elas implicam reflexões filosóficas inovadoras sobre a natureza da realidade e o caminho de prática que conduz a sua realização.

A tradição Huayan combinava a exegese escritural erudita com um sistema sofisticado de filosofia religiosa. Seu crescimento foi em grande parte devido à intensa influência de alguns monges excepcionais que viveram durante a era Tang, cinco dos quais foram reconhecidos retrospectivamente como os patriarcas fundadores da tradição. Entre eles, Fazang (643-712) tem amplo reconhecimento como o principal arquiteto do sistema Huayan e, por extensão, o fundador da tradição. Ele nasceu em Chang'an (atual Xi'an), membro de uma família cujos descendentes remontavam a Sogdia, na Ásia Central. Quando jovem, Fazang participou do famoso projeto de tradução de Xuanzang, mas saiu devido a divergências acerca de alguns pontos da doutrina. Na condição de membro proeminente da elite monástica na capital imperial, as atividades variadas de Fazang o colocaram no centro da vida religiosa, cultural e política do império Tang. Renomado por sua erudição extraordinária, pensamento criativo e escrita prolífica, Fazang atingiu grande fama e recebeu um extenso apoio imperial. Ao longo de sua ilustre carreira, um de seus principais apoiadores foi a imperatriz Wu Zetian. Por meio de suas palestras eruditas e sua escrita fértil, Fazang teve incrível sucesso na popularização da tradição Huayan, levando-a para a vanguarda intelectual do budismo chinês.

No núcleo do sistema doutrinal abrangente da escola Huayan, encontra-se uma visão holística do cosmos como rede dinâmica de relações causais, na qual cada coisa ou fenômeno individual está relacionado a todas as outras coisas e todos os fenômenos estão perfeitamente associados e se interpenetram sem nenhum obstáculo. Essa interpretação da realidade representa uma adaptação engenhosa do principal ensinamento budista da origem dependente (*pratītyasamutpāda*), segundo o qual todas as coisas são vazias de natureza própria e carecem de existência independente, mas existem de maneira provisória por meio da interação e combinação de fatores causais variados. Na filosofia Huayan, o foco da discussão se afasta da relação entre vacuidade e realidade material, do modo como é formulada nos textos canônicos pertencentes ao *corpus* da perfeição da sabedoria. Em vez disso, o foco passa a ser a relação entre os fenômenos ou eventos distintos (*shi*) e o princípio básico da realidade (*li*), que é baseado na noção de vacuidade e implica a inclusão mútua e a identidade de todos os fenômenos. O modo básico de relação entre os fenômenos individuais e a realidade última é elaborado na doutrina dos quatro reinos da realidade (*dharmadhātu* em sânscrito, e *fajie* em chinês), formulada por Chengguan (738-839), o quarto patriarca Huayan (ver quadro).

Segundo a explicação de Fazang sobre a origem dependente, todas as coisas são, em última análise, baseadas na verdadeira natureza da realidade, a qual ele equipara à vacuidade ou talidade delas.[1] Portanto, a natureza da realidade é a fonte suprema de todas as coisas, mas não existe de forma independente ou fora delas. A filosofia de Huayan, portanto, não propõe uma dicotomia entre o reino absoluto e o fenomenal. Mais exatamente, ela explica a relação de interdependência entre a realidade última e o mundo das coisas cotidianas ou aparências fenomenais.

A teoria de Huayan ainda vai um passo além e explica a relação causal que existe entre fenômenos distintos. Uma vez que tudo carece de natureza própria e se origina de modo dependente, cada uma e todas as coisas são determinadas pela totalidade de todos os fenômenos, a saber, o cosmos inteiro, ao mesmo tempo que a totalidade é determinada por cada uma das infinitas coisas e eventos que a compõem. Portanto, todas as coisas são interdependentes e se interpenetram mutuamente, ao mesmo tempo que cada uma retém seu caráter individual e identidade. De acordo com essa perspectiva, nada existe por si próprio, mas requer que todas as outras coisas sejam o que realmente são, enquanto a totalidade de todas as coisas também está em dependência causal de cada coisa incluída nela.

A ideia de Huayan da interpenetração mutual das coisas/fenômenos tem uma representação popular na metáfora da rede de joias de Indra, que remonta à *Escritura Huayan*. A escritura descreve como, no céu do deus Indra, há uma rede ilimitada que se estende em todas as direções. Em cada nó da rede há uma joia brilhante e existem incontáveis joias na vasta rede cósmica. Como

---

1 Talidade é um neologismo em português que pretende traduzir a palavra de origem sânscrita *Tathatā* (em inglês, *suchness*) e que denota a natureza essencial da realidade e a quididade, ou modo verdadeiro de ser dos fenômenos, que está além do alcance do pensamento conceitual. Em Damien Keown, *A Dictionary of Buddhism*, Oxford University Press, 2003 (N.T.).

Quatro reinos da realidade segundo a escola Huayan
- Reino dos (distintos) fenômenos
- Reino do princípio
- Reino da não obstrução entre princípio e fenômenos
- Reino da não obstrução entre todos os fenômenos

Figura 6.5. A entrada principal de Tōdaiji, Nara, Japão

a superfície multifacetada de cada joia reflete todas as outras joias da rede, cada uma das joias refletidas também contém os reflexos de todas as outras joias. Como resultado, há uma rede interminável de infinitos reflexos que simbolizam a interpenetração mútua de todas as coisas no universo.

Por meio desse tipo de imagens cativantes e devido ao fascínio de suas doutrinas complexas, os princípios básicos da filosofia Huayan encontraram públicos receptivos na China e no resto do mundo budista no Leste Asiático. Seus ensinamentos tiveram ampla difusão e influenciaram os referenciais teóricos de outras tradições budistas em toda a Ásia Oriental. Eles ainda repercutiam dentro de diversos ambientes culturais e religiosos muito tempo depois que a escola Huayan deixou de existir como tradição viva. O sistema Huayan de filosofia religiosa ainda é geralmente considerado relevante para as preocupações humanas fundamentais e para questões de suprema importância. Nos últimos tempos, as doutrinas Huayan têm inspirado uma notável fertilização de ideias com outras tradições filosóficas e humanistas, enquanto a imagem da rede de Indra e a noção de inter-relação causal de todas as coisas são evocadas com frequência pelos proponentes modernos do ambientalismo.

A escola Chan

A escola Chan é comumente associada à prática da meditação, como é sugerido por seu nome, baseado numa transliteração chinesa do termo sânscrito *dhyāna*, que significa meditação. É a escola budista mais conhecida (no entanto, é também a mais incompreendida) da China ou, de maneira geral, do Leste Asiático. Isso acontece sobretudo no Ocidente, onde é geralmente referida como Zen, pela pronúncia japonesa de seu nome. O movimento inicial dessa escola originou-se dentro do contexto das tradições meditativas do budismo chinês medieval, à medida que grupos vagamente conectados de monges contemplativos construíam aos poucos uma identidade comum como membros de uma tradição diferente. No núcleo dessa identidade encontravam-se as noções interligadas de transmissão do darma e de linhagem patriarcal. Em sua forma plenamente desenvolvida, elas implicam a ideia de que a ascendência espiritual da escola Chan remonta ao Buda histórico por meio da linhagem dos patriarcas. Em contraste com as escolas doutrinais que estabelecem a origem de seus ensinamentos e legitimidade no cânone budista, a escola Chan afirmava que a essência da iluminação do Buda era diretamente transmitida de professor a discípulo por meio de sua linhagem de patriarcas.

Uma figura central na transmissão patriarcal foi Bodhidharma, um monge indiano itinerante, cuja história de vida se tornou lendária e virou tema central do folclore Chan. Segundo a tradição, Bodhidharma levou esses ensinamentos para a China em algum momento do início do século VI. Entretanto, a historiografia moderna revelou as origens míticas das narrativas

Figura 6.6. O salão principal de Buda do Mosteiro Guangxiao, Guangzhou

normativas dessa escola acerca do início de sua transmissão; desse modo, caiu por terra a ideia de uma tradição Chan indiana, transmitida por Bodhidharma. Não obstante as suas origens questionáveis em termos históricos, uma vez estabelecida, a noção de linhagem patriarcal passou a servir como artigo central de fé e peça mais importante da ideologia Chan. Isso permitiu que os escritores e discípulos dessa escola reivindicassem a exclusividade de sua tradição e proclamassem sua superioridade em relação a outras escolas do budismo chinês.

O surgimento inicial da escola Chan e sua ascensão à notoriedade ocorreu durante a era Tang, quando inúmeros professores carismáticos dessa escola, como Huineng (638-713), o renomado "sexto patriarca," e Mazu Daoyi (709-788), o líder da escola Hongzhou (que passou a dominar o movimento Chan no início do século IX), alcançaram um grande êxito e atraíram numerosos discípulos. Um traço marcante do caráter inicial da escola Chan, que foi um grande motivo de sua popularidade, era o carisma pessoal de seus professores eminentes e a atração exercida pelos seus ensinamentos, que continham reconfigurações criativas de temas e conceitos budistas essenciais, reformulados em seu modo característico de expressão (ver quadro de citação). Para a escola Chan, a era Tang foi um período de crescimento inicial, marcado por grande criatividade intelectual e vitalidade religiosa, muitas vezes considerada a idade de ouro da tradição. Numa época posterior, as lembranças (aliadas à imaginação criativa) das glórias de Chan nesse período passaram a dominar as narrativas tradicionais da história da tradição Chan, ainda que essas narrativas fossem construídas de modo a refletir as crenças e ideologias das tradições posteriores.

A escola Chan da era Tang é geralmente representada como um movimento revolucionário, liderado por uma série de professores enigmáticos que pareciam rejeitar os costumes e as instituições vigentes. Isso abriu o caminho para a formação de uma tradição única que, como se diz muitas vezes, representou uma grande mudança de paradigma na história do budismo chinês. Os temas centrais dessa caracterização são baseados em inúmeras histórias que transmitem imagens impressionantes de um movimento religioso inimitável e radical, liderado por dinâmicos professores que eram entendidos como iconoclastas por excelência. À medida que essas histórias se tornavam os principais componentes da literatura e a base ideológica dessa tradição, elas ajudavam a estabelecer uma imagem do professor Chan como uma figura religiosa indomável, que subverte as normas estabelecidas e emprega uma

> **Sobre a mente comum, de Mazu, mestre Chan**
>
> O Caminho (Tao) não precisa de cultivo; apenas evite impurezas. O que é impureza? Quando, com uma mente de nascimento e morte, alguém age de maneira artificial, então tudo é impureza. Se alguém quiser conhecer o Caminho diretamente: a mente comum é o Caminho! O que eu quero dizer com "mente comum?" É uma mente desprovida de atividade artificial, sem noções de: certo e errado, avareza e rejeição, terminável e permanente, mundano e sagrado. A escritura [*Vimalakīrti*] diz: "Nem a prática das pessoas comuns, nem a prática dos sábios, esta é a prática dos bodisatvas." Agora mesmo, quer esteja andando, em pé, sentado, ou reclinado, respondendo a situações e lidando com as pessoas, conforme elas chegam: tudo é o Caminho.
>
> Extraído de *Recorded Saying of Mazu*; tradução adaptada de Poceski (2007, p.183).

variedade de técnicas pedagógicas não convencionais, que incluíam bater, gritar e divagar de modo inescrutável, que teriam o objetivo de levar seus discípulos, muitas vezes perplexos, a um estado de iluminação espiritual. Os estudos modernos têm mostrado procedência problemática dessas histórias que, na maioria das vezes, são apócrifas e nos dizem pouco sobre as vidas reais e os ensinamentos de seus protagonistas. Não obstante, elas permanecem como elemento central do folclore Chan tradicional e continuam a configurar a imagem pública da tradição e a compreensão de si própria.

A origem das interpretações populares de que os professores seriam os portadores de um novo *ethos* iconoclasta remonta à literatura clássica da tradição Chan, conforme codificada a partir do século X em diante. As gerações seguintes de escritores e editores da escola Chan desenvolveram gêneros literários característicos, incluindo as famosas coleções de *gong'an* (ou *kōan*, em japonês), nas quais o foco se desloca das discussões sobre os ensinamentos e as práticas do budismo canônico para o relato expressivo e espirituoso dos rápidos debates entre os professores Chan e seus discípulos. De maneira irônica, a invenção desses registros pseudo-históricos, que apresentam estilos radicais da retórica e pedagogia da escola Chan, ocorreu enquanto essa escola adotava a postura cada vez mais conservadora de principal representante da religião predominante e esteio da ortodoxia budista. Não obstante a postura retórica radical, na realidade concreta a escola Chan estava longe de ser iconoclasta e, de maneira geral, não era tão separada ou diferente do resto do budismo chinês, como muitas vezes se supõe.

A compilação e codificação dos textos que popularizaram as imagens iconoclastas dos famosos professores Chan ocorreram sobretudo durante o período Song (ou seja, desde o fim do século X até o fim do século XII). Isso fez parte de profundas mudanças sofridas pela escola Chan durante a transição Tang-Song, à medida que a reconfiguração em curso dos parâmetros da ortodoxia ajudava a solidificar a posição da escola Chan como a principal tradição do budismo chinês de elite. Na era Song, a maioria dos principais mosteiros públicos reconhecidos e patrocinados pelo Estado imperial receberam a designação oficial de mosteiros Chan. Na época, os professores influentes da escola Chan gozavam de grande prestígio e autoridade, enquanto sua tradição ocupava uma posição dominante dentro dos círculos budistas e exercia um impacto notável sobre a cultura de elite, sobretudo nas esferas intelectuais e artísticas.

Em conjunto com a formulação, anteriormente mencionada, de novos estilos narrativos e gêneros literários, que muitas vezes adotavam uma linguagem refinada e rebuscada bem ao gosto dos *literati*, um acontecimento importante durante o período Song foi o desenvolvimento de métodos característicos de meditação da escola Chan. Em especial, o estilo de prática meditativa chamado de "investigar a frase crucial" envolvia a meditação nos famosos *gong'an*s, ou descrições condensadas de supostos diálogos entre professores Chan renomados e seus alunos, que quase sempre empregavam a ambiguidade e o paradoxo. Esse estilo de prática permaneceu dominante durante as épocas posteriores e, com algumas adaptações, ainda é o método principal da meditação Chan. O mesmo estilo de meditação foi também exportado para outras partes do Leste Asiático, onde se incorporou às linhagens dominantes das tradições Chan/Zen nativas, como a seita Rinzai no Japão ou a ordem Chogye (Jogye) na Coreia.

A tradição da Terra Pura

As exposições clássicas Mahāyāna sobre o estado da Budeidade incluem a noção de terras puras, que são mundos paradisíacos que se tornaram belos e puros pelas virtudes e presença de Budas específicos. Entre os inumeráveis mundos descritos pela cosmologia budista, a Terra Pura do Buda Amitābha tem uma importância especial dentro do contexto do budismo chinês. Localizado a uma longa distância deste mundo, na direção ocidental, a "terra da felicidade" de Amitābha (Sukhāvatī) foi supostamente purificada por seu cumprimento de votos passados de atingir a iluminação, a fim de estabelecer um reino imaculado, onde aqueles que acreditam nele podem renascer. Descrito como um lugar de máximo esplendor e perfeição, desprovido de todo sofrimento e imperfeição que caracterizam a vida diária neste mundo, a terra pura ocidental ofereceria aos seus habitantes uma existência feliz, agraciada pela presença de Amitābha e seu séquito de bodisatvas, entre os quais está Guanyin.

Embora as representações da Terra Pura de Amitābha apareçam em algumas escrituras Mahāyāna, o surgimento de uma tradição da Terra Pura (ou Jingtu, em chinês) plenamente desenvolvida, centrada na veneração de Amitābha e na busca pelo renascimento em sua terra, foi uma criação inconfundível do budismo chinês. Não obstante o empenho de criar essa identidade pela

> **A Terra Pura do Buda Amitābha**
>
> Naquela época, o Buda disse a Sariputra, o mais velho: "A partir daqui, na direção do oeste, depois de passar por centenas de milhares de milhões de terras de Buda, há um mundo que é chamado de Suprema Bem-Aventurança. Nessa terra há um Buda chamado Amitābha, que atualmente prega o Darma. Sariputra, por que essa terra é chamada de Suprema Bem-Aventurança? Os seres vivos desse reino nunca sofrem, mas desfrutam de todos os tipos de felicidade; por essa razão ela é chamada de Suprema Bem-Aventurança. [...] Além disso, Sariputra, naquela terrade Buda há sempre o som da música celestial, enquanto o chão é feito de ouro puro. Durante os seis períodos do dia e da noite há chuva de flores celestiais. Na claridade da madrugada, os seres vivos dessa terra, cada qual levando uma profusão de esplêndidas flores-de-coral nas vestes, fazem oferendas a bilhões de Budas que residem em outras regiões".
>
> Extraído de *Amitābha Buddha Scripture* (*Emituo fo jing*).

invenção de uma linhagem patriarcal separada, o movimento da Terra Pura não se tornou uma escola separada do budismo no mesmo sentido em que as outras três tradições pesquisadas anteriormente. No entanto, ele teve sucesso na instituição de crenças e práticas populares, de ampla difusão em todo o budismo chinês. A popularidade dos ensinamentos e das práticas da Terra Pura permaneceu muito alta até o período moderno (os seus seguidores costumam exceder em número os das outras tradições); no entanto, no meio ecumênico do budismo chinês, eles muitas vezes se misturavam com elementos e perspectivas de outras escolas budistas. Como resultado de tamanha popularidade, a perspectiva concreta de renascimento na terra ocidental da felicidade substituiu muitas vezes a noção um tanto oculta e impessoal do nirvana como meta desejada da devoção e prática budista.

Em contraste com as noções ocidentais sobre o paraíso, em termos técnicos, as terras puras de Amitābha e outros Budas celestiais não correspondem a um reino paradisíaco que serve como destino último ou morada permanente de repouso bem-aventurado. Uma Terra Pura budista, tal como a de Amitābha, deve servir mais como uma estação de passagem, um local belo e agradável propício para a prática budista, onde até mesmo os pássaros e as plantas pregam a doutrina budista. Falando em termos teóricos, renascer na Terra Pura facilita para o devoto o avanço em direção à meta final do nirvana embora, na prática concreta, essas distinções sejam muitas vezes encobertas. Às vezes, a Terra Pura também é interpretada em termos metafóricos como um estado mental, conforme expresso pelo famoso ditado: "se a mente é pura, então a terra do Buda também é pura". Na mesma linha, Amitābha é explicado como uma personificação simbólica da essência da Budeidade, que está além de todas as formas e atributos. Segundo a tradição, esse tipo de movimento exegético é apresentado por professores que adotam uma perspectiva Chan que, às vezes, inclui a crítica das interpretações literais da Terra Pura. Além disso, as duas explicações da Terra Pura, a literal e a metafórica, muitas vezes são justapostas e usadas em conjunto.

No entanto, essas distinções sutis e esses esquemas interpretativos alternativos, na maior parte das vezes, são ignorados pelos fiéis. Acima de tudo, os seguidores da Terra Pura são atraídos por uma promessa de mundo perfeito, que é facilmente alcançável na vida após a morte, onde eles podem escapar das atribulações e misérias encontradas nesse mundo. Por essa razão, a maneira convencional de perceber a tradição da Terra Pura é como um caminho fácil de prática. Dentro do esquema da Terra Pura, o cultivo do caminho do bodisatva e a confiança no esforço individual são substituídos pela simples fé no agente salvador de um Buda externo. No início da história do movimento Terra Pura isso também se juntou com as profecias budistas populares de declínio, segundo as quais o budismo passou, pouco a pouco, por distintas fases de deterioração irreversível, o que tornava difícil a plena prática de seus ensinamentos profundos e a realização da suprema meta da liberação. Isto estabeleceu uma dicotomia entre a tradição da Terra Pura enquanto um caminho fácil, no qual a pessoa confia no "outro poder" de Amitābha, e a escola Chan como um caminho difícil, em que o praticante individual depende de seu "poder próprio".

No cerne do caráter devocional da Terra Pura encontra-se a crença no poder de salvação e graça infinita de Amitābha, que é expressa em várias práticas rituais. Uma vez que o objetivo do renascimento na Terra Pura é realizado somente após a morte, a partir do final do período medieval os símbolos e rituais associados com a tradição Terra Pura tornaram-se elementos centrais das práticas de morte e ritos funerais, embora também sejam amplamente praticados fora desses contextos. Embora a fé seja a condição básica para o renascimento na Terra Pura de Amitābha, os devotos são também aconselhados a observar injunções morais básicas, realizar ações meritórias e dedicar-se a outras formas de cultivo espiritual. No contexto inicial do movimento Terra Pura, os exercícios contemplativos que envolviam a lembrança consciente ou a visualização de Amitābha, seu séquito de bodisatvas e sua terra de felicidade eram especialmente populares.

Na maioria das vezes, no entanto, a lembrança de Amitābha (*nianfo*) toma a forma da invocação ou entoação de seu nome, seja por meio da voz ou em silêncio. De costume, isso é feito através da fórmula "Namo Emituo fo" (Homenagem ao Buda Amitābha!), que permanece uma das práticas mais populares do budismo chinês. A invocação do nome do Buda e as práticas devocionais relacionadas podem ser cultivadas de forma solitária, mas, na maioria das vezes, são feitas em ambientes coletivos. Em termos históricos, isso contribuiu para o surgimento de numerosas associações Terra Pura. Além disso, os cânticos e as invocações relacionados à Terra Pura também foram integrados às liturgias diárias de quase todos os templos budistas chineses e permanecem como partes essenciais do repertório litúrgico do budismo chinês contemporâneo. As crenças e práticas da Terra Pura continuam a ser elementos de destaque do budismo chinês e o mesmo se aplica à Coreia e ao Japão.

Pontos-chave

- Os ideais e instituições monásticos foram transmitidos com sucesso na China, onde passaram por adaptações e crescimento. Houve um processo paralelo de aculturação entre os leigos, que incluiu o desenvolvimento de costumes e modos de prática característicos, enquanto houve também uma considerável sobreposição entre os paradigmas monástico e leigo.
- As manifestações mais populares da devoção budista giram em torno da busca pela obtenção de méritos e estão incorporadas num *ethos* religioso característico, que destaca a virtude da compaixão universal.
- Uma das características mais visíveis do budismo na China é a veneração generalizada de vários Budas, como Śākyamuni, Amitābha e Vairocana e de bodisatvas populares, como Guanyin e Mañjuśrī.
- Diversas escolas ou tradições características se desenvolveram no decorrer do crescimento e "achinesamento" do budismo; no entanto, nenhuma delas se transformou em seita independente, estando todas incluídas no âmbito da ordem monástica convencional.

- Zhiyi e outros pensadores de destaque da escola Tiantai dedicaram-se a uma reflexão disciplinada, todavia criativa, sobre as verdades fundamentais do budismo. Um elemento central de sua reformulação da doutrina budista foi a teoria das três verdades, que eles integraram de modo cuidadoso em sua sistematização abrangente da prática contemplativa.
- A escola Huayan criou um sistema refinado de filosofia budista, em que todo o cosmo é concebido como uma rede dinâmica e orgânica de relações causais, em que todas as coisas se interpenetram e estão causalmente relacionadas entre si e com a totalidade de tudo o que existe.
- A escola Chan estabeleceu a sua autoridade religiosa devido, em grande parte, à alegação de transmitir a essência da iluminação do Buda, que ela tentava comunicar por meio de ensinamentos e técnicas meditativas inovadoras, elaboradas num grande corpo de textos, compostos em distintos gêneros Chan.
- No cerne da tradição da Terra Pura encontra-se a crença no poder salvador do Buda Amitābha e na busca por renascimento em sua "terra da felicidade", que seria alcançado pelo desenvolvimento de uma fé inabalável e da perfeição de várias práticas devocionais.

Questões para discussão

1. Quais bodisatvas populares passaram por uma transformação de gênero na China e quais as explicações possíveis para isso?
2. Explique o uso do simbolismo da rede de Indra nos textos da escola Huayan e esclareça seu contexto doutrinário.
3. Quais são as principais crenças e modos básicos de práticas da tradição Terra Pura e como eles divergem dos da escola Chan?

Leituras complementares

Ver também sugestões de leitura para o Capítulo 5.

Cleary, T. F. *Entry into the Inconceivable*: An Introduction to Hua-yen Buddhism. Honolulu, HI: University of Hawai'i Press, 1983.

Donner, N. A.; Stevenson, D. B. (Trad.). *The Great Calming and Contemplation*: A Study and Annotated Translation of the First Chapter of Chih-I's Mo-Ho Chih--Kuan. Honolulu, HI: University of Hawai'i Press, 1993.

Gregory, P. N. (Ed.). *Traditions of Meditation in Chinese Buddhism*. Honolulu, HI: University of Hawai'i Press, 1986.

_____; Getz Jr., D. A. (Eds). *Buddhism in the Sung*. Honolulu, HI: University of Hawai'i Press, 1999.

Halperin, M. *Out of the Cloister*: Literati Perspectives on Buddhism in Sung China, 960-1279. Cambridge, MA: Harvard University Asia Center, 2006.

Heine, S.; Wright, D. S. (Eds.). *The Zen Canon*: Understanding the Classic Texts. Oxford and New York: Oxford University Press, 2004.

Kieschnick, J. *The Eminent Monk*: Buddhist Ideals in Medieval Chinese Hagiography. Honolulu, HI: University of Hawai'i Press, 1997.

McRae, J. R. *Seeing Through Zen*: Encounter, Genealogy, and Transformation in Chinese Chan Buddhism. Berkeley, CA: University of California Press, 2003.

Poceski, M. *Ordinary Mind as the Way*: The Hongzhou School and the Growth of Chan Buddhism. Oxford and New York: Oxford University Press, 2007.

Swanson, P. L. *Foundations of T'ien-t'ai Philosophy*: The Flowering of the Two Truths Theory in Chinese Buddhism. Berkeley, CA: Asian Humanities Press, 1989.

Welter, A. *Monks, Rulers, and Literati*: The Political Ascendancy of Chan Buddhism. Oxford and New York: Oxford University Press, 2006.

Yampolsky, P. B. (Trad.). *The Platform Sūtra of the Sixth Patriarch*. New York: Columbia University Press, 1967.

Yifa. *The Origins of Buddhist Monastic Codes in China*: An Annotated Translation and Study of the *Chanyuan Qinggui*. Honolulu, HI: University of Hawai'i Press, 2002.

Yü, C. *Kuan-yin*: The Chinese Transformation of Avalokiteśvara. New York: Columbia University Press, 2000.

Zhiru. *The Making of a Savior Bodhisattva*: Dizang in Medieval China. Honolulu, HI: University of Hawai'i Press, 2007.

7

Religião popular

Neste capítulo

Este capítulo apresenta uma visão geral da rica pletora de crenças e práticas que estão contidas dentro da ampla categoria de religião popular chinesa. Embora às vezes sejam subestimadas pelos defensores das grandes tradições religiosas, como o confucianismo ou o cristianismo, ou rejeitadas prontamente por secularistas descrentes que as consideram superstições antiquadas, essas manifestações, muitas vezes locais e de devoção popular, constituíram, ao longo dos séculos, uma parte vibrante, amplamente difusa e de imenso significado para a vida religiosa chinesa.

Tópicos principais

- Contornos gerais e caráter básico da religião popular.
- Predomínio de tendências sincréticas.
- Ensinamentos e movimentos que destacam a unidade dos três ensinamentos.
- O reino sobrenatural e os vários seres que o povoam.
- Culto dos deuses locais.

- Organização do panteão celestial.
- Veneração de Guandi e Mazu.
- Caráter utilitário da religião popular.
- Proliferação de movimentos messiânicos, seitas heterodoxas e sociedades secretas.

Configurações e caráter da religião popular

Nós já chamamos a atenção para alguns dos problemas relacionados às tentativas de definir de maneira restrita as tradições chinesas, como o confucianismo e o taoismo, ou de demarcar com clareza os seus limites. Observamos também a frequente tendência chinesa de tornar indistintas as linhas de demarcação que separam os três ensinamentos, os quais, na maior parte da história chinesa, foram bastante abertos à interação inter-religiosa e adaptação sincrética. Ao longo da história chinesa, vemos também uma predisposição difusa de construir identidades religiosas multifacetadas e sem limites fixos, que permitem que indivíduos e comunidades se envolvam com inúmeras práticas espirituais ou cultuem divindades associadas a mais de uma religião. Essas atitudes flexíveis relativas à categorização, afiliação e formação de identidade religiosa divergem da identificação exclusivista com uma única religião (em geral, definida em termos estritos de escritura(s), credos e instituições específicos), que é característica das religiões monoteístas, como o judaísmo, cristianismo ou islamismo.

Dentro do contexto amplo da cultura religiosa chinesa, esses tipos de tendências ecumênicas e sincréticas saltam ainda mais à vista quando consideramos as constelações de crenças e práticas agrupadas sob a categoria de religião popular. A categoria em si é, em grande parte, uma criação acadêmica introduzida como formulação heurística para classificar uma ampla gama de ideias, crenças e práticas generalizadas que não fazem parte oficial de nenhuma das tradições ortodoxas, representadas pelos três ensinamentos (que, em épocas mais recentes, podem incluir o cristianismo e o islamismo). Por causa de sua imprecisão e amplitude, a utilidade da religião popular como categoria distinta é às vezes questionada ou contestada por alguns estudiosos. No entanto, ela é uma categoria importante e útil, porque as crenças e práticas incluídas nela foram e são amplamente disseminadas entre o povo chinês e devem ser consideradas em toda sua complexidade e diversidade, se quisermos chegar a uma compreensão equilibrada e abrangente da vida religiosa e social chinesa. Assim, a religião chinesa pré-moderna é cada vez mais discutida em termos de quatro tradições principais, a saber, a religião popular e as três religiões institucionalizadas do budismo, confucianismo e taoismo.

A dificuldade de rotular ou delimitar a religião popular é notória, porque ela escapa aos esforços acadêmicos de defini-la com grande precisão e certeza. Em grande medida, isso é devido ao seu caráter difuso e à falta de núcleos institucionais e doutrinais fixos. Ao contrário das grandes religiões institucionalizadas, a religião popular não tinha nenhum cânone tradicional, embora haja certas "escrituras" que podem ser referidas à categoria de religião popular. Não havia, também, um conjunto integrado de crenças, ou um sistema coerente de princípios, ou uma igreja para proteger a ortodoxia doutrinal. Não existe maneira de alguém se associar de maneira formal, ou de se tornar um adepto da religião popular; assim, naturalmente a noção de conformidade ao dogma e a ameaça da excomunhão não tem qualquer participação nela.

De modo geral, a religião popular é fundamentada em práticas religiosas e sociais locais; portanto, ela não tem hierarquias eclesiásticas nem clero profissional, embora haja certos tipos de especialistas em ritual que celebram determinados ritos ou cerimônias. Isso torna as crenças e práticas populares altamente adaptáveis e sensíveis às condições locais, o que explica o fato de existirem muitas variações e inconsistências em termos de sua aplicação prática. Por essa razão, a religião popular é caracterizada pela abundante variedade e predomínio de variantes locais ou regionais. Assim, não existe um modelo único que possa ser usado para compreender toda a gama de concepções e compromissos populares com o reino sobrenatural e os seres divinos que o povoam. Como parte integrante da cultura chinesa, a religião popular oferece um sistema multifacetado de modelos e recursos simbólicos que os indivíduos ou grupos podem usar para uma variedade de propósitos e situações, conforme passam pelos altos e baixos de suas vidas. Por outro lado, não obstante seu fundamento na família e na comunidade local, a religião popular também englobava valores e perspectivas fundamentais que são característicos da civilização chinesa em geral.

As crenças e práticas incluídas na categoria de religião popular são muitas vezes interpretadas em termos dos papéis que desempenham na ordenação e animação da vida religiosa e social das pessoas comuns. Entretanto, é inexato, em termos históricos, negar ou encobrir o envolvimento das elites na religião popular, como foi feito por estudiosos que destacam linhas de demarcação rígidas (e muitas vezes imaginárias) entre as visões de mundo racionais e as observâncias rituais sensatas dos *literati*, por um lado, e as superstições vis das massas ignorantes, por outro (para um exemplo, ver Chan, 1953). A maioria das fontes de informação sobre a religião popular, durante o período pré-moderno, foi escrita pelos *literati*, de modo que refletiam interesses e perspectivas da elite. Ao mesmo tempo em que alguns membros das elites intelectuais criticavam aspectos das crenças e práticas populares (fazendo, às vezes, campanhas para mudá-las ou aboli-las), ao longo da história chinesa, pessoas de todas as origens e estilos de vida, de camponeses a imperadores, participaram dos rituais e cerimônias da religião popular.

A ampla diversidade de conhecimentos e atitudes em relação às crenças e práticas populares refletem diferentes variáveis, que incluem classe, *status*, educação e gênero; sempre há lugar, também, para expressões de idiossincrasias e predileções individuais. As constelações de símbolos, mitos e rituais incluídos na religião popular são maleáveis a variadas interpretações e modificações, já que todos fazem parte de uma cultura religiosa comum. Portanto, a religião popular constitui um rico substrato de religiosidade que é compartilhado pela maioria dos chineses e que reflete normas, valores e visões de mundo comuns. Ao longo da história, duas de suas funções principais têm sido a preservação de valores normativos e a validação de uma ordem sociopolítica hegemônica. Entretanto, conforme veremos, na época a religião popular também desempenhou um papel de desestabilização e foi usada por diversos agentes históricos para contestar o *status quo*. Em vista disso e dada a cultura política estabelecida da China, não deve causar grande surpresa que, na China tradicional, alguns deuses da religião popular recebessem títulos rituais e fossem incorporados no panteão oficial, ou que o Estado muitas vezes se envolvesse em questões relacionadas aos rituais populares.

Sincretismo

Uma das características duradouras da religião popular é sua tendência ao sincretismo. O sincretismo se refere aos processos de tomar emprestado, combinar ou adaptar elementos que têm origem em diversas fontes. A noção de sincretismo quase sempre tem conotações negativas, sobretudo quando o estudo da religião se fundamenta em perspectivas ocidentais limitadas. Nestas, o rótulo de sincretismo denota uma caracterização preconceituosa da religião de alguma sociedade ou grupo (geralmente não ocidental e tradicional) como uma miscelânea atordoante e superficial de elementos díspares que carecem de integridade teológica. É evidente que não é assim que o conceito de sincretismo é usado aqui. De maneira geral, seu uso é menos problemático quando aplicado ao contexto chinês, dada a tendência de não considerar as religiões como mutuamente exclusivas ou antitéticas. O sincretismo é um componente básico da interação inter-religiosa e, até certo ponto, é encontrado em todas as religiões, não obstante as reivindicações a-históricas de tradições religiosas individuais de serem puras e exclusivas, representando a vontade divina, sem acréscimos ou influências externas.

Dentro do modelo chinês, os elementos de sincretismo são evidentes em cada um dos três ensinamentos, sobretudo em suas manifestações populares. A tendência ao sincretismo aumenta à medida que o foco da atenção se desloca para as margens de cada tradição, longe das formulações ortodoxas das elites clericais e intelectuais. No entanto, a abertura ou propensão chinesa para a mistura sincrética de diversas crenças e práticas é mais facilmente perceptível na religião popular. Embora o sincretismo da religião popular tenha provocado críticas recorrentes, manifestadas da mesma forma por intelectuais nativos, missionários e eruditos estrangeiros, talvez uma abordagem mais positiva pudesse considerá-lo uma marca de criatividade religiosa e abertura cultural, influenciadas por uma aversão saudável ao dogmatismo e pela rejeição do exclusivismo. Ao longo da história chinesa, os defensores do sincretismo quase sempre serviram como agentes de tolerância religiosa; no entanto, também se deve notar que por vezes alguns deles adotaram atitudes rígidas e programas sectários.

A maioria dos elementos que foram adaptados e absorvidos na religião popular remonta a um dos três ensinamentos. Por exemplo, grande parte da moralidade popular reflete a influência difusa das normas éticas e princípios confucianos. Isso inclui a virtude da piedade filial, bem como o *ethos* moral que promove os bons atributos, como a honestidade e o senso de justiça. Elementos abundantes de influência budista são observáveis nas crenças populares nos infernos e na vida após a morte (que são ajustados pela inserção de elementos taoistas), bem como nas ideias comuns sobre mérito e recompensa cármica. Isso se alia à inclusão de deidades budistas como objetos de culto na religião popular. Não é incomum que os templos populares chineses tenham áreas especiais reservadas para deidades budistas (que, via de regra, incluem Budas populares, bodisatvas como Guanyin e sábios como Bodhidharma), em que seus santuários são dispostos de maneira semelhante aos encontrados em mosteiros ou templos budistas.

As influências ou correlações entre taoismo e religião popular são ainda mais consideráveis que as do budismo e confucianismo. Elas abrangem a maioria dos aspectos da religião popular, desde a organização do panteão até a estrutura dos ritos fundamentais e outras modalidades comuns de culto. Mesmo no nível institucional, os monges taoistas são muitas vezes empregados para oficiar os ritos realizados em templos populares, sobretudo em Taiwan e outras partes do Sul da China. Isso torna as linhas de demarcação entre a religião popular e o taoismo sobretudo indistintas. Por essa razão, às vezes os dois são agrupados de forma indiscriminada em uma única categoria, como é evidente nos dados demográficos oficiais relativos à afiliação religiosa, compilados nos contemporâneos Taiwan e Cingapura.

Com frequência, os elementos de cada um dos três ensinamentos estão perfeitamente interligados em paradigmas específicos de crenças ou práticas populares. Casos exemplares são as noções sobre a moralidade convencional

---

Artigos de mérito e demérito de Yuan Huang (1533-1606)

Conte como cem méritos: (1) salvar uma pessoa da morte; (2) preservar a castidade de uma mulher; e (3) impedir que alguém afogue uma criança ou faça um aborto. Conte como cinquenta méritos: (1) organizar a adoção de um herdeiro; (2) criar um órfão; (3) enterrar alguém que não tem ninguém para cuidar de seus restos mortais; (4) e impedir que alguém se torne um vagabundo. Conte como dez deméritos: (1) condenar ao ostracismo uma pessoa virtuosa; (2) recomendar uma pessoa má para um emprego; (3) ter contato com uma mulher que perdeu sua castidade; (4) manter uma arma mortal.

Excertos adaptados da tradução de Cynthia Brokaw, in Lopez (1996, p.432, 434).

e a retribuição sobrenatural, integradas nos vários registros de méritos e deméritos que proliferavam no final da China Imperial (ver citação anterior em quadro). Os registros foram feitos para oferecer orientações concretas sobre a condução de uma vida virtuosa e acumulação de méritos, o que levava a recompensas tangíveis nesta ou em futuras vidas. Eles proporcionavam modelos para manter a pontuação dos próprios atos virtuosos e maus, em que o saldo final apontava para a natureza da recompensa cármica ou a retribuição sobrenatural que aguardava o indivíduo. A mistura eclética de elementos díspares, evidentes nos artigos individuais de mérito e desmérito incluídos nos registros, ilustra o modo como os valores e ideias oriundos de fontes budistas, confucianas e taoistas foram integrados nas concepções populares de moralidade.

As tendências sincréticas da religião popular apresentam-se visualmente quando se entra em templos chineses locais, tais como o Templo Thian Hock Keng em Cingapura, ou o Templo Tin Hau em Hong Kong; em algum nível, esses templos podem ser descritos como uma espécie de supermercados espirituais. Em locais assim, além de cultuar ou orar para deidades populares como Mazu (ver p.225), os devotos também têm a opção de fazer o mesmo na frente das estátuas de divindades budistas, como Guanyin, imortais taoistas, como Lü Dongbin, ou até mesmo o próprio sábio Confúcio.

Unidade dos três ensinamentos

Formas deliberadas ou conscientes de sincretismo, observáveis em diferentes momentos críticos na história religiosa chinesa, são especialmente bem representadas nas diversas tentativas de destacar a unidade ou convergência dos três ensinamentos. Dentro desses sistemas interpretativos, os três principais sistemas religiosos da China são considerados semelhantes em sua essência, como é transmitido pela noção popular de "unidade dos três ensinamentos" (*sanjiao heyi*) e suas variações. Os três ensinamentos apenas representam diferentes modalidades de uma verdade ou realidade essencial e, em última análise, estão incluídos numa unidade orgânica maior. Às vezes, essas perspectivas são elaboradas a partir da perspectiva de um dos três grandes ensinamentos e, nesses casos, os clérigos ou escritores em questão tendem a priorizar sua própria religião. Um bom exemplo disso é a inclusão do confucianismo e do taoismo em algumas das taxonomias doutrinais budistas desenvolvidas durante a era Tang, nas quais eles eram alocados para as categorias mais baixas, abaixo das doutrinas budistas mais básicas.

Em algumas ocasiões, esses tipos de temas e ideais sincréticos recebiam formas doutrinais e intuitivas concretas, tão evidentes no aumento de movimentos religiosos baseados na ideia da harmonia e unidade do budismo, do confucianismo e do taoismo. Um bom exemplo disso, do final do período imperial (que continua até os dias atuais), é o Ensinamento Três-em-um (Sanyi jiao). Iniciado por Lin Zhaoen (1517-1598) no século XVI, o Ensinamento Três-em-um tornou-se um movimento sectário bem definido, que alegava unir os três ensinamentos, ainda que de maneira um tanto seletiva. Lin Zhaoen nasceu em uma família da aristocracia rural e recebeu uma educação clássica, mas decidiu não seguir uma carreira pública; em vez disso, dedicou-se à busca da iluminação espiritual. No início, ele tentou revitalizar e popularizar o confucianismo, que sentia ter sido reduzido a uma disciplina intelectual estéril voltada para o sucesso nos exames oficiais. Ele promovia os ensinamentos confucianos que se concentravam na busca da sabedoria, expressando-os numa linguagem de tônica religiosa e combinando-os de forma seletiva com elementos oriundos de outras tradições, a saber, a alquimia interna taoista e os ensinamentos budistas sobre o cultivo mental, sobretudo os da escola Chan. De certa forma, ele combinou os andaimes teóricos do confucianismo com as técnicas práticas do budismo e do taoismo.

Em sua forma inicial, os ensinamentos Três-em-um ressaltavam o processo de cultivo espiritual e tinham uma orientação nitidamente contemplativa; no entanto, ao longo do tempo, em suas expressões sectárias, o movimento desenvolveu uma gama de práticas rituais populares que funcionavam em nível de comunidades locais. Na condição de movimento sectário, ele desenvolveu uma organização bem definida, com seus próprios textos sagrados, iniciações, preceitos morais e liturgias. Embora no século XVIII o Ensinamento Três-em-um tenha sido proclamado uma heresia e proscrito pelo governo Qing, ele conseguiu sobreviver e continua a prosperar até hoje, sobretudo no Sudeste da China e entre as diásporas chinesas no Sudeste Asiático. Com o tempo, Lin Zhaoen tornou-se deificado e ainda é amplamente venerado pelos seguidores da seita que ele iniciou.

> ## Lin Zhaoen sobre a unidade dos três ensinamentos e a irmandade de seus seguidores
>
> A "Inscrição Ocidental" [de Zhang Zai] afirma: "Todas as pessoas são meus irmãos e irmãs". Portanto, se alguém considera os pais verdadeiros como pais, então aqueles nascidos dos mesmos pais serão seus irmãos. Se alguém considera o céu e a terra como pais, então todos aqueles nascidos do céu e da terra também serão seus irmãos. Quanto aos budistas e taoistas, será que algum entre eles pode viver fora do céu e da terra? Se não podem viver fora do céu e da terra, o que são eles, senão pessoas nascidas do útero da mesma mãe, o que são eles, senão nossos irmãos.
>
> Tradução adaptada de Berling (1980, p.217).

Outros exemplos modernos dos movimentos religiosos ou seitas populares que manifestam tendências sincréticas incluem Falun gong (Prática da Roda do Darma) e Yiguan Tao (O Caminho da Unidade, muitas vezes transcrito como I-kuan tao). O movimento Falun gong ganhou notoriedade depois que o governo chinês o proibiu em 1999, o que foi seguido de uma perseguição permanente de seus seguidores, que continua até hoje (ver capítulo 10). O seu programa de cultivo espiritual gira em torno de exercícios *qigong*, ainda que seus textos também apresentem questões éticas e outros tópicos religiosos. Os ensinamentos de Yiguan Tao incluem um mito de origem que o vincula a figuras míticas, como o Imperador Amarelo, e aos sábios antigos, como Confúcio e Buda; não obstante, em sua configuração moderna, o crescimento desse movimento é um fenômeno religioso típico do século XX. Após a tomada de controle comunista em 1949, o local principal de sua atividade moveu-se para Taiwan onde, segundo pesquisas recentes, o número de seguidores do Yiguan Tao é próximo a um milhão. Existem também centros que são filiais em outras partes do mundo, incluindo os Estados Unidos. As práticas dos devotos de Yiguan Tao incluem o cumprimento de preceitos morais, que tiveram origem sobretudo no confucianismo, a participação em cerimônias de iniciação, o desempenho de liturgias diárias, a prática do vegetarianismo e a recitação das escrituras.

Ancestrais e fantasmas

Grande parte da prática religiosa popular na China gira em torno da súplica e veneração de vários seres divinos ou sobrenaturais. Desde o início, os chineses viviam num mundo complexo, povoado por todo tipo de seres invisíveis e misteriosos, alguns deles percebidos como gentis e prestativos, mas outros passando a impressão de demoníacos e perigosos. Os estudiosos costumam classificar as numerosas divindades e criaturas misteriosas que povoam o reino espiritual da religião popular em três amplas categorias: deuses (*shen*), ancestrais (*zu*) e fantasmas (*gui*). Embora os seres incluídos nessas categorias possuam diferentes poderes e atributos que os distinguem das pessoas comuns, todos estão sujeitos a processos cósmicos uniformes e participam da mesma realidade fundamental.

Em termos ontológicos, todos os seres, comuns e sobrenaturais, partilham a mesma substância. Em última análise, eles são modulações diferentes de *qi*, a substância ou elemento básico do qual todos os seres e coisas são feitos. O conceito de *qi* é complexo e multifacetado, abrangendo mente e matéria, espírito e energia. Por essa razão, o mundo sobrenatural e o mundano, bem como os reinos dos mortos e dos vivos, não estão separados de forma radical. Os vivos e os mortos têm uma suposta conexão e influência mútua, e o mesmo princípio se aplica ao relacionamento humano com os deuses.

As crenças sobre a existência de seres sobrenaturais ou misteriosos estão baseadas na noção de que, em algum nível, a alma ou o espírito de uma pessoa pode sobreviver ao momento da morte física. Essa concepção da alma e da vida após a morte baseia-se em antigos esquemas cosmológicos essenciais ao pensamento chinês, que postulam uma ordem e unidade fundamental no universo. Segundo a tradição, os chineses acreditam em dois tipos de alma: a alma terrena (*po*), conectada ao elemento *yin*, e a alma celestial (*hun*), ligada ao elemento *yang*. Após a morte, a alma terrena (associada à escuridão, à sensualidade e à corporalidade) desce para a terra e pode ser transformada num fantasma. Por outro lado, a alma celestial (associada ao brilho, à inteligência e à espiritualidade) viaja para cima e pode renascer como um deus ou um ancestral. Apesar das diferenças aparentes, existem semelhanças impressionantes entre os ancestrais e os deuses, embora seja atribuída aos deuses a posse de maior poder numinoso e uma influência que ultrapassa os limites das famílias individuais. É também possível para um(a) ancestral se transformar num deus (mas também num demônio). Assim, as duas classes de seres sobrenaturais, deuses e ancestrais, em geral são venerados de uma forma semelhante.

Em sua essência, as práticas de religião popular concentram-se na família (aqui compreendida num sentido mais amplo que a família nuclear) e na comunidade local. A veneração dos ancestrais, às vezes apelidada de "culto dos mortos", reflete a influência difusa do sistema de parentesco sobre a vida social e religiosa chinesa. Isso tem uma história muito longa, que remonta ao próprio início da civilização chinesa (ver Capítulo 1). A veneração ao ancestral é simplesmente uma extensão ritualizada da virtude da piedade filial, que vai além dos pais imediatos. Por meio desses rituais, os vivos são capazes de transmitir seus sentimentos de respeito, bem como estabelecer vínculos e canais de comunicação com membros falecidos da linhagem ancestral, à medida que solicitam suas bênçãos e aprovação, e tentam evitar sua ira ou censura.

Os espíritos dos ancestrais são simbolizados e comemorados, dentro da tradição, por meio de tábuas ancestrais, nas quais seus nomes são inscritos. No interior de cada lar, essas tábuas são colocadas em altares ou santuários especiais. Em casos de famílias mais ricas, pode haver salas separadas para os ancestrais, ou até mesmo templos inteiros para eles (ver Figura 7.1). Muitas vezes, as tábuas ancestrais são também colocadas num templo local, que pode ser um estabelecimento budista ou taoísta. Dentro da área do altar, as tábuas costumam ser acompanhadas de estátuas ou pinturas de divindades populares, como Guandi, Mazu ou Guanyin. Oferecer incenso e prestar homenagem ao santuário ancestral é parte integral da rotina doméstica de muitos lares chineses. Em ocasiões especiais, há ritos e sacrifícios mais elaborados, que geralmente envolvem a oferenda de alimentos e incenso.

Em geral, os fantasmas não recebem a mesma reverência e devoção que é oferecida aos deuses e ancestrais. Os fantasmas são, basicamente, os espíritos numinosos dos mortos, que vagam e se infiltram no mundo dos vivos. Eles são presenças que assustam e assombram, que devem ser evitadas ou mantidas à distância. Presume-se que muitos fantasmas possuam predisposições para a maldade ou atos nocivos, ao passo que outros são apenas espíritos solitários ou infelizes, que ocupam posições à margem da estrutura social estabelecida. Às vezes, eles podem assumir formas sedutoras, como a de uma bela mulher, mas, mesmo nesses casos, eles contêm um perigo em potencial.

Segundo a crença popular, a melhor maneira de apaziguar os fantasmas e evitar ser assombrado ou incomodado por eles é fazer-lhes oferendas e mostrar-lhes respeito. Uma classe popular de fantasmas é a dos fantasmas famintos (*egui*), cujas origens remontam à mitologia e cosmologia budistas. Esses seres deploráveis são representados com muita fealdade e extrema carência, sempre atormentados por sede e fome insaciáveis. O festival popular dos fantasmas (*zhongyuan*), realizado no sétimo mês lunar no dia de lua cheia, é uma ocasião em que são feitas oferendas para essas criaturas (sobretudo para os ancestrais que renasceram como fantasmas), com o objetivo de aliviar seu sofrimento. Existem ainda variações budistas e taoistas mais explícitas sobre o mesmo tema, e o mesmo festival também é celebrado na Coreia e no Japão.

Figura 7.1. Entrada do templo ancestral da família Chen, Guangzhou

Veneração dos deuses locais

Alguns dos deuses da religião popular têm formas zoomórficas, ao passo que outros têm sua identidade associada a corporificações arcaicas de forças e fenômenos naturais, como vento ou chuva, montanhas ou rios, estrelas ou outros objetos celestiais. Entretanto, na China, é enorme o predomínio de formas antropomóficas dos deuses. Assim como as pessoas de muitas outras culturas, os chineses construíram os deuses à sua própria imagem. Muitos entre eles têm suas próprias biografias e datas de nascimento, ao passo que vários deles se originaram em personagens históricas que, no decorrer dos séculos, tornaram-se endeusadas e imbuídas de poderes numinosos. Além disso, as *personas* e funções dos deuses às vezes mudavam com o tempo, enquanto certos deuses perdiam sua popularidade e desapareciam em silêncio na lixeira da história, tendo vivido além de sua utilidade. Embora muitos dos deuses tenham influência local ou regional, alguns deles têm grande aclamação e são reverenciados em todo o mundo chinês.

Na religião popular, as formas básicas de relacionamento e os padrões de interação entre seres humanos e seres sobrenaturais são baseadas no princípio da reciprocidade. Isso implica um sistema de obrigações mútuas: ao mesmo tempo em que os seres humanos veneram e rezam aos deuses, com a esperança de receber sua ajuda e aproveitar um pouco de seu poder numinoso, os deuses também contam com as oferendas e sacrifícios dos fiéis. O seu próprio *status* e autoridade como seres divinos depende da veneração e do respeito obtidos de seus devotos. Esse *status* deve ser defendido e confirmado de forma contínua, sobretudo pela habilidade dos deuses de responder com eficácia às súplicas dos fiéis; entre outras coisas, isso inclui as manifestações de eventos milagrosos e a graça divina. Essas circunstâncias tornam os deuses e outras divindades muito maleáveis à adaptação, em resposta a dilemas sociorreligiosos variáveis, o que explica a diversidade surpreendente e as mudanças locais dentro da religião popular.

Deuses diferentes têm poderes e esferas de autoridade distintos e ocupam diferentes níveis de distância das pessoas que os cultuam. Via de regra, existe uma relação inversa entre o poder de um deus individual e sua distância dos potenciais seguidores. Os deuses mais eminentes e poderosos são percebidos como demasiado distantes ou remotos para uma abordagem direta. Por outro lado, os deuses com poderes e esferas de influência mais limitados também são os mais acessíveis e sensíveis às necessidades religiosas, por estarem mais próximos dos locais onde o culto diário acontece: a família e a comunidade local. Um exemplo típico de um deus que tem estreitas relações com a família é o deus do fogão (*zaoshen*, também conhecido como o deus da cozinha).

Como seu nome indica, presume-se que o deus do fogão resida na área da cozinha de uma casa. Ele desempenha a função de um deus de todo o lar, e cada família tem seu próprio deus do fogão. A crença nesse deus é muito antiga e sua origem provável é a época de Confúcio. Ele é o mais importante entre os deuses domésticos que guardam o lar e a família. Outros membros desse grupo são os deuses das portas, geralmente representados em pares, cujas imagens são afixadas nas portas que dão para fora, para afastar o mal e proteger a casa e seus ocupantes (ver Figura 7.2). A função principal do deus do fogão é zelar por todos os acontecimentos do lar e manter registros detalhados dos atos de todos os membros da família. Uma vez por ano, pouco antes do Ano Novo lunar, ele ascende ao céu para fazer o relato das atividades meritórias e das transgressões de cada membro da família ao Imperador de Jade, que é a divindade suprema e o chefe da burocracia celestial (ver próxima seção).

No interior do lar, o deus do fogão é representado por uma imagem pictórica (que às vezes também mostra a sua esposa), que é colocada acima ou perto do fogão. Em reconhecimento de sua santidade, a área em torno da imagem do deus deve ser mantida limpa e pura. Em frente à imagem do deus, são feitas oferendas e cerimônias rituais pelos membros da família, sobretudo no aniversário do deus e durante as celebrações de final de ano, quando ele faz sua viagem de trabalho para o céu. Os ritos realizados antes de sua ascensão ao céu têm uma importância especial. Eles são destinados a garantir a boa sorte

Figura 7.2. Imagem de um deus de porta, templo ancestral da família Chen, Guangzhou

Introdução às religiões chinesas

e assegurar que o relatório do deus não contenha menções desfavoráveis ao mau comportamento da família; essa esperança é simbolizada pela mancha de pasta doce colocada sobre a boca da imagem do deus. Os ritos realizados nessas ocasiões incluem elementos que fazem parte integrante do ritual chinês popular: oferendas de velas, incenso e alimentos, o desempenho de reverências de reverências cerimoniais, a realização de súplicas e (no final do ano) a queima da imagem de papel do deus. Uma nova imagem de papel é então instalada no dia do Ano Novo, quando o deus deve retornar de sua viagem para o céu.

À medida que nos afastamos dos limites do lar e da família, encontramos outros deuses com diferentes papéis e esferas de jurisdição. Em termos da comunidade local, eles são mais bem representados pelo deus da terra (*tudi gong*). Cada aldeia ou área residencial tem seu próprio deus da terra, o qual mantém estreitas relações com a vida da comunidade. Representado na forma de um funcionário idoso, a sua morada é um santuário local despretensioso (ver Figura 7.3). Pequenos santuários dedicados a ele também são instalados

Figura 7.3. Santuário local dedicado ao deus da terra, Cingapura

na frente, ou ao lado, dos lares individuais e das ocupações locais, quase sempre perto do chão, ou em templos maiores dedicados a outros deuses. A partir desse lugar, presume-se que o deus da terra supervisiona os assuntos da comunidade local e mantém estreita relação com as vidas de seus residentes. Ele desempenha uma função protetora e os moradores se aproximam dele com todo tipo de súplicas e pedidos de bênçãos. Além disso, o deus da terra está integrado na burocracia celestial, ocupando uma posição humilde na parte mais baixa da hierarquia, análoga à de um chefe de aldeia, que responde diretamente à autoridade judiciária local.

Burocracia celestial

Além da família extensa, o sistema burocrático é uma das instituições mais duradouras e importantes da história chinesa. A influência da burocracia imperial se estendia, conforme a tradição, a quase todos os aspectos da vida cotidiana, mas também além deles, uma vez que se aceitava que mundo sobrenatural também era povoado e dirigido por figuras burocráticas. Um dos aspectos característicos da religião popular, também observável no taoismo, é a influência da metáfora burocrática na constituição de seu panteão, no qual os vários deuses correspondem às autoridades do governo. O impacto do modelo burocrático é evidente em toda a religião popular, incluindo sua iconografia e arquitetura, bem como seus rituais e festivais. Embora o modelo burocrático básico seja essencial para se compreender a religião popular, também devemos ter ciência de suas limitações, uma vez que nem todas as divindades populares (por exemplo, os três deuses estelares onipresentes, ver quadro), se adaptam perfeitamente a ele. Alguns deuses ocupam lugares externos ao paradigma burocrático, com suas próprias fontes independentes de poder e autoridade. Assim, os indivíduos podem abordar esses deuses de forma direta, em vez de usar os canais burocráticos oficiais.

Assim como sua parte correspondente na terra, a burocracia celestial é estruturada em termos hierárquicos, em que cada um de seus membros ocupa um lugar específico e desempenha funções circunscritas. Toda a estrutura burocrática é baseada em regras e procedimentos estabelecidos, bem como em registros escritos que são guardados com cuidado por funcionários apropriados. No ápice do edifício burocrático celestial encontra-se o Imperador de Jade (Yuhuang ou Yudi). Sua posição corresponde à do imperador chinês, que é percebido como o filho humano do céu. Do mesmo modo que o deus do fogão mencionado anteriormente, os deuses que ocupam as posições inferiores na burocracia prestarão contas a ele, em conformidade com canais burocráticos e procedimentos adequados.

Diz-se que o Imperador de Jade preside um vasto aparato burocrático, que é dividido em várias seções e departamentos, cada qual com uma função administrativa distinta. Por exemplo, há funcionários que supervisionam os purgatórios. Estes estão localizados no mundo dos mortos e são lugares onde os espíritos dos mortos são julgados e sofrem punições pelas transgressões terrenas. Os funcionários do inferno são liderados por Yanluo (ou Yanwang), o deus da morte, que também é o juiz supremo que administra justiça aos mortos de maneira imparcial. Esse deus burocrático é uma variante chinesa de Yama, a divindade budista que preside os infernos, que muitas vezes são representados em número de dez.

Ao mesmo tempo em que o Imperador de Jade é considerado como uma divindade suprema de grande poder, ele também é visto como indiferente e distante das preocupações das pessoas comuns, como acontece com o imperador vivo. Por essa razão, as pessoas dirigem suas invocações e pedidos de ajuda para os funcionários celestiais do Imperador, sobretudo aqueles com jurisdição local, que teriam maior contato com a situação concreta. Dentro dessas restrições, os deuses individuais podem conceder favores e responder a orações apenas dentro dos limites de seu poder e autoridade, que são claramente definidos. Presume-se que os deuses são parecidos com as autoridades governamentais e, por esse motivo, são representados à sua semelhança, como se pode ver nos numerosos quadros e imagens em que são retratados. Por extensão, eles são tratados da mesma maneira com que as pessoas lidam com suas partes correspondentes na burocracia imperial. Isso envolve a realização de pedidos e petições formais, bem como a oferta de presentes em troca de favores, ou, em outras palavras, a prática do suborno.

Os três deuses estelares *(sanxing)*
- Deus da boa sorte *(fu)*
- Deus da prosperidade *(lu)*
- Deus da longevidade *(shou)*

Da mesma forma, os templos que funcionam como moradas dos deuses têm como modelo os escritórios e residências governamentais, ao passo que a estrutura dos rituais ali realizados evocam as cerimônias governamentais e palacianas formais.

Um exemplo típico do burocrata celestial é o deus da cidade (*chenghuang shen*, lit. "deus das muralhas e dos fossos"). Ele ocupa uma posição mais alta na burocracia celestial do que o deus da terra, que está sob sua autoridade. Cada área urbana tem seu próprio deus da cidade, alojado num templo dedicado a ele, assim como cada jurisdição tem um representante local (uma instância municipal, em tempos pré-modernos) para administrá-la. O deus assume o aspecto de um representante local e é responsável pela defesa da paz, da segurança pública, da justiça e da prosperidade nessa área. A *persona* simbólica do deus da cidade incorpora uma gama de qualidades excelentes que são (publicamente) admiradas pelos *literati* chineses e estão associadas com a função pública exemplar, tais como a honestidade, a lealdade e a dedicação ao dever público.

Em uma ocasião especial, a estátua do deus da cidade, acompanhada de sua comitiva celestial, é levada numa procissão pública ao redor da cidade. Esse evento simboliza o circuito oficial do deus em seu domínio, que corresponde aos circuitos formais de inspeção feitos por magistrados locais e outras autoridades do governo. Além do desempenho de observâncias rituais apropriadas, essas procissões geralmente são cheias de pompa e servem como importantes ocasiões sociais, reunindo toda a comunidade na celebração festiva. Elas também funcionam como locais de entretenimento, com apresentações acrobáticas e musicais, fogos de artifício, e assim por diante.

Em geral, os rituais e preces por proteção contra as influências deletérias ou pela obtenção de benefícios mundanos são dirigidos ao deus da cidade não só pelo povo, mas também pelo magistrado local e outras autoridades. Em tempos pré-modernos, o deus da cidade foi integrado ao culto oficial, servindo de símbolo visível da relação simbiótica entre a burocracia terrena e a celestial. A estruturação paralela dos dois paradigmas burocráticos implica a sanção sobrenatural para os valores sociais e instituições políticas existentes, exemplificados pelo sistema burocrático da China Imperial. Em vista disso, não deveria surpreender que o Estado imperial estivesse envolvido na estruturação do panteão oficial. Por várias vezes, os governos imperiais manipularam o *status* de deuses específicos, concedendo-lhes diferentes

Figura 7.4. Templo do deus da cidade de Taipei

títulos e reorganizando o seu lugar dentro (e fora) do panteão oficial. Mas a burocracia celestial mostrou-se mais durável que os vários governos chineses, já que sobreviveu a várias dinastias. Ela até mesmo sobreviveu ao colapso do sistema imperial, na medida em que a crença e a veneração de seus deuses continuam a moldar as vidas religiosas de milhões de chineses.

Duas deidades populares: Guandi e Mazu

Por razões de espaço, não será possível considerar muitos entre os numerosos deuses que habitam o panteão popular; entretanto, pode-se obter maior clareza sobre os processos que levaram à exaltação de certas divindades e as funções que elas desempenham examinando um par de exemplos dignos de nota. As duas divindades muito cultuadas descritas a seguir, Guandi e Mazu, uma masculina e outra feminina, abarcam uma série de atributos que a religião popular confere a seus deuses e deusas. Eles também são instruti-

225

vos com relação à variedade de adulações e súplicas que os fiéis dirigem às diversas personificações de poder divino e de autoridade.

Guandi é mais conhecido como o poderoso deus da guerra, que é muito venerado em toda a China e entre as diásporas chinesas (ver Figura 7.5). Suas origens remontam a um personagem histórico famoso, Guan Yu (160-219). Este era um general lendário, que viveu durante o final da Dinastia Han e a era dos Três Reinos (220-265). Guan Yu ficou para a posteridade por suas habilidades marciais e qualidades morais exemplares, sobretudo sua bravura e lealdade; aos poucos, ele foi glorificado como uma divindade marcial. Ele era descrito, segundo a convenção, como uma imponente figura de guerreiro, com o rosto vermelho, cujas funções principais eram conceder proteção e defender a justiça. Por causa dessas características, ele ocupou o papel de divindade padroeira dos soldados e policiais.

Ao longo dos séculos, diferentes imperadores concederam títulos imperiais a Guandi e ele foi incorporado ao panteão oficial. Guandi também passou a ter diferentes aparências e funções, entre elas, a de santo padroeiro

Figura 7.5. Grande estátua de Guandi, Templo Guanlin, Henan

do comércio e protetor dos homens de negócios. As versões populares do deus foram também incorporadas ao panteão budista e taoista. No contexto budista, ele é descrito como um bodisatva e protetor dos ensinamentos budistas, ao passo que no taoismo ele é conhecido como uma divindade guardiã e dominadora de demônios. Existem numerosos templos dedicados a Guandi, alguns construídos em grande escala e sob os auspícios imperiais, o que condiz com seu estatuto oficial de "imperador sábio" (ver Figura 7.6).

Na origem, Mazu era venerada por pescadores e marinheiros, ao longo da costa Sudeste da China, como a deusa do mar. Segundo a lenda popular, no início ela era também uma personagem histórica, embora, nesse caso, obscura: uma mulher conhecida como Lin Moniang (Lin, a Menina Silenciosa), que viveu durante o século X. Ela era filha de um marinheiro, nascida numa cidade costeira na província de Fujian. A lenda a descreve como uma menina piedosa que levava uma vida virtuosa, embora tenha recusado se casar, como exigia a tradição. Ela morreu jovem, mas antes disso desenvolveu poderes místicos que ajudavam os marinheiros em sua região a enfrentar as

Figura 7.6. Entrada do Templo Guanlin, na vizinhança de Luoyang, Henan

Figura 7.7. Templo de Mazu, Tainan, Taiwan

tempestades e a chegar ao porto sãos e salvos. Por essa razão, a população local começou a venerá-la e, por fim, ela foi transformada numa divindade compassiva de grande aceitação, muitas vezes percebida com características maternais. Ela costuma ser retratada como uma figura salvadora, um tanto reminiscente de Guanyin.

Além de seu papel de deusa padroeira dos pescadores e marinheiros, Mazu também é reverenciada como protetora da região, estendendo sua ajuda a todos aqueles em perigo ou necessidade. O povo de Fujian também a venera como sua deusa ancestral. Assim como Guandi, ela foi incluída no panteão oficial e recebeu uma série de títulos imperiais, dos quais o mais conhecido é Tianhou (Consorte Celestial), que é muitas vezes usado como sua denominação primária e aparece nos nomes de templos dedicados a ela. Mazu é muito cultuada nas províncias do Sudeste, sobretudo Zhejiang, Fujian, Guangdong e Taiwan, onde há muitos templos dedicados a ela; existem também templos de Mazu em outras partes da China, incluindo o Nordeste (por exemplo, em Tianjin e Qingdao). Ela também é popular em grande parte do Sudeste da

Ásia (sobretudo no Vietnã, Malásia e Cingapura, e também na Tailândia). Em tempos recentes, seu culto se espalhou para outras partes do mundo, onde existem comunidades consideráveis de imigrantes chineses; nos Estados Unidos, por exemplo, há templos de Mazu em Los Angeles e São Francisco.

Sacrifício ritual, adivinhação e outras práticas utilitárias

Uma das características fundamentais das práticas e observâncias das religiões populares é o seu caráter utilitário. De modo geral, a religião popular não trata de *insights* profundos sobre as verdades metafísicas atemporais, ou da realização de estados meditativos sutis, ou de reflexões lúcidas sobre doutrinas de difícil compreensão. Da mesma forma, a transcendência do reino fenomenal e outras questões, que têm maior peso entre a elite budista e taoista, não são preocupações prementes no contexto da religião popular, ou talvez nem sequer existam. Os principais objetivos da vasta maioria dos seguidores são descaradamente pragmáticos e orientados para a aquisição de benefícios mundanos. Os sacrifícios rituais e as súplicas dirigidas aos vários deuses e outras divindades, que constituem o modo principal de comportamento devoto, ilustram de forma apropriada o caráter utilitário e a orientação pragmática da religião popular.

Em geral, as razões para cultuar diferentes deuses e oferecer-lhes sacrifícios são, sobretudo, pragmáticas, até mesmo prosaicas. O mesmo pragmatismo é evidente nos conteúdos das súplicas dirigidas aos deuses, as quais, via de regra, acompanham diversos tipos de atos rituais. O seu objetivo primário é evitar os vários infortúnios que acontecem aos seres humanos e melhorar a qualidade da vida terrena, com a aquisição de bênçãos, riqueza, boa saúde, vida longa, felicidade e sucesso mundano. As invocações aos seres sobrenaturais e os esforços para explorar os poderes únicos atribuídos a eles são orientados, antes de tudo, para ganhar maior controle sobre a vida humana, no nível do indivíduo, da família e da comunidade local.

O relacionamento da população com os deuses implica a dependência mútua, sendo estruturada basicamente em termos de um sistema de trocas compensatórias entre os dois grupos. A população local é responsável pela construção e manutenção dos santuários e templos que servem como moradas dos deuses individuais. Espera-se também que as pessoas mostrem respeito e façam sacrifícios aos deuses. Entre outras coisas, isso envolve a realização de vários atos rituais, tais como reverências, invocações e cantos, bem como as oferendas cerimoniais de incenso, velas, frutas e outros alimentos. Em troca, os deuses devem obter benefícios práticos para os indivíduos e as comunidades que os veneram e responder às súplicas dirigidas a eles. Se uma das partes violar os termos implícitos desse contrato, a outra parte está livre para negligenciar suas obrigações. Isso significa que os deuses podem retirar as suas bênçãos, ou mesmo mostrar seu descontentamento trazendo desgraça para aqueles que os desrespeitaram. Por outro lado, os fiéis também podem cessar as reverências e oferendas, caso considerem que um deus específico perdeu sua eficácia, ou não foi competente para utilizar seus poderes sobrenaturais de modo a conceder os benefícios esperados.

Na China, é tradicional que as pessoas se sintam livres para cultuar ou orar no templo local a qualquer momento, segundo suas necessidades e predileções individuais. Conforme já vimos na discussão sobre o deus da cidade, há também numerosos festivais ou festas de aniversário para os diversos deuses, quando toda a comunidade se reúne para os rituais e as celebrações públicas. Via de regra, esses são acontecimentos festivos, embora às vezes eles também incluam atos dramáticos de automutilação. Muitas vezes, os rituais populares também incorporam a queima simbólica de dinheiro celestial (disponível em cédulas de dólares nas lojas chinesas dos Estados Unidos) e de réplicas de papel dos itens desejáveis para a vida após a morte, que incluem modelos para casas, e que são dispostos em incineradores especiais localizados nos arredores do templo. A mesma orientação pragmática também se estende para outras práticas associadas com a religião popular, como a adivinhação, a mediunidade, o exorcismo e a geomancia.

Como em muitas outras culturas, a prática chinesa de adivinhação diz respeito ao uso de técnicas variadas para determinar o sentido oculto de acontecimentos específicos ou descobrir as relações causais entre eventos heterogêneos. A prática da adivinhação dá ênfase às ansiedades humanas de querer compreender os impasses da vida, decifrar o desenrolar de futuros eventos e ganhar controle sobre as forças invisíveis que afetam a vida humana. Em grande parte ela é baseada num desejo comum de antecipar ou prever o futuro, o que confere um sentimento de segurança e controle sobre a própria vida. Existem muitas técnicas usadas na China para propósitos de adivinhação, incluindo almanaques que sugerem datas auspiciosas e desfavoráveis para todos os tipos de atividades (por exemplo, casar ou fazer uma viagem), quiromancia, interpretação de sonhos, fisiognomia e outros tipos de adivinhação.

Talvez as formas divinatórias mais comuns na China sejam os usos de blocos de adivinhação e varetas oraculares, que são muito utilizados não apenas em locais populares como também em templos budistas e taoistas. Os blocos de adivinhação vêm em pares, modelados como luas crescentes, sendo planos de um lado e redondos do outro. As varetas oraculares são feitas de bambu e são colocadas juntas num recipiente redondo, que é chacoalhado, via de regra em frente a uma divindade, até que uma das varetas saia. Muitas vezes as duas técnicas são combinadas com o uso de papeletas de adivinhação, cada qual contendo um número que corresponde a uma das varetas. As papeletas de adivinhação transmitem mensagens concisas e enigmáticas, que devem lançar luz sobre a situação pertinente, ou o curso apropriado de ação relativo à questão introduzida pelo suplicante. Por exemplo, o suplicante pode fazer uma pergunta sobre seus relacionamentos com outras pessoas, perspectivas de trabalho, ou relação com doenças e outras adversidades.

O uso de médiuns espirituais também pode ser considerado como uma forma popular de adivinhação, através do qual os clientes procuram a orientação de vários deuses ou antepassados. Os médiuns são figuras xamânicas (homens ou mulheres) que dominaram as artes da possessão espiritual ou da comunicação com o divino. Eles seriam capazes de entrar em transe por meio de técnicas específicas. Durante o transe, eles se comunicam com certas divindades, ou canalizam informações do reino espiritual pela identificação com espíritos determinados e, com isso, respondem a perguntas específicas colocadas por seus clientes ou fregueses. Com efeito, acredita-se que o médium seja capaz de se conectar e se tornar porta-voz de uma divindade específica. Muitas vezes, o médium fala de modo ininteligível, ou recorre à psicografia para comunicar a informação transmitida pela divindade. Presume-se que alguns médiuns sejam capazes de comungar com os mortos.

Em contraste com a comunicação espiritual positiva associada à mediunidade, os sacerdotes ou especialistas em ritual, que realizam exorcismos, tratam de neutralizar as pestilências e banir as influências deletérias dos fantasmas ou espíritos incômodos. Via de regra, a presença prejudicial das entidades demoníacas, que podem infestar tanto uma pessoa quanto um local, é extirpada por sequências de atos rituais coreografados com muito cuidado, os quais incluem movimentos semelhantes à dança e encantamentos. As forças indesejáveis da desordem são, assim, banidas por meio da manipulação ritual qualificada e o envolvimento com as forças da ordem, representadas sobretudo pelos vários deuses. Muitas vezes, os exorcismos funcionam como rituais de cura, sendo destinados a combater doenças específicas; eles são também executados por sacerdotes taoistas.

A antiga técnica da geomancia (*feng shui*, lit. "vento e água") é entendida, segundo a tradição, como um meio de aproveitar e equilibrar as forças e energias invisíveis que infundem locais ou paisagens específicas. Já foi descrita de várias formas, como arte antiga e como pseudociência; a geomancia é praticada de maneira geral como um método de seleção de localizações adequadas para cemitérios, residências familiares, templos e edifícios públicos. Os princípios da geomancia, que levam em conta as manifestações de diversas forças *yin* e *yang* dentro do ambiente (representadas, em termos gráficos, como um tigre e um dragão), juntamente com os fluxos naturais e circulações do *qi*, estão também integrados nos projetos arquitetônicos de locais e edifícios específicos, procedimento que costuma ser aplicado até os dias de hoje. Segundo o costume, o uso especializado do conhecimento de geomancia é feito para trazer harmonia entre os seres humanos, o ambiente natural e os poderes invisíveis, integrando todos eles num plano cósmico mais amplo.

Movimentos milenaristas, seitas heterodoxas e sociedades secretas

Com o seu panteão e o restante do reino espiritual replicando as estruturas e instituições do mundo humano, ao longo da história chinesa, duas das funções principais da religião popular eram reforçar os valores convencionais e legitimar a ordem sociorreligiosa dominante. Por outro lado, as crenças e práticas religiosas frequentes e populares também funcionavam como agentes de mudança, sobretudo quando eram empregadas por grupos ou movimentos que buscavam contestar ou mesmo demolir o *status quo*. Os principais exemplos disso são os vários movimentos milenaristas ou messiânicos e as "seitas heterodoxas" que floresceram ao longo da história chinesa. Em geral, esse tipo de movimentos reunia pessoas comuns ou grupos marginais na sociedade chinesa, mas às vezes eles irrompiam com plena força na cena sociopolítica e alteravam o curso da história.

Embora adotassem orientações ideológicas e programas sociais variados, os diversos grupos milenaristas partilhavam a expectativa comum de amplas transformações sociais e políticas, iniciadas ou apoiadas por uma agência sobrenatural. A transformação iminente era compreendida em termos da realização de utopias sociorreligiosas específicas, que correspondiam a um protótipo sancionado por meios divinos. Esses processos de mudança social e religiosa (em geral imbuídos de uma noção de propósito cósmico mais amplo), estavam relacionados com a destruição de valores decadentes e instituições associadas à antiga ordem. Os remanescentes da antiga ordem deveriam ser substituídos com os costumes iluminados de um novo ordenamento. Muitas vezes, os seguidores desses movimentos sentiam a necessidade de apressar a chegada de uma nova era, pela derrubada violenta da autoridade política estabelecida. Esta é uma das principais razões pelas quais os sucessivos governos chineses, até os dias presentes, têm tido extrema cautela e desconfiança em relação aos grupos ou ensinamentos religiosos que defendam ideias milenaristas ou messiânicas. Muitas vezes essas preocupações levaram à busca ativa de políticas públicas voltadas ao controle ou repressão de grupos milenaristas e seitas heterodoxas; um exemplo recente foi a supressão do Falun gong.

Já encontramos casos de milenarismo chinês no arrazoado do início da história do taoismo como religião organizada, conforme ilustrado pelo movimento dos Turbantes Amarelos e sua crença utópica no advento de uma nova era de grande paz (ver Capítulo 3). Num momento posterior, iremos considerar também o movimento Taiping no século XIX, que se inspirou no cristianismo (ver Capítulo 9). Havia também formas de milenarismo inspiradas no budismo, que giravam em torno da crença da vinda iminente de Maitreya, o Buda futuro, que levaria a uma profunda transformação da ordem mundial estabelecida. Esses movimentos estão relacionados com a ampla categoria de seitas (e ensinamentos) heréticas, cujo desvio das ortodoxias estabelecidas baseia-se na rejeição das premissas culturais compartilhadas e das normas sociais predominantes; no curso da história chinesa, isso muitas vezes os conduziu a rotas de colisão com o governo. Em geral, esses movimentos estão associados a uma tradição religiosa específica (e por isso são rotulados de taoistas, budistas ou cristãos), mas costumam apresentar tendências sincréticas e são rejeitados pelas organizações religiosas convencionais.

Entre os exemplos bem conhecidos de movimentos milenaristas populares estão o Ensinamento do Lótus Branco (Bailian jiao) e suas ramificações que, ao longo dos séculos, estiveram envolvidos em inúmeras insurreições contra o governo central. O primeiro imperador da Dinastia Ming começou como membro de um grupo religioso com expectativas milenaristas, centradas no culto a Maitreya, que se rebelou contra a dinastia mongol Yuan. Além disso, uma rebelião importante do Lótus Branco ocorreu durante meados do período Qing (1796-1803) e também foi reprimida com violência pelo governo Manchu. O uso de um importante símbolo budista no nome do Ensinamento do Lótus Branco aponta para suas origens como um movimento popular, que emergiu dentro do contexto do budismo leigo do final das eras Song e Yuan (a saber, o século XIII). Os primeiros seguidores dos ensinamentos do Lótus Branco promoviam o vegetarianismo, realizavam práticas devocionais (em grande parte da variedade Terra Pura), dedicavam-se a obras beneficentes e acreditavam no advento do Buda Maitreya. Mais adiante, o Ensinamento do Lótus Branco se transformou num movimento sincrético que incluía diversos grupos sectários, alguns dos quais com tendências insurgentes.

De maneira geral, a designação Ensinamento do Lótus Branco é usada num sentido impreciso (como um rótulo abrangente com conotações vagas), para se referir a uma diversidade de grupos, geralmente com tendências milenaristas ou rebeldes, não obstante suas diversas crenças e estruturas organizacionais díspares. No processo de seu desenvolvimento, os grupos religiosos incluídos no movimento absorveram diversas crenças e práticas populares; no entanto, de modo geral, as ideias milenaristas centradas no mito de Maitreya permaneceram como parte essencial de sua visão de mundo. Um exemplo de adição sincrética é o culto de uma poderosa divindade feminina conhecida como Mãe Eterna (Wusheng Laomu), que assume um papel básico em narrativas míticas fundamentais produzidas pelos defensores do Ensinamento do Lótus Branco; essas narrativas foram incluídas em escrituras sectárias conhecidas, em seu conjunto, como "volumes prévios" (*baojuan*) (para mais informações sobre o movimento do Lótus Branco, ver Haar, 1992).

Outra característica notável da vida religiosa popular na China, muitas vezes relacionada com os movimentos milenaristas e seitas heterodoxas, é a formação de diversas sociedades secretas. Ao mesmo tempo que se trata de grupos voluntários que começaram a crescer a partir de associações de ajuda mútua, via de regra eles assumem um caráter clandestino e têm filiação exclusiva. Com efeito, eles funcionam como organizações fraternais que oferecem a seus membros um senso de identidade e afiliação, fora de seus laços normais de parentesco e da estrutura social dominante. Novos membros são aceitos após iniciações formais, recebendo a injunção de manter votos de sigilo e tendo que demonstrar uma lealdade inquestionável ao grupo. Por essa razão, as sociedades secretas têm linhas claras de demarcação que separam os membros de dentro e de fora da organização, ao contrário da situação que costuma acontecer na religião chinesa.

Os princípios de organização e os rituais desses grupos são variados e podem incorporar diversos elementos religiosos do budismo, do taoismo ou da religião popular. No decorrer da história chinesa, quase sempre os grupos desse tipo manifestaram tendências revolucionárias ou rebeldes e também têm sido associados com atividades ilegais. Por exemplo, durante o século XVII, a influente Sociedade Tríade (Sanhe hui), originalmente conhecida como a Sociedade do Céu e da Terra (Tiandi hui), estava envolvida num esforço insurgente para derrubar o recém-criado regime Manchu da Dinastia Qing e restabelecer a Dinastia Ming nativa. A sociedade também se envolveu na revolução republicana e na derrubada da Dinastia Qing em 1911, mas, aos poucos, se transformou num elemento notório do crime organizado. Por causa dessa história e associação, as sociedades secretas são vistas com desconfiança pelas autoridades governamentais, na China e em outros lugares.

Pontos-chave

- A categoria ampla de religião popular, ao mesmo tempo que resiste a definições limitadas e caracterizações definidas, abrange uma ampla variedade de crenças e práticas muito difundidas, que são partes muito importantes da vida religiosa e social da China.
- A tendência generalizada para o sincretismo, observável em todo o espectro das crenças e práticas agrupadas na categoria de religião popular, via de regra envolve a incorporação de elementos abundantes derivados de cada um dos três ensinamentos.
- Em certas ocasiões, a adoção do sincretismo foi um ato deliberado e recebeu formas institucionais ou teóricas concretas por diversos defensores da noção de unidade entre os três ensinamentos, como revela a formação do Ensinamento Três-em-um.

- A religião popular situa os seres humanos em um mundo multifacetado que também é povoado por vários tipos de seres sobrenaturais e misteriosos, que geralmente são classificados em três categorias gerais: deuses, ancestrais e fantasmas.
- A obtenção da proteção sobrenatural e bênção para a família e a comunidade local são temas centrais na religião popular, como atesta o culto generalizado de deuses domésticos e locais, representados pelo deus do fogão e o deus da terra.
- Uma das peculiaridades da religião popular é o uso da metáfora burocrática na construção de seu panteão, onde os deuses ocupam lugares específicos dentro de uma burocracia celestial estruturada em termos hierárquicos, em que todos desempenham funções restritas que correspondem àquelas das autoridades governamentais.
- Os deuses populares como Guandi e Mazu exemplificam as formas em que personagens históricos foram deificados e integrados no panteão oficial, e os vários papéis e funções que assumiram no decorrer de sua existência divina.
- Uma característica essencial das práticas religiosas populares, como o sacrifício ritual, a adivinhação e o exorcismo, é o seu caráter utilitário ou orientação pragmática, em que a vasta maioria dos seguidores tem o interesse de obter benefícios mundanos e ganhar maior controle sobre suas vidas.
- Às vezes, os elementos da religião popular funcionavam como agentes de mudança, sobretudo no contexto dos movimentos milenaristas, seitas heterodoxas e sociedades secretas, que rejeitavam os valores tradicionais e desafiavam o *status quo* sociopolítico.

Questões para discussão

1. Compare e confronte as atitudes em relação ao reino sobrenatural e à construção da identidade religiosa na religião popular chinesa com as características das religiões monoteístas, como o cristianismo e o islamismo.
2. Quais modelos terrenos foram usados na confecção do panteão divino e o que esses paralelos nos dizem sobre o caráter básico da civilização chinesa?

3. Quais são as respostas governamentais básicas ou típicas aos ensinamentos e atividades dos grupos ou movimentos milenaristas, e quais são os exemplos históricos e considerações que configuram essas respostas?

Leituras complementares

Berling, J. A. *The Syncretic Religion of Lin Chao-En*. New York: Columbia University Press, 1980.
Brokaw, C. J. *The Ledgers of Merit and Demerit*: Social Change and Moral Order in Late Imperial China. Princeton, NJ: Princeton University Press, 1991.
Bruun, O. *An Introduction to Feng Shui*. Cambridge: Cambridge University Press, 2008.
Chau, A. Y. *Miraculous Response*: Doing Religion Popular in Contemporary China. Stanford, CA: Stanford University Press, 2006.
Davis, E. L. *Society and the Supernatural in Song China*. Honolulu, HI: University of Hawai'i Press, 2001.
Dean, K. *Lord of the Three in One*: The Spread of a Cult in Southeast China. Princeton, NJ: Princeton University Press, 1998.
Feuchtwang, S. *Popular Religions in China*: The Imperial Metaphor. Richmond, Surrey: Curzon Press, 2001.
Haar, B. J. *The White Lotus Teachings in Chinese Religious History*. Leiden: E. J. Brill, 1992.
Hansen, V. *Changing Gods in Medieval China, 1127-1276*. Princeton, NJ: Princeton University Press, 1990.
Hymes, R. P. *Way and Byway*: Taoism, Local Religion, and Models of Divinity in Sung and Modern China. Berkeley, CA: University of California Press, 2002.
Johnson, D. (Ed.). *Ritual and Scripture in Chinese Popular Religion*: Five Studies. Berkeley, CA: Chinese Popular Culture Project, 1995.
Liu, K. C.; Shek, R. (Eds.). *Heterodoxy in Late Imperial China*. Honolulu, HI: University of Hawai'i Press, 2004.
Seiwert, H. M. *Popular Religious Movements and Heterodox Sects in Chinese History*. Leiden: E. J. Brill, 2003.
von Glahn, R. *The Sinister Way*: The Divine and the Demonic in Chinese Religious Culture. Berkeley, CA: University of California Press, 2004.

8

Transformações posteriores do confucianismo

Neste capítulo

Este capítulo retoma o final do panorama histórico dos primórdios do confucianismo, apresentado no capítulo 2, e conta a história do confucianismo nos períodos medieval e da última fase da China Imperial (aprox. um terço do século XIX). Seu foco principal é no movimento reformista confuciano que surgiu durante o período Song (960-1279) e que culminou na grande síntese neoconfuciana formulada por Zhu Xi (1130-1200). Essa versão do confucianismo tornou-se a ortodoxia oficial no fim da China Imperial, uma posição que ocupou até o início do século XX, embora houvesse outras vozes e perspectivas alternativas que desafiavam sua primazia.

Tópicos principais

- Caráter e papel do confucianismo durante o período medieval.
- Reforma da tradição confuciana pelos principais pensadores neoconfucianos da era Song.
- A vida de Zhu Xi e sua criação de uma síntese neoconfuciana abrangente.
- Reescritura da história confuciana da primeira fase.

- Formação de um novo cânone.
- Articulação de Zhu Xi de um novo programa de aprendizagem e prática confuciana.
- O sistema de exames oficiais e seu papel na perpetuação do domínio neoconfuciano.
- Desafios à hegemonia da versão de Zhu Xi do neoconfucianismo.
- Impacto dos costumes confucianos no *status* da mulher na sociedade tradicional chinesa.

Confucianismo durante o período medieval

Os relatos de conversão da história do confucianismo, via de regra, evitam o período medieval, praticamente descartando-o como um período de declínio prolongado, espremido entre as glórias pretendidas do confucianismo clássico (representado por Confúcio e Mêncio) e a tradição neoconfuciana, que desfrutou séculos de domínio institucional e intelectual durante a fase avançada do período imperial. Há, talvez, um elemento de verdade nessas avaliações sumárias, por conta da diminuição ou reorientação da influência confuciana nos vários estados e sociedades chinesas que surgiam e desapareciam no período de desunião (aprox. dos séculos III ao VI). Os estudos eruditos tradicionais argumentam que a utilidade e o poder de atração do confucianismo, como ideologia de Estado, diminuíram visivelmente durante essa época, em meio à falta de um governo imperial forte e estável. Isso aconteceu sobretudo no Norte, onde predominava o governo de dinastias não chinesas, que tinham menos interesses pessoais em manter a ortodoxia confuciana. Os governantes dessas dinastias eram mais propensos a buscar em outras partes as bases ideológicas de seu governo, mostrando abertura para usar fontes alternativas de legitimidade política, incluindo o taoismo e o budismo. Na realidade, tanto os governos do Norte como do Sul continuavam a usar o confucianismo para justificar seu regime, que era um elemento central da ideologia da elite e da prática ritual. A novidade durante esse período foi que os vários estados e suas elites abriram-se cada vez mais à adoção de outras formas de legitimação.

Embora o período medieval tenha sido marcado pela ascendência do budismo e do taoismo, o confucianismo continuou a desempenhar um papel vital na vida chinesa (sobretudo durante o período Tang); assim, excluí-lo da discussão dessa importante época é injustificável em termos históricos. Uma desconsideração sumária do confucianismo no estudo da cultura e sociedade medieval tem um impacto negativo em nossa compreensão de alguns dos padrões mais interessantes de sincretismo intelectual e pluralismo religioso que se configuravam com constância na China (ou no resto do mundo, da mesma forma). Além disso, o ato de denegrir o confucianismo medieval implica a aceitação de estereótipos históricos questionáveis, sobretudo a nova versão seletiva da história promovida pela tradição neoconfuciana. Como veremos a seguir, os neoconfucianos elevaram o *status* de sua tradição e reforçaram sua legitimidade com a criação de uma narrativa aparentemente histórica do declínio confuciano após a época de Mêncio. Desde sua perspectiva, houve uma perda trágica do saber confuciano ortodoxo, um período prolongado de confusão doutrinal e a falta de uma visão moral clara, até que o verdadeiro caminho foi redescoberto pelos grandes pensadores neoconfucianos da época Song.

Os exemplos pertinentes da contínua influência dos clássicos confucianos e das ideias que eles apresentam vêm do célebre movimento Saber Recôndito (Xuanxue; às vezes, também traduzido como "saber misterioso", no sentido de "estudo dos mistérios"), que estava em voga entre os círculos da elite intelectual e social, sobretudo no Sul, durante o período da desunião. Embora o movimento do Saber Recôndito seja caracterizado, em geral, como taoísta em sua orientação (portanto, muitas vezes é referido como neotaoísmo), o estudo e a reflexão sobre os clássicos confucianos eram preocupações de grande importância entre suas principais figuras. Dentro do meio ecumênico predominante na época, pensadores como o brilhante filósofo Wang Bi (226-249) relacionou, de modo criativo, os conceitos e ideais confucianos aos taoístas, estabelecendo novos paradigmas filosóficos e apresentando maneiras inovadoras de formular questões de significados fundamentais. Eles introduziram formas imaginativas de considerar a herança confuciana, ampliando seus contornos e levando-a a dialogar com outras tradições intelectuais, sobretudo o taoísmo.

Wang Bi e outros pensadores associados ao movimento do Saber Recôndito também exerceram influência na formulação ou promoção de um vocabulário filosófico característico, que teve influência duradoura no desenvolvimento subsequente dos discursos teóricos dentro do confucianismo e do taoísmo.

Os exemplos incluem os conceitos de "princípio" (*li*) e "não ser" (*wu*), bem como a dicotomia de essência e função (*ti/yong*). Essa influência também se estendeu ao budismo que, a essa altura, entrava no cenário intelectual e se tornava uma parte integrante da constelação de sistemas filosóficos e ensinamentos religiosos que cresceram no período de desunião. Essa estrutura ecumênica promoveu estreitas interações entre diversas tradições intelectuais e religiosas. O confucianismo era uma parte muito importante dessa mistura multifacetada e ecumênica, mesmo que isso tenha implicado ceder um pouco em relação à posição dominante que ele desfrutava durante a era Han.

A importância do confucianismo cresceu de modo acentuado durante a Dinastia Tang, na sequência da reunificação da China e do estabelecimento de um Estado forte e centralizado. O Estado imperial promoveu de forma ativa a cultura clássica e valeu-se dos recursos ideológicos oferecidos pela tradição confuciana, que legitimavam seu reinado e ajudavam a consolidar as estruturas complexas do governo dinástico. O conhecimento e a capacitação dos eruditos formados pelo cânone confuciano revelaram-se indispensáveis para os governantes da era Tang na organização do governo e na direção de suas instituições. Os ensinamentos confucianos também ofereciam ferramentas importantes para a sanção do poder do Estado e as prerrogativas reais. Por isso, a administração imperial patrocinava de modo generoso a educação acadêmica canônica, da qual grande parte acontecia nos institutos e órgãos oficiais na capital.

Um dos principais interesses da educação confuciana oficial era oferecer edições autorizadas e padronizadas do cânone, que eram distribuídas por todo o império. Os eruditos confucianos também produziam comentários consideráveis sobre textos canônicos, muitas vezes acompanhados de subcomentários detalhados. Embora os estudos eruditos oficiais tendessem a interpretar os clássicos em termos das prioridades e necessidades percebidas da dinastia reinante, havia um entendimento tácito de que o cânone estava aberto para múltiplas interpretações que levavam em consideração os dilemas históricos variáveis. Assim, a exegese canônica era um empreendimento escolástico cumulativo que envolvia sucessivas gerações de acadêmicos e intelectuais.

A erudição canônica tinha estreitas relações com a codificação do programa de rituais do Estado imperial, que era baseado nos exemplos e modelos apresentados nos clássicos confucianos. As numerosas observâncias rituais encenadas na corte real (algumas eram monumentais em escala e envolviam exibições fantásticas da grandeza imperial) faziam parte das bases fundamentais do poder e prestígio dinástico. Elas evocavam um senso de unidade cósmica, ao associar a dinastia reinante ao Céu e ao mundo invisível. Ao mesmo tempo, elas também reafirmavam as relações humanas estratificadas existentes e promoviam a harmonia social.

O cânone confuciano também tinha um lugar de destaque na arena educacional. O conhecimento dos clássicos, juntamente com os textos históricos e filosóficos relacionados, era incontestável nas elites sociopolíticas. Os clássicos eram parte central do currículo nas escolas oficiais instituídas pelo governo. Além disso, essas escolas foram fundamentais para promover o culto de Confúcio, que era venerado como o sábio supremo. Não é de surpreender que o conhecimento dos clássicos fosse testado pelos exames estatais mais prestigiosos. Como veremos mais tarde, esses exames eram canais essenciais para a obtenção de cargos burocráticos no governo central, os quais, por sua vez, eram as principais fontes de alta posição social e riqueza na sociedade Tang. Os eruditos confucianos também foram, em grande parte, responsáveis por duas outras iniciativas patrocinadas pelo Estado: o registro da história e a compilação de antologias literárias e de bibliografias. O seu papel na escrita da história oficial é especialmente notável, uma vez que ajuda a explicar o viés pró-Confúcio da maior parte da literatura histórica chinesa, mesmo durante períodos de predomínio budista, como a era Tang (para saber mais sobre o confucianismo Tang, ver McMullen, 1988).

De modo geral, durante a era Tang, o confucianismo era visto como complementar ao budismo e ao taoismo. A fórmula básica usada para descrever a relação harmoniosa entre os três ensinamentos era "o confucianismo para o (mundo) exterior", e o "budismo e taoismo para o (mundo) interior", embora, sem dúvida, houvesse exceções para essa síntese genérica. Em termos práticos, isso significava que os eruditos concentravam suas energias nas áreas tradicionais de interesse e estabeleciam pontos fortes na cultura confuciana. Isso implicava o foco nas necessidades do Estado imperial, sobretudo suas estruturas governamentais, o sistema educacional e o programa de rituais da dinastia, bem como o envolvimento com a moralidade pública e as atividades literárias. Por outro lado, considerava-se que o interesse principal do budismo e do taoismo era o mundo interno ou espiritual, e essas tradições ofereciam paradigmas abrangentes de autocultivo e apontavam na direção de reinos refinados de desapego e transcendência.

Revitalização neoconfuciana na era Song

Nem todos os *literati* concordavam com as atitudes cosmopolitas e os sentimentos ecumênicos predominantes mencionados anteriormente, e nem toda a gente estava à vontade com a cultura pluralista da China da era Tang. Uma das vozes mais vigorosas a assumir a causa confuciana e incitar contra a posição dominante do budismo foi o famoso funcionário e escritor Han Yu (768-824), que estava entre os líderes de um movimento reformista conhecido como "escrita antiga" (*guwen,* também referido como "prosa clássica"). Esse movimento pedia o retorno de composições literárias simples e sem enfeites, manifesto nos primeiros clássicos confucianos, que contrastavam com o estilo literário pomposo e ornado que estava em voga na época. A reforma do estilo literário pretendia acompanhar o retorno aos conteúdos autênticos e mensagens centrais dos clássicos, sobretudo suas injunções morais e prescrições de autocultivo. Para Han Yu, os clássicos continham os ensinamentos ortodoxos do verdadeiro caminho, que ele sentia terem sido negligenciados desde o tempo de Mêncio, com grande prejuízo para a cultura e sociedade chinesas.

A defesa ativa de Han Yu a favor do retorno ao caminho confuciano genuíno foi afetada por sentimentos exclusivistas. Embora ele também criticasse os taoistas, a seus olhos o principal culpado pelo declínio social e pela contaminação cultural que parecia envolver a China durante essa época era o budismo. Em seu famoso "Memorial sobre os Ossos do Buda" (compilado em 819), ele vinculava o confucianismo com os reinos gloriosos dos antigos reis-sábios, enquanto criticava o Buda como um bárbaro bruto, que ignorava as normas sociais e os relacionamentos adequados (isto é, chineses). Han Yu retomou as primeiras críticas ao budismo (ver capítulo 5) e denunciava-o como uma fé estrangeira heterodoxa, que era inadequada para os chineses. Ele se opôs com veemência à entrada da relíquia do Buda nos locais sagrados do palácio imperial, evento que o levou a compor sua diatribe antibudista (ver quadro de citação). Embora alguns dos pontos de vistas intolerantes e sentimentos xenofóbicos de Han fossem incomuns no contexto Tang, a sua posição destemida em defesa do modo confuciano lhe rendeu muitos admiradores entre a geração posterior de confucianos. Por esse motivo, ele é muitas vezes identificado como um precursor do renascimento neoconfucianismo que floresceu durante a era Song.

> **"Memorial sobre os Ossos do Buda", de Han Yu**
>
> Seu humilde servo sugere que o budismo é apenas uma das práticas de culto dos bárbaros, que se infiltrou na China durante a fase final da era Han. Antigamente, não havia tal coisa aqui. O Buda era de origem bárbara. Ele não falava a língua chinesa e usava roupas de um estilo diferente. Seu discurso não combinava com as palavras dos reis antigos, nem suas vestes estavam de acordo com as prescrições deles. Ele não reconhecia o relacionamento adequado entre um governante e seu súdito, nem entendia os sentimentos que uniam pais e filhos. [...] Agora que ele já está morto há muito tempo, qual é o sentido de autorizar a entrada de seus ossos deteriorados e podres, seus restos imortais imundos e de mau agouro, nos recintos sagrados do palácio imperial? Confúcio disse: "Respeite os fantasmas e espíritos, mas mantenha-se longe deles". [...] Eu imploro a Sua Majestade que entregue esses ossos às autoridades, para que eles possam jogá-los na água ou no fogo, cortando assim de uma vez por todas a raiz desse mal. Isso libertará o império de grave erro e evitará a confusão das gerações posteriores.
>
> Tradução adaptada de Reischauer (1955, p.221-4).

Quando aplicado ao início do desenvolvimento histórico da tradição, o neoconfucianismo é uma designação geral que engloba o pensamento e a produção literária de uma série de pensadores. Esse rótulo é de origem ocidental e relativamente recente. Os termos chineses tradicionais que eram usados desde o início para designar o que chamamos de neoconfucianismo são "Estudo do Caminho" (Taoxue) e "Estudo do Princípio" (Lixue). Os líderes do movimento neoconfuciano durante seu período formativo, dos quais cinco passaram a ser celebrados como os cinco grandes mestres da era Song do Norte (ver quadro), eram eruditos criativos e reformistas, que se empenharam numa ampla reformulação da antiga herança confuciana. De modo geral, havia um traço purista ou fundamentalista palpável em sua orientação intelectual básica e nas atitudes religiosas, no sentido de um interesse abrangente pela volta às verdades inimitáveis e aos *insights* eternos da tradição confuciana, a qual consideravam perdida por muitos séculos.

A reformulação das normas e ideias confucianas em poder dos reformadores da era Song foi acompanhada de críticas abertas às doutrinas e práticas do budismo e do taoismo. As críticas relativas ao budismo, que aos olhos dos reformadores neoconfucianos havia exercido por longo tempo uma influência indevida nas mentes e nos corações dos *literati* chineses, eram particularmente duras. Algumas das críticas centrais eram dirigidas às principais doutrinas budistas, sobretudo a doutrina da vacuidade, que foi denunciada como niilista. Os budistas também eram acusados de serem egocêntricos, interessados no mundo sobrenatural e egoístas, em contraste com a mentalidade social dos confucianos e seu interesse pela família e pelo bem da comunidade.

Ao mesmo tempo em que criticavam o budismo e o taoismo, os reformadores neoconfucianos eram influenciados pelas ideias das duas religiões concorrentes, que fizeram parte dos anos de formação de grande parte deles. Muito de seu pensamento e de suas especulações sobre a natureza da mente e da realidade, juntamente com sua maneira de conceber as questões filosóficas fundamentais, foram moldados por seus encontros com os ensinamentos budistas e, em menor grau, taoistas. Nesse sentido, a ascensão do movimento neoconfuciano deve ser inserida no contexto das respostas de seus líderes ao predomínio percebido do budismo e de seus compromissos com os ensinamentos e práticas dessa tradição.

No entanto, embora as influências do budismo (e do taoismo) sejam fáceis de observar nos ensinamentos propostos pelos principais expoentes do neoconfucianismo, é importante notar que, por fim, eles voltaram aos clássicos confucianos como suas principais fontes de inspiração e orientação. Eles produziram um sistema inclusivo de pensamento, que explicava a totalidade da realidade, em todo o seu caráter multifacetado e complexo. Apesar de manter a fidelidade aos interesses confucianos tradicionais, como as estruturas governamentais, a moralidade pública e o envolvimento político, os reformadores da era Song expandiram e enriqueceram de maneira

Cinco mestres do início do neoconfucianismo

- Zhou Dunyi (1017-1073)
- Shao Yong (1011-1077)
- Zhang Zai (1020-1077)
- Cheng Hao (1032-1085)
- Cheng Yi (1033-1107)

substancial os contornos do discurso confuciano. É de notar, sobretudo, que eles reorientaram o saber confuciano em direção à especulação metafísica sobre a estrutura do cosmos e a natureza da realidade. Ao mesmo tempo, eles concentraram esforços em focar a atenção nos processos do cultivo espiritual que culminavam na perfeição da condição de sábio. Assim, eles incluíram duas áreas fundamentais, a reflexão metafísica e o cultivo espiritual, que anteriormente eram dominadas pelos budistas e taoistas. O resultado final foi uma ampliação substancial do campo da cultura confuciana e o crescimento de novas tendências dentro dela.

No início, os pensadores neoconfucianos representavam apenas uma entre as várias tendências que participavam da revitalização do confucianismo ocorrida durante a era Song. Amplos exemplos de perspectivas alternativas sobre o conhecimento e os valores confucianos, algumas delas em grande desacordo com as noções neoconfucianas nascentes sobre verdade e ortodoxia, podem ser encontrados nas obras de numerosas autoridades e escritores influentes. Por exemplo, o famoso poeta, intelectual e alto funcionário Su Shi (1037-1101) defendia a importância da expressão artística e se opunha a toda forma de pensamento dogmático. Embora defendesse a instituição do governo benevolente, ao longo das tradicionais linhas confucianas, Su Shi era também solidário com as doutrinas e práticas do budismo. No entanto, no longo prazo, os reformadores neoconfucianos conseguiram ocasionar uma passagem gradativa do interesse intelectual pelo budismo para o confucianismo, com profunda importância para a história subsequente da China. Eles influenciaram o declínio prolongado do budismo, já que os líderes budistas, de modo geral, não conseguiam oferecer respostas convincentes ao desafio neoconfuciano. No final, o sucesso do neoconfucianismo foi baseado na empolgação pelas suas ideias entre os *literati*, bem como em sua utilidade ideológica e institucional para o Estado imperial.

Cada um dos principais pensadores neoconfucianos acrescentou perspectivas únicas e ressaltou conceitos filosóficos fundamentais que passaram a ser associados à orientação intelectual básica de seu movimento. Por exemplo, Zhou Dunyi fez contribuições significativas à formulação da cosmologia neoconfuciana, extraída em grande parte do *Livro das Mutações*. O conceito central em sua explicação das origens e da evolução do universo era o Fundamento Supremo (*taiji*). Identificado como a origem subjacente do *yin* e do *yang*, dos cinco elementos, e das miríades de coisas, o Fundamento Supremo

> ### "Inscrição Ocidental" de Zhang Zai
>
> O céu é meu pai e a terra é minha mãe, e até mesmo um ser insignificante como eu encontra um lugar íntimo em seu meio. Portanto, aquilo que se estende por todo o universo eu considero como meu corpo, e aquilo que dirige o universo eu considero como minha natureza. Todas as pessoas são meus irmãos e irmãs, e todas as coisas são meus companheiros.
>
> Tradução adaptada de Bary and Bloom (2000, p.683).

representa o princípio unificador da realidade. Em contrapartida, Zhang Zai focava no conceito de *qi* (força ou energia vital) que, de acordo com ele, está na base da origem do universo e das mudanças intermináveis que ocorrem nele. Ele considerava que todas as coisas no mundo são constituídas de *qi* e, assim, compartilham da mesma substância. Mas *qi* é também capaz de assumir uma variedade de formas, o que explica as características individuais das várias coisas ou fenômenos. Dentro desse esquema abrangente de unidade cósmica, os seres humanos e todas as coisas no universo participam da mesma realidade compartilhada (ver quadro de citação).

As contribuições que tiveram especial importância para o desenvolvimento da filosofia neoconfuciana foram feitas pelos dois irmãos Cheng: Cheng Hao e Cheng Yi. Eles estabeleceram a noção de princípio (*li*) como o elemento central da filosofia neoconfuciana, de uma maneira que englobava ambas as esferas, cosmológica e ética. Ao mesmo tempo em que os irmãos Cheng afirmavam a singularidade e a natureza absoluta do princípio, eles também levavam em consideração as suas manifestações múltiplas. Em seus ensinamentos, o princípio foi transformado num conceito crucial, que reunia todos os outros conceitos e ideias essenciais. Por exemplo, no nível do indivíduo, eles equipararam a natureza humana (*xing*) ao princípio. Finalmente, todas essas ideias foram reunidas numa grande síntese, que foi plenamente articulada nas conferências e obras literárias de Zhu Xi (1130-1200), o mais famoso de todos os pensadores neoconfucianos. Sob sua visão abrangente e forte liderança, o que era, no início, uma associação livre e informal de pensadores com interesses comuns foi transformado em um movimento confuciano coerente, com amplas consequências para a história chinesa posterior.

Grande síntese de Zhu Xi

Zhu Xi foi uma pessoa excepcional, com muitos talentos e realizações variadas. Notável classicista, filósofo, educador, administrador e escritor, ele criou a grande síntese neoconfuciana, que dominou a vida social e intelectual chinesa até o início do século XX. Zhu Xi popularizou e esclareceu as obras de seus predecessores no movimento neoconfuciano, o que deu maior relevo à importância delas. Ele logo reconheceu sua dívida em relação aos primeiros pensadores da era Song, cujas principais descobertas foram elaboradas por ele num sistema coerente de pensamento, notável por sua abrangência e exatidão. Ele foi especialmente influenciado pelas ideias de Cheng Yi, em particular a sua doutrina de princípio, a qual ele refinou e integrou com os outros elementos essenciais da filosofia neoconfuciana. Por causa dessa influência, o pensamento neoconfuciano predominante também é conhecido como a escola Cheng-Zhu, devido aos nomes dos dois filósofos. Durante a vida de Zhu Xi, a sua versão do confucianismo não recebeu sanção oficial, contudo, mais adiante, ele alcançou tamanho renome que, durante séculos, foi considerado um dos pensadores mais importantes na história do confucianismo, à altura de nomes como Confúcio e Mêncio.

Nascido em uma família da aristocracia rural, o jovem Zhu Xi recebeu uma educação clássica, como preparação para os exames do serviço público. Durante seus anos de formação, ele foi atraído pelo budismo e, de um modo superficial, pelos ensinamentos da escola Chan. Isso lhe deu uma visão pessoal sobre o fascínio do budismo e a empolgação que causava entre os *literati*, condição que, num momento posterior, ele julgou uma grande ameaça à hegemonia confuciana e que contestou duramente em suas conferências e obras escritas. Ele passou nos exames oficiais mais importantes, aquele do "erudito apresentado" (*jinshi*), na idade extremamente jovem de dezoito anos, e, em seguida, entrou no serviço governamental. A maioria de suas posições oficiais era na administração local e de nível hierárquico relativamente baixo; por muitos anos ele ocupou sinecuras (a posição de guarda do templo, por exemplo).

Durante seu tempo de serviço, Zhu Xi lidou com uma série de questões práticas, como a produção da agricultura, o alívio da fome e a reforma educacional. Em seu trabalho sobre a política e a reforma educacional, defendeu tanto as escolas públicas (oficiais) como as academias particulares. Ele argumentava em favor da expansão do sistema educacional, que desejava desenvolver até o nível da aldeia. O seu empenho em revitalizar ou estabelecer

Figura 8.1. Retratos de Cheng Hao, Cheng Yi e Zhu Xi, por Liu Minshu (dinastia Yuan) (Freer Gallery of Art, Smithsonian Institution, D.C.: Gift of Charles Lang Freer, F1916.584)

academias locais foi notável, pois elas se tornaram centros importantes de estudo e de propagação dos ensinamentos neoconfucianos. Esses esforços foram simbolizados pela restauração que realizou da famosa Academia da Caverna do Veado Branco, em Lu Mountain (em Jiangxi). O interesse de Zhu Xi por questões práticas também se estendia aos rituais dos ciclos de vida. Nesse sentido, ele escreveu um manual de rituais da família, no qual codificou os ritos relativos à transição para a maturidade, ao casamento, aos funerais e aos sacrifícios ancestrais. O manual foi escrito de uma maneira direta e era fácil de ler, o que contribuiu para que fosse amplamente usado em todo o Leste Asiático.

Não obstante a importância das proscrições práticas de Zhu Xi sobre as questões sociais e educacionais, ele é mais bem conhecido por suas obras teóricas e sua maneira de abordar os temas filosóficos, que são considerados, de maneira geral, como o ponto culminante da doutrina do neoconfucianismo. De acordo com ele, toda a realidade é constituída por combinações complexas de princípio e força vital. Esses são dois elementos interdependentes e complementares, nunca separados e com íntimas implicações mútuas. A conjunção e a existência contínua de todas as diferentes coisas e eventos no universo implica um perfeito amálgama de princípio e força vital. Portanto, não existe força vital sem princípio e vice-versa. O princípio constitui o padrão universal, ou a norma singular, ao qual cada coisa ou indivíduo se conforma, enquanto as configurações específicas da força vital concedem a cada coisa ou indivíduo suas formas distintas e qualidades peculiares. No entanto, dentro desse esquema metafísico, Zhu Xi realçou a primazia do princípio, que ele caracterizou como pertencente ao reino que está além das formas e dos objetos materiais. A existência da força vital, que sublinha o aspecto material de todas as coisas, baseia-se na realidade anterior do princípio, embora este sempre careça da força vital, na qual se apoia (ver quadro de citação).

Para Zhu Xi, a existência de todas as coisas remonta à realidade essencial do princípio, que é a fonte essencial de toda criação em sua infinita variedade. O princípio é o padrão básico ou modelo universal da realidade. O princípio, que é subjacente e inerente a todos os fenômenos, constitui a verdadeira natureza de todas as coisas no universo. Ele é a razão de ser da existência de cada coisa e o arquétipo ideal ao qual ela deve se conformar. Na essência, o princípio é uno e indivisível; contudo, cada coisa, pessoa ou evento tem seu próprio princípio. Conhecer a verdadeira natureza de uma borboleta ou de um bambu, por exemplo, é conhecer seus princípios essenciais, os quais, por sua vez, podem ser relacionados com o princípio básico que sustenta toda a realidade. Dessa maneira, Zhu Xi foi capaz de destacar a unidade essencial de todas as coisas e ao mesmo tempo dar razões para a sua diversidade.

Em linhas gerais, o Fundamento Supremo é o padrão essencial da realidade, o princípio em sua forma mais pura ou modalidade fundamental, que é inerente a cada uma das miríades de coisas, como um tipo de arquétipo primordial. Além disso, Zhu Xi descreveu o princípio como real e substancial, em contraste com o vazio niilista que ele imputou (de maneira equivocada) a uma visão budista da realidade, baseada na doutrina da vacuidade. Quando esse tipo de análise dos padrão(ões) básico(s) da realidade é aplicado aos seres humanos individuais, Zhu Xi segue em suas obras Cheng Yi, equiparando o princípio com a natureza humana. Como veremos na discussão do cultivo espiritual apresentada a seguir, conhecer o princípio dentro de si mesmo é conhecer a própria natureza essencial e verdadeira, que é boa, em termos fundamentais, e contém dentro de si todas as virtudes principais.

> ### Zhu Xi, sobre o princípio e a força vital
>
> Em todo o universo, nunca houve nenhuma força vital sem princípio, ou princípio sem força vital.
>
> Pergunta: Qual tem existência prévia, princípio ou força vital?
>
> Resposta: O princípio nunca é separado da força vital. Entretanto, o princípio existe antes da constituição da forma física, ao passo que a força vital existe após a constituição da forma física. Portanto, se falamos na existência anterior ou posterior à forma física, isso não implica numa diferença em termos de prioridade e posterioridade? O princípio não tem forma física, ao passo que a força vital é grosseira e contém impurezas. Na essência, não se pode falar que o princípio e a força vital sejam prévios ou posteriores. Mas se quisermos localizar a sua origem, devemos dizer que o princípio é prévio. Não obstante, o princípio não é uma entidade separada. Ele existe precisamente em conjunto com a força vital. Sem força vital, o princípio não poderia aderir a nada.
>
> Tradução adaptada de Chan (1963, p.634).

Construindo a genealogia do caminho

Os neoconfucianos da era Song criaram um sistema abrangente de pensamento, que implicava perspectivas inovadoras e novos pontos de partida na história da tradição confuciana. Eles introduziram novos conceitos e perspectivas teóricas, muitas delas configuradas por seus encontros com os ensinamentos e práticas budistas. Nesse processo, eles abriram um novo capítulo na evolução do confucianismo. No entanto, Zhu Xi e seus pares neoconfucianos atribuíam-se a função principal de recuperar uma antiga tradição que remontava a Confúcio e seus discípulos. Assim, eles não se viam como reformadores radicais empenhados em criar um movimento com pretensões modernas, com o fim de articular um conjunto de respostas a questões específicas e típicas da época. Eles não consideravam seus ensinamentos como uma das muitas versões possíveis do caminho de Confúcio, mas como sustentáculos do único caminho verdadeiro e ortodoxo, cuja glória antiga pretendiam restaurar. Assim, eles afirmavam sua autoridade e legitimavam seu programa de reforma desenvolvendo estreitos laços com a antiga tradição confuciana e representando a si mesmos como seus verdadeiros herdeiros. Para esse fim, eles contruíram uma nova genealogia do caminho (Taotong), um conceito desenvolvido por Zhu Xi, e dirigiram a atenção a uma versão reconstituída do cânone confuciano.

Zhu Xi e seus seguidores situavam a si mesmos no contexto amplo da história chinesa, reconstituindo e recriando a narrativa histórica inteira do confucianismo até o seu tempo. O componente central em sua descrição nova e (de certa forma) histórica era a noção de uma linhagem de sábios-filósofos que transmitiram a essência do caminho confuciano. A configuração desse tipo de genealogia moral, centrada numa linha ortodoxa de sucessão, representava um desenvolvimento inovador nos anais do confucianismo. Entretanto, essa ideia não era totalmente nova, já que evocava paralelos com o conceito de linhagem patriarcal do budismo, que à época era um elemento da ideologia Chan que tinha especial importância.

Segundo Zhu Xi, o verdadeiro caminho floresceu durante a época de Confúcio e foi transmitido a Mêncio, o maior de todos os sábios após Confúcio. A seguir, o caminho ortodoxo foi perdido e sua transmissão foi interrompida por mais de um milênio, durante o qual as doutrinas heterodoxas do budismo e do taoismo ganharam destaque. Durante esse período extenso de declínio e confusão, até mesmo os principais confucianos, como Dong Zhongshu da Dinastia Han e Han Yu da Dinastia Tang, não conseguiram compreender o verdadeiro caminho em sua genuína pureza e extrema profundidade. Foi apenas durante o início da era Song que o verdadeiro caminho teria sido redescoberto pelos importantes filósofos neoconfucianos, sobretudo Zhou Dunyi e os irmãos Cheng. Eles, então, restabeleceram sua transmissão adequada, que levou a Zhu Xi e seus seguidores.

Revisando o cânone

Outra parte importante do programa neoconfuciano foi a revisão e a reinterpretação do cânone confuciano. Zhu Xi ignorou grande parte das coleções anteriores dos textos que formavam diversas versões do cânone, apesar de seus efetivos estudos e comentários acerca da maioria dos antigos clássicos. Estes incluíam os Cinco Clássicos do início do confucianismo (ver Capítulo 2) que eram, até a era Tang, as fontes mais autorizadas da cultura confuciana, e que foram substituídos por uma versão otimizada do cânone, representada pelos chamados Quatro Livros (ver quadro). Essa nova seleção de textos básicos para fins de estudo refletia o temário intelectual e as predileções religiosas de Zhu Xi e seus colegas reformadores. Um aspecto importante a esse respeito foi a reorientação da exegese canônica e do discurso filosófico na direção da especulação metafísica e do cultivo moral.

A redução do cânone resultou numa maior definição do foco doutrinário e mais controle exegético. Grande parte do programa neoconfuciano foi estruturada em termos de comentários expandidos sobre o novo cânone. Zhu Xi escreveu importantes comentários sobre cada um dos Quatro Livros que, em seu conjunto, assumiram o *status* de afirmações fundamentais da ortodoxia neoconfuciana. Durante a última fase do período imperial, os Quatro Livros, juntamente com os comentários de Zhu Xi, foram amplamente disseminados e lidos, tanto dentro como além dos círculos neoconfucianos. Eles mantiveram uma extrema influência até o início do século XX, permanecendo as fontes básicas a partir das quais os chineses cultos abordavam e entendiam o confucianismo.

Os Quatro Livros
- *Analectos de Confúcio*
- *Mêncio*
- *Grande Conhecimento*
- *Doutrina do Meio*

Caminho para a sabedoria[1]

Não obstante o pendor de Zhu Xi pela filosofia abstrata e sua paixão pelas observâncias rituais, em muitas de suas obras existe a priorização inequívoca da busca de tornar-se um sábio. Isso reflete uma mudança geral de prioridades e uma alteração no teor do confucianismo da era Song. Em contraste com a

---

1 Em inglês "*sagehood*", que denota mais precisamente a "condição de sábio". (N.T.)

mentalidade de espírito público e a máxima preocupação com as exigências do Estado imperial que eram característicos do confucianismo medieval, dentro do *corpus* de Zhu Xi a busca da sabedoria geralmente ocupa o lugar central. Em alguns casos, isso ocorre até mesmo à custa da busca pela carreira oficial, sobretudo durante períodos de corrupção política e depravação moral. Durante essas épocas turbulentas, quando (na avaliação de Zhu Xi) o Caminho não prevalece no reino e há uma sensação generalizada de mal-estar espiritual, talvez seja aconselhável evitar totalmente o serviço governamental para preservar a própria pureza e integridade moral.

Para Zhu Xi, o principal objetivo da cultura confuciana era a melhoria moral do indivíduo, não a aquisição de riqueza e posição social. Assim, seu modelo de ensino tinha como orientação principal fazer de seus discípulos alunos comprometidos e preservadores do antigo caminho, em vez de produzir funcionários confucianos segundo um modelo convencional. Fazendo eco aos objetivos de salvação do budismo e do taoismo, Zhu Xi proclamava que a cultura confuciana deveria, antes e primeiramente, tratar do cultivo moral e da transformação pessoal, culminando na realização da sabedoria. Esse tipo de pensamento tinha uma orientação religiosa em sua base, embora ele acreditasse que a realização da perfeição moral pelo indivíduo também leva à estabilidade política e harmonia social.

Como já foi observado, Zhu Xi equiparava a natureza humana ao princípio e aceitava a máxima de Mêncio de que a natureza humana, em sua essência, é boa (ver Capítulo 2). A inclinação natural para a piedade filial é inerente à mente humana e os indivíduos são intrinsecamente dotados de todas as virtudes principais, incluindo a benevolência, a retidão, a justiça e a sabedoria. Por outro lado, a mente humana também é repleta de desejos egoístas e apegos emocionais, que promovem tendências e comportamentos prejudiciais. Assim como o princípio vem junto com a força vital (e isso pode ocorrer em vários graus de pureza), a esfera imperfeita dos desejos e emoções humanas está vinculada e associada à realidade imaculada de nossa verdadeira natureza. Mas, em sua essência, a mente humana é idêntica à mente universal do Tao; por esse motivo, a mente tem a capacidade inerente de conhecer o princípio básico da realidade. Ao cultivar de maneira consciente o potencial inato para a perfeição moral, cada indivíduo tem o potencial de refinar os próprios pensamentos e purificar a mente, realizando, assim, o princípio dentro de si mesmo.

Figura 8.2. Estátua de Confúcio, Templo Confucianista, Nanjing

Dentro do modelo filosófico de Zhu Xi, a mente humana é o centro ou o campo de batalha onde uma tensão fundamental entre a natureza verdadeira (princípio), por um lado, e as emoções e desejos egocêntricos, por outro, precisa ser resolvida. Portanto, o cultivo moral envolve a descoberta da bondade essencial que é inerente à mente/ao coração humano (*xin*). Isso requer a remoção gradativa de todas as impurezas e obstruções que impedem que a verdadeira natureza se torne plenamente manifesta em sua perfeição resplandecente. Dentro do contexto do autocultivo interno, para Zhu Xi isso significa preservar a verdadeira mente ou manter uma atitude reverente em relação à natureza mais profunda. Ele também afirmava que o processo de cultivo espiritual pode ser intensificado por algumas formas de contemplação, em particular pela prática de "sentar na quietude" (*jingzuo*).

Embora as obras de Zhu Xi tenham abordado várias questões relativas à exploração da mente e do mundo interno, em geral a maior ênfase era dada à reflexão e à análise do mundo exterior, das aparências fenomênicas e dos eventos concretos. Para ele, o estudo do Caminho consistia, em grande parte, na "investigação das coisas e na extensão do conhecimento" (*gewu zhizhi*). Um conceito que teve origem na *Grande Aprendizagem*, a investigação das coisas tornou-se uma doutrina principal intimamente associada à síntese do neoconfucianismo realizada por Zhu Xi. Para ele, a investigação das coisas (que incluía não apenas os objetos materiais, mas também os assuntos e eventos humanos) significava a investigação de seus princípios, levando à compreensão do princípio unitário que é manifesto em todas as coisas. Era um processo considerável de aprendizado e reflexão, baseado, sobretudo, no estudo e na reflexão das formulações canônicas sobre as verdades atemporais e os princípios essenciais.

A investigação das coisas não era uma pesquisa em aberto sobre a realidade empírica, muito menos como isso é entendido nas ciências naturais ou físicas atuais. Ela era, antes de tudo, um estudo sobre o mundo dos assuntos e das interações sociais humanas, que deviam ser analisadas em termos de modelos conceituais e sistemas de valores estabelecidos. Isso significava apreender o verdadeiro princípio de uma questão ética ou de um dilema humano – por exemplo, o padrão adequado de interação entre pais e filhos, ou talvez a relação intrincada entre dois cônjuges. Por meio da ampla investigação dos princípios de coisas e questões individuais, aos poucos a pessoa chega ao conhecimento do padrão básico subjacente a todas elas. A extensão do conhecimento significava a expansão da própria descoberta sobre o princípio, culminando na compreensão do padrão universal da realidade, que está impresso na mente humana. Uma vez que o princípio inerente às coisas externas e aos eventos é o mesmo que o princípio presente dentro do indivíduo, em teoria a apreensão de qualquer um dos dois deveria levar à mesma autorrealização, apesar de Zhu Xi ter dado maior destaque ao primeiro.

Para Zhu Xi, a aprendizagem por meio de textos e a investigação intelectual eram os principais meios de produzir a retificação moral e a ampla transformação pessoal. Embora o princípio possa ser manifesto em todas as coisas e eventos, ele está totalmente incorporado e mais bem articulado nos volumes eternos e nos registros preciosos concedidos à humanidade pelos grandes sábios do passado. Os clássicos sagrados, portanto, servem como os principais guias para o estudo do princípio, o qual eles resumem e transmitem do modo mais claro e acessível. Eles são ferramentas indispensáveis na busca de autorrealização, e seu estudo assíduo é a principal forma de cultivo espiritual. Esse tipo de orientação que dava destaque ao empenho nos estudos marcou a abordagem de Zhu Xi do cultivo moral e deu-lhe seu caráter intelectual característico. Segundo a percepção de alguns dos críticos de Zhu Xi, esse foco escolástico no aprendizado canônico e na investigação das coisas externas existia à custa da reflexão orientada para o interior (ver adiante). Não obstante, esse tipo de intelectualismo estava em sintonia com um padrão histórico estabelecido, destacando a importância do conhecimento orientado por textos dentro da tradição confuciana. De acordo com Zhu Xi e seus seguidores, o estudo intenso dos princípios, acompanhado de esforços conscientes em relação ao autocultivo, deveria levar a um estado de perfeição moral, no qual a conduta efetiva de uma pessoa estaria de acordo com o(s) princípio(s) básico(s) que constitui(em) a realidade metafísica e social.

Exames do serviço público

Zhu Xi tinha diversos alunos dedicados e a abrangente síntese neoconfuciana que elaborou teve sucesso. No entanto, embora suas ideias atraíssem a atenção e a admiração de muitos de seus contemporâneos, no mundo inteletual e político da Dinastia Song do Sul seus ensinamentos não tinham a ampla aceitação de uma ortodoxia incontestável. Na verdade, no final da vida de Zhu Xi, o governo proibiu os ensinamentos de sua escola, acusados de constituir um falso conhecimento proposto por um grupo excêntrico de *literati* presunçosos. A versão do neoconfucianismo feita por Zhu Xi ganhou um destaque incomparável num momento posterior, num processo gradual intimamente relacionado à sua incorporação no sistema governamental de exames do serviço público. Esse foi um acontecimento de extrema importância, já que durante o fim do período imperial o sistema de exames era uma das instituições determinantes da sociedade chinesa. As edições e comentários de Zhu Xi sobre o cânone confuciano foram oficialmente integrados, pela primeira vez, ao currículo de base para os concursos públicos em 1313, sob a Dinastia Yuan, quando os governantes mongóis reinstituíram o sistema de exames, após um hiato que durou meio século.

Embora os exames oficiais não tivessem tanta importância sob o domínio mongol (em geral, os mongóis não tinham grande consideração pelo confucianismo), eles recuperaram seu papel central após a reinstituição do regime chinês nativo em 1368, sob a Dinastia Ming autocrática e nacionalista. Dentro do sistema Ming de exames oficiais, a versão do neoconfucianismo de Zhu Xi arraigou-se como uma ortodoxia sancionada pelo Estado, posição que manteve até a abolição do sistema de exames em 1905. Isso ajudou a estabelecer Zhu Xi como um personagem eminente e assegurar a ampla difusão de seus ensinamentos em todo o reino chinês. Sua influência também se disseminou além da China, sobretudo na Coreia, depois que a dinastia conservadora Chosŏn (Joseon) (1392-1910) adotou o neoconfucianismo como ideologia oficial, transformando a Coreia na sociedade mais confuciana do Leste Asiático. Num grau um pouco menor, os ensinamentos de Zhu Xi e outras personalidades neoconfucianas também se tornaram populares no Japão durante o período Tokugawa (1600-1868), sobretudo entre as elites samurais.

O sistema de exames oficiais foi instituído a fim de recrutar candidatos talentosos para cargos na burocracia imperial. A sua história é antiga e seus antecedentes remontam à Dinastia Han. O sistema de exames tornou-se um mecanismo importante para a seleção e a colocação de pessoal em cargos governamentais durante a Dinastia Tang, e seu alcance e importância foram muito ampliados durante a era Song. Em seu núcleo, o sistema de exames era baseado em um princípio aparentemente igualitário: a elite sociopolítica que governava o Estado chinês deveria ser escolhida com base nos méritos e realizações individuais (demonstradas pela aprovação em uma série de exames exigentes) e não segundo o nascimento e a situação familiar. Em teoria, o sistema de exames era aberto para a maioria dos homens, incluindo indivíduos provenientes de meios sociais desfavorecidos; todos seriam julgados com base em sua acuidade intelectual, habilidades literárias e domínio do cânone. No entanto, o rigor e a abrangência das preparações acadêmicas necessárias para a aprovação nos exames implicava que a vasta maioria dos candidatos bem-sucedidos descendiam de famílias de elite, que podiam proporcionar aos filhos as melhores oportunidades educacionais.

O sistema de exames oficiais incluía uma série de provas, em geral realizadas a cada três anos. O esquema predominante de três níveis implicava a participação dos candidatos numa sequência de provas cada vez mais competitivas e prestigiosas. As provas aconteciam em nível municipal, provincial e nacional, envolvendo uma concorrência predatória para uma cota muito limitada de candidatos bem-sucedidos. A prova final era realizada na capital, sob os auspícios do próprio imperador. O sucesso no nível mais alto abria oportunidades de emprego altamente desejáveis no serviço público, com grande prestígio social. Na China pré-moderna, esses cargos oficiais eram procurados ou desejados com fervor pela maioria dos indivíduos de origem social favorecida, uma vez que a entrada nos altos escalões da burocracia imperial serviam como principal via de acesso para a aquisição de *status* social e poder político, e até mesmo para a prosperidade econômica.

Assim, durante o fim do período imperial, o sistema de exames estava no centro de uma conexão sociopolítica que vinculava a realização educacional, o serviço público, o *status* social e a oportunidade econômica. Isso em grande parte explicava a unidade ímpar das elites da China, que eram determinadas pelo protótipo predominante do funcionário-erudito, que dominava toda a gama de conhecimento requerido para o sucesso no sistema de exames. Assim, a posição proeminente do neoconfucianismo que durou mais de meio milênio foi devida, sobretudo, ao seu monopólio virtual do sistema de educação, em virtude de seu papel estabelecido de padrão sancionado pelo governo para os exames oficiais. Isso transformou em grande medida a tradição neoconfuciana, já que o sistema de educação, com seu caráter convencional e ênfase no aprendizado pela memorização, ficou cada vez mais identificado com a busca do sucesso nos exames do serviço público e com as recompensas mundanas resultantes. Essa situação levou a acusações de hipocrisia, porque as atitudes predominantes dos *literati* divergiam dos nobres ideais articulados por Zhu Xi. Como vimos, Zhu Xi argumentava que a aprendizagem genuína deveria ter como principal objetivo o aprimoramento pessoal e a retidão moral; contudo, ele também endossava a legitimidade e o valor do sistema de exames e chegou a fazer propostas específicas para a sua reforma.

O sistema de exames baseados em Confúcio incorporava tanto a relação simbiótica como alguns dos atritos entre o Estado imperial e as elites sociais. Em um nível, ele ajudou a manter o *status quo* e era uma ferramenta potente para os esforços do Estado de controlar a sociedade e a cultura dos *literati*. Isso se realizava, sobretudo, pela inculcação metódica de valores e ideias específicos, que promoviam o desenvolvimento de mentalidades sintonizadas com o domínio imperial. Ao mesmo tempo, o sistema de exames também

Figura 8.3. Santuário dedicado a Confúcio, Templo Confucianista, Gaoxiong, Taiwan

oferecia oportunidades para que as elites adquirissem e mantivessem sua posição social, acumulassem riqueza e exercessem influência na política pública. Esses eventos constituíram o ponto máximo do casamento de conveniência duradouro entre o confucianismo e a autocracia imperial chinesa.

A infusão de ideais confucianos ajudou a humanizar as hierarquias sociais existentes e amenizar o exercício do poder e autoridade política. Ao mesmo tempo, o confucianismo estava acostumado a legitimar com demasiada frequência (às vezes de um modo abertamente tirânico) sistemas injustos de estratificação e de exploração social, e a reforçar as bases das instituições políticas e os valores culturais que os sustentavam. Portanto, a sanção imperial da ortodoxia neoconfuciana estava ligada à prevalência da rigidez social e do conservadorismo cultural, sobretudo durante a Dinastia Qing. Esses traços foram muito acentuados no início do contato da China com o mundo moderno, durante o século XIX, sobretudo por meio de uma série de encontros desconfortáveis com potências coloniais desejosas da riqueza e do território chinês (para mais informações sobre o sistema de exames, ver Elman, 2000).

Vozes dissidentes e perspectivas alternativas

Ainda que o sistema de exames reforçasse a posição importante do estilo Cheng-Zhu de ortodoxia neoconfuciana, durante todo o fim do período imperial a sua supremacia não foi completa e seus princípios não eram incontestáveis. O budismo e o taoismo, embora com menos vigor do que durante os anos áureos da era Tang, continuavam a exercer influência na cultura e na sociedade chinesa. Entre os *literati* que prestavam os exames oficiais ou ocupavam cargos no governo, muitos tinham interesses e afinidades diversificados, ilustrados pelo patrocínio feito a mosteiros budistas ou pela interação com o clero taoista. Além disso, havia alguns *literati* que contestavam os ensinamentos oficialmente sancionados a partir do confucianismo. Dois exemplos notáveis dessas tendências são a Escola Neoconfuciana da Mente e a Escola de Instrução Han. Embora adotassem perspectivas muito diferentes, ambas ofereciam alternativas atraentes a uma ortodoxia estritamente centrada nos ensinamentos de Zhu Xi.

O representante mais conhecido da Escola da Mente (Xinxue) é Wang Yangming (1472-1529; também conhecido por Wang Shouren). Ele foi o pensador confuciano mais importante da era Ming e o principal contestador da hegemonia do pensamento de Zhu Xi. As ideias básicas da Escola da Mente – que tem uma divergência tradicional com a Escola do Princípio, de Zhu Xi (Lixue) – remontam a uma linhagem do pensamento neoconfuciano que já existia durante a vida de Zhu Xi, associada com as ideias de seu contemporâneo e principal rival intelectual, Lu Xiangshan (1139-1192; também conhecido como Lu Jiuyuan). Lu argumentava que é um equívoco concentrar as próprias energias numa investigação externa das coisas, ou prender-se a exegeses canônicas. Em vez disso, ele ensinava que a mente de cada pessoa é idêntica ao princípio e é a fonte fundamental de todos os fenômenos do universo. Uma vez que a mente e o princípio são inseparáveis, a busca pela sabedoria deveria girar em torno da reflexão e iluminação da mente interior, que leva a sua purificação e eliminação dos desejos egoístas.

Baseando-se nas ideias de Lu Xiangshan, em suas discussões filosóficas Wang Yangming destacou a mente como o centro fundamental da realidade, e ressaltou as dimensões transcendentais da espiritualidade neoconfuciana. De acordo com ele, a mente de cada pessoa possui a capacidade inerente de conhecimento intuitivo da realidade e a sabedoria genuína deve ser encontrada na própria mente. A busca pela iluminação deveria ser baseada na reflexão introspectiva e na contemplação da mente, não no estudo intelectual. Da mesma forma, a realização da sabedoria, que implica a extensão e ampliação da bondade interna e das virtudes essenciais que residem em cada pessoa, não pode ser localizada em nenhuma parte, exceto na mente humana. Esse tipo de ideias evoca claramente semelhanças com o budismo Chan, e Wang foi censurado com severidade pelos seus críticos por estar contaminado pelas ideias budistas. Outra característica notável de seu pensamento era a noção de unidade de conhecimento e ação. Segundo Wang, o conhecimento da realidade e a virtude interna não podem ser separados de sua manifestação concreta em ações realizadas por indivíduos sintonizados com o Caminho. De preferência, o conhecimento autêntico deveria orientar e informar todas as ações e não deveria haver separação entre os dois.

Em contraste com a orientação contemplativa do pensamento de Wang Yangming, a Escola de Ensino Han (Hanxue) era ancorada com firmeza no estudo acadêmico e na exegese canônica. Também conhecida como Escola de Pesquisa Baseada em Evidências (Kaozhengxue), a sua reação ao domínio neoconfuciano tornou-se uma tendência intelectual notável durante a transição Ming-Qing (ou seja, do século XVII em diante). Seus defensores faziam agudas críticas ao pendor neoconfuciano por abstrações metafísicas e opiniões subjetivas. Para eles, pensadores como Zhu Xi e Wang Yangming haviam se desviado das doutrinas e preocupações centrais de Confúcio e seus primeiros seguidores. Os filósofos das eras Song e Ming também eram considerados culpados de incorporar numerosos acréscimos budistas e taoistas ao confucianismo. Em linhas gerais, eles eram defensores do ensino herético e não seguidores genuínos do caminho de Confúcio e do Duque de Zhou. A resposta correta aos seus erros, segundo os defensores do ensino Han, era um retorno às verdades eternas dos clássicos.

A Escola de Ensino Han era baseada em estudos clássicos e tinha marcada orientação filológica, enquanto também se ramificava na arqueologia e no estudo da história antiga. Seus defensores argumentavam em favor de um tipo diferente de educação confuciana, baseada na análise empírica e na pesquisa histórica de textos antigos. Com o emprego cuidadoso de metodologias acadêmicas, sobretudo as novas técnicas de estudo filológico (que envolviam a análise textual detalhada e comparações exaustivas de diferentes manuscritos), os acadêmicos associados a essa escola se empenhavam para revelar

Figura 8.4. Entrada para o Templo Confucianista, Tainan, Taiwan

as verdadeiras palavras dos antigos sábios. Nesse processo, eles revelaram a natureza complexa do cânone confuciano, que incluía uma série de adições posteriores e até mesmo francas falsificações.

A posição das mulheres na sociedade confuciana

Nos capítulos anteriores, já notamos as atitudes bastante abertas e as oportunidades de participação oferecidas às mulheres chinesas pelo budismo e pelo taoismo, mesmo que as duas tradições tenham cedido, por vezes, aos costumes sociais dominantes em relação às mulheres e tenham manifestado sentimentos misóginos em algumas ocasiões. Para terminar esse panorama geral do confucianismo, examinaremos brevemente o seu impacto na posição das mulheres na sociedade chinesa tradicional. Em grande medida, o confucianismo definiu as atitudes e discursos predominantes de gênero. Portanto, muitas vezes ele é criticado por sua influência significativa nos padrões sistemáticos de desigualdade de gênero que predominaram ao longo da história chinesa. Os ensinamentos confucianos eram uma importante fonte ideológica de normas e racionalizações, que mantinham um sistema patriarcal arraigado, no qual os homens tinham precedência sobre as mulheres e dominavam as esferas pública e privada.

Ao olhar para os padrões e as trajetórias históricas mais amplas, é inegável que a ascendência confuciana e o aumento na influência das normas confucianas têm correlação com a diminuição do *status* das mulheres (por exemplo, a era Qing), ao passo que elas gozavam de uma posição mais elevada e de maiores oportunidades durante os períodos em que o budismo e o taoismo foram dominantes (por exemplo, o período Sui-Tang). Os contrastes entre as representações artísticas e o conjunto de imagens visuais das mulheres chinesas de diferentes períodos podem ser bastante surpreendentes. Por um lado, encontramos representações de mulheres da era Tang jogando bola ou cavalgando entre os membros de grupos de caça. Por outro lado, existem as imagens de arcos memoriais para as viúvas castas e os pés atados da era Qing (embora o costume de atar os pés remonte a períodos anteriores).

Sem dúvida é injusto imputar ao confucianismo toda a culpa pela opressão feminina, uma vez que havia outros fatores que contribuíam para a perpetuação do sistema patriarcal. Além disso, talvez não seja razoável julgar com severidade as sociedades tradicionais a partir da perspectiva das normas e valores (ocidentais) da época presente. No entanto, é indubitável que o confucianismo foi uma grande influência na interpretação essencialista dos papéis de gênero na China (e no restante do Leste Asiático) que reforçavam as formas predominantes de patriarcado, mesmo que o confinamento das mulheres à esfera doméstica e a ênfase na estrita estratificação de gênero fossem destinados a promover a estabilidade e harmonia sociais.

Como já foi observado, os modelos confucianos vigentes de hierarquias sociais e relações interpessoais concediam um *status* inferior às mulheres e as situavam em posições subservientes em relação aos homens. Desde o nascimento até a morte, esperava-se que as mulheres mostrassem respeito e obediência aos homens de suas vidas, sobretudo seus pais e maridos, conforme se veiculava nas chamadas "três formas de obediência" (ver quadro). A ascensão da ortodoxia neoconfuciana, com suas atitudes absolutistas e seu pendor para a moralização intransigente, aprofundou e solidificou ainda mais os padrões arraigados de desigualdade de gênero. Um bom exemplo de atitudes influenciadas pelo confucianismo em relação às mulheres é o culto da castidade feminina, que floresceu no fim da China Imperial, com sanção do Estado imperial. Uma de suas crenças nucleares era a estigmatização do novo casamento feminino.

A imposição da castidade e da fidelidade aos maridos até a morte significava que as mulheres não deveriam casar novamente em caso de viuvez, mesmo que esta ocorresse durante sua mocidade. Numa passagem muito citada, Cheng Yi afirma que é preferível uma mulher morrer de fome a perder sua castidade casando-se novamente (ver quadro de citação). Os símbolos marcantes dessa concepção de feminilidade e as normas culturais que a destacavam eram os arcos memoriais para as viúvas castas, anteriormente mencionados. Esses monumentos às noções idealizadas de pureza feminina honravam as mulheres que haviam perdido seus maridos numa idade jovem, tendo optado por permanecer viúvas até a sua morte, muitos anos mais tarde. Eles celebravam a viúva casta como uma figura heroica e um modelo de valores culturais fundamentais.

Cheng Yi sobre a castidade feminina

Pergunta: De acordo com o princípio, parece que não se deve casar com uma viúva. O que você acha?

Resposta: Isso é correto. O casamento é uma parceria (feita pelo Céu). Se um homem toma uma mulher que perdeu sua integridade como parceira, isso significa que ele próprio perdeu sua integridade.

Pergunta adicional: Existem casos em que a viúva está sozinha e pobre, sem ninguém com quem contar. Ela pode casar novamente?

Resposta: Essa ideia surgiu apenas porque as pessoas passaram a ter medo de morrer de fome. Mas morrer de fome é uma questão trivial. Perder a própria integridade, no entanto, essa é uma questão muito séria.

Tradução adaptada de Chan (1967, p.177).

Três formas de obediência das mulheres

- Ao pai, durante os primeiros anos.
- Ao marido, no próprio casamento.
- Ao filho mais velho, depois de se tornar viúva.

Sem negar o impacto das normas e ideais confucianos, devemos manter em mente, como já sugerimos, que havia outras forças sociais e culturais que configuravam as atitudes comuns em relação ao gênero. Havia também discrepâncias entre a moral rígida e os costumes que pareciam opressivos, propostos por confucianos famosos por um lado, e as efetivas práticas sociais e modos comuns de conduta, por outro. Os neoconfucianos famosos, como Cheng Yi e Zhu Xi, muitas vezes são censurados por suas declarações duras (ver quadro de citação), que podem ofender as sensibilidades modernas; no entanto, as fontes históricas também nos mostram que em alguns casos eles tratavam bem as mulheres. Além disso, mostravam flexibilidade moral quando confrontados com os dilemas individuais das mulheres. Ainda assim, não há como evitar o fato de que os ensinamentos e costumes confucianos eram os fatores principais por trás do *status* inferior das mulheres, durante grande parte da história chinesa, mesmo se justificarmos o sistema de equilíbrio de poderes embutidos nas doutrinas e normas confucianas vigentes, que regulavam o *status* e a interação entre os dois gêneros.

Pontos-chave

- Embora na China medieval houvesse um declínio relativo da influência confuciana numa época marcada pela ascensão do budismo e taoismo, o conhecimento confuciano continuou a florescer dentro de uma cultura cosmopolita, que promovia o pluralismo religioso.
- Houve uma reforma importante do confucianismo durante a era Song, representada pela tradição neoconfuciana que, em seguida, surgiu como a ortodoxia oficialmente sancionada.
- Zhu Xi, o mais conhecido e influente reformador da era Song, criou uma grande síntese neoconfuciana, que incorporava a especulação metafísica e o cultivo espiritual.
- O surgimento do neoconfucianismo representou uma resposta criativa à influência difusa do budismo; embora os pensadores neoconfucianos fossem influenciados pelos ensinamentos e práticas budistas, eles propunham críticas incisivas à religião "estrangeira".
- O conceito de princípio era central no sistema filosófico formulado por Zhu Xi, que ele combinou com a antiga noção de força vital em suas explicações da realidade.

- Os neoconfucianos dedicaram-se a uma reformulação radical da história confuciana antiga, argumentando que o verdadeiro caminho foi perdido após Mêncio, para ser redescoberto pelos grandes pensadores neoconfucianos do início da era Song.
- Zhu Xi transformou o cânone confuciano, concentrando a atenção nos chamados Quatro Livros, que passaram a ser amplamente estudados à luz de seus comentários sobre eles.
- A ascensão ao supremo *status* da versão do neoconfucianismo feita por Zhu Xi se desenrolou de forma gradual e tinha direta conexão com a incorporação de seus ensinamentos no sistema governamental de exames do serviço público.
- A hegemonia do estilo Cheng-Zhu de ortodoxia confuciana não foi incontestável, como evidenciado pelo surgimento da Escola da Mente de Wang Yangming e a Escola de Ensino Han.
- A ascensão da influência neoconfuciana durante o final do período imperial teve um impacto muito negativo no *status* das mulheres na sociedade chinesa.

Questões para discussão

1. Explique a ascensão do neoconfucianismo em relação à ampla influência do budismo e do taoismo e a atração que exercia entre os *literati* chineses.
2. Descreva a interpretação de Zhu Xi sobre a natureza humana e esclareça como ela influenciou seus pontos de vista sobre o cultivo espiritual.
3. Quais foram as principais alternativas para a versão Cheng-Zhu da ortodoxia confuciana no final da China Imperial, e quais foram os principais pontos de discórdia entre eles e os ensinamentos de Zhu Xi e seus seguidores?

Leituras complementares

Ver também as sugestões de leitura para o Capítulo 2.

Berthrong, J. H. *Transformations of the Confucian Way*. Boulder, CO: Westview Press, 1998.

Chan, W.-T. (Ed.) *A Source-book in Chinese Philosophy*. Princeton, NJ: Princeton University Press, 1963.

_____. (Trad.). *Reflections on Things at Hand*: The Neo-confucian Anthology. New York: Columbia University Press, 1967.

Chu, H. *Learning to Be a Sage*: Selections from the Conversations of Master Chu, Arranged Topically. Trad. Daniel K. Gardner. Berkeley, CA: University of California Press, 1990.

Elman, B. A. *A Cultural History of Civil Service Examinations in Late Imperial China*. Berkeley, CA: University of California Press, 2000.

Gardner, D. K. *The Four Books*: The Basic Teachings of the Later Confucian Tradition. Indianapolis, IN: Hackett Publishing Company, 2007.

Graham, A. C. *Two Chinese Philosophers*: The Metaphysics of the Brothers Chêng. La Salle, IL: Open Court, 1992.

Jensen, L. M. *Manufacturing Confucianism*: Chinese Traditions and Universal Civilization. Durham, NC: Duke University Press, 1997.

Knapp, K. N. *Selfless Offspring*: Filial Children and Social Order in Medieval China. Honolulu, HI: University of Hawai'i Press, 2005.

McMullen, D. *State and Scholars in T'ang China*. Cambridge and New York: Cambridge University Press, 1988.

Taylor, R. *The Religious Dimensions of Confucianismo*. Albany, NY: State University of New York Press, 1990.

Tucker, M. E.; Berthrong, J. *Confucianismo and Ecology*: The Interrelation of Heaven, Earth, and Humans. Cambridge, MA: Harvard University Center for the Study of World Religions, 1998.

Wechsler, H. J. *Offerings of Jade and Silk*: Ritual and Symbol in the Legitimization of the T'ang Dynasty. New Haven, CT: Yale University Press, 1985.

Wilson, T. A. *Genealogy of the Way*: The Construction and Uses of the Confucian Tradition in Late Imperial China. Stanford, CA: Stanford University Press, 1995.

Yao, X. *An Introduction to Confucianism*. Cambridge and New York: Cambridge University Press, 2000.

9

Cristianismo, islamismo e outras religiões "ocidentais"

Neste capítulo

No amplo espectro da história chinesa, o budismo foi a religião mais importante introduzida na China do exterior, mas nem por isso a única. Esse capítulo examina a entrada e o crescimento de outras religiões, cujos fiéis (seguindo as pegadas dos missionários budistas que, nos séculos anteriores, fizeram viagens perigosas até o Império do Centro) entraram na China a partir das "regiões ocidentais", durante a cosmopolita Dinastia Tang. O foco do capítulo é a transmissão histórica e o crescimento de duas dessas religiões, que criaram sólidas raízes e até hoje continuam a ser partes integrantes da paisagem religiosa chinesa: o cristianismo e o islamismo.

Tópicos principais

- Entrada de religiões "ocidentais" na China durante a Dinastia Tang.
- O influxo inicial de cristãos durante as dinastias Tang e Yuan.
- Missões jesuíticas e controvérsias católicas sobre a terminologia e os ritos chineses.
- Chegada dos missionários protestantes no século XIX.

- Impacto das crenças cristãs na rebelião de Taiping.
- Início da transmissão e o crescimento do islamismo.
- Os esforços muçulmanos de aculturação e os conflitos com o Estado chinês.
- Islamismo chinês como uma religião minoritária.

Entrada das religiões "ocidentais" na China da era Tang

Como já vimos, o budismo e o taoismo atingiram seu apogeu durante a era Tang, no momento em que a cultura confuciana também prosperava. Embora a vida religiosa e intelectual girasse em torno dos "três ensinamentos" no ambiente cosmopolita da Dinastia Tang, a diversidade religiosa era ainda maior. A aceitação ou tolerância de outras culturas e tradições estavam entre as marcas registradas daquela época, muitas vezes caracterizada como o ponto alto da civilização chinesa. A abertura cosmopolita da China da época Tang à diversidade étnica e cultural, juntamente com a adoção do pluralismo religioso, tornou-a um destino acolhedor para grupos religiosos de todo tipo. Em consequência disso, a maioria das tradições religiosas importantes na Eurásia, que dominavam o mundo medieval, finalmente acabavam chegando ao reino chinês. Além do islamismo e do cristianismo (discutidos em maiores detalhes nas próximas seções), também estavam incluídos o zoroastrismo, o maniqueísmo e o judaísmo.

Assim como a expansão pan-asiática do budismo e sua difusão para a China tinha estreita ligação com o comércio de longa distância, as redes mercantis também exerceram papéis importantes na transmissão das outras religiões vindas de áreas que os chineses chamavam de "regiões ocidentais". Isso se aplicava às duas religiões originadas na Pérsia, o zoroastrismo (também conhecido como mazdaísmo, sobretudo em suas formas iniciais) e o maniqueísmo, bem como ao judaísmo. A antiga religião monoteísta do zoroastrismo (que deve seu nome ao profeta Zoroastro, uma elusiva figura histórica) foi introduzida na China durante o século VI. O zoroastrismo tornou-se a religião de Estado da Pérsia (atualmente o Irã) no século III, sob o Império Sassânida (224-651). Seus seguidores veneravam Ahura Mazda, criador onipotente e divindade suprema. A sua presença cresceu durante a era

Tang, quando alguns templos e santuários zoroastrianos foram estabelecidos na capital Chang'an e em outros lugares.

Os zoroastristas viam o mundo em termos dualistas, como um campo de batalha entre as forças do bem e do mal, em que cada indivíduo tem a opção de tomar partido de um lado ou de outro. Eles também tinham crenças escatológicas acerca do fim dos tempos, quando o bem finalmente prevaleceria sobre o mal e todas as pessoas virtuosas renasceriam no reino celestial de Ahura Mazda. Na China, a comunidade zoroastrista limitava-se, antes de tudo, aos mercadores persas e emigrantes; o seu clero não fazia tentativas evidentes de proselitismo ou de conversão. Uma vez que a veneração do fogo sagrado era um traço essencial de seus rituais, os zoroastriastas também eram referidos como "adoradores de fogo" ou "adoradores do fogo e de Deus". A presença limitada do zoroastrismo na China foi efetivamente obliterada durante as perseguições instigadas pelo Imperador Wu, que culminaram em 845. Embora o alvo principal fosse o budismo (ver Capítulo 5), as perseguições também se estenderam as outras religiões "estrangeiras".

A visão dualista de mundo da religião sincrética do maniqueísmo postulava, da mesma forma, um conflito eterno entre as forças da luz e da escuridão, também expresso em termos de outras dicotomias relacionadas: bem e mal, espírito e matéria. A religião foi fundada na Pérsia sassânida por Mani (216-276), que teria recebido revelações novas e finais por ser o último de uma série de profetas, que incluíam Zoroastro, o Buda e Cristo. Segundo o maniqueísmo, as pessoas comuns estão presas na armadilha de uma existência corporal imperfeita; todavia, essa religião também prometia para os seus seguidores a ascensão espiritual a um reino primordial de luz. Isso representava um retorno ao lar verdadeiro de cada indivíduo, que era possível por meio da autopurificação e da aquisição do conhecimento gnóstico.

A teologia maniqueísta postulava a existência de Deus, mas este era visto como um ser remoto e afastado das preocupações humanas diárias. Seus ensinamentos eram uma combinação engenhosa de temas e doutrinas zoroastristas, cristãs e budistas, apresentados de acordo com as circunstâncias reais e adaptado às necessidades e predileções de públicos específicos. Por exemplo, para as pessoas cujos pontos de vista e expectativas eram influenciados pelos ensinamentos cristãos, os seguidores de Mani apresentavam sua religião em termos cristãos (sobretudo gnósticos). Uma estratégia semelhante era usada em terras onde predominava o budismo, como na China, e onde o maniqueísmo tinha um sabor budista característico. Embora o maniqueísmo tenha caído no esquecimento e não seja uma tradição viva já há muito tempo, durante o período medieval ele era uma religião influente. Durante quase um milênio, teve muitos seguidores, tanto no Oriente como no Ocidente, apesar de muitas vezes ter sido percebido como uma heresia perigosa e sofrido violentas perseguições, sobretudo nas mãos dos muçulmanos e dos cristãos.

Os mercadores e missionários maniqueístas parecem ter viajado para a China pela Rota da Seda desde o século IV, mas a entrada "oficial" da religião na capital Tang ocorreu no final do século VII, durante o reinado da Imperatriz Wu. No início, a religião na China ficou restrita aos persas e a alguns habitantes da Ásia Central, mas o número de fiéis cresceu de modo considerável após a conversão em massa dos uigures em 763. Em pouco tempo, templos e mosteiros foram construídos para abrigar o clero maniqueísta, e essa religião estabeleceu uma presença forte na capital chinesa. Conhecidos como "os eleitos", seus clérigos eram celibatários, praticavam o vegetarianismo e observavam os ideais de renúncia e pobreza. Em alguns aspectos, eles se assemelhavam aos monges budistas, cuja ordem religiosa oferecia o principal modelo para o monaquismo maniqueísta. A presença institucional da religião na capital, e em outros lugares, chegou ao fim em 843, devido à perseguição iniciada pelo Imperador Wu, embora alguns vestígios do maniqueísmo tenham sobrevivido por alguns séculos a mais. O expurgo dos maniqueístas foi especialmente duro e violento, mais até que a perseguição antibudista que se seguiu. Uma razão importante para isso foi a permanente animosidade chinesa contra os uigures, que eram percebidos como rivais políticos e odiados por suas invasões e pilhagens anteriores das duas capitais chinesas.

Os primeiros registros provisórios da presença dos judeus na China também nos levam de volta à era Tang, mas é possível que, antes disso, os mercadores judeus tenham entrado no território chinês pela Rota da Seda. As comunidades judaicas pequenas e isoladas se estabeleceram em diversas partes da China e algumas delas continuaram a existir até a última fase do período imperial. Os mais conhecidos eram os judeus de Kaifeng, a capital chinesa durante a Dinastia Song do Norte, que emigraram da Pérsia. No início do século XVII, o importante missionário jesuíta Matteo Ricci (ver p.277) tinha contatos amigáveis com os membros da comunidade judaica em Kaifeng, que praticavam juntos numa sinagoga local e observavam costumes e rituais judaicos tradicionais. Alguns dos descendentes distantes dos judeus chineses foram "redescobertos" durante o século XX, embora naquela época eles já estivessem totalmente assimilados, após séculos de casamentos mistos e a gradual negligência das observâncias judaicas tradicionais. Havia também ondas limitadas de imigrantes judeus durante o século XIX e início do XX, embora a maioria tenha saído da China após a tomada comunista em 1949.

Primeiros missionários cristãos

Os primeiros cristãos que entraram na China foram os nestorianos que, em 635, chegaram à capital Tang pela Rota da Seda. O nestorianismo era um movimento cristão que seguia os ensinamentos de Nestório (morto c. 451), teólogo sírio e bispo de Constantinopla. Seus ensinamentos sobre as duas naturezas de Cristo, segunda pessoa da Santíssima Trindade (ver quadro), a natureza divina (Logos) e a humana (Jesus), foram condenados pela liderança eclesiástica romana e ele foi excomungado como herético. Mais adiante, o nestorianismo foi suprimido pela Igreja dominante e seus seguidores foram obrigados a emigrar para o Oriente Médio; assim, muitos deles se estabeleceram na Pérsia. O grupo que chegou à China era persa e liderado por um bispo chamado Aluoben. O governo Tang era aberto e receptivo em relação à nova religião e os prelados visitantes foram bem recebidos na corte imperial. Num gesto familiar de tolerância religiosa, o imperador permitiu o proselitismo entre os nestorianos, patrocinou a construção de um mosteiro na capital e permitiu a ordenação de novos monges cristãos.

Dentro de um curto período, diversos mosteiros nestorianos foram construídos em várias partes da China. A crescente aceitação da fé estrangeira é indicada pelo convite que o imperador Xuanzong estendeu aos monges cristãos, de realizar rituais no palácio imperial, que aconteciam com frequência entre os cleros budista e taoista. Em 781, os fiéis nestorianos na capital erigiram uma estela, sobre a qual eles gravaram a história de sua religião na China até aquele ponto. O famoso monumento sobreviveu às devastações da história e ainda pode ser visto em Xi'an. No curso da Dinastia Tang, a situação da comunidade nestoriana melhorava ou piorava dependendo do patrocínio oferecido pelos vários monarcas. Conforme o nestorianismo se adaptava ao ambiente chinês, seus ensinamentos e práticas adotavam tendências sincréticas, mas mantinham seu caráter cristão distintivo. A igreja nestoriana foi dizimada em 845, durante as perseguições instigadas pelo imperador Wuzong

> **A Santíssima Trindade (um Deus revelado através de três pessoas)**
> - Pai
> - Filho (Jesus)
> - Espírito Santo

e desapareceu da China por volta do século X, apesar de seu renascimento durante o período mongol.

A entrada da segunda onda dos missionários cristãos na China foi causada pelas conquistas mongóis do século XIII. A importante ascensão mongol à suprema distinção militar e política, sob Genghis Khan (c. 1206-1227) e seus sucessores, foi marcada por muito derramamento de sangue e brutalidade. Entretanto, após a conquista da maior parte da Eurásia e o estabelecimento do maior império que o mundo já viu, o governo mongol proporcionou oportunidades sem precedentes de interações transculturais e movimentos de pessoas, bens e ideias. (O estabelecimento da Pax Mongólica na época foi um precursor antigo imperfeito, por assim dizer, do processo de globalização que presenciamos hoje.) As relações dos mongóis com as várias religiões que existiam em seu império eram quase sempre movidas por considerações pragmáticas e políticas, mas, em linhas gerais, eles adotavam uma política amigável de tolerância religiosa. Isso contribuiu para um aumento substancial de atividades missionárias e interações inter-religiosas de longa distância, ocorridas durante aquele período.

Na China, após o estabelecimento da Dinastia Yuan, os mongóis (que, no início, seguiam tradições xamânicas) acabaram por adotar o budismo (ver Capítulo 5), mas suas atitudes relativas às outras religiões, incluindo o cristianismo, eram geralmente favoráveis e respeitosas. Kublai (c. 1279-1294), o Grande Khan e primeiro imperador Yuan, não hesitava em empregar indivíduos com diferentes origens religiosas (budistas, muçulmanos, cristãos e confucianos) para trabalhar como assessores e funcionários do governo. A maioria dos cristãos no império Yuan eram nestorianos, como atestam os relatos de Marco Polo (1254-1324), que viajou para a China durante o reino de Kublai Khan. A maior concentração de nestorianos estava no Noroeste. A maioria dos fiéis nestorianos não era de etnia chinesa; as pessoas de origem turca formavam o grupo predominante.

> **A introdução do cristianismo nestoriano na China**
>
> No tempo em que o imperador erudito Taizong inaugurou a prosperidade imperial com esplendor e magnificência, deixando pousar o olhar sobre homens de discernimento e sagacidade, havia no reino de Daqin uma pessoa de virtude superior, chamada Aluoben. Após consulta aos presságios celestiais, ele levou consigo as verdadeiras escrituras. Após examinar os tons musicais dos ventos, ele enfrentou dificuldades e perigos. No nono ano da era Zhenguan (635), ele chegou a Chang'an. O imperador ordenou ao ministro de Estado, o duque Fang Xuanling, que seguisse com os guardas imperiais para os subúrbios do oeste e saudasse Aluoben como hóspede, convidando-o ao palácio imperial. O imperador mandou traduzir as escrituras (cristãs) na biblioteca. Dentro dos aposentos proibidos (do palácio), o imperador perguntou sobre a doutrina (cristã). Ele aprendeu que a doutrina era correta e verdadeira, e emitiu uma ordem especial para que fosse propagada.
>
> Da estela nestoriana em Xi'an; tradução adaptada de Charbonnier (2007, p.29).

Durante esse período, um fato histórico significativo foi a introdução inicial do catolicismo na China. O primeiro missionário católico a entrar na China foi João de Montecorvino (c. 1246-1330), que chegou a Pequim por volta do final do século XIII, após uma viagem missionária na Pérsia. Ele era membro da ordem franciscana, fundada por São Francisco de Assis (c. 1181-1226) em 1209. João começou a construir igrejas e a fazer proselitismo e, mais adiante, juntou-se a outros missionários franciscanos enviados da Europa pelo papa. Os católicos receberam apoio financeiro do imperador da Dinastia Yuan e conseguiram converter algumas pessoas, mas fracassaram seus esforços de cristianizar a China. No final da Dinastia Yuan quase não havia cristãos na China, nem nestorianos nem católicos. Assim, a presença católica inicial na China malogrou em poucas décadas e a situação não mudou até a chegada dos missionários jesuítas quase um par de séculos mais tarde.

Missões jesuítas no final da era Ming

As tentativas determinadas de difusão do catolicismo na China foram renovadas com o advento das missões jesuítas perto do final do século XVI, durante a última fase da Dinastia Ming. Fundada em 1534 em resposta à Reforma Protestante, uma das principais tarefas da ordem jesuíta era o serviço em missões estrangeiras e a conversão das populações nativas. Os jesuítas também eram renomados pela grande erudição, que não se limitava aos temas religiosos, além de seu extenso trabalho educativo. Eles representavam a vanguarda da Contrarreforma iniciada pelo Vaticano, cuja meta era reverter a difusão do protestantismo e expandir a influência da igreja Romana no exterior. Nessa época, os europeus estavam ávidos por conquistar terras estrangeiras e evangelizar seus habitantes (a quem eles davam o rótulo pejorativo de "pagãos"). O missionário jesuíta mais conhecido na China foi Matteo Ricci (1552-1610), um italiano que chegou ao Sul da China em 1583. Antes disso, ele teve uma tarefa missionária na Índia, seguida de um período de preparação para sua missão chinesa em Macau, o entreposto comercial português localizado na costa Sul da China; nesse período, ele estudou a língua e a cultura chinesas.

Após viajar por toda a China, Ricci estabeleceu-se em Pequim e lá permaneceu até o final de sua vida. Na capital, ele conseguiu estabelecer contatos com membros da elite chinesa; no fim de sua vida, chegou a obter uma limitada ajuda financeira do governo, apesar do esforço em conseguir uma audiência com o imperador. Ricci ficou muito impressionado pela sofisticação da civilização chinesa, e seus escritos promovem a grandeza e a riqueza da China, bem como sua cultura refinada e as instituições políticas ordenadas. Ele percebeu que, para ter sucesso em suas tentativas missionárias, teria que mostrar respeito pelos costumes locais e sentimentos nativos. Assim, de modo geral ele apresentou uma versão positiva e prestativa do cristianismo, que não ameaçava a ordem estabelecida. Para esse fim, ele estudou com cuidado os textos e as tradições chinesas clássicas, com ênfase no confucianismo como ideologia dominante; todavia, em algumas de suas apologéticas, ele fez duras críticas ao budismo. Ele até mesmo traduziu os Quatro Livros do Confucianismo para o latim, esforçando-se para ressaltar a compatibilidade entre os valores chineses tradicionais e a doutrina católica.

Durante os primeiros anos de sua missão, Ricci e seus associados adotaram a aparência de monges budistas. Eles rasparam a cabeça e usaram vestes monásticas; assim, assumiram imagens religiosas familiares e tentaram misturar-se ao meio sociorreligioso chinês. Entretanto, no devido tempo, eles perceberam que a posição social do clero budista na dinastia chinesa Ming não era tão importante. Assim, alteraram a maneira de se apresentar, adotando a aparência e os maneirismos da elite sociopolítica chinesa e passando a vestir-se como os *literati* confucianos. Essa transformação exterior refletia a decisão de Ricci de focar suas tentativas missionárias nos círculos da elite.

Os missionários católicos reagiram com entusiasmo ao interesse dos *literati* pela ciência, tecnologia e cultura ocidentais. Eles prestavam seus serviços em diversas áreas práticas valorizadas pelo Estado imperial: eram matemáticos da corte, astrônomos, tradutores e geógrafos. Além disso, os jesuítas desempenhavam funções essenciais como mediadores entre Oriente e Ocidente, sendo uma fonte importante de informação sobre a China aos europeus. Isso contribuiu para um aumento do interesse europeu pelo pensamento, pelas instituições e pela arte chineses, demonstrado nas obras de intelectuais europeus de grande importância, como o escritor e filósofo francês Voltaire (1694-1778), figura de destaque na época do Iluminismo.

Ricci e seus companheiros missionários tiveram algum sucesso em suas tentativas de difundir o Evangelho entre os chineses, já que converteram um pequeno número de *literati* chineses. Além disso, em algumas áreas distantes da capital, onde os missionários dominicanos e franciscanos eram ativos, o catolicismo começou a ganhar uma base provisória entre as pessoas comuns. Por volta do final do século XVII, durante o auge da influência católica na China Imperial, os missionários conseguiram converter cerca de um quarto de milhão de pessoas. No entanto, a presença dos missionários e sua evangelização também causaram uma reação anticristã entre amplos segmentos dos *literati*. Seus mais ferrenhos críticos eram os acadêmicos e altos funcionários, que aprovavam um tipo conservador de ortodoxia neoconfuciana, que se popularizava cada vez mais após o estabelecimento da autoritária dinastia Qing.

Alguns dos intelectuais neoconfucianos escreveram opúsculos anticristãos cruéis, nos quais denunciavam a fé estrangeira. Eles descreveram o cristianismo como um falso ensinamento, incompatível com os valores chineses e prejudicial para a ordem sociopolítica estabelecida. Esses repúdios das doutrinas e práticas católicas também foram influenciados pela presença de sentimentos xenofóbicos entre as elites confucianas cultas, de uma maneira um tanto semelhante à situação enfrentada pelos monges budistas quando chegaram à China, durante os séculos anteriores. Às vezes, as agressões verbais levavam a molestamentos reais dos missionários e convertidos cristãos. A situação foi ainda agravada por uma crescente intransigência e rigidez dogmática dos católicos, que ofendiam as sensibilidades chinesas e provocavam hostilidades anticristãs adicionais, o que diminuiu ainda mais o número de conversões.

Debates católicos sobre aculturação

A estratégia missionária de Matteo Ricci era baseada numa visão de longo prazo, juntamente com uma disposição de aculturar e adaptar os ensinamentos católicos à luz das normas e tradições chinesas predominantes. Isso significava apresentar uma forma de cristianismo que não fosse circunscrita pela cultura europeia. Ricci também removeu a ênfase do objetivo derradeiro de evangelizar a China e se afastou de atos radicais de conversão, enquanto mostrava sensibilidade e respeito pela cultura chinesa. Ao mesmo tempo, ele chamava a atenção dos *literati* chineses pelo seu domínio de coisas que lhes interessavam, a saber, a ciência ocidental e o conhecimento secular. Entretanto, nem todos estavam de acordo com essa postura conciliatória. Alguns de seus sucessores e, mais ainda, de seus concorrentes, adotavam estratégias cada vez mais agressivas de proselitismo e não evitavam enfrentar diretamente as crenças e práticas culturais chinesas arraigadas. Essas diferenças nas estratégias missionárias aos poucos se desenvolveram numa plena disputa dentro da Igreja católica, conhecida como "controvérsia dos ritos", que opôs os defensores da conciliação e aculturação aos que sustentavam a posição contrária.

No cerne da controvérsia dos ritos havia profundas tensões e desacordos sobre a abordagem correta ou preferível do trabalho missionário e da evangelização, sobretudo em relação ao tratamento dos costumes e tradições nativos. Uma questão essencial enfrentada pelos missionários (na China, bem como em outros lugares onde os católicos faziam trabalho missionário) era saber se deveriam adotar uma postura de conciliação cultural em relação aos costumes e observâncias locais, incluindo aqueles influenciados pelas tradições religiosas nativas. Alguns argumentavam que uma abordagem conciliatória e a abertura à aculturação eram necessárias, mas outros assumiam uma postura exclusivista rígida, que ressaltava a verdade singular da fé católica e a superioridade da cultura europeia. Do ponto de vista do segundo grupo, nenhuma conciliação era possível com os costumes degradantes e as observâncias rituais de "pagãos" e "idólatras". Isso teria efeitos negativos sobre o caráter distintivo da verdade cristã singular, segundo argumentavam, e comprometeria a integridade da única igreja verdadeira que a defende e representa.

Dentro do contexto chinês, a principal questão em debate envolvia decidir se os convertidos poderiam manter os rituais tradicionais chineses (sobretudo confucianos), como a homenagem a Confúcio, a condução de cerimônias funerais segundo os costumes e a realização de ritos ancestrais. De certa forma, a questão dependia da definição operacional de "religioso", uma vez que a confirmação da origem cultural e da função social dos ritos e cerimônias chinesas os tornava mais aceitáveis para os chineses convertidos ao cristianismo, ao menos aos olhos dos defensores católicos da aculturação. Os jesuítas presumiam que, se a natureza religiosa dos ritos chineses pudesse ser encoberta, estes poderiam ser admitidos como expressões tradicionais de reverência, e não como um serviço religioso, cujo fim supremo é reservado a Deus. Outra questão relacionada (às vezes apelidada de "controvérsia de termos") era o uso do vocabulário tradicional chinês na tradução de importantes termos cristãos. Por exemplo, Ricci e outros jesuítas defendiam o uso de termos chineses de longa data, como Senhor Celestial (Tianzhu), Céu (Tian), ou Supremo Senhor (Shangdi), para traduzir o termo cristão para Deus. Isso foi criticado com veemência por seus adversários, percebido como infundado em termos teológicos, representando mais uma conciliação injustificada.

A controvérsia dos ritos se desenvolveu por um período prolongado, envolvendo não apenas missionários na China, mas também a cúria romana. O debate todo foi ainda mais complicado pelos contextos políticos mais amplos nos quais ele ocorria. Isso incluía a rivalidade entre os jesuítas (geralmente defensores da conciliação) e outras ordens missionárias, sobretudo os dominicanos e franciscanos, que (entre outras coisas) acusavam os jesuítas de permitir práticas "pagãs". Às vezes, o conflito interno entre as ordens missionárias degeneravam em confrontos amargos e na expressão de acusações públicas em Roma. Outro fator que contribuiu foi a contínua competição entre os poderes coloniais europeus, sobretudo Espanha e Portugal (e numa fase posterior, França), que procuravam estabelecer suas esferas de influência na Ásia.

No final, a batalha foi ganha pelos adversários da aculturação e da conciliação. Após uma série de decretos papais que, ao longo da controvérsia, oscilaram entre as duas visões opostas, no início do século XVIII a Igreja

Romana decidiu proscrever os ritos chineses e condenar de modo inequívoco a estratégia da aculturação. Uma declaração oficial do papa, emitida em 1742, foi a última palavra do debate, tomando o lado dos adversários da conciliação e proibindo maiores discussões sobre o tema. As atitudes intransigentes e arrogantes exibidas pelos europeus levaram a um desgaste do apoio imperial para as missões e descontentaram muitos *literati* chineses.

Toda a controvérsia dos ritos revelou claramente as diferenças fundamentais entre a fé cristã e as tradições culturais e religiosas próprias dos *literati*. Isso aprofundou a percepção de que o cristianismo era uma religião estrangeira e que os católicos consideravam a submissão a Roma mais importante que a obediência ao imperador Qing; esse é um tema central que, com pequenas variações, continua até os dias atuais. Essas inquietações contribuíram para as proibições ou restrições intermitentes do governo quanto a difusão do cristianismo, evidentes em um decreto imperial de 1724, que limitou severamente o escopo das atividades missionárias. Seguiu-se uma perseguição cristã muito mais dura durante a década de 1740. A dissolução por parte do papa da ordem dos jesuítas em 1773 marcou, de fato, o declínio da então promissora missão católica; no entanto, um pequeno número de católicos permaneceu na China, por incrível que pareça, e a Igreja se recuperou durante o século XIX.

Missionários protestantes no século XIX

Os protestantes foram a última onda de missionários cristãos a chegar na China. Eles entraram no Império do Centro no século XIX, num momento em que a Dinastia Qing passava por um declínio socioeconômico e político prolongado. Esse foi um período turbulento da história chinesa, em que o império Qing, enfraquecido e cada vez mais corrupto, enfrentava a perspectiva de lidar com a modernidade em termos definidos, em grande parte, pelas potências coloniais europeias, e quando o Japão e os Estados Unidos também entravam na cena geopolítica regional (ver Capítulo 10). Ainda que o proselitismo cristão não fosse permitido pelo governo Qing, no início do século XIX, alguns missionários protestantes começaram a entrar no país. Com a intenção de difundir seu Evangelho, às vezes eles usavam como trampolim os seus postos missionários localizados em colônias britânicas no Sudeste da Ásia, como Malaca (agora na Malásia). Um dos primeiros missionários notáveis foi Robert Morrison (1782-1834). Originário da Inglaterra, em 1819 ele produziu a primeira tradução chinesa completa da *Bíblia*, embora não tenha tido muito sucesso em converter chineses para a fé cristã.

O influxo protestante missionário aumentou de maneira considerável após a derrota da China nas Guerras do Ópio (1839-1842 e 1856-1860), quando o governo Qing foi forçado a encerrar suas políticas isolacionistas e diminuir as restrições relativas às atividades dos missionários ocidentais na China. Após sua segunda derrota militar em 1860, o governo Qing foi forçado a escancarar a porta, dando liberdade para que os missionários cristãos atuassem em todo o império. Um ator fundamental da arena missionária durante esse período foi a Missão para o Interior da China, independente e pan-denominacional, cujo objetivo era evangelizar o interior do país, nas áreas onde o cristianismo ainda não havia criado raízes. No início, tratava-se de uma tentativa pioneira de Hudson Taylor (1832-1905) e dezessete outros missionários, que chegaram da Inglaterra com a intenção de salvar os "milhões que perecem" na China; a partir daí, a missão cresceu com rapidez e expandiu seu raio de ação de modo considerável.

Taylor e seus seguidores tentaram converter os chineses à sua marca do cristianismo evangélico, levando as boas novas da redenção e da vida eterna pela fé em Cristo. Eles ressaltavam a autoridade absoluta da Sagrada Escritura e pregavam a moralidade rigorosa. Uma característica notável da Missão ao Interior da China era a grande participação de mulheres entre seus missionários; além disso, a organização também conseguiu incluir missionários

> **Perspectiva protestante sobre o que os chineses realmente precisam**
>
> O que, então, os chineses precisam da Europa? Não as artes da leitura e da impressão; não meramente a educação geral; não o que é tão repisado por alguns filantropos: a civilização. Eles precisam daquilo que apenas São Paulo julgava extremamente excelente e que é o único intento que a Sociedade Missionária tem a comunicar: eles precisam *do conhecimento de Cristo*.
>
> Robert Morrison (1824); citado em Moffett (2005, p.285).

chineses entre seus membros. As mulheres também eram ativas participantes em missões organizadas pelas principais denominações protestantes, entre elas os batistas, os metodistas e os presbiterianos.

Embora o objetivo principal manifesto das missões protestantes fosse a evangelização e a salvação das almas, os missionários também se envolviam nas tentativas de modernizar a China, por meio da introdução de conhecimento, tecnologia e instituições ocidentais. Os missionários protestantes viam-se como agentes positivos de mudança que levavam para a China os benefícios do progresso e da civilização. Eles atuavam sobretudo nas arenas médica e educacional, juntamente com o trabalho humanitário do alívio da fome. Os missionários abriam e atuavam em clínicas e hospitais, que serviam as populações locais em várias partes da China, e um bom número dos próprios missionários eram médicos. Eles também estabeleceram escolas que aceleravam o processo de mudança social na China. Aos poucos, algumas das escolas se desenvolveram e se tornaram faculdades, que eram locais importantes para a propagação da cultura e da influência ocidental.

Figura 9.1. Igreja protestante em Guangzhou

Apesar desses avanços positivos, entre muitos chineses havia um mal-estar persistente em relação à presença missionária estrangeira. Os chineses sentiam-se desrespeitados pela arrogância ocidental (muitas vezes mesclada com atitudes racistas) e contrariados com os tratados desiguais que a China foi forçada a aceitar sob a ameaça de armas. A presença de concessão colonial em território chinês, a outorga da posição extraterritorial privilegiada para os ocidentais, e a exploração econômica e o tratamento desumano dos chineses intensificaram o crescimento de sentimentos hostis aos estrangeiros. Grande parte dessa animosidade se estendeu aos missionários cristãos, que eram vistos como a vanguarda da intrusão crescente na China de colonizadores e imperialistas ocidentais.

O ressentimento em relação aos estrangeiros, que vinha se agravando, atingiu o ponto de ebulição durante a violenta Rebelião dos Boxers, de 1899-1901. Diversos missionários foram massacrados pelos rebeldes fanáticos, determinados a limpar a China de todas as influências estrangeiras. A rebelião anti-imperialista de base camponesa, que recebia o apoio tácito das elites chinesas, foi sufocada de forma brutal pelos exércitos ocidentais (o Japão também se uniu à aliança antichinesa). Estes, em seguida, voltaram-se para a pilhagem e os maus-tratos bárbaros à população local. A reafirmação da dominação estrangeira permitiu que os missionários se reagrupassem e prosseguissem com seu trabalho na China no século XX.

Filho de Deus Chinês

Algumas das influências do cristianismo protestante e suas interseções com as tradições locais chinesas são exemplificadas pelo movimento Taiping, cuja rebelião contra o governo imperial no meado do século XIX ameaçou derrubar a Dinastia Qing. Seu líder, Hong Xiuquan (1813-1864), era oriundo de uma família camponesa, que pertencia à minoria Hakka, estabelecida no Sul da China. Apesar de suas humildes circunstâncias, o jovem Hong pôde adquirir alguma educação clássica, embora não tenha passado nos exames oficiais no nível provincial. Ele então se voltou para a religião, sobretudo para os ensinamentos protestantes que, na época, se infiltravam na China.

Após a leitura de alguns opúsculos e passagens cristãs da Bíblia, Hong Xiuquan teria tido uma série de visões misteriosas; segundo sua própria interpretação, Deus o havia encarregado de combater os desvios, incluindo as falsidades ensinadas por Confúcio, e de destruir as formas demoníacas de culto. Em um momento posterior, Hong buscou instruções religiosas de um missionário batista americano. Em pouco tempo, ele abraçou a vocação religiosa como figura messiânica, pregando para uma multidão cada vez maior de seguidores atraídos por seu carisma pessoal e pela mensagem igualitária de esperança e redenção. A vasta maioria de seus seguidores, que incluíam alguns elementos criminosos, vinham das camadas menos privilegiadas da sociedade chinesa sulista. Durante um período de convulsões sociais e depressão econômica, muitos deles eram atraídos por promessas de salvação pessoal, redenção comunitária e paz universal.

Hong Xiuquan estabeleceu uma associação chamada Sociedade para o Culto de Deus (Bai shangdi hui) que, em pouco tempo, transformou-se num movimento considerável, mais adiante chamado de Taiping (Grande Paz). A utilização de Hong desse termo messiânico (carregado de ricas implicações políticas e religiosas na história da China, que remontavam à rebelião do Turbante Amarelo no século II) aponta para o fato de que, não obstante as visíveis influências protestantes, suas ideias eram também moldadas por sentimentos religiosos que eram claramente chineses. Desde cedo, Hong proclamou-se um filho de Deus e irmão mais jovem de Jesus. Finalmente, ele se tornou chefe de um Estado teocrático, no qual seus seguidores foram muito bem organizados em grupos, liderados por uma hierarquia que misturava funções religiosas, governamentais e paramilitares. Nessa função, ele assumiu o título de Rei Celestial (*tianwang*), alegando sanção divina para governar um domínio santificado, que ele nomeou de Reino Celestial da Grande Paz.

Hong e seu grupo proclamavam a igualdade entre todos seus seguidores; numa ruptura importante com a tradição chinesa, a igualdade também era estendida às mulheres. Os Taipings rejeitavam as atitudes sociais e as práticas comuns, reunindo-se em grupos contra a atadura dos pés e endossando a monogamia. Eles promoviam de modo ativo a equidade de gênero que, entre outras coisas, significava que as mulheres poderiam servir como soldados. Além disso, seu igualitarismo estava refletido na implementação de um *ethos* comunitário que incluía a proscrição da propriedade e do comércio privados, juntamente com o estabelecimento de estruturas institucionais para o atendimento comunal de necessidades básicas de vida. (Esses princípios orientadores evocam comparações com os ideais e políticas implementados um século mais tarde pelo Partido Comunista, quando Mao e outras figuras revolucionárias expressaram admiração por Hong e os Taipings.) Além disso, a liderança Taiping promoveu de forma vigorosa os valores puritanos, que eram inculcados em seus recrutas com intensidade fanática. Seus ensinamentos e políticas ecoavam credos e práticas promovidas pelos missionários protestantes, mas também evocavam costumes chineses nativos. Eles pregavam modéstia e frugalidade, e proscreviam vícios como o jogo, o adultério, a bebida, o uso de ópio e o fumo. Eles estavam empenhados em limpar a China de seus pecados e eram intolerantes com outras religiões, sendo que as críticas mais severas eram reservadas ao confucianismo e ao budismo.

Após cuidadosos preparativos militares, em 1850 Hong Xiuquan e seus seguidores iniciaram uma rebelião armada contra o governo Qing, que eles percebiam como um poder demoníaco que devia ser destruído para que pudessem estabelecer seu Reino Celestial. De sua fortaleza original em Jiangxi, a rebelião rapidamente se espalhou para as províncias vizinhas do sul. Em 1853, os rebeldes tomaram a antiga capital de Nanjing, que eles renomearam como Capital Celestial (Tianjing) e transformaram na sede de seu governo. Desde lá, eles governaram uma área relativamente extensa, que incluía grande parte do Sul da China. Embora as respostas iniciais do governo Qing e seus militares fossem ineficazes, aos poucos diversas milícias regionais foram organizadas pelas autoridades locais e pela aristocracia rural que iniciaram

Os dez mandamentos celestiais dos Taipings

Honrar e venerar o Senhor Deus

Não venerar falsos deuses

Não proferir o nome do Senhor Deus em vão

Em cada sétimo dia, venerar e louvar o Senhor Deus por sua graça

Ser filial e obediente ao seu pai e mãe

Não matar ou ferir outras pessoas

Não se entregar à maldade e à lascívia

Não furtar ou roubar

Não espalhar falsidades

Não ter pensamentos cobiçosos

Tradução adaptada de Barry e Lufrano (2001, p.221).

campanhas militares contra os exércitos Taiping. Finalmente, juntaram-se a eles unidades mercenárias organizadas pelos ocidentais.

No início, as potências ocidentais alegaram neutralidade na guerra civil da China, embora muitos ocidentais aprovassem os Taipings e suas ideias, sobretudo à luz da conexão percebida com o cristianismo. Entretanto, as nações coloniais ocidentais por fim decidiram que seus interesses políticos e econômicos eram mais bem servidos com o fortalecimento do governo Qing, que se encontrava enfraquecido; isso foi considerado preferível aos rebeldes ardorosos e imprevisíveis. Além disso, conforme conheciam mais a respeito de Hong e seus seguidores, os ocidentais ficavam desanimados com seu fanatismo e posições teológicas bizarras, como demonstram os comentários de Hong sobre a Bíblia. A partir daí eles concluíram que Hong não pregava, afinal, o cristianismo autêntico. As forças chinesas e ocidentais combinadas ganharam uma série de vitórias e, finalmente, recapturaram Nanjing em 1864. Na sequência da derrota final, diz-se que o Filho de Deus Chinês cometeu suicídio, assim terminando seu sonho de estabelecer um reino celestial na terra.

Transmissão inicial do islamismo

O crescimento inicial da religião monoteísta do islamismo entre os árabes e a sua importante propagação por grandes áreas do Norte da África, da Península Ibérica e do Oriente Médio (e mais tarde para outras partes da Ásia) foram eventos de grande influência, que mudaram o curso da história mundial. Logo após a morte do profeta Maomé (c. 570-632), os exércitos árabes expansionistas seguiram até a Pérsia e aniquilaram o Império Sassânida, cujo domínio durante o seu apogeu se estendia desde o Leste da Síria até o Afeganistão. Os árabes conquistadores então incorporaram a Pérsia no califado islâmico, que crescia de modo rápido. No início do século VIII, o domínio islâmico se estendeu para a Ásia Central, da qual partes estavam sob a esfera chinesa de influência. Em sua busca pelo domínio da Ásia Central, os dois impérios se enfrentaram na batalha no rio Talas (751), em que os árabes derrotaram o exército chinês.

Os conquistadores árabes trouxeram consigo os ensinamentos e observâncias de sua fé islâmica (a qual havia unificado as várias tribos árabes pela primeira vez na história), juntamente com suas alegações universalistas da verdade. A conquista militar estava intimamente relacionada com a expansão religiosa, embora as conversões forçadas fossem exceções, e não a regra. Em linhas gerais, não se espera que os muçulmanos obriguem outras pessoas a se converter, uma vez que a conversão ao islamismo deve ser uma decisão voluntária de cada indivíduo, a partir do momento em que esteja convencido da veracidade de sua mensagem. A pressão missionária ou as conversões forçadas eram consideradas opostas à confiança ou ao destino que Deus tem em mente para cada indivíduo; é isso que deverá conduzir, por fim, todas as pessoas ao islamismo. As conquistas militares iniciaram um processo gradual de islamização da Pérsia e da Ásia Central, levando assim a nova e vibrante religião à porta de entrada da China. A islamização da Ásia Central, cuja população predominante era de origem turca, foi em grande medida liderada por ordens sufistas, que eram bastante abertas ao sincretismo religioso e tolerantes em relação às tradições locais.

Os primeiros muçulmanos a entrar na China eram mercadores e emissários persas e árabes, que chegaram através de redes comerciais estabelecidas no século VII, durante a Dinastia Tang. Um ponto importante de entrada foi o porto sulista de Guangzhou, que era o lar de uma grande comunidade de expatriados; todavia, os muçulmanos também chegavam por outros portos no Sul, ou entravam a partir do Noroeste, pela Rota da Seda. Os escritores islâmicos posteriores criaram uma história sobre a chegada inicial de sua fé na China: o segundo imperador da era Tang, Taizong (c. 626-649) enviou uma legação para o oeste, em busca do islamismo. O ímpeto inicial para o envio dos emissários chineses, segundo a lenda, foi um sonho do imperador (ver quadro de citação). A história prossegue, contando como a legação chinesa trouxe de volta um dos tios do profeta, juntamente com uma cópia do Alcorão, que foram recebidos de forma calorosa no palácio imperial. Esse tropo é familiar devido à história sobre o sonho do imperador Ming da Dinastia Han, que teria ocasionado a chegada inicial do budismo na China (ver Capítulo 5).

Enquanto a maioria dos mercadores muçulmanos eram visitantes temporários, alguns deles se estabeleceram na China, juntando-se às comunidades consideráveis de imigrantes da Ásia Oriental e Ocidental, que prosperavam em algumas cidades. Lá eles estabeleceram as primeiras comunidades muçulmanas na China. Como outros estrangeiros, a maior parte dos muçulmanos ficava separada da população chinesa, embora alguns homens muçulmanos se casassem com mulheres chinesas. As linhas de demarcação entre os muçulmanos

> **Os Cinco Pilares do islamismo (atos piedosos exigidos de todos os muçulmanos)**
> - 1. Aceitação do credo básico do Islã: não existe outro Deus senão Alá e Maomé é seu mensageiro.
> - 2. Cinco orações diárias, feitas em horários fixos.
> - 3. Doação de esmolas aos necessitados.
> - 4. Jejum durante o mês sagrado de Ramadã.
> - 5. Peregrinação Hajj à cidade sagrada de Meca.

e as populações nativas eram reforçadas por regulamentações governamentais, que estipulavam que os estrangeiros deveriam viver em zonas urbanas restritas e negociar em mercados especialmente designados. Os mercadores muçulmanos mantiveram uma presença substancial na China durante toda a transição Tang-Song, sobretudo nos grandes centros urbanos que estavam envolvidos com o comércio internacional. Eles tinham autonomia limitada na gestão de seus assuntos comunitários, e o governo chinês não tinha uma excessiva preocupação em administrar os detalhes de seus estilos de vida e práticas religiosas. Apesar da presença muçulmana crescente durante esse período, a população chinesa nativa, incluindo as elites sociopolíticas, tinham uma exposição limitada ao islamismo e mostrava pouco interesse em aprender sobre essa religião.

Adaptação e crescimento do islamismo

A segunda onda da entrada islâmica na China ocorreu sob o domínio mongol durante o século XIII, quando houve um grande aumento da população muçulmana na China. Os mongóis puseram fim a séculos de dominação islâmica unificada, por meio da captura de Bagdá em 1258 e da destruição do califado abássida. Muitos dos descendentes de Genghis Khan que se estabeleceram na Ásia Central converteram-se à fé islâmica, juntamente com seus seguidores mongóis. Sob a Dinastia Yuan na China, os mongóis empregavam diversos muçulmanos em sua administração e encorajavam a imigração árabe e persa. Seus súditos muçulmanos trabalhavam em inúmeras ocupações importantes, como astrônomos, arquitetos, médicos, engenheiros militares

> ### Sonho do imperador Taizong e a chegada do islamismo na China
>
> Uma noite, o imperador Taizong da Dinastia Tang sonhou que uma viga de telhado de seu palácio dourado estava ruindo. A viga do telhado quase esmagou sua cabeça, mas foi interceptada e empurrada para trás por um homem em pé, do lado direito de sua cama. O homem usava uma túnica verde e tinha um turbante branco enrolado ao redor da cabeça. [...] Alarmado, ao acordar o imperador imediatamente convocou seus conselheiros. Um deles, Xu Mao, na mesma hora soube qual era o problema: o império estava em perigo. Era esse o significado da viga que caía do telhado. O homem estranho era um Hui, um muçulmano das regiões ocidentais. O grande império Tang precisava dos Hui para sua defesa, concluiu ele.
>
> Trecho de *Huihui yuanlai*; tradução adaptada de Ben-Dor Benite (2005, p.205).

e diretores financeiros. Alguns deles ascenderam a posições elevadas sob Kublai Khan, como, por exemplo, o governador provincial de Yunnan e o ministro financeiro do império Yuan.

Houve um aumento adicional na população muçulmana estabelecida na China durante a era Ming, juntamente com uma maior integração dela na sociedade chinesa. Muitos muçulmanos tornaram-se bastante aculturados e passaram a ficar parecidos com a população chinesa Han, por falarem chinês e usarem nomes chineses. Alguns muçulmanos tiveram carreiras bem-sucedidas na burocracia imperial e houve muitos casos de casamentos mistos (que quase sempre envolviam um homem muçulmano e uma mulher chinesa). O muçulmano mais conhecido da era Ming é o almirante Zheng He (1371-1433), que liderou a marinha chinesa em uma série de viagens históricas. Nascido em Yunnan, de pais muçulmanos, Zheng foi levado para a corte quando jovem e entrou no serviço governamental como um eunuco. Após ganhar a confiança do imperador e ascender nas posições oficiais, foi encarregado de levar uma grande frota (com cerca de trezentos navios, segundo algumas fontes) em viagens marítimas memoráveis, com uma dimensão inaudita.

As expedições marítimas de Zheng He eram destinadas a expandir a presença imperialista da China, glorificar a dinastia reinante, facilitar o comércio a longa distância e estabelecer relações diplomáticas. As viagens também eram importantes como fontes de informação sobre o mundo que ficava além das imediações chinesas. Zheng He realizou sete viagens durante o período de 1405-1433, indo a terras tão distantes como o Sudeste da Ásia, a Índia, o Ceilão (Sri Lanka), a África Oriental, a área do Golfo Pérsico e a Península Arábica. Até hoje o almirante Zheng permanece uma figura de imensa popularidade não apenas na China, mas também no Sudeste da Ásia; atribui-se a ele, entre outras coisas, o crescimento do islamismo no Sudeste da Ásia.

Um evento notável durante a transição Ming-Qing foi o crescimento das instituições educacionais islâmicas e a criação da cultura islâmica escrita em língua chinesa. Os eruditos sino-muçulmanos imersos nas tradições intelectuais chinesas e na cultura confuciana (alguns deles donos de títulos e posições chinesas oficiais) fizeram valiosas contribuições, traduzindo do árabe textos clássicos importantes e criando obras originais de filosofia islâmica, que levaram à formação de um Han Kitab (cânone islâmico chinês). Em suas obras, os eruditos pertencentes a uma rede intelectual sino-muçulmana informal, baseada na China Oriental, fizeram uso extensivo do vocabulário confuciano em suas discussões sobre a doutrina islâmica. De certa forma, eles escreveram sobre o islamismo a partir da tradição *literati* chinesa, num esforço de moldar uma identidade híbrida que, ao mesmo tempo, era muçulmana e (confuciana) chinesa.

Os eruditos sino-muçulmanos desenvolveram e distribuíram um estilo chinês ou modalidade de ensino islâmico, que era congruente e coextensivo com o conhecimento confuciano. Por exemplo, num de seus livros populares, o renomado erudito sino-muçulmano Wang Daiyu (c. 1570-1650) correlacionou os Cinco Pilares do Islã (ver quadro) com as cinco virtudes confucianas. Em suas obras, Wang usou basicamente um arcabouço conceitual neoconfuciano para exaltar e explicar o islamismo, bem como determinar seu lugar de direito como parte integrante da tradição e cultura chinesa (para saber mais sobre esses eruditos, ver Ben-Dor Benite, 2005).

O século XVII também testemunhou o influxo inicial das ordens ou irmandades sufis (Tariqa) no Noroeste da China. O sufismo representava uma linhagem ou orientação mística dentro do islamismo. Seus seguidores adotavam estilos de vida ascéticos e se dedicavam a práticas contemplativas, destinadas a levar a estados mais elevados de consciência e à união espiritual com Deus. Havia sempre uma considerável diversidade dentro do movimento sufi, com uma variedade de interpretações teológicas e métodos práticos de cultivo espiritual. Entre as ordens sufi, havia uma tônica compartilhada na relação mestre-discípulo, que levou à criação de genealogias espirituais. A difusão de ideias, práticas e estruturas institucionais na China levaram a mudanças consideráveis na prática islâmica local.

A expansão ocidental do império Qing que, por volta do século XVIII, passou a incorporar grandes áreas do Turquestão e outras partes da Ásia Central (o que veio a ser conhecido como a região Xinjiang), levou a aumentos consideráveis da população muçulmana da China e sua diversidade étnica. Isso contribuiu para o surgimento de visões e interpretações concorrentes do significado de ser um muçulmano na China (ou um muçulmano chinês), que persistem até hoje. Havia algumas correntes ou orientações dentro do islamismo chinês típicas dos redutos muçulmanos do Noroeste da China que, às vezes, abrigava tendências militantes, separatistas ou evangelizadoras. Não obstante, havia também tendências sincréticas e conciliatórias, geralmente representando versões urbanas do islamismo que existiam entre a maioria Han, que salientava a compatibilidade de sua fé com a cultura chinesa predominante.

Aculturação e conflito no islamismo chinês

Os muçulmanos na China muitas vezes viram-se (e ainda se veem) entre dois mundos, tendo que equilibrar dupla lealdade: ao islamismo e à China. Por um lado, no decorrer dos séculos, os muçulmanos tiveram que lidar com pressões externas para se adaptar e se aculturar, exercidas por um Estado, ou uma maioria chinesa dominante, que costumava esperar conformidade com suas normas e costumes. Muitas vezes isso estava justaposto a um desejo de adaptação e de fazer parte da sociedade vigente. Por outro lado, existia a tendência entre os muçulmanos de afirmar sua especificidade cultural e manter um senso claro de fidelidade às suas crenças e tradições religiosas. Isso muitas vezes levou os muçulmanos a adotarem diferentes padrões de comportamento, um para o lar, ou na companhia de outros muçulmanos, e outro para as interações públicas com a maioria chinesa.

Em vista disso, a dicotomia nas respostas muçulmanas à presença dominante da civilização chinesa e à pressão (ou desejo) inevitável para se adaptar tem sido frequente. Os muçulmanos têm feito tentativas notáveis de aculturação e conciliação, sobretudo durante os períodos prolongados de paz e prosperidade. Por outro lado, muitas vezes eles se viram em conflito com a cultura e as instituições chinesas, por vezes exibindo uma predisposição ao separatismo. Em certas ocasiões, essas tendências explodiram em revoltas violentas contra o Estado chinês e provocações ousadas à sua autoridade.

As tentativas dos muçulmanos para demonstrar a compàtibilidade entre o islamismo e a cultura chinesa predominante, sobretudo representada pelo confucianismo, são evidentes na composição de textos apologéticos dos eruditos anteriormente mencionados, afiliados à rede intelectual sino-muçulmana. Em grande medida, esses textos eram dirigidos a um amplo espectro de chineses cultos, incluindo aqueles que não concordavam com a fé islâmica. Além disso, a aceitação dos muçulmanos da aculturação mostra-se visualmente nos estilos arquitetônicos de muitas de suas mesquitas. Numerosas mesquitas foram construídas seguindo o projeto e o desenho familiar dos templos chineses, em que o minarete exibe a forma de um pagode budista (ver figuras 9.2 e 9.3). Outros pontos de interseção cultural são observáveis nas esferas da atividade artística e da representação visual, por exemplo, os estilos caligráficos híbridos que justapõem os caracteres chineses com a escrita árabe.

Não obstante essas tentativas de aculturação, havia também tensões contínuas e conflitos intermitentes entre o Estado chinês e suas populações muçulmanas. Os muçulmanos costumavam resistir a pressões assimilatórias, sobretudo aos esforços do governo de submetê-los à influência "civilizatória" chinesa e fazê-los aceitar os costumes predominantes. Eles não se dispunham a adotar os valores chineses e as formalidades culturais estabelecidas, como o culto aos ancestrais e a piedade filial. Na sua essência, o sentimento persistente de muitos muçulmanos, de dissonância e separação da cultura e das instituições chinesas vigentes, tinha sua origem estabelecida em sua visão de mundo característica e modo de vida singular. Os muçulmanos tinham suas próprias cerimônias, narrativas, rituais religiosos, proscrições alimentares e modalidades de moradia. Isso tudo levava à criação de fronteiras excludentes. Esses elementos reunidos alimentavam uma percepção da característica única e inconfundível dos muçulmanos e levaram à formação de comunidades que, num grau considerável, estavam desconectadas da sociedade chinesa vigente, em termos sociais e econômicos.

Figura 9.2. O minarete da Grande Mesquita de Xi'an

Figura 9.3. O salão principal de oração da Grande Mesquita de Xi'an

Muitas vezes, o descontentamento entre os muçulmanos era intensificado por crenças arraigadas de que deveriam viver sob um regime islâmico e estar sujeitos às leis islâmicas. Segundo a tradição, o islamismo é um sistema totalista, que visa reunir as diversas partes e facetas da vida humana. Isso implica a abolição de barreiras entre o domínio religioso e secular, tal como os conhecemos nas sociedades modernas. Na condição de uma religião autoconfiante com um centro forte, em geral o islamismo promove um forte senso de identidade. Isso geralmente torna os muçulmanos relutantes à aculturação, mesmo quando estão em minoria e rodeados por outra civilização dominante, como foi o caso na China. Além disso, muitos muçulmanos chineses sentiam maior afinidade com outros da mesma fé (aqueles que pertenciam ao *umma*, ou comunidade muçulmana) mesmo que de outra nacionalidade, do que com os chineses da era Han. A presença intermitente desse senso de alienação estava (e em certo grau ainda está) ancorada na aceitação de uma identidade pan-islâmica, que é universal e não está vinculada a um determinado lugar ou país.

No contexto chinês, a situação sociopolítica, por vezes desgastante, era exacerbada pela tendência inveterada do Estado chinês ao totalitarismo e sua aversão às soluções conciliatórias. Isso se associava ao viés antimuçulmano latente, mantido por muitos chineses da era Han, que viam seus compatriotas muçulmanos de um modo estereotipado, como incultos e propensos à violência. Outros fatores significativos que levavam ao descontentamento dos muçulmanos eram a corrupção oficial, a incompetência e os maus-tratos que sofriam nas mãos dos administradores locais. Durante a última fase da era Qing, funcionários gananciosos e desonestos desviavam com regularidade as receitas fiscais locais e faziam mau uso dos recursos públicos, o que desencadeou uma insatisfação geral com o governo imperial. Isso levou a revoltas e insurgências muçulmanas ocasionais, tais como as que ocorreram na segunda metade do século XIX, em áreas com grandes populações muçulmanas, ou seja, no Noroeste e Sudoeste (Gansu, Xinjiang, Shaanxi e Yunnan).

As revoltas muçulmanas do século XIX representam o capítulo mais sangrento na história do islamismo chinês. Na época, elas refletiam a insatisfação e a frustração generalizadas com o governo imperial Qing, ocasionadas pelas circunstâncias econômicas, políticas e sociais que afetaram toda a China. O impacto desses fatores também é observado no surgimento de outros movimentos rebeldes, como os Taipings. As condições difíceis e instáveis, comuns na época, contribuíram para a empolgação dos grupos rebeldes islâmicos, que pregavam ideologias messiânicas e *jihads*. Os líderes rebeldes regionais faziam esforços conjuntos para reunir e organizar as populações muçulmanas, em geral fragmentadas. Para esse fim, eles também aproveitavam os movimentos e as ideologias islâmicas revivalistas, que se originaram longe do império Qing. Enquanto a religião era apenas um dos elementos da mistura volátil que inflamava os fogos da revolta e da violência, o objetivo declarado de alguns líderes muçulmanos era o estabelecimento de um Estado islâmico independente.

Esses novos fatos alarmaram muito o governo chinês e as elites políticas, em níveis regionais e nacional. O governo não tolerava nenhum movimento separatista, sobretudo aqueles com capacidade de mobilizar massas de muçulmanos insatisfeitos, com seu *ethos* militarista e ideologia heterodoxa. As rebeliões e sua supressão acabaram sendo de extrema violência, e as milícias locais não muçulmanas também participaram da luta. A violência, em larga escala resultou em muitas mortes, grandes populações de refugiados e a devastação de áreas enormes. No final, os exércitos Qing destruíram as milícias rebeldes e, no processo, massacraram milhares de muçulmanos. Em longo prazo, as rebeliões contribuíram para criar sentimentos contínuos de desconfiança entre o Estado chinês e suas populações muçulmanas, que se estenderam até o século XX e a era comunista (para saber mais sobre a história dos muçulmanos no Noroeste, ver Lipman, 1997).

A capacidade do governo Qing (e mais tarde, do comunista) de controlar os muçulmanos foi facilitada por sua habilidade de explorar forças centrífugas e divisões profundas entre a população muçulmana. Embora houvesse um elemento de solidariedade grupal nas comunidades islâmicas, os muçulmanos chineses eram fragmentados, sem uma autoridade religiosa ou institucional abrangente, incapazes de formular uma estratégia unificada no confronto com o Estado chinês. Em geral, havia considerável competição por riqueza, poder e autoridade política entre os líderes de diferentes ordens sufi, dos quais alguns comandavam muitos seguidores e controlavam riquezas consideráveis, bem como entre os sufis e o clero vinculado às mesquitas convencionais. Às vezes, essa competição se tornava violenta e os grupos muçulmanos rivais voltavam-se uns contra os outros; o governo também entrava na briga e tomava partido nesses litígios. Além disso, durante as grandes rebeliões do século XIX, alguns líderes muçulmanos colaboraram com os exércitos Qing, juntando-se a eles nas campanhas militares contra os muçulmanos "desleais" e revoltosos, sem se intimidar com a morte infligida a seus correligionários.

O islamismo como religião minoritária diversificada

Embora originário do mundo árabe, desde o início o islamismo tomou a forma de uma religião missionária universal, com tendências expansionistas e ênfase na inclusão de novos convertidos em seu meio. Mas não foi isso que aconteceu na China, onde tanto no passado como no presente o islamismo tem funcionado, sobretudo, como a religião das minorias étnicas e culturais. Dentro desse contexto, a identidade religiosa está entrelaçada ou atada a distintas identidades culturais e étnicas. De modo geral, o islamismo fez poucos avanços entre os chineses étnicos (por exemplo Han). Diante da maioria Han, muito mais numerosa e poderosa, os muçulmanos geralmente viam-se na defensiva, mais preocupados em salvaguardar sua identidade e preservar suas tradições culturais e religiosas do que em converter outras pessoas à sua fé. Essa difícil situação de minoria é ainda mais acentuada e complicada pela presença de uma considerável diversidade dentro dos grupos de muçulmanos da China, embora a esmagadora maioria deles pertença ao islamismo sunita e siga a Escola Hanafi de jurisprudência islâmica (uma das quatro tradições ortodoxas de interpretação jurídica, predominante na Ásia Central e na Turquia). Quase não se pode falar de uma identidade comum compartilhada por todos os muçulmanos chineses, embora eles sejam muitas vezes estereotipados como um grupo unificado com características comuns.

Há alguma presença islâmica em toda a China, incluindo Pequim, que tem um bairro muçulmano próspero e diversas mesquitas. Os muçulmanos estão em maioria em algumas áreas do Noroeste, sobretudo nas regiões autônomas de Ningxia e Xinjiang, cujas comunidades muçulmanas são mais desenvolvidas e características. Importantes minorias muçulmanas estão presentes em algumas províncias, em particular Yunnan, Qinghai e Gansu. Muitos dos muçulmanos da China pertencem às minorias de uigures e outras da Ásia Central (por exemplo, uzbeques, tadjiques e cazaques), que predominam no Noroeste. Esses grupos são turcomanos, em termos de sua etnia e língua (com algumas exceções, como os tadjiques, cuja língua é próxima ao persa), com uma aparência inconfundível e uma cultura singular, características que os distinguem da maioria Han.

Outra parte importante do mosaico islâmico da China são os Hui, cuja ascendência remonta aos primeiros imigrantes muçulmanos com origens diversificadas (persas, árabes, mongóis ou turcos), que se estabeleceram na China e se casaram com as mulheres locais. Os Hui falam chinês e quase não é possível distingui-los dos chineses Han, em termos de sua aparência ou etnia. Eles somam milhões e estão espalhados por toda a China, com maiores concentrações no Noroeste. De modo geral, são bastante heterogêneos e resistem a generalizações simples. Atualmente, são designados como uma das minorias nacionais da China, mas essa identificação oficial é bastante recente, tendo sido instituída pelo regime comunista na década de 1950 (para maiores detalhes, ver Gladney, 1998). O próprio termo chinês "Hui" é causa de alguma confusão, já que é usado tanto para se referir aos muçulmanos em geral (o islamismo é conhecido em chinês como Huijiao, o "ensinamento, ou religião, Hui"), como à minoria étnica específica.

Figura 9.4. A Grande Mesquita de Guangzhou

Atualmente, não existem dados demográficos oficiais ou confiáveis sobre o número de muçulmanos chineses. Há também o problema de definir o que realmente significa ser um muçulmano. Por exemplo, será que todos os Hui devem ser incluídos, mesmo que não sejam muçulmanos praticantes, ou mesmo que concordem com a ideologia oficial ateísta do Partido Comunista? Várias estimativas situam o número total de muçulmanos entre 1,5% a 3% da população da China, chegando a um total de vinte milhões, dentro de um cálculo razoável. Embora os muçulmanos chineses constituam uma parte bastante pequena da população total, esses números ainda colocam a China entre os países com grandes populações muçulmanas. Até os dias de hoje, os muçulmanos continuam a ser atores importantes na paisagem religiosa da China, e sua presença acrescenta dimensões importantes para a diversidade étnica e cultural da China.

Pontos-chave

- A sociedade aberta e a cultura cosmopolita da Dinastia Tang serviram de pano de fundo para a introdução de diversas religiões "ocidentais" importantes na China: zoroastrismo, maniqueísmo, judaismo, cristianismo e islamismo.
- Os primeiros cristãos a entrarem na China foram os nestorianos, que foram acolhidos na corte da Dinastia Tang no século VII.
- As conquistas mongóis abriram novas oportunidades para as atividades missionárias de longa distância, que levaram à introdução inicial do catolicismo na China por frades franciscanos no século XIII.
- Durante o século XVII, os missionários jesuítas, como Matteo Ricci, fizeram progressos na difusão do catolicismo na China, mostrando respeito em relação à cultura chinesa e adotando estratégias de aculturação e conciliação ao apresentar o cristianismo.
- A chamada "controvérsia dos ritos", que colocou os defensores contra os opositores da aculturação, finalmente foi resolvida pela cúria romana em favor daqueles que eram contrários à tolerância das ordens missionárias em relação às cerimônias e aos rituais chineses tradicionais. Isso teve um impacto negativo sobre o destino da Igreja católica na China durante o século XVIII.

- O influxo de missionários protestantes durante o século XIX, ocasionado pela abertura forçada da China pelas potências coloniais ocidentais, contribuíram para a introdução e disseminação das ideias, tecnologias e instituições ocidentais na China.
- Hong Xiuquan, o líder da rebelião de Taiping, foi muito influenciado pelo protestantismo; os temas e ideias cristãos eram centrais em sua teologia e sua instituição de um Estado teocrático, que deveria conduzir ao estabelecimento de um reino celestial na terra.
- O islamismo foi inicialmente introduzido na China, durante a era Tang, por mercadores e enviados árabes e persas, dos quais alguns se estabeleceram em cidades comerciais com populações emigrantes e organizaram as primeiras comunidades muçulmanas.
- Os governantes mongóis da era Yuan empregaram muitos muçulmanos ao seu serviço e encorajaram a imigração do Oriente Médio; houve maior crescimento e integração da população muçulmana durante a Dinastia Ming seguinte.
- Os muçulmanos chineses faziam esforços concentrados de aculturação na cultura dominante, mas também lutavam para ressaltar e salvaguardar a sua identidade distinta.
- Houve revoltas muçulmanas sangrentas contra o Estado chinês, sobretudo durante a segunda metade do século XIX, que refletiam o descontentamento e a frustração generalizados com o governo chinês, bem como anseios de independência, entre amplos segmentos da população muçulmana.
- O islamismo chinês é bastante heterogêneo e funciona, sobretudo, como a religião de diversos grupos étnicos, como os uigures e os Hui.

Questões para discussão

1. Compare as perspectivas e os desafios enfrentados pelos primeiros missionários budistas com os dos missionários cristãos que chegaram à China das dinastias Tang e Ming.
2. Quais eram as principais questões em jogo nas controvérisas dos ritos chineses que preocuparam a Igreja Católica durante os séculos XVII e XVIII, e quais foram os prós e contras das posições assumidas pelos dois lados opostos no debate?

3. Explique e compare toda a gama de respostas muçulmanas às pressões (e desejos) por aculturação, com foco em suas estratégias de resistência e adaptação aos costumes e instituições chineses.

Leituras complementares

Bays, D. H. (Ed.). *Christianity in China*: From the Eighteenth Century to the Present. Stanford, CA: Stanford University Press, 1996.

Ben-Dor Benite, Z. *The Dao of Muhammad*: A Cultural History of Muslims in Late Imperial China. Cambridge, MA and London: Harvard University Asia Center, 2005.

Brockey, L. M. *Journey to the East*: The Jesuit Mission to China, 1579-1724. Cambridge, MA: Belknap Press of Harvard University Press, 2007.

Charbonnier, J.-P. *Christians in China*: A.D. 600 to 2000. San Francisco, CA: Ignatius Press, 2007.

Dillon, M. *China's Muslim Hui Community*: Migration, Settlement and Sects. Richmond, Surrey: Curzon Press, 1999.

_____. *China's Muslims*. New York: Oxford University Press, 1996.

Foltz, R. C. *Spirituality in the Land of the Noble*: How Iran Shaped the World's Religions. Oxford: Oneworld, 2004.

Feener, R. M. (Ed.). *Islam in World Cultures*: Comparative Perspectives. Santa Barbara, CA: ABC-CLIO, 2004.

Gladney, D. C. *Ethnic Identity in China*: The Making of a Muslim Minority Nationality. Forth Worth, TX: Harcourt Brace College Publishers, 1998.

Lipman, J. N. *Familiar Strangers*: A History of Muslims in Northwest China. Seattle, WA: University of Washington Press, 1997.

Moffett, S. H. *A History of Christianity in Asia*. 2 vols. Maryknoll, NY: Orbis Books, 1998 & 2005.

Murata, S. *Chinese Gleams of Sufi Light*: Wang Tai-Yü's Great Learning of the Pure and Real and Liu Chih's Displaying the Concealment of the Real Realm. Albany, NY: State University of New York Press, 2000.

Polonskaya, L.; Malashenko, A. *Islam in Central Asia*. Reading: Ithaca Press, 1994.

Standaert, N. (Ed.). *Handbook of Christianity in China, Volume One: 635-1800*. Leiden: E. J, Brill, 2000.

Uhalley, S. Jr.; Xiaoxin, W. (Eds.). *China and Christianity*: Burdened Past, Hopeful Future. Armonk, NY: M.E. Sharpe, 2001.

Xu, X. *The Jews of Kaifeng, China*: History, Culture, and Religion. Jersey City, NY: Ktav Publishing House, 2003.

10

Religião na China moderna

Neste capítulo

O último capítulo encerra o levantamento geral das religiões chinesas examinando as principais tendências e influências históricas que configuraram o terreno religioso da China moderna. O foco principal são os eventos significativos ocorridos no decurso do caótico século XX. Não obstante, para oferecer um contexto histórico geral, a discussão começa com os eventos decisivos que ocorreram durante o século XIX e conclui com as perspectivas e desafios enfrentados pelas principais tradições religiosas, no início do século XXI. O capítulo também considera o crescimento de algumas das tradições religiosas discutidas aqui fora da China continental e chama a atenção para a globalização em curso das religiões chinesas.

Tópicos principais

- Eventos principais e transições que influenciaram a história chinesa moderna.
- Críticas da religião e da cultura tradicional no início do século XX.
- As respostas de Confúcio para os desafios da modernidade.

- Renascimento do budismo na era republicana.
- Repressão religiosa e perseguição durante a fase inicial do regime comunista.
- Crescimento do culto a Mao.
- Revitalização religiosa da era pós-Mao.
- Interseções de religião e política na atual China.
- Crescimento contemporâneo do cristianismo na China.
- Ressurgimento e expansão global do budismo chinês.

Contextos históricos

Durante o século XVIII, a China ainda estava entre os países mais ricos e poderosos do mundo. Sob o domínio dos primeiros governantes Manchu, que eram hábeis e autoritários, o império Qing cobria uma área enorme (mais ou menos equivalente à controlada pelo atual Estado chinês) e governava uma população muito grande e diversificada. Durante o seu apogeu, sobretudo os longos reinados dos imperadores Kangxi (c. 1662-1722) e Qianlong (c. 1736-1795), a dinastia Qing gozava de estabilidade política, prosperidade econômica e uma sensação comum de equilíbrio social, reforçados por leis rigorosas e normas rígidas, que regulavam o comportamento socialmente aceitável. A situação toda mudou durante o tumultuado século XIX, quando o império chinês quase veio abaixo sob o peso combinado de problemas internos e pressões externas. Os problemas domésticos incluíam a decadência das instituições políticas e sociais, agravada pelo conservadorismo cultural, que sufocava a capacidade da China de mudar e se adaptar aos novos dilemas sociais e políticos. Além disso, o crescimento populacional súbito, que não foi acompanhado de expansão econômica, avanço tecnológico ou aumento de produtividade adequados.

Durante esse período, o conjunto mais formidável de desafios externos foi levado à China duramente por meio do avanço cada vez mais agressivo de potências coloniais ocidentais em território chinês. Isso começou com a Guerra do Ópio, de 1840-1842, quando a marinha britânica derrotou as forças chinesas e impôs uma colonização injusta ao desafortunado governo Qing. Seguiram-se então outras humilhações nas mãos das potências coloniais ocidentais, que arrancaram tratados desiguais, os quais incluíam o privilégio de estabelecer concessões estrangeiras em território chinês e dava aos seus cidadãos direitos extraterritoriais. Isso estabeleceu um processo de erosão gradual da soberania chinesa, que continuou até a parte inicial do século XX. Por volta do final do século XIX, as potências ocidentais tiveram a adesão do Japão que, após a reforma de Meiji de 1868, emergia como um tremendo poder colonial. A nova capacidade do Japão de projetar seu poder para dentro do domínio chinês foi possibilitada por seu rápido desenvolvimento econômico e pela modernização tecnológica, acompanhados de amplas transformações sociais e políticas que, em aspectos importantes, equivaliam à ocidentalização indiscriminada. Para agravar o quadro, durante esse período a China também passou por uma série de insurreições internas, incluindo as instigadas pelos Taipings e outros grupos rebeldes com objetivos religiosos, conforme discutido no capítulo anterior.

Em meio a essas dificuldades internas e pressões externas, o governo Qing e as elites governantes demoraram para se adaptar à nova situação e aprovar reformas amplas, sobretudo nos moldes daquelas implementadas no Japão. Apesar das tentativas esporádicas de adotar a ciência e a tecnologia ocidentais, bem como de reformar a burocracia e o sistema educacional, no final o império Qing entrou em colapso, sob o peso combinado de suas instituições decadentes, da liderança inepta e do conservadorismo cultural arraigado. O antigo sistema imperial foi finalmente substituído por um novo modelo republicano baseado em fontes ocidentais, após a revolução republicana de 1911 liderada por Sun Zhongshan (1866-1925, muitas vezes referido como Sun Yatsen). Embora um tanto vaga em seus objetivos e frustrada por seus efeitos, a revolução republicana acabou por ser um evento histórico importante que conduziu a muitas mudanças. No entanto, o século XX revelou-se tão conturbado e traumático para o povo chinês como aquele que o precedeu, embora de maneiras diferentes. O período inicial republicano foi marcado pelo caos sociopolítico e por poderosas forças centrífugas, uma vez que vários chefes militares governavam amplas áreas da China e pouco havia em termos de um governo central forte e eficaz.

O governo chinês pôde estabelecer uma aparência de controle governamental central sob a liderança de Jiang Jieshi (1888-1975, muitas vezes referido como Chiang Kaishek), o forte militar que em 1926 liderou a Expedição do Norte, promovendo a reunificação do país. Em seguida, Jiang e seu partido nacionalista iniciaram uma série de reformas que visavam a modernização do exército, a expansão da economia e o desenvolvimento das instituições públicas. Durante o início da década de 1930, houve alguns sucessos nas tentativas do governo de modernizar o país e uma vibrante classe média urbana cresceu em algumas das principais cidades. Entretanto, a vida da maioria das pessoas, sobretudo da vasta maioria que vivia no campo, pouco melhorava. A situação foi agravada pela guerra civil prolongada entre o governo nacionalista e os comunistas, os quais, após a criação do Partido Comunista chinês em 1921, deram início a uma longa luta com o fim de brigar por poder político e estabelecer um novo Estado, baseado em princípios marxistas e leninistas. Como se isso não fosse grave o suficiente, a invasão japonesa foi outro fator que precipitou a entrada precoce da China na Segunda Guerra Mundial. Após anos de avanço gradual do Japão em território chinês, em 1937 as hostilidades, que vinham se agravando há bastante tempo, acabaram deflagrando uma guerra aberta, que no início colocou comunistas e nacionalistas numa frente unida contra o superior exército imperial japonês.

A derrota do Japão e o fim da Segunda Guerra Mundial em 1945 trouxe uma calmaria apenas temporária nas hostilidades. Em pouco tempo, os comunistas e os nacionalistas voltaram-se uns contra os outros, com isso iniciando uma guerra civil sangrenta. Embora o exército nacionalista tivesse armamentos superiores e um número muito maior de soldados, naquela altura o governo corrupto e inepto de Jiang Jieshi havia perdido o apoio da maioria da população. Por outro lado, os comunistas, sob a liderança de Mao Zedong (1893-1976), eram muito mais bem organizados e tinham uma base ampla de apoio popular, sobretudo entre a população rural. Em 1949, os comunistas impuseram uma derrota militar aos nacionalistas, que recuaram para Taiwan e reconstituíram seu governo na ilha. A consequência, em Pequim, foi a proclamação da República Popular por Mao. Como resultado imediato da sangrenta guerra civil, o novo governo enfrentou uma série de enormes problemas, pois o país precisava desenvolver com urgência instituições públicas fortes e estáveis que finalmente pudessem produzir as mudanças necessárias para modernizar a China e fortalecer sua posição no mundo.

Os primeiros anos do regime comunista foram marcados pela criação de um forte governo central controlado pelo Partido Comunista, que instituiu nova ordem social, política e econômica. O regime comunista iniciou uma série de reformas ousadas, que visavam a modernização da economia, a construção de nova infraestrutura e a redistribuição de riqueza e poder, segundo sua ideologia igualitária. Houve melhorias significativas na área da saúde, o que levou à diminuição da mortalidade infantil e ao aumento da expectativa de vida, bem como um avanço geral no padrão de vida. Entretanto, as políticas econômicas mal concebidas de Mao, destinadas a causar uma rápida modernização, sobretudo durante o Grande Salto Adiante que foi iniciado em 1957, teve resultado contrário ao desejado e terminou em desastre, criando uma fome enorme que causou a morte de dezenas de milhões de pessoas pobres na zona rural.

Durante os primeiros anos de regime comunista, houve também numerosas campanhas de retificação e expurgos de intelectuais. Seguiram-se outras revoltas sociais e políticas, que alcançaram o auge durante os excessos violentos da Revolução Cultural (1966-1976); este foi um período desastroso, com conflitos violentos, anarquia social e cataclismo cultural que, sem dúvida, constitui um dos capítulos mais negros da longa história da China. Embora, em tese, a revolução tenha sido iniciada para proteger o "proletariado" contra as influências corruptoras de elementos reacionários "burgueses" infiltrados no governo e no partido, no seu cerne ela envolvia lutas internas de poder, que opuseram Mao e seus seguidores aos elementos moderados dentro da liderança do partido.

Após a morte de Mao em 1976, a liderança do novo partido, ansiosa para pôr fim ao fervor revolucionário e à agitação social da década anterior, instituiu uma série de profundas reformas políticas e de mercado, que levaram ao rápido crescimento econômico. A transição para um sistema econômico novo e mais produtivo que, para todos os fins práticos, envolvia a introdução de estruturas capitalistas e de princípios de mercado na sociedade chinesa supostamente socialista, foi o traço mais importante das políticas moderadas que, em pouco tempo, também levaram a maior abertura social e cultural. Durante esse período de liberalização social e de mudança econômica acelerada, ajudadas pela infusão maciça de capital e *know-how* estrangeiro, os chineses experimentaram uma melhoria notável em seus padrões de vida, a diminuição do controle governamental sobre sua vida cotidiana, o desenvolvimento de atitudes sociais e culturais mais liberais e a expansão das oportunidades educacionais. No final do caótico século XX, esses avanços importantes foram acompanhados de maior abertura em relação ao mundo externo, uma vez que, entre os numerosos desafios, incluindo a profunda degradação ambiental, a China foi capaz de fortalecer aos poucos a sua posição de protagonista-chave da comunidade global.

Enfrentando os desafios da modernidade

O colapso do Estado imperial coincidiu mais ou menos com a entrada da China na época moderna. A incapacidade do império Qing de responder de forma adequada aos desafios da modernidade levou à desintegração das antigas instituições políticas e sociais. No entanto, no rescaldo da revolução republicana, as tentativas iniciais de criar um Estado forte e moderno terminaram em grandes fracassos. A situação sombria foi exacerbada pela economia moribunda, a incerteza política e a corrupção desenfreada. Havia um sentimento generalizado de desencanto com a fraqueza e o atraso da China, juntamente com o ressentimento de seu *status* inferior na arena internacional, que recebeu grande destaque devido a uma série de encontros traumáticos com as potências ocidentais e o Japão. Isso levou a uma sensação de emergência nacional e a uma crise de confiança, já que os líderes e intelectuais chineses enfrentavam um mundo incerto, no qual uma China fraca e humilhada tinha que lidar com grande quantidade de desafios monumentais.

Durante o início do século XX, muitos chineses cultos, sobretudo os que receberam uma educação ocidental, passaram a confiar em ideias incipientes sobre a conveniência do progresso social e a ter fé no poder da razão e da ciência. A tendência comum era romantizar o Ocidente e glorificar a ciência, com a convicção moderna de que a ciência tem o poder de resolver os problemas humanos mais urgentes. Muitas pessoas entre as elites urbanas partilhavam uma crença um tanto ingênua de que as ideias e instituições modernas, derivadas dos paradigmas ocidentais, poderiam ser facilmente apropriadas pelos chineses, à medida que descartassem suas opressivas tradições e embarcassem num curso intensivo de modernização. Esse tipo de trajetória progressiva e antitradicionalista era percebida como parte de um processo maior de notáveis mudanças civilizacionais, lideradas pela ascendência irreversível da ciência e da tecnologia.

Esses tipos de ideias liberais, combinados com sentimentos nacionalistas fervorosos, encontraram um público especialmente receptivo entre segmentos da juventude urbana, que estava perturbada com os fracassos passados e as lutas presentes, mas também com esperanças em um futuro melhor. Todas essas tendências receberam uma expressão política potente no Movimento de 4 de Maio, que foi iniciado por estudantes patriotas em Pequim, no dia 4 de maio de 1919. Os estudantes, juntamente com seus partidários entre os intelectuais e o público em geral, estavam frustrados com o *status quo* social e político. No entanto, a causa imediata para suas demonstrações anti-imperialistas foi a transferência de direitos concessionários alemães na província de Shandong para o Japão, negociada pelas potências ocidentais na Conferência de Paz de Versalhes no rescaldo da Primeira Guerra Mundial.

Enquanto a reconstrução e a modernização política eram a prioridade nacional, diversos intelectuais argumentavam que a transformação política tinha que ser acompanhada de mudanças correspondentes na esfera cultural. Isso levou a uma reavaliação de aspectos centrais da civilização tradicional chinesa, incluindo a religião. Uma expressão típica disso foi o Movimento da Nova Cultura, iniciado em 1915, por intelectuais reformistas desiludidos com as deficiências percebidas na cultura tradicional chinesa. Os defensores do Movimento da Nova Cultura buscavam introduzir novas referências culturais, para desafiar a maneira comum de pensar e reformular os valores sociais dominantes, pondo fim, assim, às tradições culturais decadentes da China antiga. Dentro desse contexto, o confucianismo foi identificado como o principal culpado, já que era percebido como o núcleo constituinte da cultura tradicional chinesa; todavia, os sentimentos antirreligiosos também foram dirigidos para as outras tradições, rejeitadas como superstições datadas. Muitos intelectuais de educação ocidental condenavam a influência contínua de princípios e costumes confucianos na vida chinesa, que persistiam mesmo após o colapso do sistema imperial e a morte oficial do confucianismo como ideologia política governante.

Os reformadores radicais consideravam os valores confucianos completamente irrelevantes para a vida na China moderna, artefatos inúteis que poderiam ser descartados com segurança no lixo da história, junto com outro aspecto da vida tradicional chinesa associado ao desacreditado regime Manchu. Pior, o confucianismo simbolizava um passado opressivo e pesado, que impedia o progresso, a liberdade e a criatividade. A ideologia confuciana estava desacreditada por completo, argumentavam os reformadores, devido a seus estreitos vínculos com o sistema feudal opressivo e a forma autocrática de governo que o sustentava. Portanto, um dos *slogans* mobilizadores dos jovens revolucionários que lideraram os Movimentos de Quatro de Maio era "destruir a indústria de Confúcio". A capacidade da China de vencer as dificuldades e entrar no palco do mundo moderno como uma nação poderosa e estável exigiu uma rejeição profunda de todos os vestígios de pensamentos e ações antiquados, sobretudo aqueles influenciados pelas normas e ideais de Confúcio. A cultura da nova China que os revolucionários buscavam estabelecer deveria ser baseada na ciência e na democracia, e os ensinamentos reacionários do confucianismo não tinham lugar nela (ver quadro de citação).

> **Crítica do confucianismo por Chen Duxiu (1879-1942)**
>
> Na China, os confucianos basearam seus ensinamentos em suas normas éticas. Os filhos e as esposas não possuem nem individualidade distinta nem bens pessoais. Os pais e os primogênitos educam seus filhos e irmãos mais jovens e são, por sua vez, amparados por eles. É dito no capítulo 30 do *Registro dos Ritos*: "Enquanto os pais estão vivos, os filhos não se atrevem a considerar a sua pessoa ou propriedade como sua própria". Esse não é de modo algum o caminho para a independência pessoal. [...] Confúcio viveu numa época feudal. A ética que ele promovia era a ética de uma época feudal. Os costumes sociais que ele ensinou, e até mesmo seu próprio modo de vida, eram ensinamentos e modelos de uma idade feudal. Os objetivos, a ética, as normas sociais, o modo de vida e as instituições políticas (que ele defendia) não iam além do privilégio e prestígio de uns poucos governantes e aristocratas, e não tinham nenhuma relação com a felicidade das grandes massas.
>
> Trechos adaptados a partir de Bary e Lufrano (2000, p.353-6).

Entre as atitudes e costumes culturais confucianos que estariam datados e que eram inimigos da sociedade moderna pela qual ansiavam os reformadores ocidentalizados, um alvo especial de crítica eram os múltiplos abusos e práticas discriminatórias dirigidas às mulheres, que costumavam ser vitimizadas pelo sistema patriarcal predominante. No lugar da moral confuciana, que exigia a submissão das mulheres aos homens e que promovia o culto da castidade feminina (simbolizada pela injunção contra o novo casamento de viúvas, ver Capítulo 8), os chineses modernos deveriam adotar as ideias inspiradas no Ocidente sobre a equidade de gênero. Além disso, ao contrário dos ensinamentos confucianos tradicionais, que promoviam a conformidade social e o respeito cego pela autoridade estabelecida, os reformadores defendiam novos valores ocidentais, como o individualismo, a democracia e o materialismo.

Enquanto a maioria das críticas modernistas concentrava-se na deficiência do confucianismo e na sua incompatibilidade com o mundo moderno, críticas semelhantes eram também dirigidas a uma gama de crenças e práticas religiosas "supersticiosas", comuns entre o povo, que incluíam o budismo, o taoismo e a religião popular. Tudo isso é evidente em algumas das obras populares do período republicano, que eram compostas no chinês vernacular e em gêneros influenciados pela literatura ocidental. Uma revolução literária foi lançada em 1910 por Hu Shi (1891-1962) e outros intelectuais, que criticavam o uso generalizado do chinês clássico (a língua formal dos eruditos e funcionários da China Imperial); sob sua influência, a língua vernacular emergiu durante esse período como o principal meio de comunicação literária e expressão criativa. Em seu *Diário de um Louco e outros contos*, Lu Xun (1881-1936), sem dúvida o escritor mais famoso desse período, apresenta uma denúncia contundente da cultura e sociedade tradicional chinesa; um tema importante é a hipocrisia e a decadência do confucianismo. Outro bom exemplo do uso da literatura como forma de crítica social é o *Sacrifício do Ano Novo*, onde Lu Xun apresenta uma condenação convincente das visões antiquadas, costumes restritivos e atitudes insensíveis, observáveis entre as elites acadêmicas que ainda aderiam às normas e aos rituais confucianos, juntamente com uma acusação casual das crenças religiosas populares.

Revitalização do confucianismo na China republicana

Durante o período republicano, os defensores do progresso e da mudança radical argumentavam que o advento da modernidade na China requeria uma ruptura iconoclástica com a tradição e a completa liberação do peso do passado. Outras pessoas, no entanto, rejeitavam esse tipo de postura militante contra a tradição e defendiam o valor e a relevância contínuos das antigas tradições culturais ou religiosas. Devido à crescente familiaridade com a civilização ocidental, diversos chineses influentes expressavam consternação com suas graves deficiências, segundo sua interpretação, sobretudo o individualismo egoísta, o materialismo crasso e o consumismo sem sentido. Sem promover a rejeição indiscriminada ao programa de modernização, os intelectuais e políticos tradicionalistas desaprovavam a tendência geral à ocidentalização irrefletida, que, em sua avaliação, tinha os efeitos perniciosos de solapar os valores fundamentais da civilização tradicional chinesa, incluindo aqueles transmitidos pelo confucianismo.

Como já acontecera muitas vezes no passado, o apoio mais forte e visível ao confucianismo veio de cima. Jiang Jieshi, o líder do regime nacionalista no meado da década de 1930, iniciou um programa patrocinado pelo governo que visava a restauração dos valores e virtudes tradicionais, conhecido como Movimento "Vida Nova". Com o fim de promover a unidade nacional e levantar o moral do povo chinês durante um período de grande incerteza, Jiang exigiu o retorno nacional aos valores tradicionais, os quais ele basicamente equiparava ao princípio básico da moralidade confuciana tradicional. Dentro desse contexto, a restauração dos valores tradicionais significava um novo destaque ao decoro ritualista, a adesão às normas culturais estabelecidas, a preocupação com a harmonia social e o bem-estar coletivo e a ênfase no respeito à lei e à autoridade. Portanto, os valores e ideais confucianos foram promovidos como elementos essenciais do legado cultural da China, bem como forças vitais que poderiam unificar o país e instalar uma noção de propósito e disciplina entre seu povo (ver quadro de citação).

Talvez seja fácil desconsiderar o programa de reforma moral de Jiang, atribuindo-o ao seu desejo de reforçar a disciplina partidária e fortalecer a sua permanência no poder, além de aumentar a popularidade dos nacionalistas, colocando-os na posição de defensores da ordem e da moralidade, ao contrário dos comunistas, supostos imorais e traiçoeiros. Não obstante, é inegável que

Jiang Jieshi, sobre os princípios essenciais do Movimento "Vida Nova"

O Movimento "Vida Nova" visa a promoção de uma vida regular guiada pelas quatro virtudes (confucianas): o ritual (*li*), a retidão (*yi*), a integridade (*lian*), o sentimento de vergonha ou humildade (*chi*). Essas virtudes devem ser aplicadas na vida diária, nas questões de alimentação, vestuário, abrigo e ação. As quatro virtudes são os princípios essenciais da promoção de moralidade. Elas formam as principais regras para lidar com os homens e os assuntos humanos, para o cultivo de si mesmo e para a adaptação ao seu meio. Quem quer que viole essas regras está fadado ao fracasso, e a nação que as negligencia não sobreviverá. [...] Pela observância dessas quatro virtudes, espera-se que os distúrbios sociais e a fraqueza individual sejam remediados, e que as pessoas adquiram uma mentalidade mais militar.

Trechos adaptados de Bary e Lufrano (2000, p.341-4).

seu tradicionalismo repercutia nos chineses, sobretudo naqueles interessados num renascimento moral nos moldes tradicionais, enquanto tentavam resistir à ameaça de "poluição espiritual" do Ocidente e reafirmar um senso de orgulho patriótico por sua própria cultura. Em certo sentido, o programa de Jiang relembrava perspectivas generalizadas entre alguns intelectuais do final do século XIX e início do XX, os quais reconheciam as funções utilitárias da ciência e da tecnologia ocidentais, mas continuavam a defender a primazia da cultura e dos valores confucianos, interpretados por eles como a essência da cultura chinesa. O paradigma básico promovido por eles, fundamentado no conceito filosófico tradicional da díade de essência (*ti*) e função (*yong*), ressaltava que o conhecimento chinês/confuciano deveria ser aplicado à esfera essencial dos princípios fundamentais e das normas éticas, ao passo que o conhecimento ocidental (isto é, a ciência e tecnologia modernas) deveria ser utilizado na esfera dos problemas práticos e das aplicações cotidianas. O famoso erudito e político Kang Youwei (1858-1927) chegou até a sugerir que o confucianismo deveria ser instituído como uma religião do Estado na China, de forma análoga à posição estabelecida do cristianismo no Ocidente, enquanto a maioria dos templos das outras religiões deveria ser convertida em escolas públicas.

A alguma distância da arena política central, durante o mesmo período, nós também presenciamos o início de um novo movimento de revivescência intelectual nos círculos acadêmicos confucianos. Para alguns intelectuais tradicionalistas, restabelecer a China como uma nação forte e reanimar sua cultura associava-se a revitalizar o confucianismo. Ao mesmo tempo em que não se opunham ao progresso e à modernidade, eles argumentavam contra a ideia de que modernizar é equivalente a ocidentalizar. Essas tendências levaram a uma nova tradição do confucianismo com uma tendência moderna, em geral referida como a "Nova Cultura Confuciana" ou o "Novo Confucianismo" (Xin ruxue). Muito intelectualizada e orientada em termos filosóficos, essa nova variante do confucianismo seria adaptada ao espírito da nova época; não obstante, tratava-se, na essência, de uma extensão ou reinterpretação moderna do neoconfucianismo, ao mesmo tempo em que introduzia novas perspectivas filosóficas e expandia o campo do discurso confuciano.

As reestruturações básicas dentro do movimento do novo confucianismo replicavam mais ou menos a dupla divisão anterior do neoconfucianismo em Escola da Mente e Escola do Princípio (ver Capítulo 8) – a primeira tendência tornou-se mais influente entre os intelectuais modernos. Muitos dos defensores acadêmicos do novo confucianismo garantiam para si posições acadêmicas, ao mesmo tempo em que se envolviam em programas ativistas com o fim de reconstituir o confucianismo e reestabelecer seu lugar central na vida chinesa. Eles alegavam estar restabelecendo as ideias genuínas e o espírito eterno do antigo caminho confuciano, enquanto o expressavam em linguagem contemporânea e o apresentavam como uma filosofia humanista com profunda relevância para a vida moderna. De acordo com eles, os princípios humanistas do confucianismo não apenas eram essenciais para reconstituir o sistema moral e revitalizar a cultura da China, mas também podiam fazer contribuições singulares para o desenvolvimento da unidade e da harmonia em todo o mundo.

Um aspecto notável do movimento do novo confucianismo durante seu período de formação (sobretudo entre os defensores da Nova Escola da Mente) era o envolvimento ou recurso aos sistemas filosóficos budistas e ocidentais, mesmo se o principal objetivo de seus protagonistas implicasse uma reapresentação do confucianismo como núcleo essencial da cultura chinesa, amparados numa leitura seletiva da história chinesa. Por exemplo, Xiong Shili (1885-1968), em geral considerado um dos principais filósofos chineses do século XX, integrava a metafísica idealista da doutrina budista da Consciência Apenas (Weishi) em suas especulações filosóficas. Na mesma linha, seu discípulo Mou Zongsan (1909-1994) realizou estudos de taoismo, pensamento budista clássico e filosofia ocidental (sobretudo Kant). Após a vitória comunista em 1949, muitos pensadores associados ao novo confucianismo mudaram-se para Taiwan, onde a ditadura militar de Jiang Jieshi mantinha a política de promoção do confucianismo; um elemento importante da mesma foi a introdução dos estudos éticos confucianos como parte do currículo escolar oficial durante a década de 1950.

Revitalização budista da era republicana

Durante o tumultuado período republicano, as circunstâncias sociais e políticas adversas também afetavam as instituições budistas (já em más condições no final do período Qing), ao mesmo tempo em que as crenças e práticas tradicionais eram rejeitadas por muitos chineses cultos, que as consideravam superstições antiquadas. Além disso, o budismo e sua ordem monástica recebiam duras críticas dos missionários protestantes que promoviam um proselitismo agressivo. Os missionários cristãos podiam formular seus argumentos antibudistas a partir de uma posição de relativa força, já que na época eles gozavam de um *status* privilegiado na China e tinham o apoio financeiro de suas igrejas de origem, na Europa e América. Para tornar a situação mais difícil para o budismo, algumas das políticas e ações do governo Qing, bem como do nacionalista, tiveram um impacto negativo sobre a posição social e o bem-estar econômico das instituições budistas. Isso incluía a expropriação de terras monásticas e outras propriedades (sem a devida compensação), que o governo usava para equilibrar suas dificuldades financeiras. Houve também o recrutamento involuntário de monges para o exército nacionalista e a ocupação militar de uma série de mosteiros, apesar da existência de várias leis que garantiam a liberdade religiosa. Em resposta ao novo dilema, os líderes budistas dedicaram-se a várias tentativas de proteger e revitalizar sua religião. Apesar das circunstâncias difíceis, o budismo ainda voltou a ter uma leve recuperação.

Em algumas áreas, a revitalização do budismo manifestou-se como um interesse renovado pelas atividades intelectuais e religiosas tradicionais. Isso incluía a reflexão filosófica sobre vários aspectos da doutrina budista, que absorviam a atenção de diversos intelectuais, juntamente com a retomada da prática da meditação Chan. Além disso, houve maior participação dos leigos em atividades devocionais, a formação de uma diversidade de associações budistas, a realização de atividades beneficentes e a publicação de vários tipos de literatura budista, incluindo novas edições de textos canônicos, estudos filosóficos de doutrinas budistas e magazines populares. Um exemplo notável de algumas dessas tendências é Xuyun (1840-1959), o mais famoso professor Chan do século XX, ativo transmissor dos ensinamentos budistas tradicionais, cujos seguidores somavam dezenas de milhares.

Outros segmentos da comunidade budista tomaram um caminho diferente, promovendo uma completa autorreforma e tentando reconstituir o budismo em moldes modernos. Como reflexo do sentimento geral de aflição e incerteza que envolveu a China durante esse período, os líderes do nascente movimento de modernização budista argumentavam que a própria sobrevivência do budismo dependia de sua capacidade de conseguir se renovar e enfrentar os desafios da modernidade. Alguns monges reformistas, arrebatados pelo espírito revolucionário, tornaram-se muito politizados e se envolveram ativamente nas tentativas de construção da nação e de defesa contra a agressão estrangeira. O programa de ação progressivo dos reformadores incluiu o estabelecimento de instituições educacionais, onde o clero recebeu uma educação moderna. Em algumas das escolas budistas modernas, o currículo incluía a aprendizagem secular e o estudo de línguas estrangeiras.

O exemplo mais conhecido de um líder reformista é Taixu (1890-1947), o mais influente ativista e modernizador budista no período republicano. De modo geral, Taixu e outros reformistas com a mesma mentalidade promoviam um *ethos* "mundano", conhecido em geral como "budismo humanista". Taixu expressou a necessidade de redirecionar a prática budista, afastando-a das questões transcendentais, sobretudo os funerais e serviços em memória dos mortos. Em vez disso, os budistas modernos deveriam deixar sua marca neste mundo por meio da melhoria das condições econômicas e sociais de seus compatriotas. Além disso, houve tentativas de internacionalizar o budismo chinês e estabelecer contatos com outras tradições budistas. Para esse fim, Taixu viajou para o Japão, a Europa e a América, ao mesmo tempo em que ele e outros grupos budistas convidavam monges de outros países para visitar a China.

Repressão religiosa no início do regime comunista

Com a vitória comunista na guerra civil e o estabelecimento da República Popular em 1949, todas as religiões na China tiveram que enfrentar uma ideologia dominante pouco afeita às crenças e práticas religiosas tradicionais. Os objetivos declarados dos revolucionários comunistas envolviam a completa rejeição e a derrocada forçada da antiga ordem repressiva. A sua ascensão ao poder, segundo era voz corrente, marcava uma ruptura radical com um passado retrógrado, abrindo a porta para um período completamente novo da história chinesa. Por fim, com a paz estabelecida após décadas de conflito e tumulto, o interesse principal do novo regime durante a década de 1950 era consolidar sua permanência no poder e ocasionar o desenvolvimento industrial e a expansão econômica. As reformas também foram iniciadas e a paisagem sociopolítica da China foi refeita de modo radical, pela redistribuição da riqueza, reestruturação da divisão de poder, imposição de valores revolucionários e politização de todos os aspectos da vida pública e privada. Dentro desse contexto, a esfera cultural devia ser trazida sob o firme controle da empresa do Partido Comunista. Por exemplo, a arte e a literatura eram politizadas e feitas para servir a causa da revolução comunista.

Desde o início, o Partido adotou uma atitude negativa em relação à religião, que é emblemática do marxismo, segundo o qual a religião é "o ópio do povo". O Estado Comunista afirmava seu controle sobre a religião instituindo políticas restritivas às atividades do clero, expropriando as propriedades religiosas e impondo a supervisão estatal sobre as organizações religiosas, em meio à atmosfera geral de intimidação e medo. Não obstante a situação deteriorada da liberdade religiosa, durante a fase inicial do regime comunista, o Estado e o partido se abstiveram, de modo geral, de participar diretamente na repressão brutal à religião. Em certos casos, eles chegaram a tentar usar os grupos religiosos (que cada vez mais eram representados por associações controladas pelo governo, como a Associação Taoísta Nacional – National Daoist Association, fundada em 1957) para realizar os objetivos do partido ou aproveitar o apoio público para determinadas medidas políticas.

A relativa falta de franca hostilidade à religião, durante os primeiros anos do regime comunista, refletia as realidades sociais e políticas da época, mas também eram consonantes com as ideias de Mao sobre a revolução, já expressas por ele bem antes de sua ascensão ao poder como líder supremo da China. Por exemplo, em seu famoso "relatório" sobre o movimento camponês em Hunan, escrito em 1927, Mao incluía a religião como uma das quatro principais representações do sistema feudal-patriarcal decadente, que ele esperava destruir. As quatro, de acordo com ele, constituíam as principais fontes de autoridade tradicional que os revolucionários teriam que enfrentar: a autoridade política do Estado, a autoridade do sistema de clã (que inclui o culto aos antepassados), as diversas fontes de autoridade religiosa (que inclui a crença em divindades e no reino sobrenatural) e a autoridade do sistema patriarcal que subjuga as mulheres.

Embora afirmasse que essas quatro fontes de autoridade tradicional eram formas insidiosas de servidão, da qual o povo chinês só se libertaria na nova sociedade nascida da revolução comunista, Mao ressaltava que o foco principal deveria ser a mudança política, seguida de perto pela mudança econômica. Com isso, o sistema de clãs, os vários tipos de superstições religiosas e os vestígios finais de desigualdade de gênero cessariam de forma natural, sem necessidade de medidas especiais do partido. Essas premissas tinham muita sintonia com a ideologia marxista ortodoxa, segundo a qual as mudanças no sistema econômico provocam mudanças correspondentes na esfera cultural. Assim que as massas camponesas enxergarem a luz, dizia Mao, irão naturalmente abandonar seus ídolos religiosos e abolir tudo o que tiver relação com o sistema feudal repressivo, que as fez sofrer por tanto tempo.

Apesar do empenho do Partido Comunista de educar seu povo sobre a inutilidade da religião, muitas pessoas continuavam a manter sua fé e as práticas religiosas tradicionais. O desaparecimento da religião que, segundo o dogma ortodoxo marxista, deveria seguir o estabelecimento da sociedade socialista, não era exatamente o que ocorria. Assim, não apenas se intensificou a retórica e a propaganda antirreligiosa, como também aos poucos foram introduzidas mais ações repressivas, com o objetivo de exterminar a presença persistente de crenças e práticas "supersticiosas" entre a população chinesa.

A situação religiosa deteriorou-se rapidamente durante a década de 1960 e atingiu seu ponto mais baixo com a supressão violenta de todas as religiões, durante os piores excessos da Revolução Cultural (1966-1976). No decorrer desse período caótico e turbulento de revolução perpétua (cuja meta ostensiva era extinguir a influência dos elementos sociais "burgueses", que ameaçavam a suposta ditadura do proletariado), houve um ataque indiscriminado a todas as ideias ou coisas que poderiam ser interpretadas como meio de transmissão de valores tradicionais ou alvo de influência estrangeira. Mao convocou seus seguidores a obliterar por completo os "Quatro Velhos": velhos costumes, velhos hábitos, velhas culturas e velhas ideias, e eles responderam com enorme entusiasmo e muitas vezes com violenta ferocidade. Como seria de se esperar, as ideias e coisas tradicionais a serem erradicadas incluíam todas as instituições, objetos e práticas religiosas, que deveriam ser exterminadas de uma vez para sempre, como restos visíveis de uma antiga ordem que impedia a mudança revolucionária.

O fervor revolucionário e a violenta guerra contra as tradições religiosas travada durante a Revolução Cultural levaram ao fechamento ou à destruição de todos os mosteiros, templos, igrejas e mesquitas, juntamente com a laicização forçada do clero. Nenhuma seita ou tradição religiosa foi poupada da violenta perseguição. No processo de limpar a China de elementos burgueses e superstições antiquadas, inúmeros artefatos religiosos, incluindo estátuas, livros e pinturas, foram destruídos. A repressão antirreligiosa foi estendida aos lares das pessoas e suas vidas privadas. Todas as expressões de fé, pública e privada, foram proscritas. Casos individuais de desobediência a essas diretrizes, mesmo a mera posse de um símbolo ou artefato religioso, implicavam graves consequências, incluindo o assédio e a prisão.

O culto a Mao

A supressão antirreligiosa indiscriminada e a desumanidade geral da Revolução Cultural foram acompanhadas pelo crescimento de um culto centrado na *persona* revolucionária de Mao. Por ironia do destino, a reverência respeitosa a Mao, em seu apogeu, adotou muitos dos elementos da religião organizada, apesar da ideologia ateísta oficial defendida por ele e pelo partido. A imagem de Mao assumiu proporções míticas, uma vez que ele realmente foi deificado. Dentro da histeria de massa, comum na época, seus seguidores ávidos, submetidos à propaganda metódica e à doutrinação sistemática, veneravam-no como a um deus vivo. O amor ilimitado e a devoção a Mao e ao partido deveriam suplantar todas as coisas, até mesmo os sentimentos de afeição filial e os laços naturais entre pais e filhos.

O culto a Mao tinha sua própria escritura, na forma do onipresente *Pequeno Livro Vermelho*, uma coleção das citações de Mao que eram lidas e memorizadas com fervor pela Guarda Vermelha. Esta era composta de unidades juvenis reunidas para servir de vanguarda da revolução e de outros seguidores dedicados do Grande Timoneiro. As recitações do livro vermelho, que de fato funcionava como um tipo inferior de "bíblia" para a Guarda Vermelha, assumiam formas que lembravam os rituais religiosos (ver Figura 10.1). Em termos de prática, os seguidores do culto eram ensinados a cultivar virtudes revolucionárias e autossacrifício, a estudar o pensamento de Mao e a trabalhar pelo bem comum e pela prosperidade do povo. É possível, também, traçar paralelos entre a crença utópica em uma sociedade comunista perfeita e as diversas crenças milenaristas, promovidas por diferentes grupos religiosos ao longo da história chinesa. Finalmente, havia uma pronunciada característica puritana na perspectiva e prática comunista, já observável antes do controle de Mao do poder supremo. Isso se manifestava na proscrição de uma série de vícios, como o jogo, a prostituição e a bebida, o que evocava as atitudes puritanas dos Taipings e outros movimentos rebeldes inspirados pela religião.

Figura 10.1. Camponeses chineses se reúnem num campo em torno de um retrato de Mao e leem coletivamente seu *Pequeno Livro Vermelho* (Maio 1969) (AFP/Getty Images)

Embora o culto a Mao tenha chegado oficialmente ao fim com a conclusão da Revolução Cultural, a sua imagem deificada permaneceu como parte de seu legado. Durante as décadas de 1980 e 1990, houve um ressurgimento popular do interesse por Mao. O grande revolucionário chegou a ser incorporado extraoficialmente como um tipo de divindade protetora no panteão religioso popular, exatamente o tipo de superstição popular que ele tentou erradicar. Isso é evidente nos talismãs de Mao que são pendurados nos espelhos retrovisores dos táxis, com a esperança de que tragam boa sorte e proteção contra acidentes de trânsito. O interesse e a veneração permanentes por ele também se mostram nos numerosos exemplos de *memorabilia* de Mao, que podem ser encontrados em toda a China. Isso inclui estatuetas e retratos, que muitas vezes são colocados nas casas e empresas para dar boa sorte, ou até carregados nas procissões religiosas durante festivais locais, juntamente com uma diversidade de itens que têm a estampa da imagem de Mao.

Revitalização religiosa contemporânea

Com a instituição de políticas mais liberais, realizada pela nova liderança comunista durante o final de década de 1970, a religião começou a ensaiar um lento retorno. Nas últimas três décadas, o principal foco do governo chinês tem sido o desenvolvimento econômico e a modernização, sobretudo o crescimento industrial, a modernização científica e tecnológica, a reestruturação do setor agrícola e a melhoria da defesa nacional. O *boom* econômico fenomenal que se seguiu à ampla reestruturação financeira e industrial, e à introdução de elementos capitalistas na sociedade chinesa (que se presumia socialista) de um modo nunca visto antes, tem sido muito estudado e tem recebido ampla atenção da mídia. Um pouco menos mostradas são as mudanças extraordinárias ocorridas na arena religiosa, que se têm revelado de maneira gradual, contra o pano de fundo das mudanças multifacetadas nas esferas social e cultural. Essas mudanças envolvem uma sensação crescente de abertura cultural, melhores oportunidades educacionais, o relaxamento do controle político e o aumento da mobilidade social e das liberdades pessoais, inclusive a possibilidade de viajar por toda a China e para o exterior. Outros fatores que contribuem são a diminuição da influência da ideologia marxista e do poder (ou disposição) do governo chinês de participar da repressão direta de seu povo, bem como o aumento exponencial do fluxo de informação e das oportunidades de comunicação com o mundo exterior, que são reforçados pelo uso extensivo da tecnologia de internet.

Em tempos recentes, a China vem passando por uma notável revitalização de crenças e práticas religiosas tradicionais, muitas vezes remodeladas de forma a refletir as realidades sociais e as predileções culturais contemporâneas. Todas as principais religiões descritas neste volume, ou seja, o budismo, o cristianismo (em suas formas católica e protestante), o confucianismo, o taoismo, o islamismo e a religião popular, estão passando por renovações institucionais, concomitantes ao interesse ressurgente em seus ensinamentos e práticas. Existem até mesmo novos participantes na cena religiosa multifacetada e cada vez mais vibrante, exemplificados pelo Falun gong e outros grupos, ou movimentos populares (ver seção seguinte). Uma vez mais, em toda a China há festivais dedicados a divindades populares; os enterros tradicionais e os serviços memoriais também estão sendo trazidos de volta, junto com uma variedade de rituais públicos, que são celebrados pelo clero ordenado, com a presença de multidões de fiéis devotos.

Essas mudanças radicais foram possíveis, em grande parte, por uma modificação drástica nas atitudes do governo em relação à cultura chinesa tradicional. Com início na década de 1980, a liderança do partido resolveu evitar o tipo de críticas incisivas e rejeições violentas da cultura tradicional associadas ao Movimento de 4 de Maio e à Revolução Cultural. Em vez disso, o Partido Comunista, em parte movido pela preocupação com o declínio moral percebido e ansioso para fortalecer suas credenciais nacionalistas, adotou uma política de tolerância ou até mesmo de apoio à cultura tradicional, sobretudo aos valores e tradições julgados úteis para a contínua busca de legitimação de seu governo. A atitude tolerante também foi estendida ao confucianismo que, durante grande parte do século XX, foi difamado pelo Partido Comunista e por intelectuais reformistas. Isso é verdade sobretudo no que diz respeito aos aspectos do confucianismo que apoiam o regime autoritário e promovem a harmonia social.

A reaparição do respeito por Confúcio, junto com o reconhecimento de seu papel central na história chinesa, são evidentes no patrocínio do governo de inúmeras organizações e iniciativas (de alcance local, nacional e internacional) que têm alguma relação com o confucianismo. Um caso ilustrativo é a fundação, patrocinada pelo governo, de uma rede global de centros dedicados à promoção da língua e culturas chinesas (algo parecido com a Aliança Francesa na França e o Instituto Goethe na Alemanha), sob a designação de "Instituto Confúcio". Com efeito, isso transforma Confúcio num símbolo poderoso da cultura chinesa. Em muito pouco tempo, após a fundação do primeiro Instituto Confúcio na Coreia do Sul em 2004, a mídia chinesa informou que mais de duzentos Institutos Confúcio foram estabelecidos em mais de setenta países ou regiões, como Austrália, Bulgária, Canadá, Alemanha, Indonésia, Irlanda, Israel, Japão, Paquistão, Polônia, Rússia, Tailândia, Estados Unidos e muitos outros lugares.[1] Discute-se em público sobre a criação de até mil desses institutos até 2020.

Outro exemplo do interesse crescente pelos ensinamentos de Confúcio é o número cada vez maior de escolas confucianas, que recebem as crianças pequenas de alguns pais ansiosos por expô-las aos valores e à cultura tradicional chinesa. Além disso, um livro popular sobre o confucianismo foi incluído na lista dos mais vendidos (publicado numa edição inglesa de 2009). Baseado

---

[1] Inclusive Brasil. (N.E.)

numa série de palestras na TV de grande audiência sobre os *Analectos* de Confúcio, que foi ao ar em 2006, o livro entrou para a história editorial ao vender mais de 4 milhões de cópias no espaço de um ano; nesse processo ele transformou sua autora, Yan Du, uma obscura professora de faculdade sem formação em estudos confucianos, numa celebridade nacional e numa milionária.

Um incentivo importante à revitalização gradual das crenças e práticas religiosas, durante a era pós-Mao, era oferecido pela restauração de instituições religiosas (por exemplo, mosteiros budistas, templos taoistas ou mesquitas islâmicas); muitas delas haviam sido destruídas ou serviam para diferentes finalidades durante a Revolução Cultural. Isso foi realizado, em grande parte, com fundos fornecidos pelo governo chinês, ansioso para retratar a si próprio como guardião da rica e variada herança cultural da China. Além disso, os chineses que viviam no exterior também doaram fundos substanciais. Por exemplo, muitos templos budistas e taoistas foram reconstruídos por meio de contribuições financeiras vindas de fora, sobretudo de devotos religiosos em Hong Kong, Cingapura, Taiwan e outros lugares. Com o crescimento da riqueza pessoal, resultado da recente expansão econômica da China, aumentou a dependência das instituições religiosas do apoio econômico de seus devotos e patrocinadores locais.

A reconstrução ou renovação dos templos e outros locais religiosos, sobretudo aqueles de grande importância histórica, quase sempre estão associados com o crescimento da indústria turística, cuja explosão recente é devida ao aumento da renda pessoal e à nova liberdade de movimento. Hoje, muitos templos e locais de peregrinação famosos (entre eles, aqueles situados em célebres montanhas budistas e taoistas, como Emeishan e Longhushan), são um importante destino turístico; no entanto, as linhas de demarcação entre turismo e peregrinação nem sempre são claras (ver Figura 10.2). O mesmo se aplica a outros locais importantes, como o lugar de nascimento de Confúcio em Qufu, que inclui o templo de Confúcio, o cemitério de Confúcio e seus descendentes e a mansão da família Gong. No outro lado do espectro religioso, um número crescente de muçulmanos chineses têm podido realizar a tradicional peregrinação a Meca. Muitas vezes, os governos locais mostram grande interesse em restaurar e promover instituições religiosas em sua área para atrair renda proveniente do turismo, além da intenção de gerar, entre sua população, um sentimento de orgulho por sua cultura local.

A renovação dos locais e estabelecimentos religiosos em toda a China é acompanhada de um interesse crescente pela preservação dos artefatos religiosos, sobretudo aqueles com importância histórica, para que o povo chinês recupere um sentimento comum de respeito e orgulho por sua longa história e rica cultura. Os museus chineses, dos quais muitos foram recentemente reformados ou ampliados, estão repletos de objetos maravilhosos de arte religiosa, tais como imagens de bodisatvas ou estelas taoístas. Outros avanços notáveis incluem um aumento súbito na participação em diversas atividades religiosas, tanto formais como informais, e um número crescente de pessoas que se identificam como seguidoras de uma tradição religiosa particular. Isso é acompanhado de aumento nos números do clero e outros profissionais religiosos que servem a determinadas denominações religiosas, junto com o restabelecimento das ordens monásticas budistas e taoístas, e a reinstituição de procedimentos formais de ordenação.

Figura 10.2. Peregrinos e turistas no Mosteiro Shaolin, Songshan, Henan

Em conjunto com a revitalização de antigas liturgias e outros tipos de observâncias religiosas, tem havido também um maior destaque para o treinamento e educação dos clérigos, embora o currículo das instituições educacionais religiosas ainda esteja sujeito à aprovação e à supervisão do governo. Houve também um aumento acentuado da publicação de revistas e livros sobre temas religiosos, desde panfletos religiosos populares até novas edições de obras canônicas, como os clássicos confucianos e as escrituras budistas. Existe até uma próspera indústria da *Bíblia*, com milhões de cópias sendo impressas para os mercados chinês e internacional. Embora o *status* dos estudos religiosos na academia chinesa permaneça uma questão delicada, têm ocorrido avanços modestos no estudo acadêmico da religião. Atualmente, os cursos sobre budismo, taoismo e outras religiões são oferecidos em diversas universidades chinesas e, até mesmo, em institutos acadêmicos dedicados a esses estudos. Apesar do relativo progresso nessas áreas, de modo geral o sistema educacional ainda está estabelecido de tal maneira que continua a marginalizar e até mesmo rebaixar a religião.

Figura 10.3. Entrada de um templo chinês em Malaca, Malásia

Fora da China, podemos localizar fatos da mesma natureza no crescimento de vários grupos e organizações religiosas entre as diásporas chinesas. Por exemplo, na Malásia e em Cingapura existem exemplos de longa data de participação em rituais e observâncias religiosas populares (ver Figura 10.3), e, nos últimos tempos, tem havido um ressurgimento notável do interesse no budismo (ver adiante). Há também um interesse crescente pelas religiões chinesas no Ocidente, bem como a expansão de sua presença local como parte integrante de ambientes sociais religiosos multifacetados e diversos. Esse interesse é refletido na publicação de numerosos livros populares e acadêmicos, que lidam com vários aspectos dos ensinamentos religiosos, da história, da literatura e outras expressões chinesas. As últimas décadas também testemunharam a instituição de inúmeros templos e centros, sobretudo nos Estados Unidos e outras partes do mundo que receberam consideráveis influxos de imigrantes chineses étnicos. Esses eventos são parte da globalização em curso da religião, que está entre os temas centrais de nossa época e deverá ter consequências múltiplas para o futuro do mundo.

Interseções de religião e política

Na China contemporânea existe uma política oficial de liberdade de culto (com algumas ressalvas importantes), que está consagrada na constituição chinesa (ver quadro de citação). Em geral, hoje em dia o povo chinês tem relativa autonomia para praticar qualquer das religiões oficiais, contanto que isso não represente um desafio à ordem social estabelecida ou ao *status quo* político. Um número crescente de pessoas está se valendo das variadas oportunidades de envolvimento e expressão religiosa. Há uma nítida tendência de maior participação religiosa, embora a China ainda se mostre muito mais secular quando comparada a outros países com altos níveis de crença e afiliação religiosa, como os Estados Unidos e a Índia. Por outro lado, é provável que haja maior participação religiosa na China do que em grande parte da Europa.

Não obstante a maior abertura e liberdade da era pós-Mao, continua a haver supervisão e controle sobre grupos e instituições religiosas, que é exercido tanto a partir do centro político em Pequim, quanto em nível regional. O governo chinês está envolvido num exercício de equilíbrio: ao mesmo tempo em que tenta parecer tolerante e solidário em relação à liberdade religiosa, ele

> **Artigo 36 da Constituição chinesa**
>
> Os cidadãos da República Popular da China gozam de liberdade de crença religiosa. Nenhum órgão estatal, organização pública ou indivíduo pode obrigar os cidadãos a acreditar, ou não acreditar, em qualquer religião, nem pode discriminar cidadãos que acreditam, ou não acreditam, em qualquer religião. O Estado protege as atividades religiosas normais. Ninguém pode fazer uso da religião para se envolver com atividades que perturbem a ordem pública, prejudiquem a saúde dos cidadãos ou interfiram no sistema educacional do Estado. Os organismos religiosos e os assuntos religiosos não estão sujeitos a nenhuma dominação estrangeira.

tem um interesse muito grande em manter a estabilidade social e o controle político. Via de regra, o interesse dominante em manter o controle ainda supera o crescente sentimento de liberdade religiosa. Em momentos críticos, o governo tem se mostrado bastante capaz de adotar enérgicas medidas repressivas às contestações de caráter religioso à sua autoridade. Dentro desse quadro, o governo tem a prerrogativa (ou até mesmo o dever) de usar medidas coercivas e erradicar a heterodoxia religiosa, sobretudo quando considerada inimiga das ideias do partido sobre o interesse público e o progresso social.

As estratégias correntes usadas pelo governo chinês em suas tentativas de controlar a religião têm amplos precedentes nos anais da China Imperial, apesar de serem apresentadas como esforços construtivos destinados a facilitar a conciliação entre socialismo e religião. Nesse sentido, a China ainda carece de pleno direito à liberdade religiosa, conforme entendida nas democracias liberais ocidentais. Por outro lado, as ideias dominantes sobre o direito do Estado de exercer o controle sobre as organizações religiosas, bem como de interferir nas crenças e práticas religiosas de seus cidadãos, têm antecedentes de longa data na história chinesa. O governo permanece disposto a canalizar a participação religiosa via formas e organizações oficialmente aprovadas. Estas são constituídas, antes de tudo, pelas cinco religiões principais reconhecidas pelo Estado chinês: budismo, catolicismo, taoismo, islamismo e cristianismo protestante. Essas religiões são representadas por uma série de associações oficiais, que operam nos níveis regional, provincial e nacional, enquanto a agência mais importante do governo responsável pela supervisão e controle da religião é a Administração Estatal de Assuntos Religiosos (até 1998 conhecida como Secretaria de Estado dos Assuntos Religiosos). Isso deixa a religião popular numa espécie de limbo ou área cinzenta, pois faltam-lhe a sanção formal e a proteção jurídica concedidas às religiões que possuem o reconhecimento oficial.

Não obstante a situação um tanto frágil da religião popular, na maioria das vezes as cerimônias religiosas tradicionais são toleradas pelas diversas autoridades locais. Em muitas áreas da China continental há uma importante revitalização de crenças e práticas religiosas populares, que também continuam a florescer em Taiwan e entre as diásporas chinesas em Cingapura, Malásia e outras partes. Entre alguns exemplos dessa revitalização constam a reconstrução de redes religiosas comunitárias na China rural e o culto disseminado de um grande número de divindades populares, como Nuwa, Shennong, Mazu e Guandi. Nos últimos tempos, houve também um renascimento do culto do Imperador Amarelo; seu culto como suposto ancestral do povo Han e pai da nação chinesa ficou associado a um recrudescimento do nacionalismo chinês. Alguns exemplos concretos da retomada do culto são as enormes cerimônias públicas encenadas em mausoléus do Imperador Amarelo em Shaanxi e Henan (ambas reivindicam ser seu local de nascimento), que têm sido organizadas sob os auspícios oficiais e assistidas por vários políticos e outras celebridades.

As preocupações constantes do governo chinês com as interseções de religião e de política, bem como sua disposição de tomar duras medidas se considerar que um grupo religioso específico passou dos limites e enfraqueceu a sua autoridade, são evidentes na supressão em curso do Falun gong. Como consequência de uma demonstração silenciosa e em larga escala realizada pelo Falun gong, em 1999, na sede do Partido Comunista em Pequim (diz-se que envolveu 10 mil seguidores), o governo empreendeu uma ampla perseguição ao grupo, rotulado de movimento subversivo e culto desviante, ou do mal. Em seguida, o grupo se reconstituiu no exterior, onde às vezes ainda incita demonstrações antigovernamentais (ver Figura 10.4). A ascensão do Falun gong remonta à popularidade crescente do *qigong*, o antigo sistema de técnicas curativas e exercícios espirituais, cuja prática inicialmente recebeu as bênçãos das autoridades comunistas durante a era pós-Mao. A moda *qigong* atingiu seu pico na década de 1990, quando vários mestres de *qigong*, dos quais alguns faziam alegações extravagantes sobre seus poderes especiais e conhecimento esotérico, atraíram milhões de seguidores (ver quadro de citação).

Figura 10.4. Seguidores de Falun gong protestando em frente ao consulado chinês em São Francisco, Califórnia

O governo chinês também está preocupado com o potencial papel subversivo da religião em regiões remotas com populações minoritárias rebeldes, sobretudo em lugares com movimentos nacionalistas e separatistas, como Xinjiang e Tibet. O governo comunista faz questão de ser visto como agente de promoção da autonomia regional e de apoio da cultura local que, entre os uigures de Xinjiang, tem raízes profundas no islamismo tradicional, ao passo que os tibetanos têm uma cultura budista ímpar. No entanto, o governo continua seriamente preocupado com as possíveis convergências entre os programas de ação nacionalista e os sentimentos religiosos e já se revelou pronto para punir com severidade aqueles que fazem uso da religião unida às aspirações nativas pela independência política. O caso da independência tibetana (ou autonomia, segundo uma formulação diferente) também se tornou uma causa célebre internacional, incentivada pelo renome mundial do atual Dalai Lama (1935-) e a considerável popularidade do budismo tibetano no Ocidente e em outros lugares.

> ### Li Hongzhi (1951-), o fundador de Falun gong, sobre seus poderes e seus ensinamentos
>
> Isso é a transmissão de uma prática que conduz a níveis elevados e não funcionaria se eu não orientasse vocês assim – isso seria irresponsável e eu estaria procurando encrenca. Nós estamos dando tanto a vocês, revelamos a vocês tantas verdades que as pessoas comuns não devem saber, eu estou comunicando a Grande Lei para vocês e vou dar-lhes muitas e muitas coisas, seus corpos serão purificados por vocês e ainda há outras coisas envolvidas. [...] Houve muitos sábios no passado e eles só podiam ensinar um discípulo – estava tudo certo, mesmo se protegessem apenas um discípulo. Mas fazer isso nessa escala tão grande, uma pessoa comum não ousaria fazer isso. Mas aqui estou dizendo a vocês que eu posso fazer isso, porque eu tenho incontáveis Corpos de Lei que têm meu enorme poder da Lei divina, e eles podem exibir seus grandes poderes divinos e grande poder de Lei. Além disso, o que estamos fazendo hoje não é tão simples quanto parece e não vim aqui movido por algum tipo de impulso. Posso dizer a vocês que inúmeros Grandes Seres Iluminados estão assistindo a este evento. [...] Se vocês me perguntarem o que seu professor dá a vocês, é isso o que eu lhes dou. Meus Corpos de Lei irão proteger vocês durante todo o caminho, até que vocês sejam capazes de proteger a si mesmos e nesse ponto vocês estarão prestes a ir além da Lei-do-Mundo-Triplo e terão atingido o Tao.
>
> Extraído de sua "Segunda Palestra", em *Zhuan Falun*
(Girando a Roda da Lei), edição online (2003).

Crescimento do cristianismo

Por razões de espaço, é impossível oferecer um levantamento detalhado de todas as principais tradições religiosas que compõem a cena religiosa diversa e multifacetada na China contemporânea. Portanto, nesta seção e na próxima faremos um breve exame do cristianismo e do budismo, as duas principais tradições que talvez estejam em melhor posição de configurar o futuro religioso da China. No entanto, parece claro que, num futuro próximo, o ambiente religioso global da China permanecerá bastante diversificado e envolverá várias outras tradições. Atualmente, a China está passando por mudanças rápidas e variadas, e enfrenta muitos obstáculos no caminho do seu reaparecimento como uma grande (talvez a maior) potência mundial, na opinião de muitos observadores informados. Embora seja muito difícil prever o futuro, ao considerarmos os padrões históricos e trajetórias existentes há longo tempo, arrisco-me a especular que (1) a religião continuará a desempenhar funções cada vez mais importantes na vida social e cultural chinesas, e (2) haverá um sistema bastante aberto de pluralismo religioso que, em aspectos fundamentais, fará lembrar alguns dos modelos passados discutidos nos capítulos anteriores.

A situação atual que o cristianismo enfrenta ilustra alguns dos desafios cruciais que emergem a partir das interceções anteriormente mencionadas de religião e política; ela também lança luz sobre o impacto das tradições religiosas no modo pelo qual os chineses contemporâneos lidam com áreas fundamentais da modernidade. Durante a era pós-Mao, tanto o cristianismo católico como o protestante emergiram como participantes importantes do ressurgimento religioso na China. Embora o cristianismo mantenha, até certo ponto, o estigma de estar associado à história desagradável do colonialismo e imperialismo ocidental, seus ensinamentos repercutem nas necessidades e predileções espirituais de muitas pessoas, à medida que elas lidam com as realidades sociais e econômicas em constante mudança. Ao longo das últimas décadas, tem havido um crescimento considerável na popularidade do cristianismo e um aumento notável no número de chineses que se identificam como cristãos, embora os dados exatos sobre o número de chineses cristãos não sejam acessíveis. Diversas pesquisas e outras fontes situam o número em qualquer parte entre dez e cem milhões. É provável que o número aproximado esteja numa faixa média, talvez de cinquenta milhões (ou cerca de 4% da população total), conforme indicado por alguns estudos recentes; os protestantes talvez excedam os católicos em número por uma proporção próxima de três para um. A população cristã não está distribuída de modo uniforme em todo o país. As áreas com o maior número de protestantes incluem as províncias orientais adjacentes de Anhui, Zhejiang, Jiangsu e Henan. Tanto as igrejas católicas como as protestantes estão ainda divididas entre as igrejas domésticas, que são regulamentadas com rigor pelo governo, e as igrejas domésticas ou subterrâneas, que carecem de *status* oficial e são vítimas ocasionais de assédio ou repressão.

A posição e o estado do catolicismo na China são, em grande medida, configurados por um longo conflito entre a cúria romana no Vaticano e o governo chinês. O conflito começou logo em 1949, quando o Papa proibiu que os católicos chineses cooperassem com o novo governo comunista. Ao mesmo tempo, os comunistas estavam decididos a submeter a Igreja a seu controle. Para esse fim, em 1957 eles organizaram a Associação Patriótica Católica, que até hoje permanece a única organização católica oficial reconhecida pelo governo chinês. Nos últimos tempos, tem havido algumas melhorias na relação de antagonismo entre Pequim e o Vaticano; isso é possível, em grande parte, devido à prontidão do governo chinês em dar maior autonomia à Igreja oficial e pela maior disposição à flexibilidade por parte do Vaticano.

A recente flexibilidade do Vaticano é ilustrada por sua aprovação tácita de alguns bispos nomeados pela igreja oficial na China, que foram autorizados, em primeiro lugar, pelo governo chinês. Em 2007, o papa Bento XVI escreveu uma carta especial aos católicos da China, na qual ele apressava uma reconciliação entre os seguidores das igrejas oficial e subterrânea. Há também rumores constantes sobre o reestabelecimento de relações diplomáticas plenas entre a China e o Vaticano, as quais foram rompidas em 1951. No entanto, ainda não há um acordo final sobre questões tão fundamentais como a nomeação de bispos e a ordenação de sacerdotes. O Vaticano continua a afirmar a tradição de que o Papa deve nomear todos os bispos, ao passo que o governo chinês continua a interpretar essa atitude como uma interferência em seus assuntos internos. Em consequência disso, a lealdade dos católicos chineses permanece controvertida (ver quadro de citação).

Enquanto o Vaticano insiste na autoridade única do Papa de nomear os bispos, o governo chinês rejeita a noção de uma igreja organizada liderada por um clero que deve lealdade, em primeiro lugar, a uma instituição religiosa estrangeira; é uma situação incompatível com a expectativa do governo de que todas as religiões sigam as normas e ditames do Estado chinês. Essas prioridades conflitantes são evidentes nas profundas cisões da comunidade católica, que opõem os que cultuam nas igrejas oficiais aos que frequentam as igrejas subterrâneas. As igrejas subterrâneas, em geral, rejeitam a autoridade da Associação Patriótica Católica, que é percebida como uma ferramenta de controle governamental sobre sua religião; em seu lugar, eles têm sua própria rede religiosa, com um clero formado em seminários clandestinos. O confronto permanente entre os dois grupos às vezes tem reviravoltas violentas. O governo também continua a realizar ataques ocasionais às igrejas subterrâneas e a prender alguns de seus clérigos. A situação é exacerbada pela percepção do governo de que existe influência estrangeira dentro da hierarquia da igreja subterrânea, a qual supostamente recebe o apoio de elementos de extrema-direita dos Estados Unidos e de outros lugares. Por outro lado, há sinais de maior aproximação e reconciliação entre os dois grupos. Essas tensões subjacentes se desdobram em meio a um considerável fervor religioso, característico de muitos católicos chineses. Além disso, a maioria dos católicos habita povoados que praticam uma forma sincrética de catolicismo, infundida de elementos da religião popular, incluindo o ritual religioso cujo foco principal é a Santíssima Virgem, o exorcismo e a cura espiritual.

Os impasses sociais e políticos enfrentados pelos protestantes chineses são semelhantes aos sofridos pelos católicos. Há também uma divisão análoga entre as igrejas oficiais (ver Figura 10.5), representadas pelo Movimento Patriótico da Tríplice Autonomia e pelo Conselho Cristão da China, que são controlados pelo governo, e as igrejas domésticas ou subterrâneas; todavia, as igrejas protestantes são muito mais descentralizadas e diversificadas. Os protestantes não têm que lidar com as questões anteriormente mencionadas de compromissos sacerdotais e ordenações, ou com a divisão de lealdades que opõe a Igreja Católica baseada em Roma ao Estado chinês. Além disso,

Aloysius Jin Luxian (1916-), Bispo de Xangai, sobre a Igreja Católica na China

Quero compartilhar com vocês minhas alegrias e minhas tristezas. Minhas alegrias derivam da revitalização da Igreja Católica na China, com 140 seminaristas em Sheshan, mais ou menos trinta igrejas no município de Xangai, as publicações do Centro de Pesquisas Guangqi da Diocese Católica e os novíssimos trabalhos de impressão... Minhas tristezas são devidas às divisões internas entre católicos patrióticos e os clandestinos e a separação da Igreja na China da Santa Sé. Vamos orar pela unidade da Igreja na China e pela unidade entre a Igreja na China e a Santa Sé; então eu serei capaz de cantar meu *Nunc dimittis* (Cântico de Simeão) – "Senhor, agora deixai o teu servo partir em paz".

Citado em Jean-Peirre Charbonnier (2002, p.522).

parece haver menos hostilidade manifesta e maior sobreposição entre as igrejas oficial e subterrânea; muitos paroquianos frequentam os serviços religiosos de ambas. Em termos teológicos, os protestantes chineses tendem a ser bastante conservadores, aceitando vertentes evangélicas e fundamentalistas do protestantismo, que se concentram, sobretudo, na fé fervorosa e na experiência pessoal, em detrimento do estudo intelectual e da reflexão teológica. Há também fortes tendências pentecostais que têm pontos comuns com aspectos fundamentais da religião popular chinesa e que tendem a predominar nas igrejas subterrâneas. Essas tendências manifestam-se no uso generalizado de práticas de cura, na preocupação utilitária com a aquisição de benefícios mundanos, no sentimento difuso de anti-intelectualismo e no foco nas experiências impressionantes de conversão.

Essas características do protestantismo chinês têm estreita relação com o fato de que a maioria dos crentes vive em zonas rurais e têm pouca instrução (sendo que um grande número deles é analfabeto). Por conseguinte, a forma de cristianismo que eles praticam é influenciada por sua cultura local e por práticas religiosas tradicionais, que diferem de modo considerável da forma

Figura 10.5. Sermão em uma igreja protestante em Xangai

praticada em muitas congregações urbanas. Como resultado, os ensinamentos e práticas cristãos são redesenhados pelo recurso aos modelos religiosos e sistemas de valores nativos. Estes incluem as crenças na recompensa cármica e nas relações recíprocas entre os reinos humano e divino, bem como as noções tradicionais sobre a moralidade, que incluem a virtude da piedade filial. Outro fato relacionado é o surgimento de seitas ou cultos de aparência cristã, que são rejeitados pelos protestantes convencionais; muitas vezes, essas seitas são orientadas por líderes carismáticos, que professam fazer milagres e propõem um conjunto de doutrinas milenaristas. Alguns desses grupos sectários fazem lembrar os Taipings e outros movimentos milenaristas que surgiram no final da China Imperial (ver capítulos 7 e 9). Essas tendências têm levado alguns estudiosos a sugerir que os padrões comuns das expressões locais (ou baseadas nas aldeias) do cristianismo na China deveriam ser considerados como variações peculiares, ou formas alternativas de religião popular chinesa.

Ressurgimento budista

O recente ressurgimento do budismo envolve muitos dos elementos gerais, mencionados na discussão anterior, sobre a revitalização religiosa que está ocorrendo na China: a restauração de templos e mosteiros, a ordenação do clero e a retomada de crenças e práticas tradicionais. Desde o início da década de 1980, houve um crescimento considerável nos números de monges e monjas. A falta de liderança e outros problemas estruturais, associados ao sério *gap* geracional dos cleros sênior e júnior (notáveis sobretudo na década de 1980, com a retomada das ordenações monásticas após a interrupção causada pela Revolução Cultural) foram bastante atenuados, de modo geral. No entanto, em muitos casos, os monges importantes devem suas posições de liderança mais às próprias habilidades administrativas e perspicácia política do que à qualidade de sua prática meditativa ou seu conhecimento das escrituras. Houve avanços também na educação formal de monges e monjas, muitos dos quais agora podem se inscrever em academias budistas, que são equivalentes funcionais às faculdades seculares, embora a doutrinação política permaneça parte do currículo oficial. Alguns dos famosos mosteiros públicos também reinstituíram programas tradicionais de treinamento monástico; estes, dependendo do tipo de estabelecimento, podem dar mais destaque à meditação Chan ou aos rituais da Terra Pura e outras práticas devocionais. Em alguns locais, houve também o ressurgimento de práticas eremíticas tradicionais, realizadas por monges e monjas desejosos de solidão e predispostos ao estilo de vida contemplativo.

Atualmente, não apenas a maioria dos mosteiros conhecidos foi reconstruída, mas um bom número de estabelecimentos budistas passou por ampliações significativas ou melhoramento de seus complexos. Em muitos casos, as melhorias no ambiente físico são acompanhadas de um crescimento ambicioso de programas de educação e atividades de assistência social. Juntamente com o crescimento da *sangha*, houve aumento ainda maior no número de leigos, embora não haja dados confiáveis disponíveis sobre essa ocorrência. (Há pouco tempo, a imprensa oficial declarou, em diversas ocasiões, que existem cerca de cem milhões de budistas na China, mas as fontes dessas cifras permanecem não confirmadas.) Cada vez mais as doações dos leigos locais, juntamente com as taxas que eles pagam por serviços específicos (como os rituais em memória dos mortos), estão se tornando as principais fontes de apoio econômico para os templos e mosteiros. Outras fontes comuns de financiamento para a manutenção do mosteiro e das atividades budistas incluem as contribuições financeiras de chineses que moram no exterior, os subsídios do governo e os rendimentos do turismo. Além disso, as seitas budistas japonesas têm contribuído de forma substancial com mosteiros e locais que têm ligação histórica com as vidas de seus patriarcas fundadores.

Outro fato importante é a crescente popularidade do budismo entre os profissionais urbanos. As recentes declarações públicas de fé, por parte de celebridades populares, também dirigiram a atenção da mídia para o budismo. Além disso, alguns chineses (Han) leigos, bem como alguns monges, expressaram interesse nos ensinamentos e práticas do budismo tibetano, que oferece alternativas distintas em relação às formas mais familiares de budismo chinês. Esses tipos de interseção e reconciliação com o budismo tibetano são muitas vezes motivados por misturas de imagens romantizadas, piedade genuína e pendor para o exotismo ou a aventura. A popularidade do budismo tibetano tem aumentado nos últimos tempos em Taiwan, Cingapura e entre chineses em outras partes do exterior.

Na China contemporânea, o clero e os leigos participam de uma ampla gama de práticas e observâncias budistas tradicionais, incluindo rituais diários, cerimônias de arrependimento, serviços memoriais, palestras e recitação de sutras, sessões de meditação e uma série de práticas devocionais. Além disso, tem havido uma onda de interesse no estudo do budismo como parte integrante da cultura chinesa tradicional, bem como um aumento significativo de textos budistas disponíveis e de literatura relacionada, tanto popular como acadêmica. De modo geral, em muitos aspectos a revitalização budista atual é uma continuação das tendências já presentes durante o período republicano. Ela combina as orientações tradicionalistas com as tendências modernizadoras, que às vezes entram em choque, mesmo sendo ambas destinadas a fortalecer o budismo. Há um forte interesse em revitalizar os ensinamentos e práticas tradicionais, mas importantes tentativas também são feitas para modernizar os *insights* budistas e apresentar a religião em formatos apropriados às inclinações e sensibilidades contemporâneas.

As formas chinesas de budismo também estão prosperando em outras partes da Ásia, mais ainda do que na própria China, onde o budismo ainda permanece sob controle governamental. Os exemplos notáveis do crescimento e desenvolvimento do budismo são os numerosos templos e organizações estabelecidas pelas comunidades chinesas étnicas do Sudeste Asiático. Por exemplo, nas últimas décadas tem havido considerável expansão e florescimento do budismo em Cingapura (ver Figura 10.6). Isso se reflete no grande aumento do número de cingaporeanos que se identificam como budistas, sendo que os últimos dados do censo mostram que o budismo se tornou a maior religião na cidade-Estado. Os budistas hoje excedem em número tanto os cristãos como os muçulmanos, por uma proporção aproximada de três para um. Eles constituem uma maioria ainda mais imponente entre a população chinesa de Cingapura (75% da população total), mais da metade da qual se identifica como budista (ver quadro de citação). Além disso, o budismo tem feito incursões significativas entre os segmentos mais cultos e prósperos da sociedade cingaporeana, reduzindo, assim, a associação tradicional do cristianismo com a classe social alta, que consta entre os vestígios do legado colonial de Cingapura. Houve também uma penetração maior do budismo entre as gerações mais jovens, como é demonstrado pelo florescimento de grupos de estudo de domingo, o estabelecimento de escolas budistas e a presença ativa de organizações estudantis budistas nos campi universitários. Tendências semelhantes também são observáveis entre a população etnicamente chinesa na vizinha Malásia.

Figura 10.6. Celebração do Vesak no Mosteiro Phor Kark See, em Kong Meng San, Cingapura

Colapso religioso da população chinesa de Cingapura, 1980-2000

Religião	1980	1990	2000
Budismo	32,3%	39,4%	53,6%
Taoismo	38,2%	28,4%	10,8%
Cristianismo	10,9%	14,3%	16,5%
Outras religiões	0,2%	0,3%	0,5%
Não religiosos	16,4%	17,7%	18,6%
Total	100%	100%	100%

Com base em estatísticas oficiais do governo de Cingapura; adaptado de uma tabela no Censo Demográfico 2000, Advance Data Release, p.36.

Sem sombra de dúvida, o renascimento budista mais importante e de grande influência encontra-se atualmente em curso em Taiwan. Desde o fim da ditadura militar pelo governo nacionalista em 1987, Taiwan passou por uma transformação radical, que inclui o rápido crescimento econômico e a modernização, o desenvolvimento de valores e instituições democráticas, maior abertura e mobilidade social e um florescimento cultural criativo. O recente surgimento e crescimento de grandes organizações budistas, altamente organizadas e multifacetadas (ilustradas por grupos como Foguangshan e Ciji) é uma característica que chama a atenção na vida religiosa da contemporânea Taiwan (ver quadro). Orientados por líderes monásticos carismáticos, apesar de seus enfoques diferentes, todos esses grupos combinam abordagens modernas com costumes e práticas tradicionais, que são muitas vezes reformulados de maneira a refletir as predileções e realidades contemporâneas. Todas essas organizações budistas incorporam uma gama de elementos modernizadores e adotam posturas ativistas; elas também são sensíveis às questões atuais e, de vez em quando, as distinções entre as realizações seculares e religiosas são atenuadas. Estas incluem a direção de uma variedade de organizações beneficentes, instituições educacionais (de creches a universidades), instalações médicas, operações sofisticadas de captação de recursos, editoras e outros tipos de meios de comunicação.

O advento e a expansão de organizações budistas tão amplas e multifacetadas podem ser interpretados como respostas religiosas criativas às mudanças sociais, econômicas e políticas de grande importância que acompanharam a rápida modernização de Taiwan, que incluem o desenvolvimento de instituições democráticas e sua integração nas redes do capitalismo global. Em vez de

As quatro principais organizações budistas em Taiwan

- Foguangshan (Fo Guang Shan, Buddha Light Mountain), fundada por Xingyun (Hsing Yun, 1927-).
- Ciji (Tzu Chi Foundation), fundada por Zhengyan (Cheng Yen, 1937-).
- Fagushan (Fa Gu Shan, Dharma Drum Mountain), fundada por Shengyan (Sheng Yen, 1931-2009).
- Zhongtaishan (Chung Tai Shan), fundada por Weijue (Wei Chueh, 1928-).

causar uma diminuição na participação religiosa, como seria de esperar pela teoria da secularização (que postula que a modernização acarreta decréscimo de religiosidade), a adoção do capitalismo global e a maior racionalização da vida social nas últimas décadas trouxeram um ressurgimento do interesse na religião. Dentro desse contexto, as formas chinesas de budismo apareceram como as tradições religiosas mais vitais e geralmente praticadas, em lugares como Taiwan e Cingapura. Assim, os estudos sobre a revitalização budista de Taiwan e de outros casos semelhantes podem ser interpretados como aberturas potencialmente fecundas para a conceituação das diversas maneiras pelas quais as tradições religiosas interagem com a globalização, em suas dimensões econômica, política e cultural.

Uma característica bem marcante do crescimento das organizações budistas de Taiwan é a sua contínua expansão global que, ao longo das últimas duas décadas, passou a incluir a criação de templos e centros locais em muitas partes do mundo. A presença destes é evidente sobretudo entre as comunidades etnicamente chinesas na Ásia e América do Norte, mas Foguangshan e Ciji conseguiram estabelecer sua presença em todos os principais continentes. A sua composição básica na América do Norte consiste de imigrantes chineses de primeira e segunda geração oriundos de Taiwan, juntamente com outros imigrantes da China e Sudeste da Ásia. Algumas de suas filiais americanas, como o mosteiro Xilai (Vindo para o Ocidente) no Sul da Califórnia, que é o maior estabelecimento budista da América e, em termos de arquitetura, o mais característico (ver Figura 10.7), também estão fazendo tentativas (embora com sucesso limitado) de chegar até pessoas de diversas origens étnicas e culturais. Por exemplo, alguns deles oferecem retiros ou aulas sobre meditação Chan (ou Zen), que são voltados, antes de tudo, para um público não asiático.

O alcance global dessas organizações budistas também se caracteriza pela adoção entusiasta de tecnologias modernas, a disposição de interagir com outros sistemas de valores e a sensibilidade aos interesses de frequentadores diversificados. Todos esses fatores encorajam a experimentação de múltiplos enfoques para divulgar o budismo. Eles também contribuem para dar forma a novos tipos de identidades religiosas híbridas que, às vezes, são repletas de tensões sutis e de ambiguidades. Em alguns aspectos importantes, as identidades religiosas promovidas por esses grupos budistas são globais, evocando o papel tradicional do budismo como tradição religiosa transnacional, que

Figura 10.7. O salão principal do mosteiro Xilai, Hacienda Heights, Califórnia

elimina a necessidade de divisões étnicas e fronteiras culturais. Ao mesmo tempo, em outras áreas as identidades recém-fabricadas também são distintamente chinesas (ou talvez taiwanesas-chinesas), abrangendo aspectos selecionados de uma variedade de tradições culturais e religiosas chinesas, incluindo os valores confucianos.

Pontos-chave

- No decorrer do final do século XIX e durante quase todo o século XX, a China passou por uma série de mudanças políticas e revoltas sociais monumentais. Durante esse período tumultuado, a estrutura secular do governo imperial foi substituída por um modelo republicano (altamente disfuncional) em 1911, ao passo que, após a sangrenta guerra civil de 1949, o mesmo deu lugar a um sistema comunista de partido único.
- Muitos intelectuais chineses do período republicano, influenciados pelo Ocidente, estavam ansiosos por fortalecer a China e conduzi-la para um novo caminho de progresso e modernidade, sentindo profunda desilusão com a cultura tradicional chinesa; os valores e ideais confucianos tornaram-se objetos centrais de sua crítica.

- Vários intelectuais, políticos e líderes religiosos tradicionais da era republicana rejeitavam a postura iconoclasta dos reformadores radicais e defendiam a relevância contínua das antigas tradições culturais ou religiosas. Entre eles, de especial importância foram os novos confucianos e os defensores do Movimento "Vida Nova", patrocinado pelo governo, o qual tentava uma restauração nacional dos valores confucianos tradicionais.
- Os líderes budistas da era republicana tentaram reanimar a sua religião por meio da revitalização dos ensinamentos e práticas tradicionais, bem como pela introdução de ideias modernas e reforma de instituições budistas.
- Durante os primeiros anos do governo comunista, o novo governo adotou uma atitude negativa em relação às crenças e práticas religiosas, e instituiu políticas destinadas a impor o controle estatal sobre as organizações religiosas. Com o início da Revolução Cultural, a situação religiosa deteriorou-se de maneira drástica, com perseguições violentas e completa supressão de todas as formas de religião.
- Um dos acontecimentos marcantes da Revolução Cultural foi o desenvolvimento de um culto centrado em Mao, que adotava muitos elementos fortemente evocativos da religião organizada.
- Durante a era pós-Mao tem havido notável revitalização religiosa por toda a China, com numerosos templos, igrejas, mesquitas e mosteiros sendo restaurados ou renovados e um novo clero ordenado. Uma vez mais, muitos chineses aceitam crenças e práticas antigas, ao passo que várias tradições religiosas oferecem valores morais e conforto espiritual para segmentos crescentes da população chinesa.
- Em termos oficiais, na China existe uma política de liberdade de culto, e o povo chinês tem a opção de praticar quaisquer religiões oficialmente aprovadas. No entanto, o governo ainda está muito envolvido com o controle das instituições religiosas e se mostra disposto a suprimir ou proibir qualquer grupo religioso considerado subversivo, ou prejudicial, para a ordem sociopolítica estabelecida.
- Ao longo das últimas décadas, houve um crescimento considerável do número de cristãos chineses, e os protestantes são muito mais numerosos do que os católicos. Tanto o cristianismo protestante como o católico permanecem divididos entre as igrejas oficiais, supervisionadas

pelo governo, e as igrejas domésticas ou subterrâneas, que enfrentam assédio e perseguição ocasionais.
- As últimas décadas também testemunharam uma importante revitalização do budismo chinês. Na China continental, os mosteiros foram reconstruídos, muitas vezes em escala impressionante, e muitos monges e leigos agora seguem crenças e práticas budistas tradicionais. Houve uma revitalização budista ainda maior em Taiwan e no Sudeste Asiático, bem como uma expansão global do budismo chinês, uma vez que numerosos templos e centros foram estabelecidos na América do Norte e outras partes do mundo.

Questões para discussão

1. Qual foi o impacto das novas tendências de modernização e ocidentalização, que se difundiram nos círculos intelectuais chineses durante o início do século XX, sobre as interpretações críticas da religião, sobretudo nas áreas urbanas e entre os chineses cultos?
2. De que modo a ideologia marxista e as circunstâncias sociopolíticas concretas influenciaram o *status* geral e o poder de permanência da religião na China, tanto no período de 1949-1966 como entre 1966-1976?
3. Examine as principais causas por trás das profundas divisões que caracterizam atualmente o cristianismo chinês, incluindo importantes fatores históricos, artigos fundamentais de fé e questões políticas dominantes.

Leituras complementares

Bell, D. A. *China's New Confucianism*: Politics and Everyday Life in a Changing Society. Princeton, NJ: Princeton University Press, 2008.

_____; Chaibong, H. (Eds.) *Confucianism for the Modern World*. Cambridge and New York: Cambridge University Press, 2003.

Chandler, S. *Establishing a Pure Land on Earth*: The Foguang Buddhist Perspective on Modernization and Globalization. Honolulu, HI: University of Hawai'i Press, 2004.

Chang, M. H. *Falun Gong*: The End of Days. New Heaven, CT: Yale University Press, 2004.

Clarke, J. J. *The Tao of the West*: Western Transformations of Taoist Thought. London and New York: Routledge, 2000.

Clart, P.; Jones, C. B. (Eds.). *Religion in Modern Taiwan*: Tradition and Innovation in a Changing Society. Honolulu, HI: University of Hawai'i Press, 2003.

DuBois, T. *The Sacred Village*: Social Change and Religious Life in Rural North China. Honolulu, HI: University of Hawai'i Press, 2005.

Kuah-Pearce, K. E. *State, Society and Religious Engineering*: Towards a Reformist Buddhism in Singapore. Singapore: Eastern University Press, 2003.

Lawrance, A. (Ed.). *China since 1919*: Revolution and Reform. A Sourcebook. London and New York: Routledge, 2004.

Luo, Z. (Ed.). *Religion under Socialism in China*. Trad. Donald E. MacInnis e Zheng Xi'an. Armonk, NY: M.E. Sharpe, 1991.

MacInnis, D. E. (Ed.). *Religion in China Today*: Policy and Practice. Maryknoll, N. Y.: Orbis Books, 1989.

Madsen, R. *China's Catholics*: Tragedy and Hope in an Emerging Civil Society. Berkeley, CA: University of California Press, 1998.

Madsen, R. *Democracy's Dharma*: Religious Renaissance and Political Development in Taiwan. Berkeley, CA: University of California Press, 2007.

Miller, J. (Ed.) *Chinese Religions in Contemporary Societies*. Santa Barbara, CA: ABC-Clio, 2006.

Ownby, D. *Falun Gong and the Future of China*. London and New York: Oxford University Press, 2008.

Palmer, D. A. *Qigong Fewer*: Body, Science, and Utopia in China. New York: Columbia University Press, 2007.

Pittman, D. A. *Toward a Modern Chinese Buddhism*: Taixu's Reforms. Honolulu, HI: University of Hawai'i Press, 2001.

Tarocco, F. *The Cultural Practices of Modern Chinese Buddhism*: Attuning the Dharma. London and New York: Routledge, 2006.

Tuttle, G. *Tibetan Buddhists in the Making of Modern China*. New York: Columbia University Press, 2005.

Xue Y. *Buddhism, War, and Nationalism*: Chinese Monks in the Struggle against Japanese Aggressions, 1931-1945. London and New York: Routledge, 2005.

Apêndice

Festivais chineses e eventos comemorativos

Todas as datas seguem o calendário lunar chinês tradicional, salvo indicação em contrário. O primeiro número refere-se ao dia, o segundo ao mês.

Grandes festivais chineses

- Ano Novo Lunar ou Festival da Primavera (Nongli xinnian 農曆新年 or Chun jie 春節), 1/1.
- Festival das Lanternas (Yuanxiao jie 元宵節 or Deng jie 燈節), 15/1.
- Festival Qingming ou Dia de Varrer Tumbas (Qingming jie 清明節), no décimo quinto dia após o equinócio de primavera, que corresponder ao 4/4 ou 5/4 do calendário solar.
- Festival Barco do Dragão (Duanwu jie 端午節), 5/5.
- Festival do Duplo Sete ou Noite dos Sete (Qixi 七夕), 7/7.
- Festival dos Fantasmas Famintos (Zhongyuan jie 中元節), 15/7.
- Festival do Meio do Outono ou da Lua (Zhongqiu jie 中秋節) 15/8.
- Festival do Duplo Nove ou Duplo Yang ([Jiujiu] Chongyang jie[九九]重陽節), 9/9.
- Festival do Sacrifício dos Ancestrais (Song hanyi 送寒衣, lit. "envio das roupas de inverno [para os mortos]"), 1/10.
- Festival das Lanternas de Água (Xiayuan jie 下元節), 15/10.
- Festival do Solstício do Inverno (Dongzhi 冬至), no dia do solstício de inverno, geralmente no 22/12 do calendário solar.
- Dia em que o deus do fogão faz relatório ao Céu (Xiaonian 小年), 23/12.

Aniversários importantes e festas comemorativas

- Aniversário do Imperador de Jade, 9/1.
- Aniversário da deusa terra, 2/2.
- Aniversário de Wenchang (文昌), o deus da literatura, 3/2.
- Aniversário de Laozi, 15/2.
- Nirvana do Buda, 15/2.
- Aniversário da bodisatva Guanyin, 19/2.
- Aniversário do deus da medicina, Baosheng (Baosheng dadi 保生大帝), 15/3.
- Aniversário da deusa Mazu, 23/3.
- Aniversário do Buda, 8/4.
- Aniversário do imortal Lu Dongbin, 14/4.
- Aniversário do deus Guandi, 24/6.
- Aniversário do bodisatva Dizang, 30/7.
- Aniversário de Confúcio, 27/8.
- Aniversário do patriarca da escola Chan, Bodhidharma, 5/10.
- Iluminação do Buda, 8/12.

Glossário

Aluoben 阿羅本
Amituo 阿彌陀
Anyang 安陽

bagua 八卦
Bai shangdi hui 拜上帝會
Bailian jiao 白蓮教
Baimasi 白馬寺
baojuan 寶卷
Baopuzi 抱朴子
bianwen 變文
bigu 避穀
Bo Juyi 白居易
Budai 布袋

Caoxi 曹溪
Chan (Zen) 禪
Chang'an 長安
Chen Duxiu 陳獨秀
Cheng Hao 程灝
Cheng Yi 程頤
Chengguan 澄觀
chenghuang shen 城隍神
chi 恥
Chogye (Jogye) 曹溪
Chongxuan 重玄
Chosŏn (Joseon) 朝鮮

Chunqiu 春秋
Ciji 慈濟

dantian 丹田
Dao'an 道安
Daojia 道家
Daojiao 道教
Daxue 大學
de 德
Dihuang 地皇
Dilun 地論
Dizang 地藏
dong 洞
Dong Zhongshu 董仲舒
Dongshen 洞神
Dongxuan 洞玄
Dongzhen 洞真

egui 餓鬼
Emei shan 峨嵋山

Fagushan 法鼓山
Fajia 法家
fajie 法界
Falun gong 法輪功
fangshi 方士
Faxian 法顯

Fazang 法藏
fengshui 風水
Foguangshan 佛光山
foxing 佛性
fu 福
Fujian 福建
Fuxi 伏羲

Ge Chaofu 葛巢甫
Ge Hong 葛洪
Ge Xuan 葛玄
gewu zhizhi 格物致知
geyi 格義
gong'an (kōan) 公案
guan 觀
Guan Yu 關羽
Guandi 關帝
Guanding 觀頂
Guangming shan 光明山
Guangxiao (mosteiro) 光孝寺
Guanyin 觀音
gui 鬼
guwen 古文

Han Feizi 韓非子
Han Yu 韓愈
Hanxue 漢學
He Qiong 何瓊
He Xiangu 何仙姑
Hong Xiuquan 洪秀全
Hongshan (cultura) 紅山 (文化)
Hongzhou (escola) 洪州宗
Hu Shi 胡適
Huahu jing 化胡經
Huainanzi 淮南子
Huangdi 黃帝
Huanglao 黃老
Huayan 華嚴
Hui 回
Huijiao 回教
Huineng 慧能

Huiyuan 慧遠
hun 魂

Jiang Jieshi 蔣介石
jiao 醮
Jin Luxian 金魯賢
jing (escritura) 經
jing (essência) 精
Jingtu 淨土
jingzuo 靜坐
jinshi 進士
Jiuhua shan 九華山
Jizang 吉藏
Junzi 君子

Kaifeng 開封
Kang Youwei 康有為
Kangxi 康熙
kaozhengxue 考證學
Kong fuzi 孔夫子
Kong Meng San; *ver* Guangming shan
Kongzi 孔子
Kou Qianzhi 寇謙之
Kunlun (montanha) 崑崙山

Laozi 老子
li (princípio) 理
li (ritos) 禮
Li Hongzhi 李洪志
Li Si 李斯
lian 廉
Lianzhu (cultura) 良渚 (文化)
Liji 禮記
Lin Moniang 林默娘
Lin Zhaoen 林兆恩
Lingbao 靈寶
Linji 臨濟
Lixue 理學
Longhushan 龍虎山
Longmen 龍門
Longshan (cultura) 龍山 (文化)

lu 祿
lü (Vinaya) 律
Lu Xiangshan 陸象山
Lu Xiujing 陸修靜
Lu Xun 魯迅
Lunyu 論語

Ma Yu 馬鈺
Mao Zedong 毛澤東
Maoshan 茅山
Mazu (deusa) 媽祖
Mazu Taoyi 馬祖道一
Mengzi 孟子
Miaoshan 妙善
Mile 彌勒
Mo Di 墨翟
Mou Zongsan 牟宗三
Mozi 墨子

Namo Amituo fo 南無阿弥陀佛
Nanjing 南京
neidan 內丹
nianfo 念佛
Nuwa 女媧

panjiao 判教
Phor Kark See; *ver* mosteiro Pujue chan po 魄
Pujue chan (mosteiro) 普覺禪寺
Putuo shan 普陀山

qi 氣
Qianlong 乾隆
qigong 氣功
Qing (dinastia) 清 (朝)
qinggui 清規
Qiu Chuji 丘處機
Qu Yuan 屈原
Quanzhen 全真
Qufu 曲阜
ren 仁

Renhuang 人皇
Rinzai; *ver* Linji
ru 儒
Rujia 儒家
Rujiao 儒教
rulaizang 如來藏

sanbao 三寶
Sanhe hui 三合會
sanhuang 三皇
sanjiao heyi 三教合一
Sanli 三禮
Sanlun 三論
sanxing 三星
Sanyi jiao 三一教
Shangdi 上帝
Shanghai jing 山海經
Shangqing 上清
Shao Yong 邵雍
Shaolin (mosteiro) 少林寺
Shelun 攝論
shen 神
shengren 聖人
Shengyan 聖嚴
Shennong 神農
Shenxian zhuan 神仙傳
shi (evento) 事
shi (funcionário-erudito) 士
Shiji 史記
Shijia mouni 釋迦牟尼
Shijing 詩經
shou 壽
shouyi 守一
Shujing 書經
Shun 舜
Sima Qian 司馬遷
Sima Tan 司馬談
Song (dinastia) 宋 (朝)
Songshan 嵩山
Su Shi 軾
Sui (dinastia) 隋 (朝)

Sun Buer 孫不二
Sun Zhongshan 孫中山
sushi 素食

taiji 太極
Taiji quan 太極拳
Taiping 太平
Taiping Tao 太平道
Taishang Laojun 太上老君
Taishang Taojun 太上道君
Taixu 太虛
Taizong 太宗
Tang (dinastia) 唐 (朝)
Tao 道
Tao Hongjing 陶弘景
Tao te ching 道德經
Taotong 道統
Taoxue 道學
Taozang 道藏
ti 體
tian 天
Tiandi hui 天地會
Tianhou 天后
Tianhuang 天皇
Tianjing 天京
tianming 天命
Tianshi Tao 天師道
Tiantai 天台
tianwang 天王
tianxia 天下
Tianzhu 天主
tianzi 天子
Tōdaiji 東大寺
Tudi gong 土地公

waidan 外丹
Wang Bi 王弼
Wang Daiyu 王袋輿
Wang Wei 王維
Wang Yangming 王陽明
Wang Zhe 王喆
Wei Huacun 魏華存

Weijue 惟覺
Weishi 唯識
Wenshu 文殊
wu (nada) 無
wu (xamã) 巫
Wu Zetian 武則天
wudi 五帝
Wusheng Laomu 無生老母
Wutai shan 五臺山
wuwei 無為
Wuzong (imperador) 武宗

xian 仙
xiao 孝
Xilai (mosteiro) 西來寺
xin (fidelidade) 信
xin (mente/coração) 心
Xin ruxue 新儒學
xing 性
Xingyun 星雲
Xinxue 心學
xinzhai 心齋
Xiong Shili 熊十力
Xiwangmu 西王母
Xuanxue 玄學
Xuanzang 玄奘
Xuanzong 玄宗
Xunzi 荀子
Xuyun 虛雲

yang 陽
Yang Xi 楊羲
Yangshao (cultura) 仰韶 (文化)
Yanluo 閻羅
Yanwang 閻王
Yao 堯
Yaoshi (fo) 藥師 (佛)
yi 義
Yiguan Tao 一貫道
Yijing (nome) 義淨
Yijing (título de livro) 易經
Yili 儀禮

Yin 殷
yin 陰
yong 用
Yu 禹
Yuan (dinastia) 元 (朝)
yuanqi 元氣
Yuanshi tianzun 元始天尊
Yudi 玉帝
Yuejing 樂經
Yuhuang 玉皇
Yun'gang 雲崗

zaoshen 灶神
zhai 齋
Zhang Taoling 張道陵
Zhang Zai 張載
Zheng He 鄭和

Zhengyan 證嚴
Zhengyi Tao 正一道
zhenren 真人
zhi (calma) 止
zhi (sabedoria) 智
Zhiyi 智顗
zhong 忠
Zhongtaishan 中台山
zhongyuan 中元
Zhou Dunyi 周敦頤
Zhouli 周禮
Zhu Xi 朱熹
Zhuangzi 莊子
Zhuanxu 顓頊
zong 宗
zu 祖
zuowang 坐忘

Referências bibliográficas

Este tópico contém títulos que não estão incluídos em nenhuma das listas de leituras recomendadas que aparecem no final de cada capítulo. Ela consiste, antes de tudo, em livros gerais sobre religião ou história chinesa, juntamente com alguns volumes sobre temas relacionados, como arte chinesa e estudo geral da religião.

Adler, J. A. *Chinese Religions*. London and New York: Routledge, 2002.
Barnhart, R. M. et al. *Three Thousand Years of Chinese Painting*. New Haven, CT: Yale University Press, 1997.
Blunden, C.; Elvin. M. *Cultural Atlas of China*. Ed. rev. New York: Checkmark Books, 1998.
Chan, W. *A Source-book in Chinese Philosophy*. Princeton, NJ: Princeton University Press, 1963.
Ching, J. *Chinese Religions*. Maryknoll, NY: Orbis Books, 1993.
Cua, A. S. (Ed.). *Encyclopedia of Chinese Philosophy*. London and New York: Routledge, 2003.
de Bary, Wm. T.; Bloom, I. (Eds.). *Sources of Chinese Tradition, vol. 1*: From Earliest Times to 1600. 2. ed. New York: Columbia University Press, 2000.
_____; Lufrano, R. (Eds.). *Sources of Chinese Tradition, vol. 2*: From 1600 through the Twentieth Century. 2. ed. New York: Columbia University Press, 2001.
Ebrey, P. B. *The Cambridge Illustrated History of China*. Cambridge: Cambridge University Press, 1996.
_____. (Ed.) *Chinese Civilization*: A Sourcebook. 2. ed. New York: The Free Press, 1993.
_____.; Gregory, P. N. (Eds.). *Religion and Society in T'ang and Sung China*. Honolulu, HI: University of Hawai'i Press, 1992.
Hansen, V. *The Open Empire*: A History of China to 1600. New York: Norton, 2000.

Hucker, C. O. *China's Imperial Past*: An Introduction to Chinese History and Culture. Stanford, CA: Stanford University Press, 1975.

Gernet, J. *A History of Chinese Civilization*. Cambridge: Cambridge University Press, 1982.

Jochim, C. *Chinese Religions*: A Cultural Perspective. Upper Saddle River, NJ: Prentice Hall, 1985.

Jones, L. (Ed.). *Encyclopedia of Religion*. Detroit, MI: Macmillan Reference USA, 2005.

Li Hongzhi. *Zhuan Falun [Turning the Law Wheel]*. Online edition: http://www.falun dafa.org/book/eng/zfl_new.html. 2003.

Liu, J. L. *An Introduction to Chinese Philosophy*: From Ancient Philosophy to Chinese Buddhism. Oxford: Blackwell Publishing, 2006.

Lopez, D. (Ed.) *Religions of China in Practice*. Princeton, NJ: Princeton University Press, 1996.

Mair, V. H. *The Columbia History of Chinese Literature*. New York: Columbia University Press, 2001.

_____; Steinhardt, N. S. ; Goldin, P. R. (Eds.). *Hawai'i Reader in Traditional Chinese Culture*. Honolulu, HI: University of Hawai'i Press, 2005.

Moeller, H. G. *Daoism Explained*: From the Dream of the Butterfly to the Fishnet Allegory. Peru, IL: Open Court, 2004.

Mote, F. W. *Imperial China, 900-1800*. Cambridge, MA: Harvard University Press, 1999.

Overmyer, D. *Religions of China*: The World as a Living System. Long Grove, IL: Waveland Press, 1998. (Edição original: HarperSan Francisco, 1986.)

Pals, D. L. *Seven Theories of Religion*. Oxford and New York: Oxford University Press, 1996.

Reischauer, E. O. *Ennin's Travels in Tang China*. New York: Ronald Press Company, 1955.

Smith, J. Z. (Ed.). *The HarperCollins Dictionary of Religion*. San Francisco, CA: HarperSanFrancisco, 1995.

Sommer, D. (Ed.) *Chinese Religion*: An Anthology of Sources. Oxford and New York: Oxford University Press, 1995.

Thompson, L. *Chinese Religion*: An Introduction. 5. ed. Belmont, CA: Wadsworth Publishing, 1995.

Thorp, R. L.; Vinograd, R. E. *Chinese Art and Culture*. New York: Abrams, 2001.

Wen, C. F.; Watt, J. C. Y. *Possessing the Past*: Treasures from the National Palace Museum, Taipei. New York: Metropolitan Museum of Art, 1996.

Yang, C. K. *Religion in Chinese Society*: A Study of Contemporary Social Functions of Religion and some of their Historical Factors. Berkeley, CA: University of California Press, 1961.

Yu, A. C. *State and Religion in China*: Historical and Textual Perspectives. Chicago, IL: Open Court, 2005.

Zhang, D. *Key Concepts in Chinese Philosophy*. New Haven, CT: Yale University Press, 2002.

Índice remissivo

A
aculturação, 5, 149, 171, 203, 272, 280-2, 293-4, 296, 300-1
adivinhação, 12, 18-21, 24, 35, 47, 49, 93, 229-31, 236
Alcorão, 289
alma, 110, 216
alquimia, 76, 90, 98
  externa, 94, 98, 102, 107, 112
  interna, 106, 131, 133-5, 138, 214
Aluoben, 275, 277
América, 1, 170, 315-6, 340, 343
  Amitābha, 159, 168, 176, 200-4
  Analectos de Confúcio, 53-6, 61, 254, 323
  ancestrais reais, 18, 22, 25, 40
Anyang, 15, 18
aperfeiçoados (seres), 86-7, 106-9, 133, 137
ascetismo, 147, 164, 292
Ásia Central, 130, 144-7, 155, 189, 193, 274, 288-90, 293, 298
assimilação, 128, 147, 161
atitudes ou práticas devocionais (rituais)
  dirigidas a Mao, 319
  na religião popular, 217, 234
  no budismo, 158-9, 164, 175, 181, 184, 188-9, 201, 203, 315, 336-7
atitudes ou sentimentos ecumênicos, 5-6, 125, 130, 163, 188, 201, 208, 241-2, 244

B
benevolência (*ren*), 29, 55-6, 63, 66, 83, 92, 110, 255
Bíblia, 81, 283, 285, 288, 325
biografias
  de deuses, 218
  de monges (budistas) eminentes, 160, 176
  dos imortais, 99
Bo Juyi, 160
Bodhidharma, 196-7, 212, 346
bodisatva(s), 28, 120, 146, 158, 175, 177-8, 181, 183-7, 198, 200, 202-4, 212, 227, 324, 346
Buda, 54, 126, 145-6, 175, 178, 204, 215, 273
  atenção plena do, 191
  como encarnação de Laozi, 125
  crítica do, 244
  culto do, 183, 346
  ensinamentos de, 156, 159, 162
  invocação do nome, 203
  vida do, 142
Budeidade, 146, 161, 200, 202

budismo, 4-7, 23, 77, 141
  achinesamento do, 121, 189, 203
  ampla aceitação na China, 150
  como religião importante na China, 164-6, 178-9
  como religião pan-asiática, 142, 272
  críticas confucianas do, 147-9, 244-6
  críticas cristãs do, 279
  declínio no fim da China imperial, 169-70, 172
  entrada inicial na China, 142, 144-6
  escolas do, 188-9
  escrituras populares, 156-60
  expansão global, 304, 339-40
  influência no neoconfucianismo, 246, 249, 253, 263, 267
  interseções com a religião popular, 209, 234
  interseções com o taoismo, 78, 86, 95, 114, 117-8, 120, 122-9, 135, 138, 243
  relação com o Estado, 121-2, 167-9
  ressurgimento contemporâneo do, 321, 326, 335-9
  revitalização durante a era republicana, 314-6
  sistemas filosóficos, 160-3
budismo tibetano, 8, 188, 329, 336

C
cânone, 5
  ausência na religião popular, 6, 209
  budista, 113, 120, 141-2, 146, 152, 154, 156-7, 159-60, 162, 164, 169, 171, 187-8, 190, 192, 194, 196, 315
  confuciano, 16, 26, 46-8, 50, 72, 240, 242-3, 253-4, 257-9, 262-4, 268
  islâmico, 292
  taoista, 8, 79, 105, 107, 117-21, 124, 138
canto, 91-2, 112, 114, 138, 158, 203, 215
carisma, 20, 65, 80, 86, 89, 129, 168, 197, 286, 335, 339
carma, 113, 161, 179, 182-3
  na religião popular, 212-3
  no budismo, 161, 179-83
  no taoismo, 113

castidade feminina, 186, 212, 265-6, 310
catolicismo, 6, 79
  debates sobre aculturação, 280-2
  na China contemporânea, 258, 332-3
  na China Ming, 277-8
  transmissão inicial na China, 277-82, 301
celestial
  Budas, 183, 201
  burocracia, 92, 220, 222, 224-5, 236
  fenômenos, 21
  língua e escrita, 113-4, 118
  nutrientes, 109
  poderes, 92
  reinos, 90, 92, 96, 109, 115, 159
  seres ou deidades, 106-7, 117, 129, 149
celibato, 127, 128, 147, 274, 184
Céu (Tian), 281
  mandato do, 37-41, 53, 122
  na China antiga, 25-8
  no confucianismo, 46, 52, 54-7, 63, 65-6, 70-1, 76, 243, 248, 266
Céus, 96, 113-4
Chan (escola), 129, 170, 177, 196-200, 202, 204, 214, 249, 253, 263, 315, 336, 340
Cheng Hao, 246, 248, 250
Cheng Yi, 246, 248-51, 266-7
Chengguan, 194
Chogye (Jogye) ordem, 200
Ciji (Tzu Chi) Fundação, 339-40
Cinco Clássicos, 8, 44, 47, 49, 72, 253
cinco elementos, 89, 247
Cinco Imperadores, 30-1
cinco pilares do islamismo, 290, 292
cinco preceitos, 180, 183
cinco relacionamentos, 57-8
Cingapura, 3, 212-3, 221, 229, 323, 326, 328, 336-8, 340
colonialismo, 261, 281-2, 285, 288, 301, 304-5, 331, 337

compaixão, 56, 66, 146, 175, 177, 179, 181-2, 184-7, 203, 227
Completa Perfeição (escola), 126, 128-30, 132-3, 135, 138
Comunista (Partido ou regime), 29, 215, 275, 287, 297, 299-300, 304, 306-7, 312, 314, 316-9, 321-2, 328, 332, 341-2
Confucianismo, 5, 26, 33, 43-4, 72-3, 77, 95, 148-9, 214, 259
  caráter básico do, 43-7
  como ideologia oficial, 69-72, 258-61
  críticas do, 62-4, 83-4, 287, 310-1, 341
  e autocracia, 71, 261, 322
  influência na erudição islâmica, 292-4
  influência na religião popular, 212-3, 215
  na China medieval, 239-43
  na Coreia, 259
  na era dos Estados Combatentes, 61-2, 64
  revitalização moderna do, 311-4, 321-3, 325
  revitalização Song do, 239, 244-8
  status como religião, 3
  Ver também Confúcio; neoconfucianismo; Zhu Xi
Confúcio, 16, 68, 82-3, 126, 149, 253, 263
  como transmissor de valores antigos, 53, 72
  críticas modernas de, 286, 310
  culto ou reverência de, 45, 71, 213, 243, 281, 346
  ensinamentos de, 54-61
  revitalização contemporânea do interesse em, 322
  vida de, 50-2
  Ver também confucianismo
Coreia, 1, 47, 165, 189, 200, 203, 218, 259, 322
cosmologia, 89, 200, 218, 247
cristãos nestorianos, 275-7, 300
cristianismo, 5-6, 26, 178, 208, 277-85, 288, 300
  em Cingapura, 336-8
  entrada na China, 275-6
  na China moderna, 330-5
  Ver também Bíblia; catolicismo; protestantismo
culto aos ancestrais ou antepassados, 3, 12, 22-5, 28, 40, 53-4, 62, 117, 181, 216-8, 294, 317
culto oficial, 71, 224
cura, 34, 91, 93, 176, 183, 232, 328, 333-4

D

Dao'na, 153
destino, crença em, 18, 26, 62, 66, 110
Deus (monoteísta), 4, 18, 22, 26, 63, 273-6, 281, 285-9, 293
deus da cidade, 224-5, 230
deus da terra, 221-2, 224, 236, 345
deus do fogão, 219-20, 223, 236, 346
deusas, 35, 37, 132, 138, 225, 227, 346
deuses, 11, 34, 45-6, 124
  como criadores de escrituras taoistas, 118
  culto dos, 22, 55, 178, 229-30
  da religião popular, 216-26
  do corpo, 134
  ideias sobre a origem de, 31-2
  interações humanas com, 18, 91, 96, 109, 114, 230
  outorga de títulos oficiais a, 210
  seres humanos se tornando, 28
deuses da porta, 220
dharma, 196, 201, 215, 339
Dinastia Han, 11, 33, 43, 48, 69-71, 73, 75, 89-91, 142, 144, 150, 226, 253, 259, 289
Dizang (bodisatva), 185-7, 346
dogma ou dogmatismo, 4, 85, 152, 163, 209, 211, 247, 279, 318
Dong Zhongshu, 70-1, 253
Doutrina do Meio, 49, 254
Duplo Mistério (escola), 135
Duque de Zhou, 18, 53, 149, 263

E

elixir da imortalidade, 98, 133
embrião da imortalidade, 137
Emei shan, 187, 323
Ensinamento do Lótus Branco, 234
Ensinamento Três-em-um, 214, 235
enterros, 13, 15, 23-4, 321
Escola de Ensino Han, 262-3, 268
Escritura do Lótus, 156-7, 163-4, 171, 190
espíritos
   comunicação com, 231
   controle de, 96
   culto a, 12, 19-20, 22-4, 27-8
essência e função, 242, 313
exames, serviço público, 50, 124, 214, 243, 249, 258-61, 268, 285
exercícios físicos, 90, 96, 112
exercícios respiratórios, 87, 93, 98, 153
exorcismo, 90, 230-2, 236, 333
expressão ou representação artística, 8, 143, 151, 156-8, 164, 186, 199, 247, 265, 294

F

Fagushan, 339
Falun gong, 215, 233, 321, 328-30
fangshi (xamã ou mágico), 90, 100, 127
fantasmas, 27, 55, 63, 216-8, 231, 236, 245, 345
Fazang, 163-4, 193-4
festivais, religiosos, 178, 180-1, 222, 230, 320-1, 345-6
Foguangshan, 339-40
funerais, 24, 202, 250, 281, 316
Fuxi, 34-5, 37, 41

G

Ge Hong, 94, 100, 102, 106-7, 111-2, 118
gênero, atitudes em relação a, 8, 131, 186, 264-7, 286, 310, 317
geomancia, 230, 232
globalização, 165, 276, 303, 326, 340
gong'an (*kōan*), 199-200

Grande Conhecimento, 49, 254, 257
Grécia, 32-3, 57
Guandi, 208, 217, 225-8, 236, 328, 346
Guanyin, 157, 185-7, 191, 200, 203, 212-3, 217, 228, 346

H

Han Feizi, 63
Han Yu, 244-5, 253
heróis culturais, chineses antigos, 12, 28-32, 34, 40
heterodoxia, 93, 208, 232-6, 244, 253, 297, 327
Hong Xiuquan, 285-7, 301
Huahu jing, 125-7
Huayan
   doutrina, 193, 196
   escola, 160, 163-4, 176, 187, 189, 192-4, 204
   escritura, 157-8, 163-4, 183, 187, 194
Huineng, 197
Huiyuan, 168
humana, natureza, 62-8, 73, 161, 248, 251, 255
humanísticos, valores ou princípios, 9, 26-7, 40, 46, 55, 149, 314, 316

I

imigrantes, 229, 275, 289, 298, 326, 340
imortais, 28, 90, 95-6, 98-9, 106, 109-11, 129, 131, 153, 213, 245, 346
imortalidade, 76, 87-8, 90, 94-102, 127, 133, 136-7, 153
Imperador Amarelo, 29-31, 40, 89, 91, 215, 328
Imperador de Jade, 220, 223, 346
Imperador Wu do Han, 71, 73
Imperador Wu do Liang, 108, 165
Imperatriz Wu, 133, 168, 193, 274
incenso, oferecimento de, 113, 116, 184, 191, 217, 221, 230
Índia, 5, 77, 125, 141-2, 145-56, 171, 176-7, 188-9, 196-7, 278, 292, 326

Indra, rede de, 194, 196
Infernos, 113, 186-7, 191, 211, 223
inter-religiosos
   debates, 106, 125-6
   interações, 5, 7, 208, 211, 276
interesses utilitários ou práticas
   na religião chinesa antiga, 21, 28
   na religião popular, 208, 228-9, 236
   no budismo, 151, 180
   no cristianismo, 333
   no mohismo e legalismo, 63-4
intolerância religiosa, 6, 125
islamismo, 4-6, 178, 208, 271-2, 288-94, 296, 298-301, 321, 327, 329
   adaptação e crescimento, 290-3
   assimilação na China, 293-4
   como religião minoritária, 298-300
   conflito na China, 294-7
   transmissão inicial na China, 288-90, 328
   Ver também muçulmano

J
Japão, 1, 33, 47, 165, 189, 192, 195, 200, 203, 218, 259, 282, 285, 305-6, 308-9, 316, 322
jesuítas, 44, 271, 274, 277-9, 281-2, 300
jornadas espirituais, 109, 134
judaísmo, 26, 208, 272, 300

K
Kou Qianzhi, 121-2, 128
Kumārajīva, 153-5, 160, 171, 188

L
laicato, 6
   budista, 147, 169, 179-83, 203, 315, 336
   taoista, 129
Laozi
   como ancestral real do Tang, 123
   deificação de, 99-100
   ensinamentos de, 80-4
   historicidade de, 80, 99
   reincarnado como Buda, 126
   texto, 78-84
   visão de, 90
   Ver também Tao te Ching
Legalismo, 44, 62-4, 73, 88
li (princípio de realidade), *ver* princípio
li (ritos), *ver* ritual, confuciano
Lingbao
   escrituras, 111-4, 138
   ritual, 114-7, 119-20
linhagem
   ancestral ou familiar, 24, 148, 217
   da transmissão (no Taoismo), 79, 119
   dos patriarcas Chan, 196-7, 201
   dos sábios confucianos, 253
Livro das Mutações, 47, 49, 247
Longmen, 158, 164, 185
Lu Xiangshan, 262
Lu Xiujing, 112, 118-9, 128

M
Madhyamaka, 135, 154, 160-1, 163-4, 188
mágica, 90, 93, 127
Mahāyāna
   doutrinas, 117, 120, 142, 159, 163-4, 189, 192-3, 200
   escrituras, 152-4, 156, 171, 181, 200
   tradição, 146, 152, 160, 178, 181, 183
Maitreya, 168, 183, 233-4
mal, 29, 67-8, 73, 212, 217, 220, 245, 273, 307, 328
Malásia, 229, 283, 325-6, 328, 337
maniqueísmo, 5, 272-4, 300
Mao Zedong, 306-7, 318-20, 342
Maoshan, 108, 128
Mazu (deusas), 213, 217, 225, 227-9, 236, 328, 346
Mazu Daoiyi, 198
meditação
   em *Zhuangzi*, 86-7
   no budismo, 151, 160, 164, 179, 189, 337
   no Chan, 196, 199-200, 315, 336
   no taoismo, 90, 109, 111-2, 115, 133-6
   no Tiantai, 190-1

médiuns espirituais, 229-31
Mêncio, 64-8, 73, 240-1, 244, 249, 253-5, 268
mendicância, 129, 147
mérito, acumulação de, 113, 167, 175-6, 179-80, 182, 212-3
mesquita, 294-5, 297-9, 318, 323, 342
messiânicos, crenças ou movimentos, 91, 159, 208, 232, 286, 297
Mestre da Medicina, Buda, 183
milenaristas, crenças ou movimentos, 90-1, 101, 121-3, 232, 234-6, 319, 335
missionários
 budista, 144-6, 149, 152, 156, 171, 271
 cristão, 44, 50, 63, 78, 274-6, 315
 maniqueísta, 273-4
mitologia, 28-37, 41, 109, 218
modernidade, 282, 308, 311, 313, 315, 331, 341
Mohismo, 62, 69, 73, 86, 88
monarquismo
 budista, 147, 176
 taoista, 127-8
monástica, disciplina, 120, 129, 156, 176, 192
monástica, ordem, 5, 324
 budista, 142, 145, 147-8, 167-8, 172, 176-8, 188, 203, 315
 taoista, 80, 127-30, 138, 181
mongóis, 126, 130, 170, 234, 275-6, 290, 299-301
monjas
 budistas, 147, 168, 176-7, 181, 335
 taoistas, 128, 130, 133, 138
moral, cultivo, 58, 254, 257-8
moralidade
 budista, 159, 203
 confuciana, 51-7, 59-64, 66-8, 70-3, 243, 247, 311-3
 cristã, 283
 na China antiga, 2, 25-8, 37-40
 na religião popular, 211-2, 226
 taoista, 93, 112-3
 Ver também normas éticas

Mozi, 44, 62-4
 Ver também Mohismo
muçulmano(s), 272, 274, 276, 289-301 323, 337
 Ver também islamismo
mulheres
 no budismo, 176, 179
 no cristianismo, 283
 no taoismo, 106, 131-3, 137-8
 sob o confucianismo, 264-8, 310, 317
 status das, 24, 37, 58, 92, 286
música, 28, 35, 47, 61-2, 116, 201, 224

N
natureza búdica, 161-2, 189
neoconfucianismo
 cinco mestres de, 246
 como ortodoxia oficial, 170, 258-61
 influências budistas no, 246-7
 reinterpretações modernas do, 313
 surgimento na China Song, 246-9
 Ver também Zhu Xi
neotaoismo, 241
Nirvana, 77, 153, 201-2, 346
normas ou questões éticas, 7
 na China antiga, 25, 27, 40
 na religião popular, 211, 215
 no budismo, 142, 159, 181-2
 no confucianismo, 45, 52, 56, 65, 69, 150, 257, 309, 313-4
 no taoismo, 96, 84
novo confucianismo, 313
Nuwa, 34-7, 41, 328

O
oferendas, realização de, 19, 23-8, 201, 218-20, 230
oração, prece, 21, 115, 138, 167, 178, 186, 223, 290
ordenações, 323, 332
 budista, 169, 179, 335
 cristã, 275, 333
 taoista, 78, 119, 124

ortodoxia
  budista, 162, 199
  confuciana, 67, 72, 170, 244
  determinação imperial da, 124
  marxista, 318-9
  na religião popular, 208
  neoconfuciana, 239-40, 247, 252, 254, 258, 261-2, 265-8, 279
  taoista, 93
ossos oraculares, 11-2, 18-21, 40

P
Panteão
  budista, 183
  da religião popular, 212, 222, 225-8, 232, 320
  grego, 32
  Shang e Zhou, 21-3, 29-30
  taoista, 37, 80, 89, 131, 134
patrocínio, 61, 106, 122-5, 133, 138, 154, 167, 169-70, 199, 262, 275, 322
peregrinação, 154-5, 187, 290, 323
perfeição da sabedoria (escrituras), 163-4, 194
perseguição
  de Falun gong, 215, 328
  do budismo, 166, 274
  do confucianismo, 69
  do cristianismo, 275, 282
  do maniqueísmo, 274
  do zoroastrismo, 272-3
  na Revolução Cultural, 318
Pérsia, 144, 272-5, 277, 288-9
Piedade filial, 3, 294, 335
  na China antiga, 25, 40
  na religião popular, 211, 217
  no budismo, 181, 186
  no confucianismo, 58, 92, 255
pluralismo, religioso, 4, 9, 62, 69, 125, 166, 241, 267, 272, 331
poderes sobrenaturais, 23-4, 28, 38, 90, 159, 184, 230
políticas e religião, 37, 44, 84, 304, 324-9, 330-1

prática cultual ou veneração, 99, 133, 152, 156-9, 175, 183-5, 191, 203, 210, 214, 316
práticas ou regimes dietéticos, 93
preceitos, 179-80, 183, 214-5
princípio (de realidade)
  no budismo Huayan, 194
  no neoconfucianismo, 242, 245-51, 257-8, 262, 267
princípio e força vital, 251-2
protestantismo
  influência nos Taipings, 285-7
  na China moderna, 314-5, 326, 330-5, 342-3
  respostas católicas à disseminação do, 278
  transmissão inicial na China, 282-5

Q
qi (força vital), 88, 96, 136, 216, 232, 248
  Ver também princípio e força vital
qigong, 215, 328
Quanzhen (escola), ver Completa Perfeição
Quatro Livros, 254, 268, 278

R
Rainha Mãe do Ocidente, 37, 131-2
reis-sábios, 28-32, 52, 244
relações sociais, 55, 57-8
religião popular, 6-7, 45
  caráter básico da, 207-9
  crítica moderna da, 311
  influências sobre o cristianismo, 333-4
  interseções com o taoismo, 78, 93, 108, 113
  práticas da, 229-32
  revitalização moderna da, 321, 328
renascimento, 168, 179-83, 200-4,
retidão (yi), 56, 66, 255, 312
revelação divina, 106, 111, 118, 122, 137
Ricci, Matteo, 274, 278-281, 300
ritos sexuais, 93, 98
ritual, 7, 319, 322

budista, 142, 151, 156-60, 165, 167, 179-83, 191, 203, 335-6
confuciano, 46-50, 52, 54-5, 59-64, 67, 71, 240-3, 251, 254, 311-2
cristão, 275
na China antiga, 15-25, 29, 38, 44
na religião popular, 210, 217, 220, 223-4, 229-31, 235, 326
taoísta, 79, 91-2, 96, 108-9, 111-20, 127, 137-8
Rota da Seda, 144, 171, 274-5, 289

S
Sabedoria, 33, 59-61, 68, 214, 247, 254-5, 262-3
sacrifício
na China antiga, 15, 21-4, 27, 38
na religião popular, 217, 219, 229-30
no confucianismo, 250
realização do, 90, 93
salvação, 109, 116, 148, 181, 286
universal, 113, 117, 186
sânscrito, 114, 149, 152, 159, 196
Shangdi, 22-8, 40, 281
Shangqing
Céu, 106, 131
escola, 112, 120, 124, 134
escrituras, 11, 119-20, 137
revelações, 106-10
Shennong, 34-5, 41, 328
Shun, 29, 31, 40, 52
sincretismo, 69-70, 210-3, 235, 241, 289
sociedades secretas, 232, 234
sufismo, 289, 292, 297
Ver também islamismo; muçulmano
superstição, 78, 207, 210, 310, 315, 317-8, 320

T
taiji (Fundamento Supremo), 88, 247
Taiji quan, 79
Taiping (Grande Paz), 91, 233, 272, 285-8, 296, 301, 305, 319, 335
Taiwan, 3, 212, 215, 228, 261, 264, 306, 314, 323, 328, 336, 339-40, 343

Taixu, 316
talismãs, 98, 111, 116, 118, 320
Tao (Caminho), 49, 76, 330
budista, 198
confuciano, 52, 54, 58, 255
taoísta, 76-83, 85-9, 95, 99-101, 113-18, 130-1, 135-6
Tao Hongjing, 108, 128
Tao te Ching, 80, 82, 100
Ver também Laozi
Taoismo, 5-8, 23, 94, 272, 310, 315, 321
como religião oficial, 121-4
como tradição baseada em textos, 117-8
contornos básicos do, 77-9
debates com o budismo, 125-7
declínio do, 130
filosófico, 75, 78-9, 153
influência na religião popular, 209, 211-2, 222
influências budistas em, 113-4, 126
medieval, 94-6, 106-9
modelos de papéis femininos, 131-3, 138
surgimento como religião organizada, 88, 90-2, 101-2, 233
Ver também alquimia; Mestres Celestiais; imortalidade: Lingbao; Shangqing
taoísta, 8, 29, 37, 54, 62, 69, 72, 75-80, 82, 84-5, 87
Tathāgatagarbha, 161, 163-4, 189
taxonomias dos ensinamentos, 141, 160, 162
templo ancestral, 23, 218, 220
teocracia, 91, 93, 101, 121-2, 286, 301
Terra Pura, 168, 176, 183
práticas, 234, 336
tradição, 187-9, 200-3
textos apócrifos, 125, 159, 169, 199
Tian, *ver* Céu
Tiantai (escola), 162-4, 170, 175, 189-90, 192, 204
tolerância religiosa, 211, 272, 275-6, 322
tradução das escrituras

no budismo, 142, 149, 152-4, 171, 193
no cristianismo, 281, 283
transformação espiritual, 95, 133, 136
três ensinamentos, 5-6, 95, 106, 123, 125, 208, 211-4, 235, 243, 272
  unidade dos, 130, 213-5, 235-6, 243
três refúgios, 178, 183, 191
Turbantes Amarelos, 91, 233, 286

U
Uigur(es), 3, 274, 298, 301, 329
utopia, 29, 52, 91, 233, 319

V
vacuidade, doutrina da, 160, 164, 246, 251
Vairocana, 113, 158, 183, 203
Vaticano, 278, 332
vegetarianismo, 178, 181, 215, 234, 274
Vietnã, 1, 47, 229
Vinaya, 156, 177, 181
Virtudes
  budista, 179, 181, 184, 200
  confuciano, 55-8, 60, 66-7, 73, 92, 113, 251, 255, 263, 292, 312
  revolucionária, 319

W
Wang Bi, 241
Wang Yangming, 262-3, 268
  Wang Zhe, 129, 133
White Horse (mosteiro), 144-5
wu (xamã), 90
  Ver também xamanismo
wuwei (não ação), 83-4, 89, 101, 153

X
xamanismo, 38, 87-8, 90, 93, 95, 100-1, 231, 276

xenofobia, 126, 149, 244, 279
Xuanzang, 154-6, 171, 193
Xuanzong (imperador), 120, 123-4, 275
Xunzi, 63-4, 67-8, 73

Y
Yama, *ver* Yanluo
Yang Xi, 106-7
Yangshao (cultura), 13
Yanluo, 223
Yao, 29-31, 40, 52
Yiguan tao, 215
yin-yang, 69, 76, 88-9, 93, 216, 232, 247
Yogācara, 154, 161, 163-4, 188
Yu, 29-30
Yuanshi tianzun, 111
Yungang, 164, 185

Z
Zen, *ver* Chan
Zhang Taoling, 90-1, 93, 99
Zhang Zai, 215, 246, 248
Zheng He, 291-2
Zhiyi, 162-3, 190-2, 204
Zhou Dunyi, 246-7, 253
Zhu Xi, 239-40, 248-50
  construção de nova genealogia do caminho, 252-3
  criação do novo cânone, 253-4
  desafios a sua influência, 262-4
  ideias filosóficas de, 250-1
  ideias sobre sabedoria e cultivo espiritual, 254-5
  vida de, 249-51
  Ver também neoconfucianismo
Zhuangzi, 54, 76, 78, 84-7, 90, 95, 100-1, 109
zoroastrismo 5, 272, 300

SOBRE O LIVRO
Formato: 16 x 23 cm
Mancha: 27,5 x 49,0 paicas
Tipologia: ITC Berkeley Oldstyle Std 10,5/15
Papel: Offset 75 g/m² (miolo)
Cartão Supremo 250 g/m² (capa)
1ª edição: 2013

EQUIPE DE REALIZAÇÃO
Edição de texto
Guila Azevedo (Copidesque)
Elisa Andrade Buzzo (Preparação de original)
Nair Hitomi Kayo (Revisão)

Capa
Estúdio Bogari

Editoração Eletrônica
Eduardo Seiji Seki

Assistência Editorial
Jennifer Rangel de França